언보틀드
UNBOTTLED

추천사

사회학자뿐 아니라 사회운동을 연구하는 학생에게도 매우 유용하며, 읽는 재미까지 갖춘 뛰어난 책이다. 재피는 전 세계 소비자가 플라스틱병에 담긴 물에 의존하도록 만든 지속적인 기업 캠페인을 분석한 뒤, 서로 매우 다른 지역 공동체에서 활동가들이 어떻게 수자원을 지키기 위해 사람들을 조직하고 행동해왔는지를 추적한다. 저자는 이들이 어떤 방식으로 문제를 정의하고, 대중의 인식을 높이며, 기업과 공공 규제 기관을 상대로 행동했는지를 세밀하게 보여준다. 이 책은 학부생부터 연구자에 이르기까지 폭넓은 독자층이 접근할 수 있을 만큼 명확하게 쓰였으며, 오늘날 우리 세계를 주무르고 있는 광범위한 구조적 역학, 사회운동 현장에서 전개되는 복잡한 지역적 역학 모두를 이해하는 데 큰 도움을 준다.

- 게이 사이드먼Gay Seidman, 위스콘신 주립대학교 매디슨 캠퍼스 사회학 석좌교수

재피는 병입생수의 부정적인 영향을 파헤치는 데 그치지 않고, 그 지배적 질서에 맞서 일어나는 저항의 움직임에도 주목한다. 독자는 현실의 심각성에 놀라면서도, 동시에 희망을 발견하게 된다. 기후정의와 물 정의를 위해 행동하고자 하는 이들의 필독서다.

-《더 프로그레시브 매거진The Progressive Magazine》

대니얼 재피는 뛰어난 연구를 토대로, 병입생수에 대한 의존도의 증가가 막대한 환경 문제를 야기할 뿐 아니라 공공 수도 서비스라는 개념 자체를 약화시켜 결국 물 인권까지도 훼손하고 있음을 입증한다. 풀뿌리 물 정의 운동을 지지하자는 호소가 담긴 이 책은 안전한 물에 모두가 안정적으로 접근할 수 있는 미래를 위해 싸우는 사람들의 연구와 저술에 또 하나의 중요한 이정표가 될 것이다.

- 모드 발로Maude Barlow, 물 정의 활동가, 작가

병입생수가 어떻게 폭발적으로 확산되었으며 사회적 불평등을 심화시키고 환경오염을 가속화했는지 날카롭게 파헤친다.

-《패스트 컴퍼니Fast Company》

왜 누구나 쉽게 얻을 수 있었던 물이 플라스틱병에 담긴 상품으로 넘쳐나게 되었는지, 어떻게 하면 이 혼란스러운 상황에서 벗어날 수 있을지를 큰 그림에서 이해하고자 하는 모든 이들에게 꼭 필요한 책이다.

-《소셜 포스Social Forces》

재피는 우리가 일상적으로 당연하게 여기는 선택들이 어떻게 더 깊은 경제적·사회적·정치적 결과들로 이어지는지를 뛰어나게 포착한다. 이 책에서 그는 우리가 정말로 다국적 기업의 브랜드 로고가 찍힌 물을 마셔야 하는지 질문을 던진다. 그는 플라스틱 생수가 초래하는 환경적 비용뿐 아니라, 공공 수자원 시스템을 방치하거나 심지어 사유화할 때 발생하는 사회적 비용까지도 설득력 있게 보여준다. 그리고 언제나 그렇듯, 재피는 물을 상품이 아닌 필수적인 공공재로 인식하는 운동들을 조명함으로써 우리에게 미래에 대한 희망을 제시한다. 공유재를 공공의 영역으로 되찾아오고, 정의롭고 평등한 사회를 일구고자 하는 모든 이들이 반드시 읽어야 할 책이다.

- 존 니콜스John Nichols,《더 네이션*The Nation*》

점점 고갈되고 사라져가는 전 세계의 수자원을 상품화, 사유화하려는 기업의 움직임 뒤에 놓인 복잡한 경제적·정치적 힘을 간결하면서도 매우 이해하기 쉽게 분석한 책.

-《미국 사회학 저널*American Journal of Sociology*》

이 분야 최고의 연구자인 재피는 이 새로운 플라스틱 병입생수 패러다임이 치열하고 점점 격화하는 논쟁의 장소이기도 함을 보여준다. 그는 거대기업의 취수 허가와 병입 사업에 맞서고 지역민의 물 사용을 보호하기 위해 단체를 조직하고 네트워크를 일구고 효과적인 전략을 개발한 지역 주민, 활동가, 선주민 공동체, 연구자들의 이야기를 체계적으로 소개한다. 15년이 넘는 연구의 결과물인 이 책은, 앞으로 나아갈 길에 대한 성찰과 제안을 담아낸 정교한 기록이다.

-《**영국 사회학 저널**_British Journal of Sociology_》

UNBOTTLED
언보틀드

플라스틱 생수는 어떻게 우리의 건강과 생명, 인권과 미래를 빼앗는가

대니얼 재피 지음 l 김승진 옮김

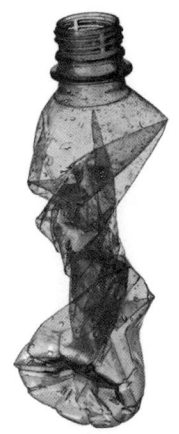

아를

이리스 재피Iris Jaffee를 기억하며

차례

일러두기

- 이 책은 대니얼 재피Daniel Jaffee의 *Unbottled*(2023)를 한국어로 옮긴 것이다.
- 본문의 각주는 모두 옮긴이의 주석이다. 간략한 첨언이나 설명은 각주 대신 본문의 해당 내용 옆에 대괄호로 묶어 표시했다. 단, 인용문 내에서는 저자가 대괄호를 사용한 첨언과 구별하기 위해 옮긴이의 첨언을 연한 검은색으로 표시했다.
- 원문에서 이탤릭체로 강조한 부분은 두꺼운 서체(볼드체)로 표시했다.
- 원문의 저자 주석은 윗첨자에 숫자로 표시하고 후주 처리했다.
- 갤런, 마일, 인치 등의 단위는 각각 리터, 킬로미터, 밀리미터로 환산했다. 단, 맥락에 따라 원문의 표기를 그대로 두고 환산 수치를 병기한 곳도 있다.
- 단행본, 학술지, 신문, 기관이 발행한 보고서는 겹화살괄호(《 》)를, 논문, 기사, 단행본 내의 챕터, 영화는 홑화살괄호(〈 〉)를 사용했다.

서문

미시간주 플린트

동이 트기도 전부터 줄이 늘어서기 시작했다. 날마다 1-2킬로미터는 족히 되어 보이는 자동차 줄이 추운 겨울에 시동을 켜고 몇 시간이나 생수가 도착하기를 기다렸다. 지난 몇 년간, 플린트의 9만 5000명 주민 대부분에게는 병입생수가 주 식수원이었다. 이들은 수돗물이 납과 박테리아로 오염된, 끔찍한 환경 부정의 사건의 피해자다. 내가 찾아갔을 때[2019년 11월]에도 수천 명이 여전히 생수로 생활하고 있었다. "왜 플린트 사람들이 생수 두 상자를 받아가려고 네 시간이나 줄을 서야 하게 만드는 거죠?" 플린트라이징Flint Rising 공동설립자인 활동가 지나 러스터가 내게 반문했다. "물 분배가 10시에 시작된다고 하면요, 생수 두 상자를 받으려고 말 그대로 새벽 5시부터 줄이 늘어서기 시작해요. 사진과 동영상도 있어요. 그저 야채와 과일을 씻고 음식을 만들고 양치질을 하고 몸을 씻으려는 것뿐인데 말이에요. 네, 맞아요. 여기 사람들은 아직도 병에 든 생수로 몸을 씻고 있어요."[1] 러스터는 주정부가 플린트에 내려보낸 비상재정관리관emergency manager[*]이 2014년 4월에 상수원을 오염된 플린트강으로 변경하는 결정을 승인하고 얼마 뒤부터 심각한 건강 문제를 겪기 시작했다. 하지만 그게 자기 집 수도꼭지에서 나오는 물 때문이란 걸 알기까지는 거의 1년이나 걸렸다.

플라스틱 생수병은 '플린트 수돗물 위기'라고 하면 가장 먼저 떠오르는 이미지일 것이다. 유명인, 병입업체, 개인 등이 기부한, 그리고 2016년부터 2018년까지는 미시간주 주정부가 플린트 주민에게 무료로 분배하기도 한, 수억 개의 생수병 말이다. 러스터는 "주 정부가 제공한 물은 모두 네슬레 생수였다"고 말했다. 그런데 네슬레는 샘물생수 제품인 '아이스마운틴'용으로 미시간주의 지하수를 매년 수억갤런씩 퍼내서 큰 비판에 직면해 있는 회사이기도 했다. 네슬레는 그지하수 대부분을 연 200달러의 조업 허가료만 내고 퍼 올리고 있었다.[2] "우리는 정말로 네슬레가 플린트 물 위기를 호재로 삼고 있다는 사실을 알게 됐습니다. (…) 보세요, 그 물은 우리가 사는 데서 불과 한시간 거리에 있는 곳[샘]에서 나온 거였어요. (…) 그래서 '우리는 우리물을 돈 주고 다시 사고 있었다!'고 제가 말하는 겁니다." 2022년 말현재, 플린트 주민은 아직도 생수를 분배받기 위해 줄을 서고 있으며,

---

[*] 재정 위기에 처한 도시에 주정부가 임명하는 행정 책임자. 자산 매각, 공공 서비스 민영화 등 재정을 되살릴 조치를 취할 전권을 위임받는다. 사실상 시장으로서 행정력을 행사하지만 선출직이 아니라 임명직이다.

상당량이 네슬레의 북미 생수 사업부를 인수한 블루트라이튼이 기부한 생수다.[3]

러스터는 이렇게 말했다. "심하게 아파서 응급실에 가면 일단 트리아지triage[응급 환자 분류]를 하잖아요? 제가 보기에는 이 생수도 그래요. (⋯) 이것은 일종의 트리아지예요. 이건 우리를 치료해주지 않습니다. 우리를 꼭 더 나아지게 해주는 게 아니에요. 기본적으로, 이 생수는 어떻게 해결할지 알아낼 때까지 우리를 그저 붙들고 있는 겁니다. 하지만 어떻게 해결할지는 새로 알아내야 할 문제가 아니었어요. 망할 파이프와 인프라를 고치란 말이에요. 우리가 이 생수에 목을 맬 필요가 없게요."

브라질 브라질리아

100% 계획 도시인 브라질리아의 도심 공원 가장자리에 위치한 커다란 파빌리온에서 록밴드가 반 시간째 연주를 하고 있었다. 흰색 플라스틱 의자 수천 개가 앰프와 대형 스크린 두 대가 설치된 무대를 마주 보고 가지런히 행을 맞추어 뒤까지 길게 놓여 있었다. 머리 위에는 이날 행사의 슬로건인 "물은 상품이 아니라 권리다"와 같은 문구가 쓰인 밝고 화려한 플래카드들이 걸려 있었다. 거대한 군중이 청중석 쪽으로 속속 들어왔다. 어떤 이는 바투카다(전통 북)를 치고 있었고 많은 이들이 자신이 소속된 사회운동단체 이름이 적힌 깃발을 들고 있었다. 무토지농민운동, 댐dam 피해자운동, 브라질 농업노조연맹이 가장 눈에 띄었다. 나도 이들을 따라 들어왔고, 한낮의 열기 속에서도 열정적으로 춤을 추고 있는 다양하고 열띤 군중의 바다가 눈앞

에 펼쳐졌다. 대안물포럼FAMA, Forum Alternativo Mundial da Agua 개막식이었다. 풀뿌리 소농민 운동, 도시운동, 노동운동, 환경운동, 물 정의water justice 운동 등을 펼치는 활동가 7000명 이상이 브라질에서, 라틴아메리카에서, 전 세계에서 찾아와 이곳에 모인 참이었다.

갑자기 음악과 춤이 멈추고 모두의 눈길이 무대 앞 바닥에서 펼쳐지는 퍼포먼스에 쏠렸다. 위쪽에 설치된 스크린으로 확대된 모습이 보였다. 파피에마셰[종이를 덧붙여 만든 조형물]에 페인트를 칠해 만든 커다란 얼굴과 헝겊으로 된 몸통을 한 4미터 높이의 꼭두각시 인형 둘이 차례를 기다리며 대기하고 있었다. 일그러진 표정과 불만스럽게 삐죽대는 입 모양을 한 인형은 브라질 대통령 미셰우 테메르였고, 다른 하나는 미국 성조기 무늬의 남성용 모자를 쓰고 파란 넥타이를 맨 '엉클 샘'이었는데, 병입생수와 음료수 분야 글로벌 빅4 기업인 펩시, 코카콜라, 네슬레, 다논의 로고가 도드라지게 그려진 흰색 양복을 입고 있었다. 얼마 뒤 세 무리의 사람들이 등장했다. 각각 선주민, 아프리카계 후손인 킬롬보quilombo* 거주민, 소농민을 나타내는 코스튬 차림이었다. 파란 천으로 구불구불하게 강물을 형상화한 곳 주위에서 이들이 춤을 추는 동안 삼바의 흥거운 리듬이 고조되었다. 그러다 돌연 곡조가 어둡고 위협적으로 바뀌었다. 기다리고 있던 거대 괴물 인형 둘이 활개 치며 들어와 서로의 주위로 원을 그리며 돌아다녔다. 세 집단을 나타내는 연기자들은 두려움에 떨며 한쪽에 웅크리고 모

---

* 1500년대 이후 브라질 식민화가 시작되면서 유럽인에 의해 강제로 끌려온 아프리카 흑인의 후손들이 외진 지역에 세운 공동체.

여 앉아 물을 지키고자 안간힘을 썼다. 10분 뒤 사람들이 봉기해 물을 앗아가려던 세력을 누르고 승리하면서 퍼포먼스가 마무리되었다. 음악은 다시 밝은 장조로 돌아왔고 거대 인형은 사라졌다.

이것은 미스티카mística였다. 무토지농민운동[이하 MST] 등 브라질 활동가 단체들이 행사를 시작할 때 사용하는 연극적 퍼포먼스로, MST의 뿌리인 급진 해방신학에서 가져온 민중 교육 도구다. 효과가 강력해서, 이날도 군중을 에너지로 들썩이게 만들었다.

이 행사가 벌어지던 동안, 같은 도시에서 북쪽으로 불과 1-2킬로미터 떨어진 곳에서는, 안전 저지선이 촘촘히 쳐지고 수많은 무장 경찰과 군인이 경비를 선 채로 대형 컨벤션센터와 예전 올림픽 스타디움에서 제8회 세계물포럼이 열리고 있었다. 앞의 행사와는 매우 대조적인 모습의 이 '공식 포럼'에는 전 세계에서 민간 수도사업자, 병입생수 및 음료업체, 세계은행 같은 국제 금융기관, 유엔 기구, 중앙정부 및 지역정부 당국자, 학자, 비영리기구 종사자 등이 1만 명 정도 참가했다. 머리 위에서는 군 헬기가 뱅뱅 돌고 있었고, 국가 원수들이 들렀다 갈 때면 일대의 교통이 멈추고 경찰차가 호위하는 리무진 행렬이 요란하게 사이렌을 울리며 지나갔다. 나는 경찰 저지선을 지나고 두 번의 검문을 거쳐 컨벤션센터로 들어간 뒤 사람들이 가득한 긴 복도를 따라 내려갔다. 커다란 광고판에 코카콜라, 네슬레, 암베브(브라질에 본사를 둔, 펩시의 라틴아메리카 병입업체) 등의 로고가 보였다. 이 포럼에 돈을 가장 많이 댄 후원사들이었다. 세계물포럼(대안물포럼 참가자들은 세계물포럼을 '기업 포럼'이라고 부른다)은 2000년에 헤이그에서 처음 열린 이래 3년마다 세계 여러 도시를 돌아가며 개최되고 있다. 제1회 포럼 이후 세계물포럼이 열릴 때마다 전 세계의 물 정의 단체들, 물 민영화와 상품화에 반대하는 사람들이 같은 기간에 같은 도시에서 대안물포럼을 연다. 이날 브라질에서 열린 두 행사의 대조는 더 없이 극명했다.

다음 날 아침, 나는 간밤에 MST의 여성 활동가 600명이 얼굴을 스카프로 가리고 MST의 트레이드마크인 빨간 야구모자와 셔츠 차림을 하고서 1000킬로미터 떨어진 도시 상로렌수의 논란 많은 네슬레 물 병입공장에 진입해 농성을 벌였다는 소식을 들었다. 세계물포럼을 비판하고 대안물포럼을 지지하는 의미에서 이루어진 농성이었다. 보도자료에서 이들은 방대한 과라니 대수층 탐사를 논의했다고 알려진 테메르 대통령과 네슬레 관계자들의 만남을 언급하며 테메르 대통령이 네슬레가 브라질의 지하수를 뽑아가도록 허용하고 있다고 비난했다.[4] 전투경찰이 출동했고 시위대는 한두 시간 뒤에 풀려났다.

남아프리카공화국 케이프타운

[2018년 1월에] 케이프타운시 당국은 2018년 4월 12일이면 도시가 '데이 제로Day Zero'에 들어가게 될지도 모른다는 경악스러운 발표를 했다. 공공 수도 시스템에 물이 고갈되어서 100만 가구가 넘게 사는 이 대도시에 급수가 전면 중단될지도 모른다는 말이었다. 그렇게 되었더라면 세계 최초로 주요 대도시에서 수도 공급이 완전히 중단된 사건으로 기록되었을 것이다.[5] 3년 내리 극심한 가뭄이 들면서 케이프타운의 저수고가 거의 말라버렸고 도시 당국은 물 공급을 엄격하게 제한했다. 주민들은 200곳의 공공 급수소에서만, 그것도 몇 시간

씩 기다려서야 수돗물을 이용할 수 있었고 1인당 하루 25리터까지만 물을 받을 수 있었다. 하지만 시 당국은 수도가 완전히 끊겨 도시가 '무정부 상태'에 놓이게 될 가능성에도 대비하고 있다고 인정했다. 이 준종말적인 상황에서, 부자들은 개인적으로 우물을 파고 물탱크를 마련했고 많은 주민들이 부족해질 물을 비축하려고 병입생수 사재기에 나섰다.[6] 케이프타운 물 위기 연대Cape Town Water Crisis Coalition는 이 지역의 주요 병입생수 및 음료업체인 코카콜라 퍼닌슐라 베버리지 앞에서 항의 시위를 벌였다. 코카콜라 퍼닌슐라 베버리지가 케이프타운에서 수돗물을 연간 5억 3000만 리터나 가져가고 있었기 때문이다. 활동가들은 코카콜라 퍼닌슐라 베버리지가 위기를 이용해 이윤을 올리고 있다고 비난하면서, 퍼가는 물의 양을 즉각 절반으로 줄이고 케이프타운 주민에게 무료로 물을 제공하라고 요구했다. 이 단체 활동가 샤히드 모하메드는 "그들이 가져가는 물은, 물 사용을 불공정하게 제한받고 있는 지역 공동체들이 쓸 수 있게 되어야 마땅하다"고 말했다.[7] 가난한 가구들은 치솟는 물값과 물 초과 사용에 매겨지는 무거운 벌금 때문에 빚이 쌓이는데, 코카콜라는 계속해서 제약 없이 물을 퍼내도록 허용되고 있었다.[8] 다행히 큰 비가 온 덕분에 케이프타운은 초읽기였던 데이 제로 돌입을 마지막 순간에 면할 수 있었다. 하지만 2022년에는 인구가 100만 명인 이스턴케이프주의 최대 도시 게베하가 데이 제로 코앞까지 갔다. 돈 있는 사람들은 병입생수를 사재기했고 지역사회단체인 물 위기 위원회Water Crisis Committee의 한 활동가는 이 상황을 '물 아파르트헤이트'라고 묘사했다. 이 밖에도 멕시코의 몬테레이, 인도의 델리와 첸나이 등 글로벌 남부의 많은 대도시가 현

재 비슷한 운명에 처해 있다.[9]

• • •

불과 40년 사이에 병입생수는 소규모 소비자층을 대상으로 하는 사치재에서 어디에서나 볼 수 있는 글로벌 소비재로 변모했다. 이 비교적 새로운 상품은 적어도 3개의 위기에 대한 투쟁의 합류점에 자리 잡고 있다. 안전한 식수에 감당 가능한 비용으로 접근하지 못하는 사람들이 많아진 사회적 위기, 플라스틱 쓰레기, 기후 변화, 담수 부족 심화로 점점 더 높아지고 있는 생태적 위기, 그리고 공공 수도 시스템의 미래를 둘러싼 싸움이다. 앞에서 살펴본 장면들은 생명 유지에 꼭 필요한 물질인 물에 모든 사람이 접근할 수 있어야 한다는 목표와 민간 사업자가 병입생수라는 상품의 형태로 수익을 위해 물을 공급하는 방식 사이의 긴장을 담고 있다. 이 긴장은 물에 대한 두 비전 사이에 있어온 오랜 충돌 구도와 겹친다. 한편에서는 물을 경제적 재화, 즉 효율적인 사용을 위해서는 시장에서 공급되어야 하는 '상품'으로 본다. 다른 한편에서는 물을 공공재, 공공 신탁재, 그리고 인권으로 봐야 한다고 말한다. 병입생수는 지속되고 있는 이 싸움 중 비교적 최근에 나타난, 그래서 아직 충분히 부각되지 못하고 있는 또 하나의 전선을 나타낸다.

병입생수 소비는 최근에 글로벌 북부의 부유한 나라들에서 놀라운 속도로 증가했고, 현재는 깨끗한 식수 접근성이 아직 광범위하게 확보되어 있지 못한 글로벌 남부에서 심지어 더 빠르게 증가하고 있다. 미국에서는 2016년에 병입생수가 청량음료를 제치고 가장 많이 소비되는 음료 1위에 올랐다. [2020년 발표된 보고서에 따르면] 10명 중 거의 9명의 소비자가 병입생수를 어느 정도 구입하고 있고 10명 중 4명은 "대체로 혹은 전적으로" 물을 병입생수로 마신다. 또 [2019년의 조사에 따르면] 미국인 6명 중 1명은 마실 물로 집 수돗물을 사용하지 않고 병입생수만 마신다.[10]

그런 미국도 1인당 병입생수 소비량이 4위에 불과하고, 그 위로 멕시코, 태국, 이탈리아가 있다. 전 세계 병입생수 소비는 2021년에 4550억 리터가 넘었고 3분의 2가 일회용 플라스틱에 담겨 판매되었다.[11] 매출액 기준으로 세계 병입생수 시장 규모는 2021년에 3000억 달러였으며 2030년이면 5090억 달러에 달할 것으로 추산된다. 이 시장은 오랫동안 4개의 글로벌 식음료회사가 지배해왔는데, 네슬레, 코카콜라, 펩시, 다논그룹이 그 빅4다.[12]

병입생수 소비의 극적인 증가에는 몇 가지 요인이 함께 영향을 미쳤다. 글로벌 북부에서는 건강, 몸 관리, 식단, 비만 등에 관심이 높아진 데다, 경량 플라스틱병 제조 기술이 나오고, 지속적인 수분 섭취를 위해 '돌아다니면서도 수시로' 물을 마시는 라이프스타일이 유행하면서 청량음료로부터 멀어지는 움직임이 촉진되었다. 하지만 이는 수돗물로부터 멀어지는 움직임이기도 했다. 그 결과, 놀랍도록 빠르게 사회 전반에서 병입생수가 '정상적인 것'으로 자리 잡았다. 병입생수 업계는 병입생수가 수돗물과 경쟁하는 것이 아니라 청량음료 등 여타의 포장음료와 경쟁한다고 주장한다. 하지만 병입생수를 비판하는 사람들은 병입생수 업계가 암묵적으로, 또 명시적으로 공공 수돗물을 비하하는 메시지를 전파해 수돗물 불신에 불을 지폈으며 대중의 인식과 행동이 그렇게 바뀌는 데 큰 영향을 미쳤다고 반박한다.[13] 아이러니하게도, 현재 미국에서 판매되는 병입생수의 거의 3분의 2가 사실은 재정수한 수돗물이다. 지하수나 샘물이 아니라 시 당국의 수도 시스템에서 이미 처리를 거친 물로 만든 제품인 것이다.[14]

하지만 뭐니 뭐니 해도 병입생수에 대해 부정적인 언론 보도를 가장 많이 불러온 이슈라면 이 상품의 환경발자국일 것이다. 특히 일회용 플라스틱 음료수병이 매년 5000억 개 이상씩 버려지면서 생기는 전 지구적 플라스틱 쓰레기 위기가 많이 알려졌는데, 《가디언》은 이 문제가 "기후 변화 못지않게 위험하다"고 지적했다.[15] 미국에서 소비되는 일회용 플라스틱병 중 재활용되는 양은 27%도 되지 않으며 글로벌 재활용률은 겨우 7%다.[16] 2018년에 중국이 대부분의 재활용품 수입을 금지한 이후로 부유한 나라들은 자신이 발생시킨 플라스틱 쓰레기에 파묻힐 지경이 되었고, 지역정부들은 이 과다 소비의 부산물을 처리할 새로운 방법을 긴급히 강구해야 하는 처지에 내몰렸다.

물론 병입생수가 일으키는 환경 피해에 대해 비판과 저항도 일었다. 21세기로 접어든 이래, 병입생수라는 물 상품이 과연 필요한지, 그리고 이 상품이 수반하기 마련인 물 추출이 지역 공동체에 어떤 악영향을 미치는지에 문제를 제기하는 사회운동이 세계 곳곳에서 일어났다. 먼저 소비단을 보면, NGO, 도시 당국, 또 그 밖의 많은 사람들이 수돗물의 가치와 질, 그리고 수돗물을 공급하는 공공 인프라의 가치와 질을 다시 옹호하면서, 안전한 물을 거의 모두가 약간의 비용만으로 사용할 수 있는 곳에서 병입생수가 대체 왜 필요한지 묻고 있으며 이러한 운동은 점점 더 확산되고 있다. 다음으로 추출단을 보면,

병입생수 업체가 지역 주민과 당국자 모두를 분열시키면서 샘물이나 지하수를 뽑아가려 하는 데 분노한 지역 주민들이 맹렬히 투쟁을 벌이고 있다.

병입생수라는 소비재 상품의 빠른 성장, 그로 인한 문화적 변화, 여기에서 생기는 심각한 플라스틱 쓰레기 문제에 대해 많은 취재와 보도가 있었지만, 이 각각을 넘어서는 더 큰 이야기가 있다. 병입생수를 둘러싸고 벌어지고 있는 맹렬하고 끈질긴 투쟁은 병입생수라는 상품이 인권과 사회정의에 대한, 그리고 누가 자연을 소유하며 공공 영역의 미래는 어떻게 될 것인가라는 질문에 대한 훨씬 더 폭넓은 투쟁과 연결되어 있음을 말해준다.

이 책은 병입생수 확산의 원인과 그것이 일으킨 환경, 사회, 문화, 정치적 영향을 다룬다. 특히 병입생수 상품 사슬의 양 끝단인 물 추출단과 물 소비단에서 활발히 벌어지고 있는 저항운동에 초점을 맞추었으며, 책의 뒷부분에는 글로벌 음료업체의 지하수 추출에 맞서 지역 주민이 벌이고 있는 싸움에 대한 사례 연구 두 건을 담았다. 하나는 미국, 다른 하나는 캐나다의 사례인데, 어떻게 지역 주민과 활동가 사이에 연대가 맺어졌으며 이들이 전국 단위 및 글로벌 단위에서 활동하는 운동단체들의 지원과 함께 끈질긴 저항을 해나갈 수 있었는지 보여준다. 이 책의 분석은 지역 주민, 당국자, 활동가, 병입업체 관계자, 물 전문가 등 병입생수가 사회에 미치는 영향과 사회에서 수행하는 역할을 둘러싼 다양한 논쟁에서 서로 다른 입장을 가진 사람들을 광범위하게 만나 진행한 심층 면접을 바탕으로 했다.

이러한 이슈와 분쟁에 대한 연구를 통해 몇몇 첨예하고 어려운 질문에 답을 찾고자 했다. 병입생수 소비의 지속적인 확대가 유엔이 2010년에 명문화한 물 인권human right to water과 합치 가능한가? 병입생수 업계와 심지어는 몇몇 국제기관도 주장하듯이 병입생수는 글로벌 물 접근성 위기에 대한 해결책에서 중요한 부분인가, 아니면 많은 비판자와 반대자들이 주장하듯이 물 정의를 끔찍하게 위협하는 요인인가? 대다수 인구가 안전한 수돗물에 접근할 수 있는 곳과 그렇지 않은 곳 모두에서, 병입생수라는 상품의 성장이 생태적 지속가능성과 사회적 불평등에 의미하는 바는 무엇인가? 우리에게 꼭 필요하지만 점점 더 심각하게 자금 부족에 시달리고 있는 공공 수도 시스템에 병입생수의 막대한 성장이 이제까지 일으킨, 그리고 앞으로 일으킬 영향은 무엇인가?

또한 나는 한층 더 폭넓은 문제도 제기하고자 한다. 감당 가능한 가격대에서 충분한 양의 안전한 식수에 모든 사람이 안정적으로 접근할 수 있게 하는 것(**물 정의**라고 불리는 것의 핵심 요소[17])은 사회계약의 침해될 수 없는 부분인가? 만약 그렇다면, 시장 상품으로서 병입생수가 계속해서 확산되는 것이 그 사회계약의 달성 가능성에 의미하는 바는 무엇인가?

서론

여기서 문제는, 일상적인 수도 공급의 역할을 민영화해야 하는가 여부다. (…) NGO들은 (…) 물을 공공의 권리로 선포해야 한다고 줄창 부르짖는다. 인간으로서 모든 사람이 물에 대해 권리를 가져야 한다는 것인데, 이는 극단적인 해법이다. 이와 다른 견해로, 물이 여타의 식품과 마찬가지로 식품의 한 품목이며 여타의 식품과 마찬가지로 시장 가치를 가져야 한다고 보는 관점이 있다. 개인적으로 나는, 그것이 공짜가 아니라는 사실을 모든 사람이 알 수 있도록 식품 품목에 값이 매겨지는 편이 더 좋다고 생각한다.
— 피터 브라벡, 네슬레 CEO, 2005

내가 초등학생이던 40년 전에는, 언젠가는 상당한 인구가 수돗물을 멀리하게 되리라거나 가정마다 물을 먹기 위해 1년에 수백 달러, 심지어는 수천 달러까지 쓰면서 무거운 플라스틱 생수 멀티팩을 구매해 가게에서 집으로, 다시 부엌으로 낑낑대며 옮길 거라고 하면, 모르긴 해도 모두가 터무니없는 소리나 디스토피아 판타지라고 했을 것이다.

그런데 지금 세상을 보자. 1980년만 해도 미국의 연간 병입생수 소비량은 1인당 7.5리터가 될까 말까 했고 대체로 무거운 유리병에 든 수입산 페리에였다. 하지만 2016년에는 병입생수가 청량음료 판매량을 뛰어넘어 미국에서 가장 많이 소비되는 음료가 되었다. 2021년 말이면 미국인은 연평균 1인당 178리터의 병입생수를 소비하고 있었고 미국 인구 전체는 약 590억 리터를 소비하고 있었다. 이 중 70%가 일

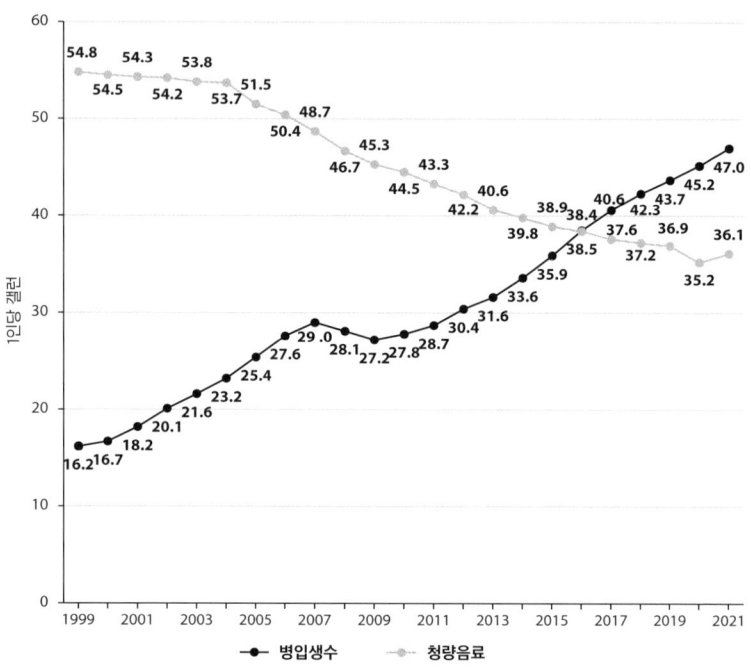

그림 1. 미국 병입생수 및 청량음료 소비량 (1인당 갤런, 1999-2021)
Rodwan 2019; Beverage Marketing Corporation 2013, 2017, 2021; IBWA 2022; Statista 2022b.

회용 플라스틱병에 든 물이었다.[1] [그림1] 한 연구에 따르면 미국 성인이 음료용으로 마시는 물 **총량의** 무려 44%가 병입생수다.[2] 2021년에 병입생수 업계 매출은 미국에서 400억 달러, 전 세계적으로는 3000억 달러에 달했다.[3] 병입생수는 단연코 세계에서 가장 많이 소비되는 포장음료다.[그림2] 현재 병입생수 최대 소비국은 중국으로, 2021년에 전 세계 총량 4550억 리터 중 4분의 1을 소비했다. 그 전 세계 총량은 연간 6-7%씩 증가해왔으며 동아시아와 동남아시아에서 가장 증가 속도가 빨랐다.[4] 명백히, 이것은 사소한 현상이 아니다.

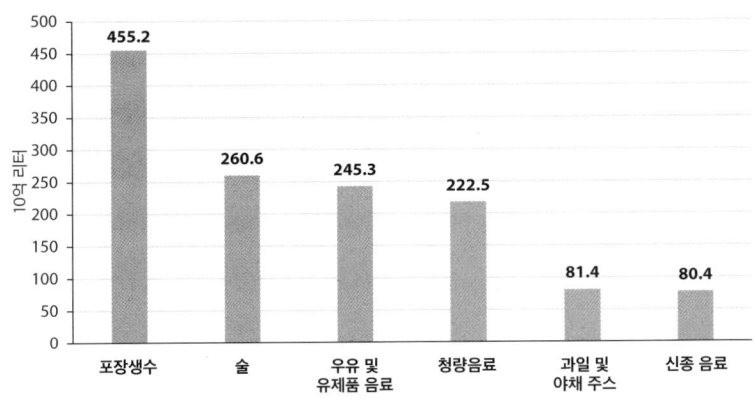

그림 2. 세계 포장음료 소비량, 2021 (단위: 10억 리터)
다음을 토대로 작성함. Statista 2022a.

이 모든 물이 어딘가에서 와야 한다. 전 세계 병입생수 중 절반에 약간 못 미치는 비중은 용천이나 관정borehole[지하수를 얻기 위해 시추한 구멍], 우물을 통해 취수하는 지하수가 수원이다.[5] 이러한 수원에서 취수하려면 접근권을 획득해야 하는데, 많은 경우 지하수 수원은 이미 지역 공동체나 농민, 그리고 물론 자연 생태계가 사용하고 있다.[6] 나머지 병입생수의 상당 부분은 공공 수도 시스템에서 취수하는데, 미국에서 판매되는 병입생수의 3분의 2 가까이가 그렇다. 아이러니하게도, 공공public 수돗물을 원수로 하는 병입 과정은 대중public에게 훨씬 덜 가시적이다.

병입생수는 누가 판매하고 있을까? 업계의 가장 큰 선수는 4개의 거대 다국적 기업이다. 2개의 거대 식품회사 네슬레와 다논그룹, 그리고 2개의 거대 음료회사 코카콜라와 펩시가 그 빅4다. 이들은 금세기로 접어드는 시기에 전 세계적으로 인수 경쟁에 나서서 지역 단위나 국가 단위로 영업하던 병입업체들을 그곳들이 가지고 있던 수원과 병입공장까지 함께 속속 확보했다. 이들 거대 병입생수 업체(이 업체들은 막대한 양의 물을 식품 생산에도 사용한다)는 세계물포럼 및 여기에 돈을 대는 세계 물 위원회, 그리고 2030 수자원그룹을 통해 글로벌 물 정책에 영향을 미치는 데도 적극적이다. 2030 수자원그룹은 세계은행이 만든 유엔 자문기구인데, 산업계가 지배하고 있으며 네슬레 회장, 코카콜라 CEO 등이 이사회에 참여하고 있다.[7] 이들 거대 기업과 함께, 상당수의 소규모 병입생수 업체들도 계속 살아남아 번성하고 있는데, 특히 글로벌 남부에서 그렇다.

• • •

서문에서 본 사례들과 이 장의 제사에서 인용한 피터 브라벡의 언급은 물을 두고 벌어지고 있는 전쟁 중 특정한 한 종류에서 나온 장면이다. 이 싸움에서 병입생수 및 음료업계는 그들이 물을 추출하고 있거나 앞으로 추출하려고 하는 곳의 주민하고만 대적하는 게 아니라 공공 수돗물 자체(혹은 적어도 사람들이 공공 수돗물을 안전하고 믿을 만한 식수원으로 인식하는 것)와도 대적하는 것처럼 보인다. 이 사실은 병입생수와 동일한 물질, 즉 '식수'의 제공을 목적으로 삼고 있는 공공 수도 시스템에 매우 어려운 문제를 일으킨다(공공 수도 시스템은 그 물질을 병입생수보다 훨씬 미미한 환경 영향과 비용을 들여서 제공한다). 그런데 병입생수 업계는 자신들의 제품이 수돗물과 경쟁하는 것이 아니라 청량음료, 맥주, 기타 음료수와 경쟁하는 것이라고 주장한다.[8]

병입생수를 둘러싼 이 싸움은 적어도 1980년대부터 현재의 형태

로 벌어져 온 훨씬 더 큰 글로벌 투쟁의 한 부분이다. 그 글로벌 투쟁
은 물이 기본적으로 시장 상품으로 여겨져야 하느냐 공공재로 여겨져
야 하느냐의 싸움을 말한다. 서로 연결된 이 싸움들은 하나의 간단한
진실을 둘러싸고 벌어지고 있다. 매우 불평등한 세계에서 안전한 식
수에 접근할 수 있느냐가 돈을 지불할 수 있는 능력에 달려 있게 되
면, 안전한 식수가 없는 채로 살아가야 하는 사람들이 생길 수밖에 없
다. 이 명백하지만 근본적인 사실은 수도 민영화에 반대하는 사람들
과 병입생수 형태의 물 상품화(병입생수는 단위량당 가격이 수돗물에 비
해 지극히 비싼 물이다)에 반대하는 사람들 모두가 제기하는 문제의 뿌
리를 이룬다. 또한 이 사실은 병입생수에 대한 투쟁이 최근 몇십 년간
세계 각지에서 대대적으로 분출한 수도 민영화 반대 투쟁과 밀접하
게 관련되어 있고 종종 그에 못지않게 맹렬한 이유를 설명해준다.

이 책은 병입생수라는 상품, 그리고 이 상품의 증가가 일으키는 사
회적, 문화적, 환경적 영향에 대해 북미와 그 밖의 세계 모두에서 점
점 더 강력하게 일고 있는 사회운동을 다룬다. 세계의 많은 곳에서 사
람들이 식수를 공공 수도 시스템에 연결된 수도꼭지(각 가정의 수도꼭
지든 공용 수도꼭지든)를 통해서가 아니라 민간기업이 플라스틱 용기
에 담아 판매하는 상품을 통해서 얻는 쪽으로 이동하고 있는 근본적
이고 지속적인 전환이 어떤 함의를 갖는지 탐구할 것이다. 또한 이러
한 탐구를 통해 앞으로 우리가 마실 물이 어디에서 나와야 하는가(수
도꼭지인가, 플라스틱병인가)라는 복잡하고 어려운 질문과 그에 대한
답이 인권, 자연환경, 공공 수도 시스템의 미래에 의미하는 바를 고찰
할 것이다.

병입생수의 급성장을 추동한 기저의 동학은 세계의 지역마다 다르다. 글로벌 남부(또는 '다수 세계Majority World')[9]의 상당 지역에서는 식민 시기의 유산, 부채, 재정 긴축 같은 요인 때문에 이제까지 많은 정부가 수도 공급을 도시 인구의 빠른 증가에 부응하는 속도로 확대하지 못했다. 정치적 의지가 있는 곳이라 해도 마찬가지였다. 이런 맥락에서 기업, 소비자, 정부는 안전한 식수의 희소성(실제 희소성과 인식된 희소성 모두)에 대한 해법으로 포장생수에 점점 더 의존하고 있다.[10] 이 책에서 **포장생수**packaged water는 일회용 병에 담긴 것, 대용량 물통에 담긴 것, 종이팩이나 비닐팩에 담긴 것 등 다양한 형태의 '상품화된 물'을 통칭하며, 이 중 가장 큰 부분집합이 '병'에 든 물이다. 글로벌 남부의 큰 도시 대부분에서는 포장생수 시장이 두 층으로 나뉘어 있다. 초국적 기업과 그 자회사들은 가격대가 높은 '브랜드 생수'를 중산층과 고소득층 소비자에게 판매한다. 한편 현지의 소규모 판매상과 정수물 리필 점포들은 가난한 노동자 계급 사람들에게 수원과 수질이 종종 불확실한, 더 저렴한 물을 공급한다. 하지만 가장 가난한 사람들에게는 가장 저렴한 물도 너무 비쌀 수 있다. 이는 병입생수라는 상품이 물 인권에 대해 갖는 우려스러운 함의를 단적으로 보여준다.[11]

거의 100%의 가정에 안전한 수돗물이 공급되는 글로벌 북부(또는 '소수 세계Minority World')의 부유한 나라들에서는 병입생수가 증가한 이유가 사뭇 다르다. 병입생수 회사들은 사회적 지위, 순수성, 몸 관리, 건강 등에 대한 소비자의 관심에 소구해 이 상품을 판촉했다. 또한 때때로 병입생수 광고는 수돗물을 비하하는 메시지를 담았는데, 이는 수돗물의 질에 대한 대중의 두려움을 일으키기도 했고 이용하기도

했다.[12] 이에 더해 미시간주 플린트나 캐나다 온타리오주 워커튼[13] 같은 곳에서 발생한 수돗물 오염 사태가 언론에 보도되면서 병입생수 수요가 한층 더 증가했다. 하지만 평균적으로는 병입생수가 수돗물보다 더 안전한 것도 아니고 덜 엄격하게 규제되며 훨씬 높은 수치의 미세 플라스틱을 담고 있다.[14] 또한 적어도 미국에서는 상당량의 병입생수가 재정수한 수돗물이다. 코카콜라의 다사니, 펩시의 아쿠아피나, 네슬레의 퓨어라이프가 수돗물 제품이다.[15]

이러한 변화는 다양한 곳에서 다양한 형태로 저항운동을 촉발했다. 저항운동은 병입생수 소비에 반대하는 운동과 병입업체들의 물 추출에 저항하는 운동, 이렇게 두 범주로 크게 나눌 수 있다. 먼저 소비단을 보면, '수돗물을 되찾자reclaim the tap' 운동이 수백 개의 도시 당국, 학교, 대학, 기타 기관 들을 성공적으로 압박해 음수대 등 공공 수도 인프라에 다시 투자하고 병입생수의 판매와 구매를 금지하게 만들었으며 수돗물 품질의 우수성을 제대로 알리고 수돗물 소비를 촉진하게 했다. 이러한 운동의 주요 추동력 중 하나는 수돗물보다 많게는 2000배나 되는 에너지 발자국, 막대한 온실가스 배출, 제조 단계에서의 엄청난 물 낭비, 연간 5000억 개가 넘는 플라스틱병이 버려지면서 생기는 플라스틱 쓰레기 문제 등 병입생수의 막대한 환경 영향이었다.[16] 한편 추출단을 보면, 병입생수 업체가 대규모 양수 및 병입시설의 건설이나 확장 계획을 현지 지역 당국에 제출할 때 맹렬한 반대운동이 촉발되었다. 지역 주민들은 지역 지하수의 고갈이나 오염, 지역의 어획 자원에 미치는 피해, 트럭 통행량 증가, 병입업체가 지불하는 미미한 물 사용료, 지역 공동체로는 거의 돌아오지 않는 이득 등에 대해 문제를 제기하며 조직화되었다. 종종 가뭄과 기후 변화가 불러온 물 희소성이 이러한 투쟁에 한층 더 불을 땠다. 글로벌 남부의 많은 곳에서도 병입생수용 물 추출이 운동가들의 타깃이 되었고, 멕시코, 브라질, 파키스탄, 인도네시아, 인도 등 수많은 나라에서 이러한 저항이 일었다.[17] 많은 경우 이들의 지역적인 투쟁은 전국적인, 또 국제적인 단위에서 활동하는 단체들의 지원을 받았으며, 이 단체들 중 일부는 수도 민영화에 맞서는 지역적, 국제적 운동도 촉진하고 있다.

병입생수의 급성장이 제기하는 질문에 학계의 관심은 놀랄 정도로 드물었다. 수도 민영화에 대해서는 상당한 연구가 있었고 특히 국제 금융기관과 글로벌 물 관리 업계가 공공 수도 영역에 민간 부문이 들어갈 수 있게 하려고 들인 노력과 이에 맞서 볼리비아부터 인도네시아, 또 이탈리아까지 다양한 곳에서 일어난 저항운동에 대해 많은 연구가 이루어졌다. 하지만 이러한 연구는 병입생수와 포장생수의 성장 및 글로벌 산업으로의 변모라는 물 상품화의 또 다른 주된 경로를 대체로 간과했다. 병입생수를 언급한 경우에도 대개는 수도 민영화 논의의 작은 부록 정도로만 다루었고, 병입생수라는 물 상품에 맞서 일어난 사회운동에 초점을 맞춘 연구는 거의 찾아볼 수 없었다. 하지만 병입생수 업계는 수도 민영화 분야 기업들과 구별되는 또 다른 종류의 다국적 기업들이 지배하고 있으며 수도 민영화 반대운동과 구별되는 또 다른 종류의 저항운동을 일으켰다. 병입생수 업계의 빠른 성장이 지속되고 있고 그와 관련된 위기(기후 변화, 가뭄, 지하수 고갈, 플라스틱 쓰레기, 공공 인프라 훼손)에 대한 대중의 우려 또한 폭발적으로 높아지고 있다는 사실은, 병입생수라는 상품과 그것이 일으킨 저항운동에 대해 깊이 있는 탐구가 꼭 필요한 시점임을 의미한다.

이후의 장들은 병입생수가 극적으로 증가한 원인, 그리고 그러한 증가가 일으킨 사회적, 환경적, 문화적 결과를 다룬다. 병입 및 포장 생수의 수익성이 크게 높아진 것이 전 세계에서 심화되고 있는 담수 접근성 위기와 어떻게 관련되는지 살펴보고, 상품화된 물이 물 인권 실현에 어떤 함의를 갖는지 평가할 것이다. 또한 포장생수를 둘러싸고 벌어진 다양한 사회운동을 개괄하면서 전술·전략의 유사점과 차이점을 알아보고 병입생수 반대운동을 수도 민영화에 맞서 공공이 관리하는 물 시스템을 지키기 위해 싸우는 더 큰 글로벌 물 정의 운동의 맥락에 어떻게 위치시킬 수 있을지 알아볼 것이다. 끝으로, 많은 이들이 안전한 수돗물을 전형적인 공공재로 본다는 점을 생각할 때,[18] 안전한 수돗물에 모든 사람이 접근할 수 있어야 한다는 비전에, 나아가 사회정의와 지속가능성에, 병입생수 시장의 확대가 어떤 영향을 미치는지 고찰할 것이다.

1장은 물을 공공이 공급할 것인가 민간이 공급할 것인가를 둘러싼 투쟁을 다루며, 세계 곳곳에서 국제 금융기관과 민간 물 관리 업체들이 (종종 국가 정부의 방조하에) 밀어붙인 수도 민영화 파도가 일었던 지난 40년에 초점을 맞추어 이를 살펴볼 것이다. 이와 함께, 수도 민영화 파도에 맞서 일어난 저항운동을 일별하고 운동의 결과를 평가할 것이다. 또한 민영화, 상품화, 자본 축적을 이해하기 위한 이론적 틀을 설명하고, 이를 활용해 1) 병입생수 특유의 물 상품화 방식과 2) 공적으로 식수를 공급하는 시스템에 병입생수가 제기하는 특유의 위협이라는 두 측면 모두에서 병입생수가 어떻게 [수도 민영화와 구별되는]

별도의 범주를 이루는지에 대해 내 주장을 개진할 것이다. 2장은 글로 벌 병입생수 업계로 초점을 돌려서, 이 업계의 빠른 성장과 시장 집중화를 가능케 한 요인을 알아보고 업계가 어떻게 자신의 제품을 수돗물의 대척점에 놓으면서 촉진했는지 살펴볼 것이다. 즉 미국 등 부유한 나라에서 사람들이 수돗물을 점점 더 두려워하게 된 이유를 찾아보고 그러한 이유가 얼마나 합당했는지 따져보면서, 업계가 공공 수돗물의 질에 대한 의구심을 불러일으키기 위해 사용한 기법을 추적할 것이다. 또한 2장은 병입생수라는 물 상품의 환경적, 경제적, 사회적 영향도 다룬다. 수돗물에서 병입생수로의 전환이 기존의 사회적 불평등을 어떻게 더 악화시켰는지, 그리고 일회용 플라스틱에 반대하는 운동에 의해 병입생수 시장이 어떻게 역풍에 직면했는지 살펴볼 것이다. 이어서, 글로벌 남부에서 병입생수와 포장생수가 어떻게 확산되었는지 살펴보면서, 수돗물이 안전하고 안정적인 식수원을 의미하지 않는 곳에서는 병입 및 포장생수가 어떤 역할을 하는지 고찰하고 포장생수가 깨끗한 물에 대한 접근성을 높이려는 국제 목표를 달성하는 데서 어떤 역할을 해야 하는가를 둘러싼 갈등을 알아볼 것이다.

현실에서 포장생수에 맞서는 운동은 구체적으로 어떤 행동들로 이루어지고 있을까? 현장에서 이 운동은 어떤 양태를 띠고 있을까? 미시간주 플린트의 납 수돗물 재앙 사례를 시작으로, 3장에서는 수돗물 안전에 대한 위협, 환경 부정의, 신자유주의적 긴축, 공공 인프라 투자 축소 사이의 관계를 살펴보고 병입생수 업계가 어떻게 이러한 경향에서 이득을 취했는지 알아본다. 또한 플린트 위기가 어떻게 도시의 수돗물 위기와 농어촌 지역에서 병입생수 업계의 지하수 추출이 일으키는 문제를 연결하면서 다양한 사회운동 사이에 광범위한 연대를 일구어낼 수 있었는지 살펴본다. 나아가 포장생수의 성장이 수돗물의 미래에 대해 의미하는 바를 고찰하면서, 공공 수도 인프라에 대한 신뢰를 회복할 방법을 생각해볼 것이다. 4장은 북미에서 벌어진 병입생수 반대운동의 역사를 살펴본다. 먼저 주요 단체들에 초점을 맞춰서, 이전의 더 폭넓은 운동에서부터 이어진 이들 공통의 초창기 뿌리를 짚어볼 것이다. 이어서, 소비자단에서 병입생수 반대운동이 어떻게 조직화되었는지 알아본다. 구체적으로는, 수돗물 소비와 접근성을 높이고 병입생수라는 물 상품의 필요성에 문제를 제기하며 병입생수 판매 금지까지도 이끌어내고자 하는 도시 당국, 공공기관과 민간기관, 대학생, 지역 공동체 조직가, 소비자단체, 환경단체 들의 활동을 살펴볼 것이다.

5장과 6장은 병입생수용 물 추출에 반대하며 벌어진 북미의 지역 운동 두 건을 심층적으로 살펴본다. 5장에서 찾아갈 곳은 오리건주 캐스케이드락스로, 아름다운 경관 보호구역인 컬럼비아강 협곡에서 주 정부 소유의 용천수를 병입하려 한 네슬레워터스의 계획에 맞서 10년간의 투쟁이 벌어진 곳이다. 이 투쟁은 물 병입을 금지하는 [카운티] 주민발의 투표에서 정점을 이루었고, 획기적인 선례를 남겼다. 6장에서는 캐나다로 가서, 온타리오주 남서부에서 어떻게 물 권리 단체와 선주민 활동가들이 연대를 이루어 병입생수에 대해 캐나다에서 가장 오래 지속된, 그리고 가장 가시적인 투쟁을 벌였는지 살펴본다. 이들은 용수를 전적으로 지하수에 의존하는 지역에서 네슬레워터스(그리고 나중에는 네슬레의 북미 생수 사업을 인수한 블루트라이튼)가 계속해서

지하수를 퍼내고 새로운 곳으로까지 지하수 추출 장소를 늘리려는 데 맞서왔고, 그 과정에서 주정부의 물 정책을 상당 부분 바꾸어냈다.

7장에서는 다양한 저항운동을 더 잘 평가하기 위해, 한 걸음 물러서서 종합적인 그림을 그려볼 것이다. 이 책이 다룬 다양한 운동, 지역 공동체, 단체 간의 유사점과 차이점을 살펴보고 물 상품화와 관련한 시사점을 짚어보면서, 이들이 어느 정도까지 **탈**상품화의 효과적인 세력으로 여겨질 수 있을지 가늠해볼 것이다. 특히 물 인권이 보장되는 미래와 공공 수도의 미래, 더 광범위하게는 공공재의 미래에 대해 이들이 일군 크고 작은 성공이 어떤 의미를 갖는지 고찰할 것이다. 마지막으로 '맺는 글'에서는 앞에서의 논의가 의미하는 바를 종합하면서, 병입생수라는 상품의 전 지구적 확산이 초래하는 악영향을 줄이고 업계의 행태를 규제하며 수도 접근성을 확대하기 위한, 또 그 밖에도 더 많은 일을 위한 구체적인 방안을 제안할 것이다.

이 책에서 살펴볼 다양하고 서로 교차하는 이슈들에 대해서는 물론 수많은 해석이 가능하겠지만, 나는 크게 다섯 가지로 내 나름의 주장을 개진하고자 한다. 첫째, 병입생수 산업은 민간 부문이 수익성 있게 사업화하는 데 커다란 걸림돌이 있는 수도 산업과 구별되는 특징을 가지며 이 특징 때문에 병입생수는 자본 축적에 더욱 이상적인 상품이 된다. 병입생수는 플라스틱 용기에 담겨 있고 이동성이 훨씬 높아서, 유지비용이 많이 드는 정교한 수도망을 건너뛴 채로 유통할 수 있다. 즉 병입생수는 대중이 공유하는 어떠한 공공의 노력으로부터도 연결을 끊을 수 있고 글로벌 규모에서 물 상품화를 가속화할 수 있다. 둘째, 그 특징 때문에 병입 및 포장생수의 성장은 모든 사람이 공공 수도 시스템을 통해 양질의 식수를 제공받을 수 있게 한다는 비전을 위협하며, 이 위협은 수도 민영화가 제기했던 위협보다도 더 클 수 있다. 사람들의 물 소비에서 병입생수라는 상품이 공공 당국이 (또는 공동체가) 관리하는 물을 점점 더 많이 대체하면서, 한 세기에 걸친 프로젝트였던, 그리고 세계의 많은 곳에서 공중보건과 건강에 셀 수 없는 이득을 가져다주었던 '모두에게 안전한 식수를 공적으로 제공하는 시스템'이 잠식되는 데 일조하고 있다. 셋째, 병입 및 포장생수는 '물을 가진 자'와 '물을 가지지 못한 자' 사이에 존재하는 인종적, 계급적, 지리적 분열을 단적으로 보여주며 이 분열을 더욱 강화한다. 글로벌 북부와 남부 모두에서 병입생수 의존이 확산되고 있다는 사실은 물 부정의의 단적인 지표다. 병입생수 의존성이 높아지면 기존의 사회적 불평등이 악화되며, 병입생수의 존재가 정부로 하여금 수도 시스템의 수리와 확장에 꼭 필요한 투자를 미루거나 기피하게 만들 수도 있다. 넷째, 병입생수 소비에 반대하고 공적으로 제공되는 식수 접근성을 확대하려는 소비자단의 운동과 상업적 물 추출에 반대하는 추출단의 운동은 떠오르고 있는, 그리고 점점 더 체계적으로 발달하고 있는 탈상품화 운동을 구성한다. 마지막으로, '병입생수 반대운동'과 수도 민영화에 맞서고 공공 당국이나 공동체가 관리하는 물 시스템을 촉진하고자 하는 '글로벌 물 정의 운동' 사이에 이미 부분적으로 연결이 이루어지고 있지만, 이 연결은 훨씬 더 확대될 수 있고 두 운동은 더 명시적으로 서로의 핵심 사안을 자신의 의제에 포함시킬 수 있다. 이 두 운동은 병입생수가 물 인권 실현에 제기하는 위협에 대한 공동의 비판을 중심으로 연합할 수 있을 것이다.

여러 나라와 여러 장소에서 수행한 인류학적 현장 연구가 이 책의 바탕이 되었다. 전반적으로 이 책은 2010년부터 2021년 사이의 10여 년에 걸쳐 미국, 캐나다, 멕시코, 브라질에서 수행한 연구의 결과물이다. 나는 이들 나라를 포함해 많은 곳에서 병입생수 추출과 소비를 둘러싸고 투쟁하고 있는 다양한 참여자를 만나 100건이 넘는 면접 조사를 진행했다. 각각의 투쟁이 벌어진 곳에서 서로 다른 입장을 가진 지역 주민, 풀뿌리 활동가, 물·환경·소비자 이슈에 대해 지역·국가·국제 단위에서 활동하는 활동가와 자원봉사자, 병입생수 회사 측 관계자, 물 연구자, 수도 당국 및 주정부 관계자, 지역의 선출직 공직자 등 다양한 사람들에게 이야기를 들었다. 이에 더해, 지역 공동체 회의, 학회, 국제 포럼, 저항 시위, 그 밖의 여러 공적 행사를 내가 직접 참관하고 작성한 기록과 공식 자료, 논문, 언론 보도 등도 종합하고 분석했다.

상품화, 민영화, 자본 축적, 탈상품화라는 이론적 개념을 살펴보고 물의 여러 형태에 이 개념들이 어떻게 적용되는지 알아보기 전에, 어떻게 해서 식수가 초창기의 시장 상품에서 공공재로 변모했는지, 그리고 어떻게 해서 다시 (부분적으로) 시장 상품이 되었는지 알아볼 필요가 있다. 병입생수의 확산이라는 놀라운 현상과 그 확산에 제동을 걸고 있는 사회운동을 심층적으로 알아보는 데 토대가 될 수 있게, 다음 장에서 이 과정을 먼저 알아보기로 하자.

1장

더 완벽한 상품

21세기로 접어든 이래, 세계가 대대적인 물 기근 위기에 직면해 있으며 과거에 석유를 두고 전쟁을 했다면 미래의 전쟁은 물을 두고 벌어질 것이라는 이야기가 언론과 대중 매체에 점점 더 많이 등장하고 있다.[1] 일례로 《뉴스위크》는 "세계는 물을 두고 전쟁 중"이라고 극적으로 선언하면서 다음과 같이 보도했다. "골드만삭스는 물을 '다음 세기의 석유'라고 묘사했다. 물을 두고 벌어지는 분쟁은 국지적으로 작게 시작되는 경향이 있지만 (…) 국내적인 소규모 요동도 문명의 유대가 끊어지면서 급격하게 큰 규모로 확전될 수 있다."[2] 과장된 언사는 둘째 치더라도, 이러한 보도는 종종 핵심적인 통찰 하나를 빼놓고 있다. '글로벌 물 위기'는 사회적으로 만들어지며 인간이 야기한 기후 변화, 생태적 파괴, 농업과 산업에 의한 과도한 추출 때문에 한층 더 악화된다는 사실이다.[3] 그렇더라도, 세계 곳곳에서 식수 접근성 부족이 실제로 중대한 긴급 상황을 일으키고 있기는 하다. 유엔에 따르면 2020년 현재 전 세계에서 7억 7100만 명이 어떤 종류의 안전한 식수원에도 접근하지 못하고 있다(실제 숫자는 이보다 훨씬 더 크리라고 보는 학자들도 있다).[4] 또한 20억 명 이상이 '개선된' 혹은 안전하게 관리된 수원에 접근하지 못하고 있고,[5] 23억 명이 기본적인 위생시설 없이 살아가고 있으며, 적어도 30억 명이 집에서 비누와 물로 손을 씻지 못한다.[6] 이질이나 콜레라 같은 수인성 질병은 세계 총 사망 건수의 5%가량을 차지한다.[7] '물을 가진 자'와 '물을 가지지 못한 자' 사이에 증가하고 있는 불평등을[8] '21세기의 가장 큰 범죄 중 하나'라고 묘사하는 사람도 있다.[9] 안전한 물에 대한 접근성 부족은 글로벌 규모로 벌어지는 사회적, 환경적 불평등의 핵심 표식이다.

글로벌 북부에서는 대체로 모든 가구가 공공 수도망에 연결되어 있지만 글로벌 남부의 많은 도시에서는 상위 및 중상위 소득 가구만 공공 수도망에 연결되어 있으며, 수도망에 연결되어 있는 경우조차 물 공급이 들쭉날쭉하기도 하고 수처리가 제대로 안 된 물이나 오염된 물이 나오기도 한다.[10] 중위 및 하위 소득 가구는 이런저런 비공식적인 식수원에 의존한다. 여기에는 정수물 리필 점포, 물 트럭, 지역적으로 병입한 물을 파는 판매상 등이 있는데, 이렇게 비공식으로 공급되는 물 모두가 부유한 사람들이 수돗물에 내는 것보다 단위량당 비용이 훨씬 비싸다.[11] 또 어떤 사람들은 옥외 공동 수도, 개인적으로 판 우물, 처리되지 않은 지표수 등에 의존한다.[12]

기후 변화도 세계의 많은 지역에서 담수 접근성을 떨어뜨리고 있다.

가뭄, 대수층 수위 저하, 과도한 추출의 악순환에서, 지하수 우물과 관정 전체의 많게는 5분의 1 정도까지도 "임박한 고갈에 직면했을 수 있으며" 대안적인 수원이 없거나 구매할 돈이 없는 "수십억 명이 담수 공급을 잃을지 모른다."[13] 2000년 이후만 보더라도 가뭄이 29% 증가했고, 대대적인 조치가 취해지지 않을 경우 2050년까지 세계 인구의 4분의 3이 1년 중 적어도 몇 개월을 물 부족water-stress 상태로 살게 될 것으로 보인다. 현재 그러한 인구가 세계 인구의 절반인 데서 크게 늘어나는 것이다.[14]

식수의 양, 질, 불평등과 관련된 위기가 높아지면서, 식수가 점점 더 수익성 있는 상품으로 여겨지게 되었다. 시장 가격으로 소비자에게 판매되는 제품으로 말이다. 하지만 어떤 자원이나 재화가 '상품'이 되면 그것에 대한 접근성은 돈을 지불할 수 있는 능력에 달리게 된다. 물은 생명에 필수적인 물질이고 대체 불가능하다. 그런 물의 가격을 시장이 정하게 두면 세계은행이 '유효수요effective demand'라고 부르는 것, 즉 '지불 능력을 수반한 수요'에 해당하지 않는 사람들은 그들이 닿을 수 있는 범위 안에 깨끗한 물이 존재하지 않게 될 것이다.[15] 이러한 근본적인 모순은 왜 최근 몇십 년 사이에 세계 곳곳에서 물 사유화에 반대하는 운동이 그토록 맹렬하게 벌어졌는지 알게 해준다.[16]

이 장은 세계 곳곳의 도시가 겪어온 수도 민영화 압력의 역사와 이데올로기, 그리고 수도 민영화의 현 상태를 알아보고, 이에 맞서온 저항운동을 일별하는 것으로 시작한다. 이러한 역사적 설명은 이 장의 두 번째 부분인 자연의 사유화와 상품화, 특히 물의 민영화와 상품화에 대한 이론적 접근의 토대가 된다. 이러한 이론적 렌즈를 이용해 수도 민영화와 병입 및 포장생수 사이의 핵심적인 차이를 짚어보고, 이 차이가 '모든 사람이 감당 가능한 가격대에서 안전한 식수를 사용할 수 있는 미래'에 대해 의미하는 바가 무엇인지 고찰할 것이다.

공공 수도 서비스의 민영화

지난 40년 사이에 물을 관리하고 운영하는 방식이 크게 달라졌다. 지리학자 캐런 바커는 이 전환을 '국가 주도 수자원 관리 패러다임'에서 '신자유주의 패러다임'으로의 전환이라고 묘사했다.[17] 전후 시기부터 1970년대까지 지배적이었던 국가 주도 수자원 관리 패러다임에서는 깨끗한 물 공급이 시민의 권리이자 공공재로 널리 여겨진 반면, 신자유주의 패러다임은 (1992년에 발표된 더블린 원칙Dublin Principles의 표현을 빌리면) 물이 "그것의 모든 경합하는 사용처에서 경제적 가치를 가지며 경제적 재화로 인식되어야 한다"고 본다.[18] 1980년대 이래 세계은행과 거대 민간 수도사업자를 필두로 다양한 행위자들이, 글로벌 남부의 많은 정부들이 증가하는 도시 인구에 수도를 공급하는 데 실패했다며 민간 시장만이 수도 서비스를 효과적으로 확장할 수 있다고 주장했다.[19] 진정한 가치대로 값을 매겨야만 희소한 자원인 물이 보존될 수 있다는 것이다. 그들에 따르면, 이 목적을 달성하기 위해서는 수도 공급을 민간기업이 담당해야 하고 국가는 단순히 규제 역할로만 축소되어야 하며 수도 사용자는 '고객'으로 간주되어야 했다. 그러려면 '총 비용 회수full-cost recovery'의 접근이 필요할 것이었는데, 수익 마진을 보장할 수 있을 만큼 수도요금을 올리는 것을 의미한다.[20] 이러한 이데올로기적 전환의 결과, 5000억 달러가 넘는 규모의 글로벌 민간 수도 서비스 산업이 생겨났다.[21] 이 산업의 약 4분의 1을 프랑스 다국적 기업 베올리아와 수에즈가 장악하고 있다.[22] 이 두 회사는 2022년에 부분적으로 합병했다.

수도 민영화가 전 지구적으로 촉진되기 시작한 기점을 꼽으라면 칠레의 피노체트 독재 시기로까지 거슬러 올라간다. 1980년에 칠레에서 시카고학파와 밀튼 프리드먼의 영향이 강하게 각인된, 급진적으로 친시장적인 전국물관리법이 도입됐다.[23] 하지만 수도 민영화가 진정으로 추동력을 얻은 것은 그보다 나중인 1980년대 말과 1990년대에 국제 금융기관들, 특히 세계은행과 국제통화기금이 심각한 부채 문제를 겪던 나라들에 소위 '구조조정 프로그램'을 부과하면서 채무 재협상의 조건으로 공공 유틸리티를 민간 입찰자에게 개방하라고 요구했을 때였다. 국가가 '모두에게 물을 제공하는' 역할에 실패했으니 그 역할을 민간이 메워야 한다고 주장하면서 말이다.[24] 하지만 글로벌 남부의 많은 나라가 도시 인구의 증가 속도를 따라갈 만큼 빠르게 수도 네트워크를 확장하지 못한 건 사실이어도, 이는 식민주의의 유산, 그리고 바로 그 구조조정 프로그램이 부채를 상환하도록 그 나라들에 부과한 엄격한 제약이 직접적인 원인인 면이 크다. 한편, 1989년에는 마거릿 대처가 잉글랜드와 웨일스에서 10개의 수도 당국과 그곳이 소유한 상하수도 자산을 매각해 전 지구적인 수도 민영화 추세에 사례를 보탰다.[25]

수도 민영화는 채권자의 압박 전술에 의해서뿐 아니라 이데올로기적 개입을 통해서도 확산되었다. 사회학자 마이클 골드먼은 1990년대 초 이래로 수도 공급을 민간 사업자가 담당한다는 개념에 전 지구적 '합의'를 만들어내기 위해 세계은행이 어떻게 글로벌 남부의 관료,

글로벌 수도 서비스 기업, 몇몇 NGO, ('세계 물 위원회'처럼) 업계의 입김이 강한 기구 등을 아울러 '초국적 정책 네트워크'를 구성했는지 드러냈다. 골드먼에 따르면, 수도 민영화는 세계은행이 지속가능 발전 담론과 시장 근본주의 확대가 결합된 '그린 신자유주의' 패러다임을 받아들였음을 상징적으로 보여준다.[26] 캐런 바커는 이 접근을 '시장 환경주의market environmentalism'라고 표현했다.[27] 뭐라고 부르건, 이 체제는 민간 사업자에 대한 수도 서비스 양허 계약이 극적으로 증가하게 만들었고 민간 수도기업의 글로벌 카르텔 형성과 성장을 촉진했다. 상위 5개 기업의 민간 수도 시장 점유율은 가장 높았을 때 70%가 넘었다.[28]

민영화라는 용어는 시장 요소를 도입하는 다양한 형태를 두루 포괄한다. 영국처럼 민간에 자산을 아예 매각하는, 상대적으로 흔하지는 않은 방식부터, 장기 리스나 양허 계약(수도 시스템의 소유는 여전히 공공 소유로 남아 있지만 운영, 유지 관리, 때로는 인프라 투자도 민간이 담당하는 아웃소싱 계약), 또 공공 당국이 소유하되 '마치 민간기업인 것처럼 운영'하는 '기업화'까지[29] 여러 형태가 있을 수 있다. '기업화'에는 종종 요금을 올리고 미납 고객에게는 서비스를 중지하는 것이 포함된다.[30] 글로벌 남부에서 대대적인 사회적 저항을 불러일으킨 민영화 중에는 수십 년짜리 양허 계약(주창하는 사람들은 종종 '민-관 파트너십 public-private partnership, PPP'이라고 부른다)이 많다. 통상적으로 이러한 계약은 민간 운영자가 일정 수준 이상의 수익 마진을 갖도록 보장하며 수도요금을 민간 운영자가 자유롭게 정할 수 있게 한다.[31]

민영화와 상품화가 얼마만큼이나 겹치는 개념인지는 물 연구자들 사이에 의견이 분분하다. 바커는 물이 갖는 생물리학적, 사회문화적 특징 때문에 "민간 소유와 시장 원리 도입이 꼭 상품화로 이어지는 것은 아니"라고 설명했다. 민영화가 늘 수익성이 있는 건 아니라는 말이다.[32] 즉 민영화는 진정한 상품화를 수반하지 않고도 이루어질 수 있다. 한편 어떤 사람들은 민영화를 상품화의 부분집합으로 본다.[33] 이 책에서는 **물 민영화**water privatization라는 용어를 공공 수도 시스템 혹은 공동체 관리 수도 시스템의 핵심 기능에 대한 운영을 민간에 양도하는 다양한 계약 관계를 의미하는 것으로 사용했다. 여기에는 양허와 장기 리스 같은 민-관 파트너십, 수도사업의 직접적인 매각 등이 모두 포함된다. 하지만 이 용어를 **상품화**commodification와 동의어로 쓰지는 않았다. 물 민영화는 더 폭넓은 개념인 물 상품화의 한 양상이라고 볼 수 있다. 상품화는 공공재나 공유재, 또 그 밖의 비非시장적 재화(혹은 자원 혹은 서비스)였던 것이 시장으로 들어와 상품으로 변모되는 것을 말한다.[34] 때로는 상품화와 민영화가 겹치기도 하지만, 상품화는 민영화 없이도 일어날 수 있으며 병입생수의 독특한 특징이 이를 명료하게 보여준다. 또한 물 정의 활동가들이 상품화와 민영화 사이의 경계에 대한 학계의 논쟁에 종종 관심을 덜 기울였다는 점도 염두에 두어야 한다. 많은 물 정의 활동가들은 'water privatization'이라는 말을 물 시장화의 모든 형태를 포괄하는 **사유화**의 의미로 사용하며, 물 사유화가 인권 및 공공의 이익과 대척점에 있다고 본다.[35]

수도 민영화의 파도는 어떤 결과를 가져왔을까? 짧게 답하자면, 그것을 주창한 사람들이 내걸었던 약속에 미치지 못했다. 글로벌 남부의 수도 민영화, 특히 가장 흔한 형태인 거대 다국적 기업에 장기 양허를 준 민영화(부에노스아이레스, 요하네스버그, 마닐라 등이 그런 사례다)의 실적을 평가한 연구가 많이 이루어져 있다. 일부 연구에서 민간 양허 이후 몇몇 도시의 수도 보급 가구 수가 증가한 경우도 나타나긴 했지만,[36] 대다수의 연구는 물 시장화가 '모두에게' 수도를 보급한다는 목적은 고사하고 수도 서비스를 어느 정도나마 비중 있게 확대하는 데도 실패했다고 결론 내리고 있다.[37] 세계은행 자체도 민간 양허가 유의미한 정도의 신규 수도 보급 건수를 달성하지는 못했다고 인정했다.[38] 글로벌 남부 전반적으로 수도 민영화의 실적을 보면, 요금 급등, 요금 미납 가구에 대한 대대적인 단수, 약속했던 수준의 수도 보급 실패, 수질 안전 관련 사건 증가, 하수 넘침, 콜레라와 같은 질병 확산 등이 보고되었다.[39] 어떤 경우에는 수도요금이 너무 올라 "도저히 감당이 불가능해진 나머지, 사람들이 오염된 수원에 식수를 의존해야 하는 지경에까지 이르렀다."[40] 깨끗한 물에 대한 접근성이 오로지 지불 능력에 의해서만 결정되면 어떤 사람들은 접근성을 잃게 된다. 그리고 당연한 말이지만, 깨끗한 물 접근성을 잃는 것은 목숨을 위협하는 문제일 수 있다.

또한 민영화는 성별에 따라 다르게 영향을 미치기도 한다. '총 비용 회수' 접근으로 요금을 산정해 물값을 올리면 가난한 가정의 경제에도 막대한 영향을 미치지만 여성의 경제적, 물리적 안전에도 막대한 영향을 미칠 수 있다.[41] 정치생태학자 로단테 알러스는 "물 분야에 시장 메커니즘이 도입되면서 성별에 따른 불평등한 자원 접근이 영구화되고 정당화된다"고 언급했다.[42] 세계의 많은 지역에서 물을 긷는 것이 주로 여성과 여아의 일이다 보니, 수도요금을 내지 못해 단수가 되어 멀리 물을 길으러 가야 할 때 추가적인 노동 부담을 지는 사람도 여성과 여아이기 쉽다. 여아들은 학교를 다니지 못하게 되고 육체적으로 고된 일을 추가로 해야 하며 부상이나 성폭력 위험에도 취약해진다.[43]

민영화에 맞서는 저항

수도 민영화에 맞서 세계 곳곳에서 거센 반대와 저항이 일었다. 볼리비아, 에콰도르, 우루과이, 아르헨티나, 니카라과, 엘살바도르, 탄자니아, 남아프리카공화국, 나이지리아, 인도네시아, 필리핀 등 수많은 나라에서 대대적인 민중 저항이 분출했다.[44] 2000년과 2005년에 볼리비아의 코차밤바와 엘 알토에서 있었던 기념비적인 '물 전쟁'이 특히 학계와 대중의 많은 관심을 끌었다. 코차밤바에서는 세계은행이 강제한 민영화에서 단독으로 입찰에 참여한 미국 기업 벡텔 코퍼레이션의 현지 자회사가 수도 양허를 얻은 뒤 수도요금이 많게는 200%나 뛰면서 2000년 4월에 주민들이 대규모 저항에 나섰다. 결국 정부가 물러섰고 벡텔 자회사 경영진은 서둘러 볼리비아를 떠났으며 양허 계약은 취소되었다.[45] 그다음으로 2005년의 물 봉기는 선주민 인구가 많은 엘 알토에서 수에즈의 자회사가 라 파스/엘 알토 수도 서비스를 민영화한 데 반대해서 일어났다. 이때에도 대대적인 시위와 파업이 이어졌으며 결국 양허가 취소되었고 2005년 12월 [선주민인] 에보 모랄레스가 대통령으로 당선되는 데도 영향을 미쳤다.[46] 몇몇 논평가들은 이러한 반反민영화 운동의 성과가 신자유주의 모델을 저지한 초기의 주요 승리 사례라고 말한다. 반민영화 봉기에 나선 풀뿌리 지역 운동은 라틴아메리카의 레드 비다Red Vida, 유럽물운동European Water Movement, 국제공공부문노조연맹Public Services International 등 지역 단위에서, 또 글로벌 단위에서 활동하는 다양한 단체, 노조, 네트워크의 지원을 받았다. 이들 모두가 '글로벌 물 정의 운동'을 구성하고 있다.[47]

민영화 반대자들은 수도를 포함해 공공 유틸리티가 시장 논리와 구조적으로 부합하지 않는다고 주장한다. 이윤 동기와 주주 이익 극대화의 의무가 수질 및 수도 시스템의 유지 관리에 필요한 장기적인 투자와 합치되지 않는다는 것이다.[48] 민영화 이후 수익 마진을 보장하기 위해 요금을 급격하게 올릴 필요가 있었고 요금을 못 내는 사람들을 물 공급에서 배제하는 결과로 이어졌으므로, 민영화 반대자들은 생명을 지탱해주는 자원의 민영화는 대중의 후생에 해로우며 물은 반드시 비영리 기반으로 운영되어야 한다고 주장한다.

글로벌 남부의 풀뿌리 활동가들, 그리고 글로벌 북부에 기반을 둔 물 정의 단체들이 수도 민영화와 물 접근성 위기에 대해 제기한 우려와 활동은 물이 '인권'임을 선언하기 위한 중요한 운동으로 수렴되었다. 1948년의 기념비적인 세계인권선언은 식품, 의복, 주거, 의료, 교육에 대한 권리는 명시적으로 언급했지만 물에 대한 권리는 따로 언급하지 않았다.[49] 캐나다의 저명한 물 활동가이자 작가인 모드 발로는 "당시에는 물이 인권의 차원을 갖는다고 여겨지지 않았고 물은 사실상 무한하게 존재한다고 여겨졌다"고 설명했다.[50] 하지만 2010년, 이 운동이 일으킨 10년간의 압력 끝에 유엔 총회와 유엔 인권위원회가 마침내 깨끗한 식수와 위생에 대한 접근성이 인권이라고 선언했고, 이것은 물 정의 활동가들에게 중요한 승리였다.[51] 이 결의안은 "안전하고 깨끗한 식수와 위생에 대한 권리는 삶을, 또 모든 종류의 인권을 온전히 누리는 데 필수적인 인권"이라고 명시하고 있다.[52]

이 선언이 정부에 책무를 지우려는 사람들에게 가치 있는 도구이긴 하지만, 물 인권을 실제로 실현하는 일은 여전히 막대하게 어려우며 시장의 통제로 한층 더 어려워지고 있다. 또한 유엔의 물 인권선언이 물을 꼭 공공 당국이 제공해야 한다고 말하고 있지도 않다. 민간 수도기업들은 (심지어 몇몇 유엔 당국자도) 영리 기업이 물을 공급하는 형태가 물 인권과 합치 가능하다고 주장한다.[53] 이는 유엔 지속가능발전목표 중 하나(SDG-6)인 "(2030년까지) 모든 사람이 안전한 식수에 감당 가능한 가격대에서 평등하게 접근할 수 있게 한다"는 국제적 목표를 달성하기 위한 수단에 어떤 것들이 포함될 수 있는가와 관련해 중요한 질문을 제기한다.[54]

그런데 최근에 시계추가 민영화에서 다시 멀어지는 방향으로 움직이기 시작했다. 2000년대 초부터 지역정부나 중앙정부가 민간과 맺었던 수도 양허 계약을 종료하는 사례가 많아졌다. 기업이 계약 조건을 준수하지 않았거나, 인프라나 시스템 확장에 필요한 투자를 하지 않았거나, 대중의 반대가 심했거나, (특히 라틴아메리카에서) 이 모두와 함께 국가의 정치적 이데올로기가 달라졌거나 등의 이유가 작용했다. 또 어떤 경우에는 이윤도 충분히 나지 않는데 대중의 거센 저항에까지 맞닥뜨린 기업이 스스로 양허 계약을 종료하고 나갔다.[55] 독일의 RWE는 한때 세 번째로 큰 민간 물 서비스 기업이었는데 전 세계에 보유하고 있던 100억 달러 상당의 물 서비스 자산의 상당 부분을 매각했다.[56]

이러한 탈민영화 추세의 이유는 수도 민영화가 병입생수 형태의 물 상품화와 다르다는 사실과 관련이 있다(이 차이는 뒤에서 자세히 살펴볼 것이다). 민간 자본이 막상 들어와 보니, 가난한 인구가 많은 도시에서 인구 전체에 수도 서비스를 제공하는 것이 충분한 수익을 내어주는 일이 못 된다는 사실을 깨달은 것이다. 여기에는 몇 가지 이유가 있다. 첫째, 장기적으로 수처리 및 물 수송 인프라를 확대하고 유지 보수하는 데 들어가는 막대한 비용이 단기적으로 주주 이익을 극대화해야 할 필요성과 충돌한다.[57] 둘째, 수도 공급은 마진이 낮은 사업이다. 민간기업이 목표로 삼는 수준의 이윤을 얻기에 충분할 만큼 수도요금을 올리기는 어렵다. 그렇게 올리면 물값을 못 내는 많은 가구에 물을 끊어야 하는 상황으로 이어지는데, 이는 대대적인 사회적 분쟁을 촉발할 수 있다. 전반적으로 말해서, 가난한 인구가 많은 글로벌 남부의 도시에서 수도 서비스 민영화는 기업에 충분한 수익을 가져다주지 못한다. 지리학자 알렉스 로프터스는 "가난한 사람들에게 서비스를 제공하기 위해 대규모의 장기적인 인프라를 개발하고 그것으로부터 민간 투자자가 기대하는 수준의 수익을 올린다는 것은 상상도 못하게 어려운 일"이라고 말했다.[58] 셋째, 반민영화 투쟁이 승리한 사례 자체는 적지만 이를 본 투자자들이 리스크를 더 크게 인식하게 되고 기업의 평판이 훼손되면서, 이 역시 많은 민간 계약이 취소되는 데 영향을 미쳤다.[59] 한 수도기업은 민간 수도업계에 대한 시장 분석에서 이렇게 언급했다. "[수도는] 민간 사업자가 진입하기에 여전히 어려운 분야다. 현재까지 이루어진 전체 계약(1억 1900만 명의 인구가 포괄되는 120개의 계약) 중 인구 기준으로 12%가 종결되었다. (…) 계약의 8.9%가 정해진 기간보다 일찍 종결되었다는 점은 중대한 리스크 요인이다."[60]

  민영화의 별 볼 일 없는 성과와 대중의 저항으로, 지난 20년 사이에 수백 개의 도시가 수도 시스템을 '재공영화remunicipalization'했다. 민간기업에 허가해주었던 계약을 종료하고 수도를 공공의 관할로 다시 가져온 것이다. 최근의 굵직한 사례로는 마닐라와 자카르타가 있다. 2020년에 트랜스내셔널 연구소는 36개 국가의 수도 재공영화 사례 303건을 분석했는데, 프랑스, 미국, 스페인, 독일에서 재공영화가 가장 많았다.[61] 또한 볼리비아, 우루과이, 에콰도르 등은 아예 헌법으로 물 민영화를 금지했다.[62] 하지만 볼리비아 코차밤바의 세마파 SEMAPA(2000년에 수도 민영화에 맞서 물 전쟁이 일어난 바 있는 코차밤바에서는 수도가 재공영화되어 수도공사인 세마파가 수도 서비스를 관할하게 되었다)를 포함해 수도가 재공영화된 글로벌 남부의 몇몇 수도 당국은 낮은 투자, 높은 부채, 수도망 확장의 어려움 등으로 여전히 고전하고 있다.[63] 이 같은 문제를 타개하기 위한 방법으로 물 정의 활동가들이 주목하는 한 가지 모델은 '**관**-관 파트너십'이다. NGO, 노조, 다른 도시나 국가의 수도 당국 등과 파트너십을 맺어 전문 지식을 교환하고 자원을 공유하며 효율성을 높이자는 것이다.[64]

민영화, 재정 긴축, 높은 물값의 문제: 글로벌 북부의 경우

글로벌 북부 전반적으로 민간 자본이 수도사업 분야에 진입한 과정은 몇몇 공통된 다이내믹을 따라 이루어졌다. 북미와 유럽 상당 지역에서 18세기와 19세기에 생겨난 최초의 식수 공급 시스템은 대개 민간기업에 의해 발달했지만, 질병, 오염, 낮은 수압, 불충분한 공급 등 문제가 많았다. 앨런 스니토, 데버라 코프먼, 마이클 폭스는 "국가 전역에서 같은 패턴이 반복되었다"며 "민간의 물 관리는 종종 파이프 누수, 수질 오염, 질병의 발생을 의미했다"고 설명했다. 그 결과, 20세기 초가 되면 수도 시스템의 관리와 운영을 대체로 도시 당국이 맡게 되었다.

미국과 캐나다 전역에서 이야기는 비슷했다. 인구가 증가하면서 민간 수도사업자들은 필요를 충족하기에 충분한 자원이 없었다. 시민들은 채권으로 자금이 조달되고 믿을 만한 엔지니어와 전문가가 운영하며 지역정부가 관할하는 형태의 현대적인 공공 수도 시스템을 요구했고 차차로 이를 얻어냈다. 미국은 공공이 깨끗한 물을 합리적인 가격으로 공급하는 놀라운 수도 시스템과 지금까지도 세계 최고로 여겨지는 하수 시스템을 구축했다. 현재 미국인의 대략 85%가 지역 당국이 운영하는 공공 소유 수도 시스템이 있는 곳에 살고 있다. 수세대 동안 물은 공공 신탁 자산이었다.[65]

이러한 발달은 인간의 후생에 기념비적인 영향을 미쳤다. 1900-1936년에 미국 도시들에서 사망률과 영아사망률이 극적으로 줄었는데, 한 연구는 그 감소분의 각각 절반 정도와 4분의 3 정도를 수질 개선 덕분으로 설명할 수 있다고 추산했다.[66]

하지만 1990년대를 거치면서 수도 서비스의 민영화를 밀어붙이는 압력이 생겨났다.[67] 애틀랜타, 인디애나폴리스, 뉴올리언스, 스톡턴(캘리포니아주), 더 최근에는 볼티모어 등 미국의 몇몇 대도시들이 수에 즈, 베올리아 같은 기업과 양허 계약을 맺어 상하수도 관리를 넘겼다. 하지만 좋지 못한 성과 때문에 대규모 양허 계약 대부분이 나중에 취소되었고 이들 북미 도시들도 수도 서비스가 재공영화되는 전 지구적인 추세에 합류했다.[68]

재공영화가 되었더라도 이미 훼손된 상하수도 인프라 때문에 미국의 수도 시스템은 점점 더 심각한 어려움에 처하고 있다. 수십 년 동안 이어진 불충분한 투자와 재정 긴축의 결과다. 연방정부의 자금 지원이 대폭 축소되면서(1977년과 2017년 사이에 실질 기준으로 77%나 급감했다) 많은 지역정부가 상하수도 시스템의 노후화 속도를 따라가지 못하는 바람에, 밀려 있는 유지 보수 비용이 1조 달러가 넘는 것으로 추산된다.[69] 캐나다도 비슷한 처지다.[70] 이는 신자유주의적 긴축하에서 (특히 대침체 이후 긴축 정책이 본격적으로 시행되면서) 정부가 공공 서비스를 제공하는 역할에서 얼마나 많이 후퇴했는지를 단적으로 보여준다.[71] 여전히 미국 대부분 지역에서 수돗물은 식수로 쓰기에 충분히 안전하지만, 긴축 시기의 투자 감소는 몇몇 수돗물 오염 사태를 불러왔고 이는 병입생수 수요가 증가하는 데 한층 더 기여했다.

수도 인프라 유지 보수에 필요한 막대한 비용 부담 때문에, 민-관 파트너십과 민간 매각이 예산 부족으로 쪼들리는 도시 당국들에 매력적인 대안으로 다시 떠올랐다. 특히 펜실베이니아주와 뉴저지주처럼 그렇게 하는 경우에 인센티브를 제공하는 주법을 통과시킨 주가 많아지면서 더욱 그렇게 되었다.[72] 칼라일그룹 등 사모펀드들도 높은 단기 수익을 노리고 미국의 민간 수도사업자와 공공 수도사업자 모두를 대상으로 인수에 열을 올리기 시작했다.[73] 투자자에게 부유한 나라의 수도 서비스는 글로벌 남부 대다수 지역의 수도 서비스에 비해 매력적인 투자처라는 뜻이다. 어떤 논평가들은 부유한 나라에서 벌어지는 이 같은 현상을 '재난 자본주의'의 사례라고 묘사한다. 정치 엘리트와 투자자들이 공공 자원의 민영화와 상품화를 진전시키기 위해 위기(자연재난뿐 아니라 재정 위기도)를 이용하고 있음을 강조하는 표현이다.[74]

이러한 추세에서도 미국 인구 중 공공 수도 시스템에 포괄되는 비중은 2007년 83%에서 2015년 87%로 오히려 약간 높아졌다. 여러 연구에 따르면, 민간 수도사업자가 수도를 운영하는 곳에 사는 사람은 공공 수도 시스템이 갖춰진 곳에 사는 사람보다 평균적으로 수도요금을 59% 더 내는 것으로 나타났다. 민간 사업자는 부채 조달 비용이 더 높고 투자자에게 수익을 창출해주어야 할 의무가 있기 때문이다.[75]

공공 당국이 제공하는 수돗물은 덜 비싸지만, 그럼에도 미국에서 물값이 너무 올라 많은 사람들에게 감당 가능한 수준을 넘어서면서 심각한 위기가 이어지고 있다. 상하수도 시스템의 유지 관리 부담을 오롯이 져야 하게 된 도시 당국들은 수도요금을 올려 비용을 사용자에게 전가했다. 2017년 현재 미국 가구 중 거의 12%가 상하수도 비용을 감당하는 데 어려움을 겪고 있으며(가구 소득의 4.5%가 넘는 경우를 의미한다) 2022년이면 이 숫자는 35%로 높아질 전망이다.[76] 미국 12개 도시를 대상으로 한 2020년의 한 연구에 따르면 불과 8년 사이에 상하수도 요금이 평균 80%나 오르면서 도시 주민 중 많게는 40%가 비용을 감당할 수 없게 된 것으로 나타났다.[77] 또한 2020년에 발표된 전국 대상의 한 연구는 [2019년 기준] 저소득층 가구들이 수도와

하수 처리 요금으로 월소득의 평균 12.4%를 지출하고 있다고 밝혔다.[78] 물값 위기의 대표 도시라면 2014년 이래 수도요금 미납으로 단수를 겪은 가난한 가구가 10만이 넘는 디트로이트를 꼽을 수 있겠지만, 대대적인 단수는 다른 도시에서도 많이 일어나고 있는 일이다.[79] 파이프가 낙후되었고 빈곤율이 높고 수도 서비스를 민간이 제공하고 주의 법제가 민영화에 유리하게 되어 있는 도시일수록 물값 위기가 심각하다.[80]

유럽에서도 대부분의 도시에서 수도 시스템은 오랫동안 공공 당국이 관리했다(수에즈와 베올리아가 있는 프랑스만 예외였다). 하지만 대처 총리 시기에 영국이 수도를 민영화한 뒤 스페인 등 다른 유럽 국가들도 뒤를 따르기 시작했다. 2007-2010년의 글로벌 금융 위기 이래로 국제통화기금, 유럽연합, 유럽중앙은행, 소위 '트로이카'는 포르투갈, 아일랜드, 스페인, 그리스에 민영화를 강제했다.[81] 민영화와 '총 비용 회수' 원칙이 도입되면서 이들 나라에서도(특히 그리스와 이탈리아에서) 많은 가구가 단수를 겪는 결과로 이어졌고, 이는 대대적인 저항을 촉발했다.[82]

상반되는 조류들: 수도 민영화의 현 상태

현재는 수도 민영화 압력이 어떤 상태일까? 전반적인 풍경은 혼합적이다. 2015년 기준으로 민간기업이 6억 4600만 명에게 수돗물을 제공하고 있었다. 이는 당시 전 세계 인구의 9%가 약간 안 되는 비중이었고, 1990년에 5000만 명이었던 데 비해 크게 늘어난 것이었다. 이에 더해 또 다른 4억 500만 명이 민간기업으로부터 하수 처리 서비스를 제공받고 있었다.[83] 하지만 같은 시기에 라틴아메리카의 상당 지역,[84] 서유럽, 그리고 인도네시아의 자카르타나 가나의 아크라 같은 글로벌 남부의 몇몇 대도시에서 초국적 수도 서비스 기업들이 철수하는 움직임도 두드러지게 있었다. 물 연구자인 그레고리 피어스는 2000년대 초중반에 나타난 수도 서비스 기업의 '전략적 후퇴'에 이어 2008년 대침체 이후로는 민영화의 '얕은 확장'이 전개되었다고 설명했다. 초국적 수도 서비스 기업의 역할은 줄고 국내 자본과 사모펀드의 관여가 커지는 형태를 말한다. 수도 민영화의 이러한 확장은 두 가지 양태로 벌어지고 있다. 한편에서는, 중국, 인도, 그리고 최근에는 브라질(극우 성향인 자이르 보우소나루 대통령 집권 후 민영화를 대대적으로 추진하고 있다) 등 중위 소득 국가에서 민간 사업자의 수도 공급이 상당히 확대되었다. 다른 한편에서는, 남유럽 국가들에 해외 채권자들이 탑다운으로 민영화를 강제했다.[85] 이는 부채에 시달리던 글로벌 남부의 채무국들이 구조조정 시기에 겪었던 더 이른 사례들과 놀랍도록 비슷하다. 사실 글로벌 남부의 구조조정은 이름이 바뀌었을 뿐 없어지지 않았다. 세계은행의 '고부채 최빈국 이니셔티브' 국가들은 여전히 채무 재조정의 전제 조건으로 공공 유틸리티를 민영화해야 한다. 바커는 물에 대한 "신자유주의 프로젝트가 축소된 것이 아니라 정교화되고 있는 것"이라고 현 상황을 진단했다.[86]

요컨대, 현재는 상반되는 조류가 공존한다. 한편에서는 진정한 재공영화와 탈민영화 추세가 벌어지고 있고 다른 한편에서는 새로이 민영화가 이루어지고 있는 것이다(후자는 주로 중위 소득국에서 나타나고 있지만 글로벌 북부의 몇몇 지역에서도 볼 수 있다). 또한 민간기업으로부터 수돗물을 공급받는 사람의 수는 증가했지만, 민영화를 촉진한 사람들과 비판한 사람들 모두가 예상했던 것보다는 느리게 증가했다. 여전히 전 세계에서 수도 서비스를 이용하는 가구 중 90%가 공공 당국이나 공동체가 관리하는 수도 시스템에 연결되어 있다.[87] 하지만 또 다른 양상의 물 상품화가 훨씬 더 빠르게 진전되고 있는데, 바로 병입생수다.

민영화, 상품화, 자본 축적

자연의 상품화와 사유화는 생명과 생계를 지탱해주는 자원에 대한 접근성이라는 사회정의의 이슈에서도, 지속가능성과 생태적 영향이라는 이슈에서도, 커다란 사회적 충돌을 불러일으켰다. 물이 어떻게 이러한 긴장을 대표적으로 보여주는지 알려면 상품화에 대한 주요 이론적 개념들을 살펴보는 것이 유용하다.

　헝가리 경제사학자 칼 폴라니는 역작 《거대한 전환》에서 '허구적 상품fictitious commodities', 즉 노동, 토지, 화폐에 대해 설명하면서, 이 허구적 상품들이 소위 '자기 조절적'이라고들 하는 시장경제의 파괴적 경향성에서 핵심 요소라고 주장했다.[88] 진정한 상품은 '시장에서의 판매를 목적'으로 '생산'되는 것인데, 폴라니에 따르면 "노동은 삶 자체와 함께 가는 인간 활동의 또 다른 이름이지 판매를 위해 생산되는 무언가가 아니다." 토지도 "자연의 또 다른 이름이지 인간이 생산하는 것이 아니며," 마지막으로 화폐도 "단지 구매력을 상징하는 것일 뿐 (…) 인간이 생산하는 것이 아니다." 즉 "이 중 어느 것도 '판매를 염두에 두고' '생산'되는 무언가가 아니며, 따라서 노동, 토지, 화폐를 상품으로 묘사하는 것은 전적으로 허구다."[89]

물론 현실에서 자연은 여러 형태로 상품화된다. 하지만 자연을 시장에서의 판매를 목적으로 생산되는 본래적 의미의 상품인 것처럼 다루면 끔찍한 사회적, 생태적 결과를 낳게 된다. 폴라니는 "시장 메커니즘이 인간과 인간을 둘러싼 자연환경의 운명을 결정하는 데 유일한 지침으로 작동하게 두면 (…) 사회의 붕괴가 초래될 것"이라고 언급했다. "자연은 그것의 요소들로 해체될 것이고, 이웃과 풍경은 더럽혀질 것이며, 강물은 오염될 것이고, 군사의 안전은 망가질 것이고, 식품과 천연자원을 생산하는 생산력은 파괴"되리라는 것이다.[90] 또한 폴라니는 산업혁명의 이 같은 파괴적 영향이 그에 대한 반작용으로서 시장의 압제에 저항하는 '자기 보호 운동'을 불러일으킨다고 보았다. 실제로 19세기 말과 20세기 초에 폴라니가 말한 '이중 운동double movement'이 벌어졌다. "진정한 상품의 영역에서는 시장화가 확산되는 한편으로 허구적 상품의 영역에서는 자본에 대한 정부 규제 증가와 노동운동의 성장, 복지국가 시스템의 확대 등을 통해 시장화가 제약되었다"는 것이다.[91] 하지만 신자유주의적 세계화는 다시 한번 이러한 안전판의 상당수를 없애거나 약화시켰고, 허구적 상품을 인간 신체 부분이나 특허받은 생명체, 종자, 유전자처럼 한층 더 새로운 영역으로까지 확대했다.[92] 물은 폴라니가 말한 '토지'의 한 요소이며 현시점에 허구적 상품의 위험성을 잘 보여주는 사례다.

또 다른 학자들은 물이 시장화 가능한 상품으로 전환된 것을 '시초축적primitive accumulation'의 한 형태로 묘사했다. 자본주의가 생산 수단과 생계 수단에 대한 노동 대중의 사회적 접근성을 끊어버렸던 역사적 과정을 강조한 카를 마르크스의 분석에서 따온 용어다.[93] 마르크스가 제시한 주요 사례는 16세기와 17세기에 잉글랜드에서 벌어진 토지 인클로저다. 목축이나 식량 생산에 쓰이던 방대한 공유지가 대토지 소유자의 사적인 사용을 위해 울타리 쳐지면서 사유화되었고, [공유지에 접근하지 못하게 된] 소농민은 도시로 밀려나 임금에 의존하는 프롤레타리아트가 되어야 했다. 하지만 이 과정은 과거에 있었던 인클로저의 역사적 사례만으로 끝나지 않았고 '시초' 축적이나 자본주의의 '원시적' 단계에서만 이루어진 일도 아니었다. 예를 들어 경제학자이자 철학자인 로자 룩셈부르크는 이러한 동학이 지속적으로 펼쳐지는 과정이라고 보았다. 룩셈부르크에 따르면, 자본주의는 이윤을 일으켜줄 새로운 자원에 접근하기 위해 비자본주의적인 영역으로 계속해서 확장되어야 할 내재적인 필요성을 가지고 있다. 그러한 영역에는 천연자원과 (자유롭거나 거의 자유로운) 노동도 포함된다. 또한 룩셈부르크는 유럽의 식민주의와 제국주의가 강제로 새로운 시장을 연 것이 자본주의의 확장 과정에서 중요한 역할을 했다고 강조했다.[94]

더 최근에는 데이비드 하비가 이 이론을 한층 더 발전시켜 '강탈에 의한 축적accumulation by dispossession'이라는 유명한 개념을 제시하면서, 이것이 현재까지도 지속적으로 이루어지고 있는 과정임을 강조했다. 하비에 따르면, 강탈에 의한 축적은 자본가가 과잉 축적의 위기에 대응하는 방식이다. 과잉 축적은 "잉여 자본이 (…) 수익을 내어줄 통로가 마땅히 보이지 않아서 이용되지 못한 채 놀고 있는" 상황을 말한다.[95] 1970년대 말 이래로 과잉 축적이 팽배했는데, 이러한 상황에서 수익성을 유지하거나 되살리려면 자본은 반드시 새로운 영역을 정복해야만 한다. 이때 "강탈에 의한 축적이 하는 일은 일군의 자산을 (…) 매우 낮은 비용으로(어떤 경우에는 제로 비용으로) 풀어 내놓는 것이다. 그러면 과잉 축적된 자본이 그러한 자산을 확보해 곧바로 수익성 있는 사용처로 돌릴 수 있다."[96] 이 과정의 핵심이 바로 상품화다. 공동 소유나 공적 소유였던 재화, 자산, 서비스가 상품이 되어 시장으로 들어오게 하는 것이다. 하비는 민영화를 강탈에 의한 축적의 '최첨단'이라고 묘사했고, 세계은행, 국제통화기금, 세계무역기구 등이 "전 세계에서 수도를 비롯해 모든 종류의 공공 유틸리티에 민영화를 강제한 것"이 핵심적인 역할을 했음을 강조했다.[97] 이러한 현대판 인클로저는 상품화를 [특정한 사람들에 대한] 경제적, 물리적 배제와 결합한다. 또한 하비는 강탈에 의한 축적에 저항하는 전 세계의 사회운동을 묘사하면서, 이 운동들이 공통적으로 '공유재의 회복'을 강조하고 있음을 짚어냈다.[98]

몇몇 학자들은 하비의 개념을 구체적으로 '물' 상품화에 적용했다.[99] 지리학자 에릭 스빙에다우는 "자연 자체가 오랫동안 상품화에 저항해왔지만 최근에는 자연, 그리고 자연에 속한 물이 가차 없이 축적의 새로운 원천을 추구하는 자본의 움직임에서 핵심 요소가 되고 있다"며 "지역적이고 또한 전 지구적인 안무가 지역의 H_2O를 동원하는 데 사용되어 H_2O를 돈으로 만들고 자본 순환의 초국적 흐름 안에 밀어 넣고 있다"고 언급했다.[100] 식수의 민영화는 자연이 지속적으로 상품화되는 더 폭넓은 과정의 한 측면으로 볼 수 있으며 이것이 글로벌 기업의 지속적인 자본 축적 전략(즉 이윤 축적 전략)과 연결되어 있다는 것이다.

그렇다면, 자본의 전반적인 경향성은 계속해서 새로운 영역을 시장으로 더 많이 통합하는 것이라 할 수 있다. 여러 학자들이 이러한 경향성을 일컬어 '모든 것의 상품화'라고 칭했다.[101] 많은 이들이 상품화를 가차 없는 일방통행의 과정으로 보지만, 반대 방향의 움직임도 가능하다. 자연 세계와 인간 사회에서 전에는 상품화되지 않았던 영역들로까지 시장의 침투가 확대되는 것을 막으려는 다양한 사회운동과 대안적 실험을 묘사하기 위해 **탈상품화**decommodification라는 개념이 점점 더 많이 쓰이고 있다. 사회학자 존 바일은 탈상품화를 "일상의 삶에서 시장의 범위와 영향력을 줄이려는 정치적, 사회적, 문화적 과정"이라고 설명했다.[102] 캐나다 사회과학자 고든 렉서와 데니스 소론은 탈상품화의 목적이 꼭 "상품, 소비, 시장을 통째로 거부"하는 것은 아니며, 그보다는, 시장의 범위와 힘에 제한을 가하려는 것이라고 설명했다.[103] 폴라니가 언급했듯이, 20세기의 복지국가는 중요한 수많은 재화, 자원, 사회 서비스를 시장경제의 영역에서 제거함으로써 부분적으로 탈상품화된 사회를 만들었다.

수도 민영화에 반대하고 물 인권을 옹호하는 다양한 물 정의 운동과 활동가들은 폴라니가 말한 '탈상품화를 위한 저항운동'을 나타낸다고 볼 수 있다. 이들의 목적이 물 상품화를 수익성 없어지게 만들고 더 어려워지게 만들며 사회적으로 더 용납되지 않게 만들고 때로는 불법이 되게 만듦으로써 물 공급을 공공 영역이나 공동체 영역의 기능으로 되찾아오려는 것이기 때문이다.[104] 뒤에서 설명하겠지만, 병입생수 및 포장생수에 도전하는 운동에 대해서도 마찬가지로 이야기할 수 있을 것이다.

물이 자본 축적과 잘 맞지 않은 이유

병입생수가 물 상품화 과정의 주요 장애물을 어떻게 극복했는지 알아보기 전에, 잠시 방향을 돌려 물이 아닌 영역에서 비슷한 사례를 살펴보는 것이 좋겠다. 바로 농업 영역이다. 수십 년 동안 농촌사회학자들은 어리둥절한 질문 하나를 두고 고심했다. 왜 농업의 일부 요소는 수익성 있게 상품화, 산업화하기가 그토록 어려운가? 농촌사회학자 잭 클롭펜버그 등은 종자에 초점을 맞추었다.[105] 이들의 설득력 있는 주장에 따르면, 종자는 자기 재생산이 가능하고 저장될 수 있다는 독특한 특성 때문에 "자본 축적에 특히 커다란 걸림돌이었다."[106] 생산수단이자 곡식이라는 종자의 이중적 속성으로 인해 "곡식과 달리 종자는 상품의 형태로 온전히 들어오는 데 저항성이 있었다."[107] 이들은 자본이 이와 같은 구조적 장벽을 극복할 수 있게 해준 요인도 탐구했는데, 특히 유전자 조작 기술과 종자 바이오테크 기술의 역할에 주목했다. 유전자 조작은 옥수수, 대두, 사탕무, 유채[카놀라] 등 몇몇 주요 작물에서 자본이 종자 상품화의 장벽을 극복하게 해주었다. 실제로 이로써 글로벌 종자 산업이 인수 합병을 통해 놀랍도록 빠르게 집중화되어 이제 상위 3개 기업이 시장의 55% 이상을 점유하고 있다.[108] 사회학자 가브리엘라 페클라너와 헤라르도 오테로에 따르면 유전자 조작은 "신자유주의 식품 체제에서 자본 축적을 추동한 핵심 기술"이라고 볼 수 있다.[109] 이렇듯 몇몇 핵심 작물에서 유전자 조작 기술이 변혁적인 역할을 했지만, 더 폭넓은 정치적, 제도적 틀의 지원이 없었다면 성공할 수 없었을 것이다. 세계무역기구 협정 같은 글로벌 교역 및 투자 협정에서 종자의 특허와 면허를 법적으로 인정해준 지적 재산권 규칙처럼 말이다.[110] 한편, 유전자 조작 종자 및 작물의 증가는 다양하고 역동적인 저항운동도 일으켰다. 글로벌 남부와 북부 모두에서 소농민, 소비자, 환경운동가, 또 그 밖의 많은 사람들이 종자 상품화에 저항하거나 이미 이루어진 상품화를 되돌리려 하면서 식품 주권과 종자 주권을 지키기 위해 싸우고 있다.[111]

종자가 오랫동안 가지고 있었던 축적의 구조적 장벽을 유전자 조작 기술로 자본이 마침내 깰 수 있었듯이, 병입생수의 성장 및 글로벌 상품으로의 변모에서도 물의 효과적 상품화를 가로막았던 물 자체의 구조적 장벽을 극복하는 데 과학기술의 공이 컸다.

왜 물은 숲이나 광물이나 화석연료에 비해 수익성 있게 상품화되기가 어려운가? 물의 내재적 속성을 생각해보자. 스니토와 동료 연구자들은 물이 "무겁고 미끄럽고 운반비용이 높기 때문에 상품으로 전환되기 어렵다"고 주장했다.[112] 물은 자본이 충분히 높은 수익을 올리고 유지하는 데 충분히 협조적이지 않다는 것이다. 마찬가지로 바커도 물의 물리적 속성이 자본 축적에 잘 맞지 않는다고 보았다. 그는 물의 지리학과 사회문화적 특성, 그리고 흐르는 자원이라는 속성 모두가 수익성을 저해해 물을 '비협조적인 상품'이 되게 만든다고 설명했다.[113]

이 같은 분석은 기업에 우호적인 정치적, 법적 환경에서도 다수의 수도 양허 계약이 그 계약을 따낸 기업 자신에 의해 종결된 이유를 말해준다. 하지만 이 분석 틀은 유용하긴 해도 물의 서로 다른 **형태**가 자본 축적에서 각기 다른 장벽에 직면한다는 차이점을 포착하지 못하는데, 병입생수가 떠오르게 된 경위를 이해하는 데는 이 부분이 핵심이다.

병입, 물을 자본 축적에 더 완벽하게

파이프를 타고 흘러오는 수돗물과 달리 병입된 형태의 물은 몇 가지 구조적인 이점을 갖는다. 가벼운 플라스틱 포장과 극도의 이동성, 그리고 병입생수의 빠른 성장을 가능케 한 정치경제적 전환 덕분에, 병입생수는 위에서 언급한 많은 제약을 벗어날 수 있었다.[114] 용천수, 관정, 수돗물 등 취수원이 무엇이든 간에 병입생수는 수도 시스템을 운영할 때 직면하게 되는 자본 축적 시의 장애물 중 상당 부분이 발생하지 않는다. 따라서 바커가 비협조적인 상품이라고 묘사한 것과 달리, [병입된] 물은 훨씬 더 이동성 있고 수익성 있는 상품이 될 수 있다.

이 주장을 더 깊이 전개해보자. 첫째, 수도 시스템에 비해 병입생수는 회수 불가능한 매몰 비용 형태의 고정 인프라를 거의 필요로 하지 않으며 수도 시스템 운영에 내재적으로 수반되는 종류의 의무가 없다. 수도 운영의 민간 양허 계약은 대체로 기업이 굵직한 자본 투자를 해서 수질 확보와 수처리 및 물 운송에 필요한 물리적 네트워크를 유지하도록 요구한다. 또한 엄격한 공중보건 기준과 환경 기준을 준수하고 직원을 고용하고 훈련하며 요금을 관리하고 그 밖에 기업의 수익 마진을 줄일 수 있거나 수익을 예측 불가능하게 만들 수 있는 돌발적인 요인들을 다루기 위해서도 많은 투자를 해야 한다. 그리고 하나의 도시에 서로 경쟁하는 여러 파이프 네트워크와 여러 수처리 공장이 존재한다는 것이 현실적으로 말이 안 되기 때문에 수도 시스템은 자연 독점을 형성한다. 수도 분야는 사업이 해당 지역에 고착될 수밖에 없다.

이와 달리, 병입생수 업체는 지극히 제한적인 투자만 하면 되기 때문에 (정치학자 조슈아 그린의 표현을 빌리면) "매력적인 위험-수익risk-return 프로필을 갖는, 자본의 가벼운 운영 양식"을 누릴 수 있다.[115] 우선, 병입생수 업체는 원료인 물 자체를 공짜로, 혹은 매우 낮은 비용으로 얻는다. 병입생수 업계를 분석한 한 시장 보고서는 이를 다음과 같이 강조했다. "[생수 산업은] 진입 장벽이 낮으며 날마다 더 낮아지고 있다."[116] 제임스 살츠먼도 "병입 장비 비용이 10만 달러 정도이므로, 딱 맞는 마케팅 각도만 발견할 수 있다면 진입이 쉬운 시장"이라고 설명했다."[117] 이미 도시 당국의 수도 시스템을 통해 처리된 수돗물을 원수로 하는 병입생수 제품이라면 더욱 그럴 것이다. 예를 들어 펩시의 아쿠아피나나 코카콜라의 다사니는 그들이 다른 음료 제품을 제조하는 데 사용하고 있는 동일한 병입공장에서 제조되고 그들이 이미 가지고 있는 동일한 유통망을 통해 판매된다. 또한 민간 사업자가 수도 시스템을 운영할 때 적용받는 것에 비해 병입생수 업체는 공중보건 규제와 환경 규제의 적용도 덜 받는다.[118] 저널리스트인 라이언 펠튼은 "규제 측면에서 보면, 공공의 물을 대량으로 가져다가 병에 넣어 수익을 올리려는 회사 입장에서는 허들이 거의 없고 부대 비용도 최소한으로만 발생한다"고 설명했다.[119] 이 요인들 모두 수익을 높이고 위험을 줄인다. 이런 면에서, 도시 당국의 수돗물(대부분의 지역에서 수돗물은 한 세기 이상 공공 투자가 이뤄진 덕분에 자금이 조달되고 유지될 수 있었던 인프라를 통해 처리되고 운반된다)을 병입해 생수 제품을 만드는 것은 상품화의 특이나 극적인 형태를 보여준다.

둘째, 대체로 병입생수는 물의 지역성에 구애받지 않는다. 바커는 높은 무게와 운송비 때문에 일반적으로는 물이 "지역적으로 사용되고 처분된다"고 말했다.[120] 하지만 유전자 조작 종자의 기술적 요소들이 식품을 상업화하는 데서 결정적인 장벽을 제거했듯이, 병입생수를 보호하는 플라스틱 피부는 물이 무게와 운송비라는 근본적인 제약을 벗어나게 해주었다. 가벼운 PET 플라스틱병의 개발과 1990년대에 음료업계에서의 광범위한 도입은 이러한 물 상품화에 핵심적으로 기여했다. 전체 병입생수의 4분의 1 이상이 국경을 넘으며, 따라서 병입생수는 명실공히 글로벌한 상품이라 할 수 있다.[121] 또한 이보다 더 많은 양의 병입생수가 국가 내에서도 지역의 수계 유역을 훨씬 넘는 먼 거리를 이동한다.

셋째, 병입생수는 이동성뿐 아니라 수익성도 수돗물보다 좋다. 브랜드 생수가 같은 양 기준으로 수돗물보다 수천 배나 비싸게 팔리고 가정마다 브랜드 생수를 구매하는 데 1년에 수백 달러 이상씩 쓰는 부유한 나라에서도 그렇지만, 안전한 수도 공급이 부족한 글로벌 남부에서도 그렇다. 미국의 경우 민간 수도사업자는 주정부 유틸리티 위원회의 규제를 받으며, 순수익 마진이 10-15% 정도다. 볼리비아 등에서는 민간기업이 계약상의 허용 수익인 15-17% 정도를 달성하려고 수도요금을 올리자 물 전쟁이 터졌다. 대조적으로, 이제까지 병입생수는 수익 마진이 이보다 훨씬 더 높아서 종종 20-35% 정도 되었고, 특정 고객층을 겨냥한 일부 시장과 몇몇 국가에서는 이보다도 더 높았다.[122]

병입생수의 높은 수익성은 물 부정의water injustice로 한층 더 높아진다. 코차밤바를 비롯해 글로벌 남부의 많은 도시에서 수도요금이 100%, 200%씩 폭등했을 때 대중의 봉기가 일어난 것과 별개로, 이들

국민 상당수(종종 가난한 사람들)가 파이프로 연결된 상수도망에서 물을 공급받고 있지 못하거나 수돗물을 식수로 사용할 수 없어서 몇 배나 비싼 돈을 내고 병입생수나 포장생수를 구매하고 있다.[123] 20억 명에게 안전한 수돗물을 공급하지 못하고 있는 공공 영역의 실패(이는 부채와 긴축으로 한층 더 악화된다)는 포장생수가 빠르게 성장하는 토대가 되고, 다시 이는 사회적 불평등을 한층 더 악화한다. 물이 생명 유지에 필수적이므로, 다른 선택지가 없는 사람들은 그게 얼마이든 시장이 요구하는 가격을 낼 수밖에 없다. 그리고 포장생수가 유일하게 안전한 식수라면 거기에 지출하는 비용은 (그리고 그로부터 업체가 거둬들이는 수익은) 실제로 상당히 높을 수 있다.[124]

도시민 전체에게 제공해야 하는 수돗물과 달리 병입생수는 자본 축적에 이상적인 상품이다. 물의 지역성을 극복할 수 있고 매몰 비용이 낮으며 투자 필요성도 작고 이동성과 수익성은 더 높기 때문이다. 물의 이 두 유형 사이의 차이는, 병입생수 산업은 세계적으로 빠르게 성장하고 있는 반면 민간 수도사업은 글로벌 북부와 남부 모두에서 소극적인 투자, 계약 취소, 재공영화 등으로 느리고 불균등하게 확산되고 있다는 사실에서 단적으로 드러난다.[125] 양자의 성장세 차이를 보건대, 10년이나 20년 안에 글로벌 병입생수 산업이 민간 수도 산업의 규모를 넘어설 가능성이 있다. 병입생수가 더 완벽하고 더 성공적인 상품인 것이다.

물 상품화의 추가 요인들

하비에 따르면 강탈에 의한 축적은 [과거의 사례로만 그치는 것이 아니라] 지속되고 있는 과정이며 자본은 자신이 확장할 수 있는 새 영역을 지속적으로 추구한다.[126] 나는 어떤 형태의 상업화된 물은 다른 형태의 상업화된 물보다 수익성 면에서 더 유리하며 테크놀로지의 변화가 이러한 전환을 가능케 하는 데 핵심적인 역할을 했다고 주장했다. 현재 병입생수 및 포장생수는 물 상품화의 최첨단을 나타내며, 물 추출과 병입생수 제조는 강탈에 의한 축적의 과정을 포함한다. 그리고 아마도 이 과정이 수도 민영화 때보다 더 영속적이고 더 되돌리기 어려우며 더 광범위한 과정이라고 말할 수 있을 것이다.

요컨대, 병입생수는 몇몇 내재적, 외재적 특징 때문에 자본 축적에 더 완벽한 상품이다. 병입생수는 도시 수도 시스템과 중요하게 다르고 이 차이는 방대한 파이프로 연결된 수처리 및 물 운송 네트워크(원래는 19세기와 20세기에 정부가 구축한 인프라)를 민간이 운영할 때 발생하는 수익성 면에서의 수많은 장애물을 병입생수가 피해갈 수 있게 해준다.

하지만 수시로 편리하게 물을 마시려는 수요를 일으킨 라이프스타일 변화, 신자유주의적 세계화, 초국적 기업의 성장을 촉진한 규제 완화, 공공재를 보호할 능력이나 의지가 점점 더 없어지는 정부 등 병입생수의 빠른 성장을 가능케 한 정치경제적, 문화적 변화가 없었다면 병입생수가 오늘날처럼 널리 퍼질 수 없었을 것이다. 따라서 우리는 여러 맥락에서 물 상품화 과정이 어떻게 펼쳐졌는지, 또한 사회운동이 여기에 가장 효과적으로 대응할 수 있는 방법은 무엇인지 살펴보아야 한다. 또한 이는 사회가 인간의 필요를 더 개인화된, 그리고 더 시장에 기반한 접근을 통해 충족시키는 쪽으로 이동한 것의 함의에 대해서도 질문을 제기한다.

　다음 장은 병입생수 산업의 역사를 살펴보고 이 업계가 어떻게 '물로 물을 만들 수 있었는지' 알아본다. 이것은 오랫동안 불필요한 사치재로 여겨졌던 제품을 가지고 어떻게 수십억 명의 소비자가 필수품이라고 생각하게 되었을 만큼 성공적인 글로벌 시장을 만들어냈는지에 대한 이야기다. 틀기만 하면 깨끗한 물이 나오는 수도 시설이 대부분의 가구에 존재하지 않거나 수돗물이 안전하지 못한 곳에서만이 아니라, 납세자에 의해 조달되는 자금으로 거의 모든 사람에게 안전한 수돗물이 공급되는 곳에서도 말이다.

2장

병입생수는 어떻게
수돗물을 불신하게 만들었나

음료업계의 전망이 견조하다는 점을 반영하는 한 가지 지표는 수돗물 사
용의 감소인데, 최근 수돗물 소비가 줄어드는 추세를 보이고 있습니다.
— 게리 헴필, 음료마케팅협회 리서치 디렉터

병입생수라는 신생 산업은 어떻게 지난 세기 대부분 동안 불필요하거
나 낭비적인 사치재로 여겨졌던 제품으로 대중시장을 만들어낼 수 있
었을까? 불과 40년 만에 이 상품은 어디에나 존재하는 일상의 소비재
가 되었고 전 세계 수십억 명의 사람들에게 주된, 때로는 유일한 식수
원이 되었다. 깨끗한 수돗물이 풍부하게 공급되던 상황에서 병입생수
가 재등장한 이야기는 왜 사람들이 수돗물을 불신하게 되었는지, 그
리고 병입생수 산업의 확장이 어떻게 수돗물 불신을 촉진했고 동시
에 그 불신을 통해 이득을 얻었는지와 관련이 있다.

　2장은 거의 사라졌던 병입생수가 대중시장 상품으로 되살아나 거
대한 글로벌 산업이 된 이야기를 이 시장을 지배하는 빅4 기업을 중심
으로 살펴볼 것이다. 우리는 글로벌 북부에서 병입생수의 등장과 성

장이 공격적인 마케팅 때문만이 아니라 정치적·문화적 변화, 테크놀로지의 발달, 그리고 새로이 생겨난 대중의 우려에서 기회를 포착해 병에 든 물을 마시는 것을 일반적이고 평범한 일로 인식하게 만든 기회주의적 마케팅이 합쳐져 나온 결과이기도 하다는 사실을 보게 될 것이다. 2장에서 우리는 병입생수의 급성장이 수돗물 소비를 줄이는 비용을 수반하지 않았다는 병입생수 업계의 주장을 따져볼 것이다. 이어서, 수돗물이 광범위하게 보급되지 못했거나 마시기에 적합하지 않거나 공급이 안정적이지 않을 경우에 병입생수가 어떤 역할을 하는지 살펴봄으로써, 글로벌 남부에서 포장생수의 급속한 확산이 한편으로는 글로벌 북부에서의 패턴을 거울상처럼 보여주지만 다른 한편으로는 차이점도 드러냄을 알아볼 것이다. 또한 깨끗한 물에 대한 접근성을 확대하려는 국제적 목표의 달성에서 병입생수가 어떤 역할을 해야 하는가를 둘러싼 갈등을 살펴보고, 수질 면에서 병입생수가 얼마나 안전한지도 점검해볼 것이다.

2장의 뒷부분에서는 병입생수 소비의 사회적, 경제적 영향을 다루며, 특히 병입생수라는 상품의 높은 구매 비용이 기존의 사회적, 경제적 불평등을 어떻게 심화시키는지 알아볼 것이다. 이어서 포장생수가 환경에 일으키는 막대한 악영향으로 초점을 돌려, 플라스틱 오염과 기후 변화라는 상호 관련된 위기에서 포장생수가 차지하는 역할을 고찰할 것이다. 최근 몇 년간 이러한 환경적 악영향은 대중의 대대적인 반발을 불러일으켰고 업계는 허둥지둥하며 대응에 고전하고 있다. 업계의 반응은 병입생수와 공공 식수 모두의 미래에 대해 흥미로운 질문들을 제기한다.

． ． ．

병입생수의 역사는 로마 제국으로까지 거슬러 올라갈 정도로 유구하다.[1] 유럽에서는 순례자들 사이에서, 나중에는 부자들 사이에서, 의료용이나 영적인 용도로 천연 샘에서 '물을 가져와' 사용하는 전통이 발달했는데, 때로는 물을 병에 담아 사용했고 판매도 했다. 이렇게 판매된 병입생수 중 하나가 프랑스의 '페리에'다. 페리에는 1863년에 우호교역 지위를 획득해 유리한 관세로 잉글랜드에 들어왔고 나중에는 대영제국 전역에서 널리 유통되었다. 19세기 동안 병입생수는 유럽과 미국 모두에서 도시의 물 공급에 핵심적인 역할을 했다. 도시의 밀집된 환경과 빈약한 위생 때문에 강과 우물이 오염되어서, 당시에는 물을 마시는 것이 매우 위험한 일이었다. 1900년이면 병입업체 수가 급증해 있었고, 이들은 농촌의 샘과 우물에서 취수한 물을 다양한 크기의 유리병에 담아 판매했다. 수문학자 프랜시스 차펠에 따르면, 그 시기에 "물을 병에 담아 파는 것은 매우 최신의 산업"이었다. 하지만 "곧 미국 도시들에 염소 처리한 수돗물이 도입되면서 [업계에] 재앙이 닥쳤다. (…) 1941년에 미국의 5372개 수처리 시스템 중 4590개가 염소 살균을 했다. 한두 해 만에, 애초에 병입생수가 필요했던 중요한 이유가 (…) 사라졌고 (…) 미국에서 병입생수 산업은 거의 죽음을 맞았다."[2]

20세기의 상당 기간 동안 병입생수는 중요성을 잃고 사라져갔다. 완전히 없어지지는 않았지만, 특정한 천연 용천과 연결된 몇몇 소규모 기업의 영역으로 쪼그라들었다. 즉 역사적 흐름으로 보면, 병입생수는 공공 수도를 통해 식수를 공급하는 시스템이 없거나 오염되었을 때 흥했다가 공공 수도 시스템이 안전하고 믿을 만해지면 불필요해졌다. 차펠은 "자동차에 달려 있던 긴 안테나처럼, 병입생수는 문명의 용맹한 발전에 의해 불필요한 상품이 되었다"고 말했다.[3]

그런데 지난 40년 사이에 깨끗한 수돗물이 풍부하게 공급되는 곳에서 병입생수가 되살아난 현상은 이 패턴과 명백한 단절을 보인다. 이 역설을 이해하려면 글로벌 북부와 남부 모두에서 왜 사람들이 수돗물을 불신하게 되었는지, 그리고 이러한 전환에 병입생수 산업이 어떤 역할을 했는지 알아야 한다. 또한 병입생수가 되살아난 것은 20세기 말에 벌어진 문화적, 기술적, 상업적 변화들이 합류하면서 나온 결과이기도 하며, 이 중 일부는 정부와 시장의 상대적 권력, 공공 영역의 상업화, 신자유주의의 부상 등을 둘러싼 더 깊은 갈등과 관련이 있다. 알고 보니 병입생수는 매우 끈질기고 회복력 있는 상품이었고, 한동안 이 상품의 성장세는 멈출 수 없는 것처럼 보였다. 하지만 포장생수가 모든 곳에 가시적으로 존재하게 되고 그것의 사회적, 환경적 악영향이 드러나면서, 포장생수에 반대하는 저항의 씨앗도 뿌려졌다. 지난 몇 년간 포장생수에 반대하며 생겨난 운동은 이제 포장생수 업계의 성장 동력을 위협할 만큼 위력적으로 전개되고 있다.

산업의 등장: 빅4와 그 밖의 선수들

미국에서 현대 병입생수 산업이 실질적으로 형성되기 시작한 기점은 페리에가 처음으로 생수 제품을 미국에 들여와 판매한 1978년이다. 제임스 살츠먼에 따르면 페리에는 "소수의 고급 레스토랑 영역을 벗어나 대중시장에서 자사 제품을 (…) 건강하고 시크한 음료로" 자리매김하기 위해 대대적인 광고 공세를 펼쳤다.[4] 당시에 많은 이들이 이를 '[탄광 도시인] 뉴캐슬 사람에게 석탄 팔기'와 비슷하다고 생각했다. 수도꼭지만 틀면 완벽하게 깨끗한 물을 얻을 수 있는데 병에 든 수입산 물에 왜 상당한 돈을 지출하겠는가? 또한 몇몇 유럽 국가에서와 달리 미국에서는 식당에서 밥 먹을 때 무료로 수돗물을 마실 수 있었다. 하지만 이렇게 판단한 사람들은 [차별화된 상품으로 자신을 과시하려 하는] 스놉snob 소비의 소구력을 과소평가한 것이었다. 브랜딩 전문가 더글러스 홀트는 페리에가 "작은 일회용 유리병에 든 물을 마심으로써 유럽풍의 세련됨 한 조각을 감당 가능한 가격대에서 취할 수 있다는 개념을 개척했고 이 개념은 소위 여피족[젊은 도시 전문직]에게 크게 공명했다"고 설명했다.[5]

페리에의 성공은 게임판을 완전히 바꾸었다. 1980년대 초입에는 북미 병입생수 업계가 거의 전적으로 현지 용천수를 병입하는 지역 업체들로 이루어져 있었고 많은 곳이 가족 소유의 소기업이었다. 하지만 병입생수 소비가 두 자릿수 성장률을 보이기 시작하자 전국 브랜드나 글로벌 브랜드가 지역의 소규모 병입업체들을 인수하기 시작했고 1988년이면 10개 회사가 미국 시장의 절반 이상을 점유하게 되었다.[6] 인수합병 바람의 선두 주자는 페리에였다. 오랫동안 미국에서 자사의 프랑스산 용천수만 들여와 판매해온 페리에가 폴란드스프링스, 칼리스토가, 디어파크, 애로우헤드, 오자르카 등 미국의 로컬 병입업체들을 인수했고, 갑자기 미국 시장의 4분의 1 가까이를 점유하게 되었다.

1992년에는 페리에 자신이 훨씬 더 큰 물고기에게 잡아먹혔다. 스위

74

스에 본사를 둔 세계 최대 식음료회사 네슬레였다. 일찍이 1969년에 프랑스 비텔에 있는 공장에서 시범 삼아 병입생수를 제조해본 바 있는 네슬레는 유럽과 북미에서 병입업체를 공격적으로 인수하기 시작했고, 2019년이면 네슬레 생수 사업부의 전 세계 매출이 86억 달러가 되었다. 이때 네슬레의 전체 제품 매출은 1010억 달러였다.[7]

한편, 다논 요구르트로 잘 알려진 프랑스 거대 기업 다논그룹은 자사의 에비앙과 볼빅 생수를 북미에 들여왔고 캐나다의 몇몇 병입업체를 사들였다. 20세기가 끝나갈 무렵이면, 다논, 네슬레, 그리고 일본의 산토리가 미국 병입생수 시장의 절반을 점유하고 있었다.[8]

이러한 격동에 이어 북미 병입생수 시장은 1990년대에 또 한 차례 격동을 겪었다. 거대 음료회사인 코카콜라(다사니)와 펩시(아쿠아피나)가 생수 시장에 진입한 것이다. 홀트는 음료업체인 이들이 "핵심적인 유통 채널을 이미 확보하고 있었으므로 (…) 생수 카테고리에서도 소비자가 원하는 편리함을 배달함으로써 쉽게 점유율을 획득할 수 있는 조건이었고, 바로 그것을 했다"고 설명했다.[9]

샘물 생수에서 수돗물 생수로

거대 음료업체들은 유통망과 병입시설만 확보하고 있는 것이 아니었다. 싸고 풍부한 원재료도 이미 확보하고 있었으니, 바로 다른 음료 제품을 만드는 데 사용하고 있었던 재정수한 수돗물이었다. 이는 천연 용천수나 관정으로 퍼 올린 지하수를 병입해 팔던 경쟁사들과 완전히 구별되는 장점이었다. 한 가지 문제는, 다사니나 아쿠아피나의 소비자 대부분이 이 사실을 전혀 몰랐다는 점이었다. 천연 샘물을 담은 생수 한 병에 1-2달러를 내는 것과 집에서 수도꼭지를 틀면 나오는 물과 다를 바 없는 물을 담은 생수 한 병에 1-2달러를 내는 것은 전혀 다른 이야기였다.

광물질이 함유된 미네랄워터[광천수]의 독특한 맛이 물맛의 핵심 요소로 여겨지는 유럽에서는 대부분의 병입생수가 용천수나 지하수를 원수로 하고 있으며, 캐나다도 그렇다.[10] 하지만 미국에서는 더 이상 그렇지 않다. 처음에는 재정수한 수돗물을 병입해 판매하는 것을 두고 논란이 일었다. 2004년에 기업 감시 및 소비자 보호단체인 국제기업감시단Corporate Accountability International의 압박으로 펩시와 코카콜라는 아쿠아피나와 다사니가 (재정수하고 미네랄을 첨가하긴 했지만) 수돗물을 병입한 제품이라고 공식 인정했다. 펩시는 2007년에 '공공수원'에서 취수했음을 라벨에 밝히겠다고 했고, 네슬레도 퓨어라이프 라벨에 그렇게 밝히겠다고 했다. 하지만 코카콜라는 완강하게 버텼다. 코카콜라 대변인은 "우리는 소비자가 다사니 생수의 원천에 대해 혼동하고 있다고 생각하지 않는다"며 "다사니의 라벨은 명확하게 이것이 정제수라고 밝히고 있다"고 말했다.[11] 수돗물을 병입한 제품이라는 사실이 알려진 것은 일시적으로 여론의 공분을 일으켰지만, 다사니, 아쿠아피나, 퓨어라이프의 매출은 계속 급등했다. 음료마케팅협회는 "병입생수 업계에서 통용되는 상식은, 대부분의(물론 다는 아니지만) 병입생수 소비자는 용천수를 병입한 물과 수돗물을 재처리해 병입한 물의 차이를 인식하지 못한다는 것"이라고 언급했다.[12]

컨슈머 리포트의 브라이언 론홀름은 "본질적으로 이들 병입업체는 이중으로 이득을 뜯어내고 있다"고 지적했다. "납세자의 보조로 운영

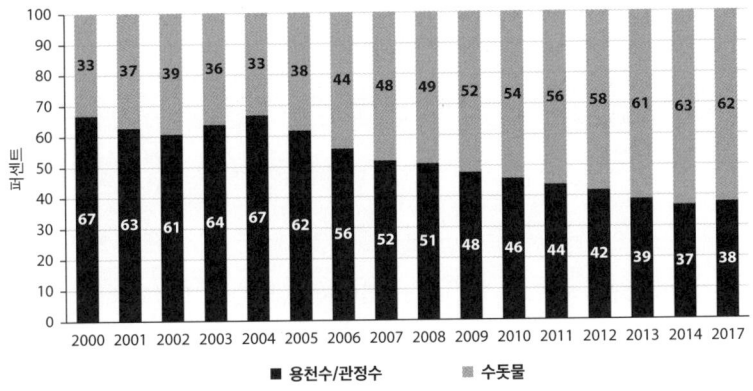

그림 3. 수원별 병입생수 비중, 미국, 2000-2017
Food and Water Watch 2018a; Antea Group 2018.

되는 저비용의 [수돗]물을 원료로 가져와서는 상당한 마진을 붙여 대중에게 판매한다"는 것이다.[13] 이를 비롯한 여러 이유로, 미국의 생수 중 수돗물 병입 제품의 비중이 2000년에는 약 3분의 1이었던 데서 2017년에는 거의 3분의 2가 되었다.[그림 3]

요약하면, 글로벌 북부의 병입생수 시장(어느 정도는 세계의 병입생수 시장도)은 두 갈래로 나뉘어 두 종류의 기업이 각각 주도하고 있다. 한쪽은 유럽의 거대 식품기업 다논과 네슬레(그리고 북미에서 네슬레의 생수 사업을 인수한 블루트라이튼)로, 이들은 주로 용천수와 지하수를 판매한다. 다른 한쪽은 미국의 청량음료 업체 펩시와 코카콜라로, 이들은 거의 전적으로 수돗물을 재정수한 정제수를 미국, 캐나다 등에서 판매한다. [표 1]은 빅4 기업과 이들이 북미에서 판매하는 병입생수 브랜드, 그리고 여타 기업들의 브랜드를 보여준다.

표 1. 미국과 캐나다의 주요 일반생수 및 탄산수 브랜드와 모기업

Euromonitor International 2021a, 2021b.

모기업	네슬레워터스/ 블루트라이튼‡	코카콜라	펩시	다논	기타 브랜드(기업)
일반 생수	네슬레 퓨어라이프	다사니	아쿠아피나	에비앙	크리스탈가이저 (CG록산)
	폴란드스프링*	글라소 스마트워터	라이프워터	볼빅	피지 (피지워터)
	오자르카*	글라소 비타민워터	프로펠		프레지던츠 초이스 (로블로)
	디어파크*				나야 (나야)**
	아이스마운틴*				에스카 (오 비브스)**
	애로우헤드*				컴플리먼츠 (소베이스)**
	제피릴스*				
	아쿠아파나†				
탄산수	페리에†	토포 치노	버블리		라크루아 (내셔널베버리지)
	산펠레그리노†				폴라 (폴라)
					스파클링 아이스 (토킹 레인)
					캐나다 드라이 (큐리그닥터페퍼)

*: 미국에서만 판매됨. **: 캐나다에서만 판매됨. †: 수입됨

‡: 2021년에 네슬레는 북미 병입생수 사업부와 7개의 생수 브랜드를 블루트라이튼브랜즈에 매각했다.
페리에, 산펠레그리노, 아쿠아피나 브랜드는 네슬레가 계속 가지고 있다.

모두의 펫이 된 PET병 음료

아직 우리는 생수업계가 사치재의 니치 마켓을 벗어날 수 있게 해준 결정적인 요소 하나를 이야기하지 않았다. 바로 플라스틱으로, 이것이 없었다면 병입생수는 니치 마켓을 결코 벗어날 수 없었을 것이다. 병입업체들이 청량음료 제품에 플라스틱병을 사용하기 시작한 것은

1970년대 말부터지만 초창기에는 확산이 느렸다. 그러다가 1989년에 더 가볍고 더 싸고 더 내구적인 PET 플라스틱이 개발되어 PVC 플라스틱을 대체했는데, 홀트에 따르면 이로써 "업체들은 생수 제품에 전에 없이 낮은 가격을 매길 수 있게 되었고 (…) 새로운 소비자층이 병에 든 생수를 마실 수 있게 되었다."[14] 이런 면에서 보면, 새로 등장한 PET병이 병입생수를 대중시장 상품으로 변모시킨 1990년대는 생수 시장에서 결정적인 10년이었다. 이때 소비가 급증했고 플라스틱 쓰레기가 넘쳐나게 되었으며 1990년대 말경이면 처음으로 명시적으로 생수업계에 반대하는 운동이 일어났다. 유리병에서 플라스틱병으로의 전환은 그 이후로도 계속되었다. 2020년에 북미에서 전체 음료용기의 45%가 플라스틱이었는데, 2012년의 36%에서 크게 증가한 것이었다. 그리고 음료마케팅협회의 게리 헴필에 따르면 이 증가는 "대체로 병입생수 분야의 성공 덕분"이었다.[16]

이러한 테크놀로지 변화는 글로벌 북부에서 1970년대 이래 벌어지고 있었던 주요 사회적 변화들과 잘 맞아떨어졌다. 성역할 변화, 맞벌이 가구 증가, 노동 시간 증가, 통근 시간 증가, 더 일반적으로 이동성의 전반적인 증가와 같은 변화들이 집에서 식사하는 빈도를 줄였고 일회용 식품용기 및 음료용기 사용의 급증을 가져왔다.[17] 새로이 이용 가능해진 플라스틱 병입생수는 이렇게 "이동하면서도 수시로 소비하고, 한 번 쓰고 버리는" 라이프스타일에 완벽하게 잘 부합했다.[18]

그 결과 플라스틱 쓰레기에 대한 대중의 반대도 높아졌는데, 이러한 반대를 흘어 없애준 결정적 요인이 등장했다. 바로 플라스틱 재활용이다. 글로벌 북부에서 음료업계와 포장업계는 지역 당국이 문전 수거 재활용 프로그램에 플라스틱도 포함하도록, 그리고 아직 문전 수거 재활용 프로그램이 없는 곳에는 이를 도입하도록 강하게 독려했다.[19] 이에 대해 환경주의자들은 지속가능하지 않고 오염을 많이 일으키는 산업의 극적인 확장에 플라스틱 재활용 프로그램이 '녹색' 덮개를 제공한다고 비판했다. 환경단체 비욘드 플라스틱Beyond Plastic의 대표 주디스 엔크는 "사람들이 [플라스틱 폐기물 문제에 대해] 재활용이 해법이라고 생각하게 된 이유는 30년 동안 플라스틱 업계가 수백 수천만 달러를 들여 그렇게 말했기 때문"이라며 "하지만 그것은 절대적으로 잘못된 메시지였고, 제대로 된 메시지는 '플라스틱을 그렇게 많이 사용하지 말아라'여야 했다"고 지적했다.[20]

'제조된 필요'로 만든 새로운 시장

소비자가 왜 병입생수를 구매하는지, 혹은 왜 병입생수를 구매하도록 설득되는지에 대해서는 많은 논의와 저술이 나와 있다. 학계의 분석과 시장 조사를 종합하면, 스타일, 맛, 건강, 수분 섭취라는 네 가지 핵심 요인으로 요약된다. 달리 말하면 패션fashion, 맛flavor, 몸 관리fitness, 수시로 마시기frequent drinking의 네 가지 F라고 할 수 있다. 여기에 F를 하나 더 추가해야 하는데, 뒤에서 알아보겠지만 바로 두려움fear이다.

첫째, 가장 간단하게 생각해볼 수 있는 요인은 패션이다. 많은 소비자가 '쿨'하다고 생각해서 [수돗물 대신] 병입생수를 마시기로 하거나 특정한 생수 브랜드를 선택한다는 것은 부인할 수 없는 사실이다. 병입생수 업체는 유명인이 자사 제품을 긍정적으로 드러내주도록 돈을 지불하고 광고와 PPL을 하기도 하지만, 어쩌다 유명인이 생수병을 들고 있는 모습이 사진에 찍히기만 해도 스타가 사용하는 제품이라는 메시지 효과를 엄청나게 볼 수 있다. 버락 오바마는 대통령 시절 피지워터 생수병을 들고 공개 석상에 나타난 적이 있는데, 제조사로서는 가치를 매길 수 없는 홍보가 되었을 것이다. 최근에는 "드웨인 존슨, 기네스 펠트로 등이 병입생수 브랜드와 파트너가 되었다."[21]

둘째, 시장 분석 결과들을 보면 많은 소비자가 수돗물의 물맛을 싫어해서 병입생수를 마신다고 답한 것을 볼 수 있다. 하지만 일부 사람들이 수돗물 맛이 나쁘거나 냄새가 이상하다고 느끼게 되는 것은 애초에 수돗물을 마셔도 될 만큼 안전하게 만들어주는 수처리 과정과 관련이 있다. [미국의 환경, 과학 분야 논픽션 작가] 엘리자베스 로이트는 "염소의 역한 맛이 안 그랬을 사람들까지 병입생수를 마시게 만드는 이유"지만 "별다른 장비도 필요 없고 단지 물을 한두 시간 뚜껑 덮지 않은 물통에 두기만 하면 염소를 제거할 수 있다"고 말했다.[22] 수돗물 맛이 안 좋다는 인식은 소비자가 병입생수에 많이 노출되어서 생긴 것이기도 하다. 특히 오늘날 미국에서 판매되는 병입생수의 대부분이 표준화되고 무미무취한 정제 수돗물이이어서 더욱 그렇다. 정제 수돗물 생수 제품은 초여과, 자외선 조사, 역삼투압 등을 사용해 물맛에 영향을 주는 염소와 기타 광물질을 제거하고 맛을 더 좋게 하기 위해 자사가 특허를 가지고 있는 혼합 광물질(업계 은어로 '픽시 더스트pixie dust'라고 부른다)을 첨가한다. 이러한 제품은 소비자의 입맛을 길들여서 음용수에 대해 지역과 상관없이 평범하고 특색 없는 맛을 기대하게 만든다. 일단 입맛이 길들여지면 이 선호는 되돌리기가 매우 어렵다.[23] 하지만 블라인드 테스트를 해보면 많은 도시에서 자주 수돗물이 병입생수를 이기는데, 브랜딩과 포장이 사람들의 맛 인식에 얼마나 크게 영향을 미치는지 말해준다.

셋째, 병입생수를 건강, 관리된 몸, 활력, 젊음을 얻기 위한(혹은 다시 얻기 위한) 토대로 홍보하는 데 광고와 마케팅의 오랜 전통이 활용되었다. 사회학자 앤드루 사스는 "병입생수를 라이프스타일상의 선택으로서 판매하기 위해 광고는 병입생수를 젊음, 건강, 몸 관리, 생기 같은 바람직한 사회적 정체성과 연결했다"고 설명했다.[24] 소비자 문화 연구자 케인 레이스는 "운동하는 몸을 소비 대중의 완전히 평범한 몸으로 묘사하는" 병입생수 광고는 "건강과 몸 관리에 대한 열망 가득한 집착을 명백하게 보여준다"고 설명했다.[25] 또한 업계의 마케팅은 청량음료가 비만율 증가에 미치는 영향을 포함해 1990년대와 2000년대에 일었던 건강에 대한 더 폭넓은 사회적 우려도 건드렸다. 홀트는 "병입생수는 설탕, 특히 고과당 옥수수 시럽에 대해 미디어가 일으킨 도덕적 패닉을 통해서도 문화적 추진력을 얻었다"고 말했다.[26]

넷째, 1990년대 중반부터 병입생수 업계는 자신의 제품을 최근에 막 '발견된' 어떤 문제에 대한 해법으로 촉진하기 시작했다. 바로 만성적인 수분 섭취 부족이다. 이들은 하루에 여덟 잔의 물을 마시는 것이 꼭 필요한 치유법이라고 주장했다. 레이스는 좌식 생활을 하는 신체에 대해 "8×8 규칙[8온스(240ml)의 물을 하루 8번 마시는 것]을 뒷받침하는 믿을 만한 실증 근거는 발견된 적이 없지만,"[27] 이 신화는 "병입생수 마케팅의 매우 두드러진 특징이며 업체가 건강에 대해 과학적이라고 여겨질 법한 원칙과 개념을 이야기하며 제품을 소구할 수 있게 해준다"고 설명했다. 그러한 개념에는 "물 마시기라는 새로운 실천도 있는데, 이 같은 메시지는 소비자가 늘 수분을 충분히 섭취하지 못하는 위험에 처해 있는 것처럼 보이게 만든다."[28] 생수병을 항상 지니고 다니면서 '수시로 물을 마시는' 문화는 이러한 수분 섭취 담론에서 나온 물 마시기 실천의 하나였다.[29]

병입생수 소비의 확산을 [인위적으로] '제조된 필요manufactured need'의 사례라고 간단히 치부하기는 쉽다. 하지만 병입생수의 성장은 정치적·사회적 변화, 기회주의적 마케팅, 문화적 다이내믹 사이의 더 복잡한 상호작용을 드러낸다. 논평가인 제프 스패로는 이렇게 언급했다. "물론 기업들이 오랫동안 공격적인 홍보 활동을 해서 수돗물에 대한 대중의 태도를 바꾸었다. 하지만 (…) 그 마케팅은 자기표현을 향한 인간의 기본적인 욕구와 연결되었기 때문에 효과적일 수 있었다."[30] '개인의 선택'을 지향하는 이 열망은 정확히 신자유주의가 불평등을 증가시키고 보호적인 복지 제도를 해체하는 정책을 대중이 받아들이게 하기 위해 매우 효과적으로 이끌어내고 사용해온 바로 그 욕망이다.[31]

나아가 업계의 브랜딩은 생수를 공공 수돗물과 대비되는 자리에 위치시켰다. 문화연구자 게이 호킨스는 "업계의 브랜딩은 수돗물이 더 열등하게 보이게 하거나 수돗물이 어디에서 오는지, 안전한지, '순수'한지에 대해 의구심을 불러일으킴으로써 암묵적으로 수돗물의 기반을 훼손하는 효과를 가져왔다"고 말했다.[32]

포장 자체도 수돗물에 대한 신뢰를 갉아먹는 데 일조한다. 사스는 "가장 강력한 기표는 뭐니 뭐니 해도 병 자체"라고 말했다. "이 물은 **병에 들어 있다** (…) 따라서 **명시적으로 식수용으로 만들어지지는 않은,**

부엌 수도꼭지에서 나오는 일상적인 물보다 **더 깨끗하고 순수하고 질 좋은 물일 것이 틀림없다**고 여겨지게 된다. 병입생수는 애초에 더 깨끗한 물일 것이 틀림없다고 말이다. 그렇지 않다면 회사들이 왜 그 물을 굳이 따로 분리하고 따로 담고 **이름까지 붙여서** 팔 정도로 특별하다고 생각했겠는가?[강조는 원문]"[33]

몇몇 굉장히 흥미로운 저술이 병입생수라는 물 상품을 일상적이고 평범한 것이 되도록 만든 문화적 변화를 탐구했다. 호킨스는 "병입생수 소비자를 잘 속아 넘어가는 멍청이나 기업의 과장 광고에 쉽게 영향받는 수동적인 피해자로만 환원할 수는 없다"며 "[그보다는,] 소비자에게 병입생수가 합리적인 물 마시기의 형태로 여겨지게 되었다고 보아야 한다"고 말했다. 따라서 "우리가 알아보아야 할 것은 그러한 합리성의 논리가 어떻게 생겨났고 어떤 형태를 띠었는지"다.[34]

홀트에 따르면, 병입생수는 '이데올로기적 락-인ideological lock-in' 과정의 한 사례다. 믿음이 일상의 소비 행위를 만들고 다시 일상의 행위가 믿음을 강화하는 것이다. "미국인들은 더 건강해질 것이라고 믿어서 병입생수를 마시고, 그 믿음을 중심으로 일상의 루틴을 구성하며, 이 이데올로기를 지속적으로 강화하는 사회에서 살아간다. (…) 이러한 문화적 메커니즘이 있는 한, 수돗물에 대한 대중의 [부정적] 인식은 달라지지 않을 것이다."[35] 여기에는 손님 접대에 대한 새로운 규범도 포함된다. 사람을 초대했으면 병입생수를 내놓아야지 수돗물을 주는 것은 받아들여질 수 없는 일이라고 여겨지게 된 것이다. 따라서 병입생수 비판자들은 병입생수 소비에 맞서는 운동이 정치 영역만이 아니라 문화 영역에서도 이루어져야 한다고 말한다.

글로벌 북부에서 사람들이 안전한 수돗물을 즉각적으로 이용할 수 있는데도 병입생수로 이동한 것은 또 하나의 문화적 비용을 초래했다. 무거운 물을 사다 나르는 것이 정상적이고 일상적인 일이 된 것이다.[36] 많이 연구되어 있지는 않지만, 장을 보는 일이 일반적으로 젠더화되어 있듯이 물을 사다 나르는 추가적인 노동도 적어도 어느 정도는 젠더 차원을 갖는 것으로 보인다.[37] 한편, 수돗물 공급이 끊겼거나 수돗물이 정말로 마시기에 위험해서 병입생수로 이동하게 된 사람들의 경우에는, 병입생수를 사다 나르는 것이 라이프스타일상의 의아한 선택이 아니라 부당하게 부과된 추가 노동이다.

사라진 음수대

병입생수의 확산으로 촉진되고 병입생수의 확산에 기여하기도 한 문화적 변화 중 마지막으로 살펴볼 것은 공공 음수대의 실종이다. 나는 1990년대에 출장을 다니다가 시카고 오헤어 공항 터미널에서 공공 음수대가 실종되었음을 처음 깨달았다. 위스콘신으로 가기 위해 시카고에서 비행기를 갈아타야 했는데 너른 공항 어디에서도 물통에 물을 채울 음수대를 찾을 수가 없었다. 갑자기 모든 음수대가 작동이 안 되고 있거나 음수대 자체가 존재하지 않는 것 같았다. 대신 모든 신문 가판대, 레스토랑, 자판기에 3달러짜리 아쿠아피나 생수나 다사니 생수가 있었다. 나는 화장실에 가서 다소 어색해하며 물통에 수돗물을 반쯤 채웠다. 공항 이용객은 궁극적인 '사로잡힌 청중captive audience'* 일 테지만, 공항이 아닌 다른 곳에서도 상황은 비슷하다.

공공장소에서 음수대가 사라지면서 '공공장소란 어떠해야 하는가'

에 대한 공식 기준에서도 음수대가 사라졌다. 몇몇 저자들이 센트럴 플로리다 대학의 주경기장이 음수대가 하나도 없이 지어졌다는 사실을 언급한 바 있다. 2007년의 매우 더운 어느 날 매점에서 생수가 동나는 바람에 60명의 팬이 일사병으로 치료를 받아야 했고 18명이 병원에 실려 갔다.[38] 캐나다의 몇몇 주는 새 공공건물을 지을 때 음수대 설치를 의무화하지 않고 있고 몇몇 대학은 새 시설을 지으면서 음수대를 설치하지 않았다(이들 대학은 코카콜라나 펩시와 음료수 독점 공급 계약을 맺었다).[39] 2015년에는 미국을 포함해 세계의 많은 나라에서 건축 표준으로 사용되는 국제배관코드International Plumbing Code가 요구되는 음수대 수를 절반으로 줄이는 방향으로 개정되었다.[40]

스패로는 이러한 변화로 악순환이 벌어진다고 지적했다. "무료 음수대를 찾기가 어려워질수록 병입생수가 더 많이 사용되고, 이는 당국이 음수대를 설치하고 관리하게 만들 압력을 줄인다. 그러다 결국에는 건물이나 시설에서 [공짜 수돗물이 아니라] 거의 의무적으로 생수를 사 마셔야 하는 끔찍한 상황이 된다. 이에 더해, 음수대가 비위생적이고 불결하다고 여겨지고 병입생수가 건강과 활력을 상징하게 되는 이데올로기적 전환도 발생한다."[41]

공공 음수대의 역사에 비추어 보면, 현 상황은 매우 아이러니하다. 저널리스트 켄드라 피에르-루이스는 이렇게 설명했다. "근현대 최초의 무료 공공 음수대는 1859년에 런던에서 선을 보였다. (…) 가난한 사람들은 템스강 강물을 병입한 물을 마셨는데, 템스강은 하수로 인

• 버스 등에서 내리지도 못하고 라디오에서 나오는 것을 꼼짝없이 들어야 하는 청중.

해 오염이 심했다. 콜레라와 티푸스 같은 수인성 질병이 만연했다. (⋯)
1879년이면 런던에는 800개의 음수대가 있었고 미국 도시들도 뒤를
따랐다. (⋯) 1920년이면 대부분의 도시가 염소 처리한 물을 무료로
제공하고 있었다. 공중보건상의 이득은 명백했다."[42] 공공 음수대는
도시의 수도망에서 진정으로 대중이 함께 '공유'하는 지점을 나타낸
다. 집의 수도꼭지는 공공 수도망에 연결되어 있긴 하지만 개별화되
어 있다. 또한 음수대는 공중보건을 지키려는 사회적 실천과 의지를
상징한다. 이렇게 사람들이 공유하는 공공 자원의 실종은 얼핏 생각
되는 것보다 더 근본적인 문제다. 식수를 개인화된 원천에서 조달해
야 하게 만들 뿐 아니라 불과 한두 해 전만 해도 우리에게 있었던 것
을 집합적인 기억에서 지워버림으로써 우리가 대안적인 비전을 상상
할 수 있는 능력을 제한하기 때문이다.

글로벌 남부에서 새로운 시장 만들기

하지만 수도 보급이 널리 확산되지 못한 곳에서는 병입생수 시장의
형성 과정이 상당히 다르다. 이런 곳에서는 수돗물이 안전하지 않거
나 안정적으로 공급되지 않으며 음수대가 존재한 적이 없을 수도 있
다. 여기에서는 많은 사람에게 포장생수 말고는 즉각적으로 이용 가
능한 대안이 없을 수 있으므로 문제가 더 복잡하다. 이러한 맥락에서
벌어지는 수도와 병입생수의 상호작용은 '물을 가진 자'와 '물을 가지
지 못한 자' 사이의 극명한 불평등을 드러내고 사회적 부정의와 관련
해 근본적인 문제를 제기한다.

생수업계는 소위 '개발도상'에 있는 나라들에 안전한 수돗물이 없

다는 점뿐 아니라 있다 해도 그 질이 나쁘다는 점을 들어 포장생수를 해법으로 촉진한다. 음료마케팅협회 회장 존 로드완 주니어는 "경제적으로 개발도상에 있는 많은 나라들이 종종 수질 안전 문제를 겪고 있다"며 "병입생수가 이러한 물 문제에 적어도 부분적인 해법이 된다"고 말했다.[43] 많은 곳의 현 상태를 묘사하는 말로서는 맞을지 몰라도, 비판자들은 그 현 상태가 용인되어서는 안 될 상태라고 지적한다. 캐나다의 물 활동가 리처드 지라드는 병입생수 업계가 "도시 당국, 정부, 그 밖의 기관들이 안전하고 공적으로 관리되는 수도 서비스 공급을 가장 지속가능하고 가장 올바른 방식으로 수행하고 있지 못하다는 사실을 악용해 인간의 고통으로부터" 수익을 올리고 있다고 비판했다.[44]

특히 글로벌 남부의 대도시와 도시 외곽에서는 수도 인프라 확장이 도시 인구 증가 속도를 따라가지 못했다. 재정이 쪼들리는 많은 정부가 물 시스템을 관리하고 확장하는 데 자원을 충분히 쏟을 역량이 없었거나 의지가 없었다. 포장생수 업계가 이 틈을 냉큼 파고들었고, 지난 20년간 매출이 괄목할 만한 속도로 증가했다. 아시아에서 특히 두드러진 현상이었지만 중동, 라틴아메리카, 아프리카의 여러 지역에서도 마찬가지였다.[45] 빅4는 글로벌 남부로 영업을 확대했고 현지 병입업체들을 인수했다.[46] 하지만 대부분의 나라에서 현지 국내 기업들도 여전히 시장의 상당 비중을 점유하고 있다. 글로벌 남부의 몇몇 국가에서는 이제 인구의 50-80% 정도가 포장생수를 주 식수원으로 삼고 있다.[47]

글로벌 남부 전역에서 포장생수 소비는 매우 계급화되어 있다. 부유

그림 4. 정수물 리필 점포 '푸리피카도라' (멕시코 치아파스주, 산 크리스토발 데 라스 카사스)
사진: Daniel Jaffee

층과 중상류층은 종종 빅4 기업 중 하나가 생산하는 비싼 브랜드 생수를 소비한다. 대부분은 큰 플라스틱 통에 담겨 집으로 배달되지만 일회용 병에 담긴 생수 소비도 빠르게 증가하고 있다. 다른 한편으로 중저소득층과 저소득층은 '정수물 리필 점포'를 이용한다. 수십만 개의 소규모 점포가 공공 수돗물이나 지역의 강물, 샘물, 우물물 등을 삼투압, 자외선, 기타 정수 기술로 걸러서 판매하는데, 소비자가 빈 플라스틱 통을 가지고 오면 그 자리에서 통을 소독하고 물을 채워주거나, 자전거, 오토바이, 트럭 등으로 배달해주기도 한다. [그림 4, 5] 이런 물은 일반적으로 가격이 브랜드 생수의 4분의 1에서 절반 정도다.[48] 정수물 점포는 대개 비공식 점포이고 종종 규제나 등록 없이 영업하기 때문

그림 5. 푸리피카도라의 고객 (멕시코 치아파스주, 산 크리스토발 데 라스 카사스)
사진: Daniel Jaffee

에 안전과 수질에 편차가 매우 크다. 하지만 많은 가구가 자신이 감당할 수 있는 가격대의 다른 물보다는 그래도 이 물이 더 안전하다고 생각한다. 한편, 서아프리카와 기타 몇몇 지역에서는 일회용 비닐 팩에 담긴 이른바 '봉지 물'이 저소득층이 주로 소비하는 물이다.

하지만 국가 간에도 국가 내에서도 상당한 차이가 있다. 포장생수 소비가 매우 많은 두 나라를 비교해보면 이를 잘 알 수 있다. 인도네시아와 멕시코로, 포장생수 총소비량이 각각 4위와 3위이고 이들보다 위에 있는 국가는 중국과 미국뿐이다(102쪽 [표 2] 참고). 두 나라의 공통점과 차이점을 살펴보면 식민 시기의 유산, 신자유주의적 긴축, 국가의 역량(혹은 역량 부족), 사회적 불평등, 수돗물 접근성과 수돗물에 대한 신뢰, 그리고 포장생수 확산 사이의 상호작용을 알아볼 수 있다.

인도네시아는 1인당 기준으로 세계 10위의 병입생수 소비국이다. 하지만 소비가 너무나 빠르게 증가하고 있어서 곧 상위 5개국 중 하나가 될 것으로 보인다. 테디 프라세티아완과 동료 연구자들에 따르면, 인도네시아에서는 식민 시기 역사 때문에 "수돗물을 마시는 것이 일반적이거나 정상적인 것으로 받아들여진 적이 없다." 식민 시기 인도네시아에서 "파이프로 연결된 수도망은 (…) 다수 대중을 위해 계획되고 고안되고 지어진 적이 없었고" 그보다 "백인 유럽인과 (…) 현지인 엘리트 계층을 위해 지어졌기 때문"이다. "낮은 계층 사람들은 전통적인 수원인 얕은 우물과 지표수에 의존했다."[49]

독립 후에도 수도망 확장은 지극히 느려서, 2015년에 파이프로 물을 공급받는 가구가 10.2%에 불과했다. 수도 자카르타에서는 인구의 4분의 1에서 3분의 1 정도가 수도망에 연결되어 있다.[50] 운 좋게 수도망에 연결된 경우라 해도, 그리고 안전 기준대로 잘 처리된 물이라 해도, 파이프를 타고 오는 동안 또는 집의 물탱크에 저장되어 있는 동안 오염되곤 한다. 이에 더해, 시간제 공급 때문에 급수가 꾸준하게 이루어지지 않는다는 문제도 있다.

이 빈틈을 포장생수가 점점 더 깊이 파고들고 있다. 가구의 거의 90%가 리필 가능한 19리터들이 큰 물통('갈론gallon'이라고 불린다)에 담긴 생수를 구매하며 80%는 일회용 생수를 구매한다.[51] 1997년 아시아 금융 위기 이후에 리필 가능한 생수 매출이 크게 증가해[52] 현재 인도네시아 포장생수 소비의 절반 이상을 차지한다.[53] 대조적으로, 도시에 거주하는 부유한 젊은 층은 다논의 아쿠아나 VIT 같은 브랜드 생수의 타깃 고객인데, 이러한 제품이 전체 매출의 3분의 1을 차지한다.[54]

자카르타에서 수돗물(1세제곱미터당 0.38달러)은 리필 가능한 생수(18.33달러)나 브랜드 생수(56.16달러)보다 훨씬 싸다. 하지만 정치생태학자 캐롤린 티나 월터와 동료 연구자들에 따르면, 주민들은 포장생수가 가장 싼 음용수원이라고 생각한다. 수돗물을 안전하게 마시려면 끓여야 해서 가스비가 들기 때문이다. 또한 월터와 공저자들은 자카르타의 가구 대부분은 가구 소득의 5% 이하만 포장생수에 지출하지만 가장 가난한 가구 중 4분의 1은 값이 싼 리필 생수도 구매할 여력이 없다고 지적했다.[55]

멕시코도 동일한 양상을 상당 부분 보여주지만 인도네시아와 중요한 차이도 있다. 멕시코는 1인당 병입생수 소비가 10년 넘게 세계에서 가장 높았지만(2020년에 281리터였다) 수도는 널리 보급되어 있는 편이다. 공식 통계에 따르면 인구의 94%가 개선된 수원에 접근할 수 있고 (가난한 슬럼에는 보급률이 더 낮긴 하지만) 실내 배관 상수도도 널리 보급되어 있다.[56] 멕시코의 수도망은 대개 1940년대에서 1970년대에 대대적인 정부 투자를 통해 지어지고 확장되었다. 1980년대까지도 대부분의 멕시코 도시에서는 수돗물을 마시는 것이 일반적이었고 북부의 몇몇 도시에서는 지금도 그렇다.[57]

그렇다면, 어떻게 해서 1980년대 이후에 멕시코가 세계 수위의 포장생수 소비국이 되었을까? 조슈아 그린은 멕시코에서 벌어진 병입생수의 등장과 극적인 성장에 대해 네 가지 원인을 꼽았다. 첫째, 1982년에 심각한 경제 위기가 닥쳐 세계은행이 부과한 긴축에 들어가면서 사회적 지출과 인프라 지출을 대폭 줄여야 했다. 둘째, 1985년에 멕시코시티에서 지진이 일어나 공공 수도 시스템의 상당 부분이 파괴되고 오염이 발생하면서 모든 식수를 끓여서 마시라는 권고가 발동되었다. 셋째, 1990년대에 전국적으로 콜레라가 유행하면서 이때에도 끓인 물을 마시라는 권고가 발동되었다. 넷째, 병입생수 업계의 행동과 정치적 영향력이 증가했다.[58]

멕시코는 1994년에 신자유주의적 색채가 짙은 전국물관리법을 도입했는데, 이는 민영화를 촉진했고 업계가 방대한 양의 지하수에 공짜로 접근하기 쉽게 만들었으며 수도 시스템 유지와 자금 조달 책임을 도시정부로 넘기면서도 거기에 필요한 재정 자원은 제공하지 않았다.[59] 코카콜라 펨사Coca-Cola FEMSA[60] CEO 출신인 빈센테 폭스 대통령(2000-2006년 재임)은 물 분야에서 민간 자본의 역할을 한층 더 촉진했고 병입생수 시장이 가장 빠르게 성장하던 시기에 멕시코를 통치했다. 연방 물 관리 당국인 코나과Conagua의 예산은 크게 삭감되어 2020년에 10억 달러가 겨우 넘는 정도에 불과했다. 멕시코 사람들이 매년 포장생수에 쓰는 148억 달러에 비하면 매우 미미한 액수다.[61] 저널리스트 J. J. 레무스에 따르면, 멕시코 수도 운영 주체들의 91%가 적자 상태여서 기본적인 유지 보수에도 투자할 여력이 없다.[62]

그 결과, 현재 멕시코의 많은 곳에서 수도 서비스가 불안정하고 수압이 종종 낮다. 멕시코시티에서는 마셔도 안전하도록 물이 대체로 잘 처리되지만 집에서 물탱크에 저장되어 있는 동안 자주 오염된다. 작은 도시들에서는 수처리 시스템 자체가 박테리아와 기타 병원균을 완전히 제거하지 못한다.[63] 하지만 가장 큰 문제는 수돗물의 시간제 배급(현지에서는 '탄데오tandeo'라고 부른다. 하루 또는 일주일에 일정 시간만 수돗물을 공급한다)이 전국적으로 일상화되었다는 점이다. 물 권리에 대한 유엔 특별보고관 레오 헬러의 보고서에 따르면, 멕시코시티 거주자의 70%가 수돗물 나오는 시간이 하루에 12시간 이하이며 더 가난한 동네와 작은 도시에서는 훨씬 덜 자주, 덜 일관되게 나와서 하루에 한두 시간만 나오거나 일주일에 하루이틀만 나오기도 한다.[64] 보도에 따르면, 내리 몇 주나 몇 달간 수돗물이 나오지 않는 곳도 있다.[65] 돈 있는 사람들은 각자 지붕에 빗물받이 물탱크나 저수조를 설치한다.

저투자, 낮은 수질, 불안정한 공급의 퍼펙트 스톰은 수돗물에 대한 불신을 널리 퍼트렸다. 그린에 따르면, 수돗물 불신이 "너무나 깊이 뿌리박혀서 (…) 심지어 수도 당국이 수도 시스템을 개선한 뒤에도 종종 소비자는 수돗물이 안전하다고 믿지 못한다."[66] 이 지점을 병입생수 업계가 생수에 대한 신뢰를 촉진하는 풍부한 '정보'를 가지고 파고들었다.[67] 다논의 보나폰트와 레비테, 코카콜라의 시엘은 멕시코에서 가장 잘 팔리는 생수 브랜드이고, 물론 대대적인 광고 공세가 있었다. 오늘날 멕시코시티 거주자 중 11%만이 어느 정도라도 수돗물을 식수로 사용한다. 일상적으로 포장생수를 소비하는 멕시코시티 가구는 90%로 추산되며(멕시코 전체 가구 중에서는 80%로 추산된다), 그중 3분의 2는 플라스틱 또는 유리로 된 25리터들이 리필 가능한 대용량 물통인 가라폰garrafon에 담긴 것을 구매한다.[68]

높은 포장생수 의존성은 경제적으로 큰 부담이 될 수 있다. "가구들이 수돗물에 내는 돈의 몇 배나 되는 돈을 매달 생수 구매나 물 배달에 사용해야 하기" 때문이다.[69] 물 연구자 델리아 몬테로는 멕시코시티에서 가장 가난한 20%의 가구는 평균적으로 가구 소득의 15%를 포장생수에 쓴다고 설명했다. 여기에 수도요금을 더하면 이들은 총소득 중 25% 이상을 물 구매에 쓴다. 멕시코시티 가구 중 5분의 2는 가구 소득의 적어도 13%를 물에 쓴다.[70] 수돗물의 불안정한 공급은 이러한 부정의를 더욱 악화한다. "수돗물이 부족해 씻고 빨래하고 청소하고 요리하고 기타 가정 살림을 유지하는 데 필요한 물을 모두 병입생수에 의존하게 되면 비용이 매우 빠르게 말도 안 되는 수준으로 치솟고 기존의 불평등이 재생산된다."[71]

요컨대, 인도네시아와 달리 멕시코는 인구 대다수에게 수돗물이 [불안정하기는 하지만] **실제로** 공급되는데도 거의 전적으로 포장생수에 의존한다. 처음에 병입생수 소비가 증가한 원인은 자연재해와 감염병이었지만, 장기적인 수도 시스템 훼손과 수돗물 불신으로 이어졌다. 멕시코가 극심한 재정 긴축에 들어가면서 깨끗한 물을 제공하는 국가 기능이 복원되지 못했기 때문이다. 이러한 맥락에서, 정부와 대중은 전에는 마실 수 있었던 수돗물의 사실상 '영구적인' 대체품으로 포장생수를 받아들이게 (적어도 용인하게) 되었다.[72] 그렇더라도 포장생수 구매는 많은 사람에게 무거운 금전적 부담이고, 인도네시아보다도 더 그렇다.

하지만 지난 10년 넘게 '아구아 파라 토도스Agua Para Todos'(모두를 위한 물Water for All)라는 전국적인 연대로 뭉친 사회운동이 일어나 정부의 수도 관리 역량을 회복하고, [신자유주의적인] 전국물관리법을 개정하고, 민영화를 되돌리고, 식수 접근성 위기와 물 부정의를 바로잡기 위해 노력하고 있다.[73] 아구아 파라 토도스 연대 공동 설립자인 엘레나 번스는 2019년 말에 내게 이렇게 말했다. "물 병입업체들은 정치 권력을 가지고 있습니다. 바로 이 지점이 모든 사람의 당연한 필요를 업계의 정치 권력과 비등한, 또는 그보다 강력한 정치 권력으로 변환해야 하는 지점입니다. 양질의 물에 대한 평등한 접근성을 보장할 (…) [새로운 물] 관리법을 통과시키기 위해서요. 음수대 등 식수를 제공하는 공공 자원도 여기에 포함됩니다."[74]

포장생수와 병입생수는 글로벌 남부에 안전한 식수가 널리 보급되어 있지 못하다는 문제의 해결책에 포함되기에 합당한가? 이 질문은 모든 사람에게 안전한 식수 접근성을 보장한다는 국제적 목표(유엔 지속가능발전목표에 천명된 목표)를 어떻게 달성할 것인가와 관련한 논쟁에서 이슈가 되었다. 2017년에 한 유엔 기구가 처음으로 SDG-6.1("모든 사람이 안전한 식수에 감당 가능한 가격대에서 평등하게 접근할 수 있게 한다")의 달성도를 측정할 때 기준으로 삼는 '개선된 수원'에 병입생수를 포함했다.[75] 이 변화는 큰 논란을 불러일으켰는데, 많은 국가가 자국에서 포장생수가 널리 사용되는 것을 SDG-6.1 달성이 진전되었다는 식으로 이야기할 수 있게 되었다는 뜻이기 때문이다.

세계보건기구와 유니세프는 개선된 수원의 정의를 이렇게 바꾸더라도 국가별 SDG 진전 상황에 대한 통계 숫자는 거의 달라지지 않는다고 주장했다.[76] 병입생수를 '개선된 수원'에 포함한 것이 많은 곳에서 실제로 벌어지고 있는 현실의 한 측면을 인정한 것일 뿐이라고 주장할 수도 있을 것이다. 이미 포장생수가 유일한 식수원이라는 현실 말이다. 하지만 비판자들은 이 결정이 정부에 빠져나갈 길을 터주는 변화라고 지적한다. 그린은 "이 재분류는 멕시코가 공공 자금을 들여 수도 인프라를 개선·유지·확대하지 않고도 SDG-6.1을 달성했다고 말할 수 있게 허용한다"고 지적했다. 또한 그는 이 변화가 "필수적인 인간의 필요를 충족하는 데서 국가의 역할을 없애고 [민간기업의] 수익성을 매우 높일 수 있는 방법이기 때문"에 "정책결정자, 기업 행위자, 투자자에게 유리하다"고 언급했다.[77] 유엔 내부에서도, 멕시코에 대한 물 권리 특별보고관의 보고서는 "병입생수에 의존하는 것은 필수적인 물에 대한 접근성과 구매 가능성을 훼손하므로, 멕시코가 물에 대한 권리를 보장하기 위한 국가의 의무를 달성하는 방법이 분명코 아니"라고 지적했다.[78]

변화의 순간

병입생수와 수돗물의 관계를 더 깊이 살펴보기 전에, 오늘날 포장생수라는 상품이 차지하고 있는 위치를 알아볼 필요가 있다. 일단, 국가와 지역마다 차이가 크다. 포장생수 소비는 아시아의 일부 지역에서 빛의 속도로 늘고 있으며 중동과 글로벌 남부 여타 지역에서도 빠르게 늘고 있다. 하지만 글로벌 북부에서는 느리게 증가하고 있고 서유럽에서는 증가세가 정체되었다.

미국에서는 병입생수 수요가 계속 증가하고 있으며, 2021년에 매출 400억 달러를 돌파했다.[79] 하지만 코로나19 팬데믹 전부터도 증가세는 둔화되기 시작하고 있었다. 2014-2017년에 연 6.8%씩 증가하던 병입생수 소비가 2017-2022년에는 연간 3.5%씩 증가했다.[80]

하지만 이러한 총계적 숫자는 서로 다른 종류의 병입생수 사이에 존재하는 큰 차이를 가린다. 큰 추이는 다음과 같이 요약할 수 있다. 미국 소비자는 일반 생수에서 탄산수, 가향수, 소위 '기능성 물'(카페인, 이온, 단백질, 프로바이오틱 등을 함유한 물) 등, 각성, 기억력 증진, 기분 전환 등에 효과가 있다고 주장하는 제품으로 서서히 이동하고 있다. 하지만 일반 생수가 여전히 압도적으로 많이 팔리며, [그림 6]이 보여주듯이 소비량 기준으로 85% 이상(금액으로는 67%)을 차지한다.[81] 그중 가격이 더 저렴한 유통업체 자체 브랜드 생수의 판매가 가장 빠르게 증가해 빅4의 시장 점유율을 잠식하고 있다. 빅4 기업의 제품 중 정제 수돗물을 병입한 제품과 2021년까지 네슬레가 제조하던 샘물 제품은 성장이 대체로 정체되었다.[82] [그림 7]은 2022년 주요 병입생수 제조업체의 미국 시장 점유율을 보여준다.

병입생수 포장용기의 형태도 달라졌다. 지난 20년 사이 반납 가능한 워터쿨러[큰 물통을 거꾸로 꽂아 쓰는 정수기] 스타일의 대용량 물통에 담긴 생수는 매출 비중이 줄었고(현재 전체 매출의 10% 이하) 일회

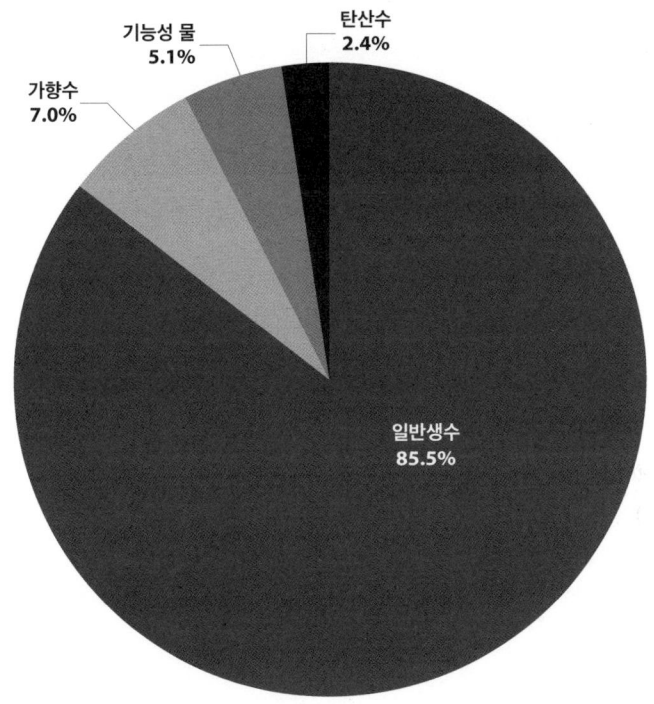

그림 6. 미국 병입생수 시장 (물량 기준, 종류별 비중, 2022)
다음을 바탕으로 작성함. Euromonitor International 2022a.

용 PET병에 담긴 생수는 매출 비중이 증가해 1999년 24%였던 데서 오늘날에는 70%가 넘는다.[83]

　캐나다의 병입생수 시장은 미국과 몇 가지 중요한 면에서 차이를 보인다. 2020년에 캐나다의 1인당 포장생수 소비량은 미국의 절반이 채 안 되는 72.7리터였다. 또 미국에서 1인당 소비가 계속 증가하던 몇 년 동안 캐나다에서는 소비가 그 수준에서 정체되었다.[84] 캐나다 시장은 빅4가 지배하고 있지 않고 하나의 압도적인 기업과 몇 개

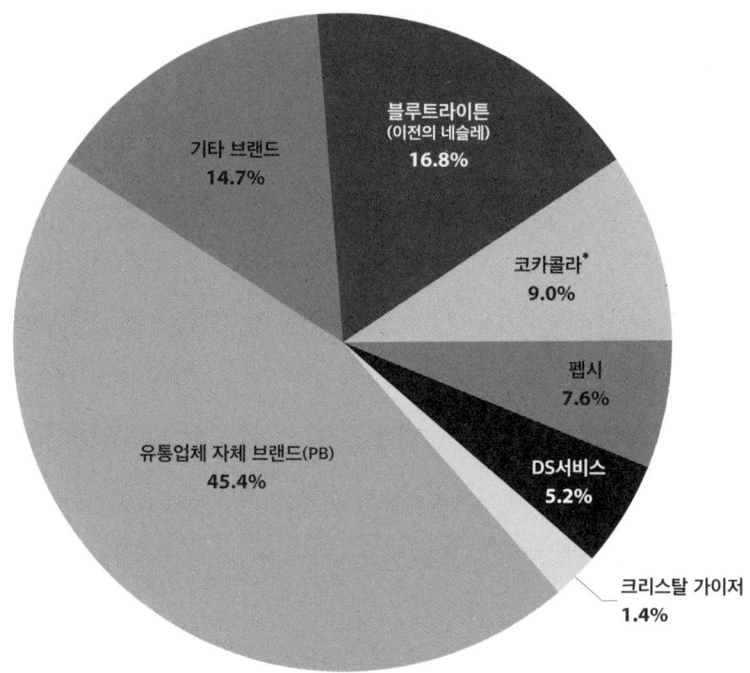

블루트라이튼
(이전의 네슬레)
16.8%

기타 브랜드
14.7%

코카콜라*
9.0%

펩시
7.6%

DS서비스
5.2%

유통업체 자체 브랜드(PB)
45.4%

크리스탈 가이저
1.4%

* 코카콜라는 다논의 생수 브랜드를 북미에서 판매한다. 자회사인 에너지브랜드도 포함되어 있다.

그림 7. 미국 병입생수 시장 (물량 기준, 기업별 비중, 2022)
다음을 바탕으로 작성함. Euromonitor International 2022a.

의 국내 브랜드가 있다. 그 압도적인 하나의 기업은 네슬레(현재는 블루트라이튼)이며, 매출 기준으로 거의 31%의 시장을 점유하고 있다.

전 세계적으로 보면 북미만 볼 때보다 포장생수 업계의 시장 집중화가 훨씬 덜하다. 하지만 빅4의 점유율이 큰 것은 마찬가지다. 2022년에 [빅4 중] 글로벌 생수 1위 업체는 코카콜라였고, [그림 8] 2개의 중국기업 농푸산취안과 화룬이 상위 7개 기업에 올랐다. [표 2]는 총소비량 기준 상위 10개 소비국을 연평균 증가율과 함께 보여준다. 인도와

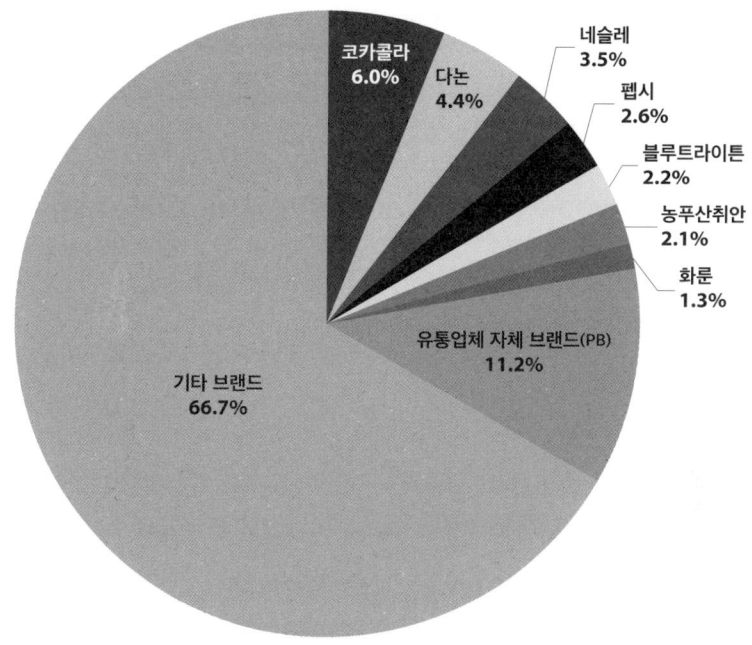

그림 8. 세계 병입생수 시장 (물량 기준, 기업별 비중, 2022)
다음을 바탕으로 작성함. Euromonitor International 2022b.

중국의 연평균 증가율이 6% 이상으로 단연 두드러지며, 미국, 멕시코, 인도네시아가 뒤를 잇고 있다. 하지만 1인당으로는 중국이 포장생수 소비 상위 20개국에도 들지 못한다. [표 3]이 보여주듯이, 1인당으로는 멕시코가 최대 소비국이고 그 뒤로 이탈리아, 태국, 미국이 있다. 서유럽은 샘물을 병입해 마시던 역사가 더 길고 1인당 기준으로 여전히 많은 양을 소비하지만 전체 소비량은 거의 증가하지 않고 있으며 독일, 프랑스, 벨기에는 사실 소비가 줄고 있다.

표 2. 병입생수 총 소비량 기준 상위 10개국(2020)과 증가율(2015-2020)
다음을 토대로 작성함. Rodwan 2021.

	총 소비량, 2020 (단위: 십억 갤런)	연평균 증가율 2015-2020
중국	27.78	6.3%
미국	14.96	5.4%
멕시코	9.96	4.3%
인도네시아	8.51	3.7%
브라질	6.46	3.8%
인도	6.42	6.9%
태국	3.96	1.8%
이탈리아	3.48	1.0%
독일	2.75	-1.5%
프랑스	2.24	1.5%

표 3. 병입생수 1인당 소비량 기준 상위 10개국(2012)과 증가율(2020)
다음을 토대로 작성함. Rodwan 2018, 2021.

	1인당 갤런		연평균 증가율 2012-2020
	2012	2020	
멕시코	62.2	74.4	2.3%
이탈리아	47.7	58.8	2.7%
태국	46.9	57.0	2.5%
미국	30.9	45.2	4.9%
아랍에미리트	25.3	35.4	4.3%
스페인	30.9	35.3	1.7%
프랑스	35.8	34.1	-0.6%
벨기에/룩셈부르크	34.6	34.0	-0.2%
독일	36.6	33.3	-1.2%
엘살바도르	(N.A.)	33.1	-
사우디아라비아	26.4	31.6	2.3%
인도네시아	20.1	31.3	5.7%

수돗물에 대한 두려움

책 《의혹을 팝니다Merchants of Doubt》와 다큐멘터리 영화 〈의혹을 파는 사람들〉에서 나오미 오레스케스와 에릭 콘웨이는 화석연료업계가 인간이 유발한 기후 변화에 대한 과학계의 합의를 부인하기 위해 사용한 전술의 계보를 추적했다. 이 전술은 원래 담배업계에서 유래했다. 오레스케스와 콘웨이는 1969년에 거대 담배회사 브라운앤윌리엄스의 내부 메모에 쓰여 있던 말을 인용했는데, 내용은 다음과 같다. "의구심이 우리가 만들어야 할 제품이다. 대중의 마음속에 존재하는 '일군의 사실'에 맞서는 데 사용할 수 있는 가장 좋은 수단이기 때문이다. 또한 의구심은 [사실을] 논쟁으로 만들 수 있는 수단이다."[85]

담배업계가 담배의 유해성을 드러내는 과학적 사실에 대해 의구심의 씨앗을 뿌림으로써 수십 년 동안 매출을 지키고 소송을 피할 수 있었다는 사실은 잘 알려져 있지만, 의구심을 만들어내는 전략은 다른 부문에서도 많은 방식으로 사용될 수 있다. 병입생수 업계는 은밀하게, 또 명시적으로 수돗물의 안전성에 대해 의구심을 퍼트렸고 병입생수를 더 안전한 대안으로 위치 지웠다. 병입생수 비판자들은 이러한 과정을 '수돗물에 대한 전쟁'이라고 부른다. 이 과정을 통해 병입생수 업체들과 업계 협회는 공공 수돗물의 질에 대해 안 좋은 평판을 부추겼다.[86] 이에 더해, 자주 일어나지는 않아도 언론에 크게 보도되어 눈길을 끄는 수돗물 재난 사태도 업계에 득이 되었다. 비판자들은 이러한 과정에서 우리가 수돗물을 두려워하도록 길들여졌다고 (그리고 지금도 길들고 있다고) 지적한다. 이것이 다섯 번째 F(fear)다. 물 전문가 피터 글릭은 저서 《병에 담겨 팔리다Bottled and Sold》에서 "두려움은 효과적인 도구"라며 "일단 우리가 속아서 수돗물을 두려워하도록 길들여지고 나면 병입생수 시장이 급성장한다"고 말했다.[87] 물론 사람들이 수돗물을 마셔도 된다는 확신을 잃는 데는 수돗물이 유해하다는 확실한 과학적 증거까지 필요하지도 않다. 수돗물을 신뢰해도 될지에 대한 '의구심'만으로도 충분하다.

이 전략의 가장 잘 알려진 사례로 2006년에 피지워터가 전국 잡지들에 낸 전면 광고를 들 수 있다. 광고 문구는 다음과 같았다. "상표에 '피지'라고 쓰여 있습니다. 클리블랜드에서 병입된 것이 아니니까요." 하지만 이후의 수질 검사 결과 피지워터에서 휘발성 플라스틱 화합물과 높은 수치의 박테리아, 비소 등이 검출되었고, 클리블랜드의 수돗물이 훨씬 더 깨끗한 것으로 나타났다. 로열스프링워터도 "수돗물은 독약입니다"라는 문구로 광고를 내보냈다.[88] 또한 현재 프리모워터의 온라인 광고는 부식된 파이프를 보여주면서 소비자에게 이렇게 경고한다. "당신의 수돗물에는 해로운 박테리아와 오염 물질이 가득할지 모릅니다."[89]

인류학자 앤디 오펠은 이러한 접근을 "병입생수 업계의 양갈래 전략"이라고 부른다. "자신들이 사용하는 수원의 순수성을 이야기하는 동시에 오염된 수돗물에 대한 두려움을 일으키는 것이다."[90] 한 병입생수 회사 대표도 나와의 인터뷰에서 이러한 화법상의 논리를 드러냈다.

이 트럭들이 쉬어가는 곳, 군것질거리나 끼닛거리를 찾아 트럭이 서는 곳에 나도 들렀다고 해보죠. (…) 그런데 여기에서 유일한 선택지가 화장실에 가서 수돗물을 받아 마셔야 하는 것이라면, 저는 그렇게 선택하지 않을 것입니다. 누가 그걸 닦는지도 모르고 얼마나 위생적인지도 모르니까요. (…) 그런데 사용 가능한 수돗물은 이것뿐이란 말이죠. 그래서 저는 제가 잘 아는 생수 제품을 살 수 있는 선택지가 있기를 바랍니다. 사람들이 생수에 내는 돈은 단지 물에 대한 가격만이 아니에요. 그 물이 병에 담기는 위생적인 여건과 그 물을 보호하기 위해 들어가는 모든 것에 대한 가격이죠.[91]

업계 협회 대변인들은 더 세련된 표현으로 수돗물을 비하한다. 국제병입생수협회 대변인 스티븐 케이는 2001년에 "병입생수와 수돗물의 차이는 병입생수가 품질에 일관성이 있다는 것"이라고 말했다.[92] 뒤에서 설명하겠지만 미국 등 많은 나라에서 수돗물보다 병입생수가 훨씬 느슨하게 규제되고 있는데도 말이다. 2019년에 음료마케팅협회의 로드완은 이렇게 말했다. "어떤 장소에서 수돗물이 **설령 안전할지 모른다 해도** 사람들은 병입생수를 더 선호할 수 있고 병입생수가 더 물맛이 좋다고 느낄 수 있다[강조는 내가 표시한 것이다]." 이 언명은 맛과 안전이라는 매우 상이한 요소를 하나로 뭉뚱그리고 있다.[93] 비슷하게, 2021년에 나온 한 산업 분석 보고서는 "생수를 더 안전한 선택지로 위치 지우는 것은 소비자가 계속 생수 시장에 관여하게 하는 데 필수적"이라고 조언했다.[94]

수돗물의 질에 대해 의구심을 일으키려는 노력이 효과가 있었을까? 한 마디로, 있었다. 제니퍼 캐플란은 "어느 면에서 병입생수의 성공은 수돗물에 맞서 수십 년간 벌여온 홍보의 승리"라고 말했다.[95] 여론조사는 1970년대 이래 미국에서 수돗물의 질에 대한 사람들의 신뢰가 크게 떨어졌음을 보여준다. 미국인 중 식수 오염을 극도로 우려한다고 답한 사람의 비중이 1973년 32%에서 1988년 66%로 높아졌으며,[96] 그 후로도 많게는 80%까지 높아졌다.[97] 아이러니하게도, 수돗물에 대한 우려가 이렇게 높아진 데에는 현대의 환경운동, 그리고 환경운동이 성공적으로 도입시킨 정책의 영향도 있다. 피에르-루이스에 따르면 "환경운동의 압력에 반응해서 정부는 1974년 식수안전법 같은 조치들을 도입했다. 식수안전법으로 수돗물이 더 안전해졌지만 (…) 의도치 않은 결과도 있었다. 오염이 발생하면 도시 당국이 주민에게 즉각 공지하도록 의무화되었는데, 수돗물을 신뢰하면서 자랐던 미국인이 이제 수돗물의 잠재적 위험성을 알리는 수많은 경고 메시지를 받게 된 것이다."[98] 한편, 홀트는 수돗물에 대한 대중의 두려움 증대가 부정부패, 규제 실패에 대한 언론 보도들이 나오면서 정부에 대한 신뢰가 더 폭넓게 상실된 결과라고 본다.[99]

원인이 무엇이건, 많은 연구에서 수돗물의 질에 대한 부정적 인식과 병입생수 소비 사이에 강한 상관관계가 있는 것으로 나타났다.[100] '인식'이 수돗물의 실제 안전성과 부합하는지는 별개의 문제다. 물 연구자인 아리아나 자비디와 그레고리 피어스는 "수돗물이 안전하지 않다는 인식이 생기는 데는 적어도 세 가지 경로가 있을 수 있다"고 설명했다. "첫째는 건강에 해를 끼칠 수 있으며 식수안전법 기준 위반에 해당하는 오염, 둘째는 건강과 관련된 것은 아니지만 오염 물질의 감각지각적 특징 때문에 잘 인지되는 오염, (…) 셋째는 순전히 잘못된 인식이다."[101]

이유와 상관없이 북미와 그 밖의 모든 곳에서 사람들은 점점 더 수돗물을 두려워하도록 길들여지고 있다. 그리고 두려움은 신뢰의 반대다. 그런데 수돗물을 비하하는 업계의 캠페인은 왜 그토록 효과적이었을까? 저서 《안전을 구매하다Shopping Our Way to Safety》에서 앤드루 사스는 병입생수가 '역격리inverted quarantine' 현상의 한 사례라고 설명했다. 더 안전하다고 여겨지는 상품을 소비함으로써, '인식된 위험'으로부터 스스로를 개인적으로 보호하고자 하는 것을 말한다. 여기에서 사람들은 정책 변화나 구조적 변화를 추구하기보다 '개인화된 상품 버블'을 만들어 자신을 보호하려 한다. "수돗물 공급을 개선하기 위해 정치적, 집합적 행동으로 무언가를 하려 하기보다는 (…) 자신이 생각하기에 더 안전하다고 느껴지는 종류의 물을 개인적으로 확보하려 하는 것"이다.[102] 사스는 역격리를 사회운동의 반反명제라고 본다. 사회운동은 사회적 문제에 대해 집합적인 해법을 찾으려 하지만 역격리식 반응은 정책 변화에 대한 대중의 요구나 압박을 약화한다. "잘못된 안전 감각을 불러일으켜 개혁에 대한 정치적 지지를 약화하기 때문"이다.[103] 사람들 사이에 이렇게 소비 기반의 전략이 확산되는 것은 사회적 문제에 집합적인 접근이 아니라 개인적이고 시장적인 접근을 적용하려 하는 신자유주의 이데올로기의 산물이라고 볼 수 있다.[104] 그리고, 사스에 따르면, 악순환이 발생한다. 사람들이 병입생수를 마시기로 하면 정부가 공공 수도 인프라를 잘 유지하도록 정부를 압박하는 압력이 줄게 된다. 그러면 수돗물의 질이 떨어질 수 있고, 다시 이는 수돗물에 대한 신뢰를 더 약화시켜 병입생수를 통한 개인적인 해법으로의 이동을 한층 더 가속할 수 있다.[105]

무엇과 경쟁하는가?

포장생수 업계는 소비자가 수돗물과 병입생수 사이에서 내리는 선택이 더 큰 정치적 함의를 갖는다거나 이 둘 사이의 선택이 제로섬 게임이라는 개념에 맹렬히 반대한다. 그들은 자신의 제품에 대한 수요 증가가 전적으로 소비자들이 건강에 안 좋은 다른 음료수로부터 멀어졌기 때문이라고 주장한다. 음료마케팅협회 디렉터는 "병입생수가 수돗물과 경쟁하는 것처럼 이야기되곤 하지만, 병입생수가 음료 매출 1위 자리를 차지한 것은 소비자를 여타의 포장음료수로부터 멀어지게 함으로써였다"고 말했다.[106]

병입생수가 상호 대체 가능한 여러 음료수 중 하나라는 묘사는 업계 협회뿐 아니라 개별 음료회사들도 강하게 밀어붙이는 프레임이다. 한 병입생수 기업 대표는 "오늘 병입생수가 사라진다면 사람들은 수돗물로 돌아가는 게 아니라 현재 우리가 경쟁하고 있는 다른 포장음료수로 돌아갈 것"이라고 내게 말했다. "그 음료수들은 설탕, 술, 카페인, 인공감미료와 인공향이 들어간 음료수입니다. 따라서 우리는 우리 제품이 사회에서 가치 있는 역할을 한다고 생각합니다. 기본적으로, 우리는 다른 모든 포장음료수와 동등하게 취급되기를 원합니다."

병입생수가 다른 음료수들과 경쟁하는 것이지 수돗물과 경쟁하는 것이 아니라는 주장은 따져볼 필요가 있다. 얻을 수 있는 실증 근거들을 살펴보자. 우선, 글로벌 북부의 소비자가 설탕이 든 청량음료를 전보다 훨씬 덜 마시고 병입생수를 전보다 훨씬 더 마시는 것은 사실이다. '서론'에서 본 [그림 1](26쪽)이 이를 보여주는데, 2010-2020년에 미국에서 청량음료 소비는 매년 평균 2% 이상씩 감소했고 병입생수 소비는 매년 평균 5.7%씩 증가했다.[107] 1인당 기준으로 청량음료 소비는 같은 기간에 34리터 이상이 줄었고 병입생수 소비는 64리터 이상이 늘었다.[108]

하지만 청량음료와 병입생수의 위치가 달라진 것이 직접적으로 서로 관련된 현상인가? 2019년의 한 마케팅 조사는 전보다 생수를 더 많이 마신다고 대답한 소비자들에게 이유를 물었는데, 54%가 "다른 음료를 덜 마신다"고 답했다.[109] 그렇다면, 많은 소비자가 실제로 청량음료에서 일회용 생수로 넘어간 것처럼 보인다.

그러나 이 정보는 이러한 이동이 **수돗물 소비도** 감소시켰는지 여부까지 말해주지는 않는다. 국제병입생수협회는 US해리스에 의뢰해 수행한 여론조사 결과를 생수가 수돗물과 경쟁하는 것이 아니라는 근거로 제시했다.

가장 즐겨 마시는 음료가 병입생수라고 답한 사람 중 74%는 병입생수를 구매할 수 없다면 다른 포장음료수를 선택할 것이라고 답했다. 청량음료 19%, 커피 9%, 탄산수 7%, 차 7%, 주스와 과일음료 7%, 스포츠음료 6%, 가향 및 가당 물이나 탄산수 5%, 기능성 물 5%였다. (…) 나머지 26% 중 1%는 갈증을 참겠다고 했고 절반인 12%는 정수한 수돗물을 마시겠다고 했으며 7%는 공공 음수대에서 마시겠다고 했고 5%는 정수하지 않은 수돗물을 마시겠다고 했다[강조는 내가 표시한 것이다].[110]

요컨대, 병입생수를 선호하는 응답자 중에서도 거의 25%가 병입생수가 없다면 모종의 수돗물을 마시겠다고 답했으므로, 병입생수가 수돗물과 '뱃속의 공간을 놓고' 경쟁하지 않는다는 업계의 주장은 정직하지 못한 것이다.

음료 업체의 관점에서는 병입생수가 '그저 또 하나의 음료수'인 것이 맞고, 음료수로서 포장되고 판매된다. 예를 들어, 다사니와 아쿠아피나는 코카콜라와 펩시가 청량음료, 차음료, 에너지음료 등을 판매하는 동일한 유통 채널을 통해 판매되고 종종 동일한 트럭으로 운송되며 소매점에서도 회사 브랜드가 찍힌 동일한 냉장 진열장에 칼로리와 첨가물이 가득한 형제들과 함께 진열된다. 다국적 음료기업 입장에서 병입생수는 특별한 위치가 아니라 그저 방대한 음료 제품군 중 가장 성공적으로 시장 점유율을 높인 제품이다. 즉 그들에게 이것은 그저 또 하나의 맛이다.

그렇다면, 수돗물 소비량은 어떻게 되었을까? 글릭은 1980-2006년에 미국에서 연간 병입생수 소비가 1인당 95리터 증가했고 수돗물 소비는 놀랍게도 132리터나 줄었다고 밝혔다.[111] 더 최근인 2018년에 포장 컨퍼런스에서 발표(70쪽 2장 제사에 인용된 말이 이 발표에서 나온 것이다)에 나선 음료마케팅협회의 리서치 디렉터는 미국 수돗물 소비가 대침체 시기 5년을 제외하고는(이때는 수돗물 소비가 부분적으로 회복되었다) 2001년부터 2017년 사이에 매년 감소했음을 나타내는 슬라이드를 보여주었다(반면, 병입생수 매출은 2008년과 2009년을 제외하면 매년 성장했다). 이 16년 동안 1인당 수돗물 소비량은 거의 11%나 감소했다. 그전에도 이미 감소하고 있었는데 말이다.[112] [그림 9]는 미국 병입생수 소비량과 수돗물 소비량의 연간 변화율을 보여준다.

음료업계 최고경영자들의 발언은 이 맥락에 추가적인 뉘앙스를 보

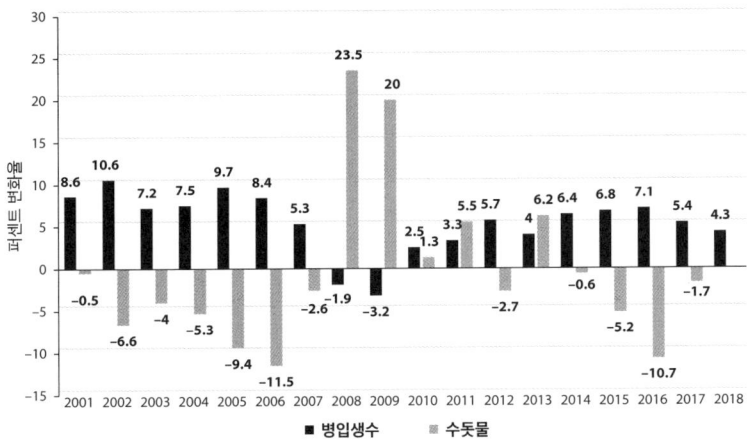

그림 9. 미국 1인당 병입생수 및 수돗물 소비량 변화율 (2001-2018)
Hemphill 2018; Rodwan 2019, 2011.

태준다. 펩시의 음료 부문 회장 로버트 모리슨은 2000년에 기자에게 "수돗물이 가장 큰 적"이라며 이렇게 말했다. "우리가 수돗물에 반대하는 것은 아닙니다. 우리는 수돗물은 수돗물 나름의 자리가 있다고 생각합니다. 수돗물은 관개용수나 조리용으로는 적합합니다." 이러한 종류의 발언은 이 밖에도 많다. 펩시에 인수되기 얼마 전 퀘이커오츠 (게토레이드를 만든다)의 미국 음료 사업부 회장이었던 수전 웰링턴은 산업 분석가들에게 이렇게 말했다. "우리의 확장이 다 이뤄지고 나면 수돗물은 샤워용이나 설거지용이 될 것입니다."[113]

최근의 시장 분석 보고서들은 병입생수 업계가 이 목적을 달성하는 데 매우 성공했다고 자평하고 있음을 보여준다. 2019년에 민텔이 실시한 조사에 따르면 미국 성인의 85%가 최근 3개월 사이에 포장생수를 마셔본 적이 있는 것으로 나타났다. 이에 반해, **얼만큼이라**

도 수돗물을 마셔본 적이 있는 사람은 62%에 불과했고, 이는 2017년 의 67%보다 줄어든 것이다.[114] 국제병입생수협회는 2021년에 병입생 수가 '뱃속에서 차지하는 비중'이 25%라고 주장했는데, 이는 2년 전 의 23.4%보다 증가한 것이다. 반면, '수돗물 및 기타'의 비중은 2년 전 의 11.2%보다 줄어든 9.4%에 불과했다.[115] 국제병입생수협회가 내놓 은 숫자들이 이 장에서 살펴본 동료 평가를 거친 논문들이 말하는 숫 자들과 맞아떨어지지는 않지만, 수돗물과의 경쟁이 생수업계의 패러 다임에서 핵심이라는 점은 분명하다.

병입생수가 직접적으로 수돗물과 경쟁 관계인지 청량음료 등 기타 음료수와 경쟁 관계인지의 논쟁을 여기에서 종결해보자. 병입생수와 (청량음료 등) 기타 음료수와의 관계는 산업계가 주장하듯이 어느 정 도 제로섬 게임이 **맞다.** 병입생수 판매는 명백히 청량음료 판매의 극 적인 감소에서 이득을 얻고 있고, 실제로 많은 소비자가 설탕 든 청량 음료에서 병입생수로 직접 넘어왔다.

하지만 병입생수가 **수돗물과도** 경쟁 관계라는 사실 역시 의문의 여 지가 없다. 수돗물 소비는 대침체 시기를 제외하고 매년 감소했다. '수 돗물에 대한 전쟁'은 실제로 벌어지고 있는 일이다. 마케팅 전략으로 서도 그렇고, 포장생수의 성장이 우리의 수돗물 소비에 실제로 미치 는 영향에서도 그렇다. 위의 통계[그림 9]가 보여주듯이, 사람들은 20년 전보다 수돗물을 훨씬 덜 마신다. 미국의 몇몇 인구 집단에서는 이제 병입생수가 전체 식수 소비 중 절반 이상을 차지한다.[116]

병입생수 업계의 공식적인 주장, 즉 병입생수의 극적인 성장이 수 돗물에 피해를 주지 않았다는 주장은 단순히 말해서 뒷받침해주는 근거가 없다. 그들의 주장은 수돗물 소비가 줄었다는 데이터로뿐 아니라 광고, 공식적인 발언, 그들끼리 말한 내부 담론 등이 보여주듯이 수십 년에 걸쳐 업계가 수돗물에 맞서 진행한 활동으로도 쉽게 반박이 가능하다. 이 장의 제사에 인용된 발언에서처럼 업계 사람들끼리 말할 때는 상당히 솔직하게 수돗물 소비 감소가 그들의 수익성에 필수적이라고 인정한다. 포장생수 소비 증가는 청량음료 소비만 잠식한 것이 아니었다. 수돗물을 불신하도록 길들임으로써 수억 명의 소비자가 수돗물 마시는 습관을 버리게 만들기도 했다. 수돗물이 적이라면, 그 적에 대한 전쟁은 상당히 잘 치러진 셈이다.

불공평한 싸움?

병입생수가 수돗물에 대해 벌여온 전쟁이 공공 수도 시스템에 의미하는 바는 무엇일까? 이에 답하려면 병입생수가 주민들과 수도 운영 주체(압도적으로 공공기관이다) 사이의 관계를 어떻게 교란했는지 살펴봐야 한다. 음료회사가 식수를 공급하는 것과 공공 부문이 식수를 공급하는 것은 근본적으로 다르다. 수돗물은 따로따로 뗄 수 없는 속성을 갖는 반면 병입생수는 브랜드와 포장별로 매우 다양한 제품이 존재한다(물론 그 다양성의 대부분은 겉모습뿐이긴 하지만 말이다).[117] 호킨스는 '병' 자체가 "병 안에 담긴 물을 수도꼭지에서 나오는 물과 차별화함으로써" 수돗물을 약화시킨다며, "이런 식으로, 안전한 식수 공급의 책임이 도시 당국으로부터 생수병으로, 또 개인과 개인의 선택으로 넘어가게 된다"고 말했다.[118] 하지만 플린트의 수돗물 재앙과 코로나19 팬데믹이 고통스럽도록 명백하게 보여주었듯이, 우리에게 수도 인프라가 더 이상 필요 없다는 개념은 터무니없는 생각이며 많은 사람이 수돗물 마시는 것을 기피한다 해도 이 사실은 달라지지 않는다.

살펴봐야 할 또 다른 요인은 포장생수 업계와 수돗물 위기가 어떻게 관련되는지다. 현금은 쪼들리고 수도관은 낙후된 도시에 납 수돗물 문제 같은 수돗물 위기가 닥치면, 이는 수돗물을 마실 수 없게 된, 그리고 종종 저소득층인 사람들의 비극이 된다. 하지만 호킨스가 지적했듯이 "음료회사는 정부의 실패를 시장 기회로 여긴다."[119] 광고에 의해, 그리고 병입생수의 확산으로 수돗물에 대한 불신의 씨앗이 이미 뿌려진 상황에서, 플린트에서와 같은 수돗물 위기는 맹렬히 흡수될 준비가 된 땅에 떨어진 것이나 마찬가지다. 수돗물의 안전성에 대해 사람들이 이미 느끼고 있던 찝찝함을 확인시켜주는 셈이 되기 때문이다. 이렇게 해서, 수돗물에 대한 전쟁은 공공 수도 시스템에 대한 전쟁이 된다.

수도 당국은 왜 이런 위협에 맞서 싸우지 않을까? 맞서 싸우기도 한다. 일례로 클리블랜드 수도관리부는 피지워터가 수돗물 불신을 조장하는 광고를 냈을 때 맞대응에 나섰다. 하지만 이런 싸움에서 대개 수도 당국은 게임이 되지 않는다. 은유적으로 말해서 한 컵 분량의 물이 들어간 물총을 가지고 싸우는 것이나 마찬가지다. 스니토와 동료 연구자들은 이렇게 설명했다. "대부분의 경우 공공 수도 당국은 (…) 유의미한 정도의 광고 예산이 없고 정치에 관여하지 말도록 요구받는다. 이와 달리 민간기업은 대중의 견해를 형성하고 선출직 공무원에게 영향을 미치는 데 적극적이다. 이들은 홍보 전문가, 변호사, 정치 캠페인 컨설턴트 군단을 고용해 물 시장에 대한 통제력을 확대하고 유지하기 위해 체계적으로 노력한다."[120]

글로벌 북부의 수도 운영 주체 대부분은 비영리 기반이며 지역정부 산하의 공공기관이다(미국 가구의 87%, 캐나다 가구의 90%가 이러한 비영리 공공기관에 의해 수도를 공급받는다). 이곳에서 일하는 사람들은 고도로 교육받은 공무원, 생물학자, 화학자, 엔지니어, 행정가이고 이들의 임무는 대중의 안전을 보호하고 매우 높은 수질을 유지하며 안정적으로 물을 공급하고 요금을 합리적인 수준으로 유지하는 것이다. 이들의 임무에 이윤 극대화는 없다. 또한 이들은 질이 대체로는 훌륭한 그들의 '제품'을 적극적으로 마케팅하거나 홍보하도록 훈련받지 않는다.

법적 싸움의 수렁에 휘말려 들어갈 위험도 있다. 글릭이 2010년 저서에서 밝힌 바에 따르면, 2008년에 플로리다주 마이애미데이드 카운티가 라디오 광고를 내보내서 이 카운티의 수돗물이 병입생수보다 깨끗하고 싸고 안전하다고 홍보한 뒤 미국 최대 병입생수 회사로부터 소송 협박을 받았다. 글릭은 이렇게 설명했다. "네슬레를 대리하는 로펌이 서신을 보내서 마이애미데이드 카운티에 광고를 내리라고 요구했고 네슬레는 플로리다주 법무장관에게 진정도 제기했다. 또한《마이애미 해럴드》의 보도에 따르면, 국제병입생수협회도 '비슷한 행동'에 나서겠다고 협박했다. 해당 사안은 광고가 끝나서 이미 종결된 상황으로 볼 수 있었는데도 말이다."[121] 비용이 많이 드는 소송에 대한 위협만으로도 수돗물을 홍보하려는 다른 도시 당국의 노력에까지 위축 효과를 일으킬 수 있다.

게다가 대개 예산이 부족한 수도 당국은 빅4의 대대적인 마케팅 공세와 결코 경쟁할 수 없을 것이다. 네슬레는 2009년 한 해에만도 퓨어라이프 브랜드 홍보에 970만 달러를 썼다.[122] 2003년 코카콜라의 멋들어진 다사니 광고에는 2000만 달러가 들었다.[123] 앞에서 언급했듯이, 병입생수가 수돗물보다 안전하다는 뉘앙스를 드러내는 광고들도 있다. 국제병입생수협회는 협회 차원의 광고 윤리 지침을 언급하면서 회원사들이 광고에서 "연방 및 주의 안전 기준을 따르는 수돗물이 건강에 위험하거나 질병을 일으킨다는 암시를 할 수 없게" 되어 있고 "식수의 안전에 대해 소비자에게 우려를 일으키려는 시도를 하지 못하게" 되어 있다고 말한다.[124] 하지만 이 기준을 따를 것인지는 전적으로 기업의 자발적인 결정이며 코카콜라와 펩시를 포함해 많은 병입생수 업체가 국제병입생수협회의 회원사도 아니다. 물 연구자 그레고리 피어스와 실비아 곤잘레스는, 따라서 "수돗물을 옹호하는 사람들이 [대중의] 인식을 개선하려면 적이 누구인지 더 확실하게 전선을 긋고 팩트에 기반한 전술로 [병입생수가] 대안적인 식수원이라는 신화를 깨야 한다"며 "이 싸움이 대치적인 속성을 가질 가능성이 크다는 점을 생각할 때, 공공 당국보다는 비영리기구가 싸움을 담당하는 것이 더 적합할 것"이라고 주장했다.[125]

요컨대, 병입생수 업체의 법무팀이나 마케팅팀과 맞서기에 공공 수도 운영 주체는 구조적으로 매우 불리한 처지다. 물론 공공 당국이 탄탄한 글로벌 산업에 맞서 경쟁해야만 하는 상황 자체가 벌어지지 않아야 한다. 하지만 병입생수로의 극적인 소비 이동과 그에 따른 수돗물 소비 감소는 핵심적인 정부 서비스를 위협하고 있다. 여러 이유 중 특히 이러한 이유에서, 수도 운영 주체는 수돗물이 병입생수보다 훨씬 더 싸고 환경적으로 지속가능할 뿐 아니라 대부분은 병입생수 못지않게 안전하거나 병입생수보다 더 안전하다는 사실을 알리기 위해 대중의 인식에 대한 싸움에 돌입해야 할 것이다.

병입생수는 얼마나 안전한가?

병입생수의 확산과 수돗물 불신에 대한 이제까지의 논의는 기본적인 질문 하나를 아직 이야기하지 않았다. **병입생수 자체는** 얼마나 안전한가? 병입생수 업계의 마케팅이 병입생수가 수돗물보다 안전하고 깨끗하다고 암묵적, 명시적으로 전제하고 있기 때문에 이 질문은 매우 중요하다.

　미국의 경우, 병입생수의 안전성 이야기는 수돗물에 적용되는 규제와 다른, 그리고 훨씬 약한 규제를 받는 업계에 대한 이야기다. 도시 당국의 수돗물은 식수안전법에 의거해 환경보호청의 규제를 받는다. 반면 병입생수는 식품으로 간주되어 식품의약국의 규제를 받는다. 양자의 규제는 천양지차다. 살츠먼은 그 차이를 이렇게 요약했다. "수돗물은 날마다 수질 검사를 하는데, 오염 물질이 발견되면 수도 당국은 빠르게 그 사실을 사람들에게 공지해야 한다. 반면 병입생수에서 오염 물질이 발견되면 (…) 제조사들은 오염 물질을 제거하거나 저감해야 하지만 사람들에게 공지하는 것과 관련해서는 유사한 의무사항이 없다. 그리고 아마도 가장 중요하게, 식품의약국 규제는 주간州間 통상이 이루어지는 제품에만 적용된다. 즉 주의 경계를 넘어 거래되는 경우에만 적용된다. 그런데 병입생수의 60-70%는 주간 거래가 되지 않는다. **병입생수의 3분의 2, 어쩌면 그 이상이 사실상 연방 규제에서 면**

제되어 있는 셈이다[강조는 내가 표시한 것이다].”[126] 대부분의 대도시 수도 당국은 수질을 하루에 한 번보다 훨씬 더 자주 검사한다. 일례로 워싱턴 D.C.는 수돗물 검사를 연간 3만 회 실시한다.[127]

여기에서 문제는 병입생수에 오염 물질을 더 너그럽게 허용한다는 게 아니다. 로이트가 언급했듯이, "식품의약국이 병입생수에 허용하는 살균제 부산물, 농약, 중금속, 방사성 물질 등의 수치는 환경보호청이 수돗물에 허용하는 수치와 동일하다." 문제는, "수도 당국은 연간보고서에서 그것을 사람들에게 알릴 의무를 지는 반면 병입생수 업계는 수백만 달러를 써서 그런 의무를 없앴다는 사실이다. 막강한 로비로 오염 물질 정보가 라벨에 들어가지 않게 한 것이다."[128] 식품의약국이 병입공장에 실사를 나가긴 하지만 물 자체는 검사하지 않고 제조사가 자체적으로 검사하도록 맡긴다. 컨슈머 리포트는 식품의약국의 병입공장 실사 횟수가 2008년과 2018년 사이에 3분의 1이나 줄었다며 "식품의약국은 오염이 발생하고서 한참이 지난 뒤에도 그 사실을 모를 것"이라고 지적했다. 또한 믿을 수 없게도, 병입생수에서 오염이 발견되어도 "대부분의 경우 제조사는 병입을 중단하거나 대중에게 알려야 할 의무가 없다."[129]

주의 경계를 넘지 않아 식품의약국의 연방 규제 감시망에서 벗어나는 3분의 2의 병입생수도 주정부의 규제에는 해당된다. 하지만 10개 주가 병입생수를 전혀 규제하지 않고 있고, 기준 수치를 초과하는 오염 물질이 발견되었을 경우 병입업체가 규제 당국에 즉시 알리도록 조처하고 있는 주는 14개뿐이다.[130] 환경단체인 천연자원보호위원회에 따르면, 43개 주가 병입생수 규제에 담당 공무원을 한 명도 배정해두지 않고 있으며 식품의약국의 경우 전국의 병입생수 규제에 배정된 공무원이 두 명도 되지 않는다.[131]

요컨대, 규제 당국이 오염 물질을 직접 찾아보지 않거나 찾아볼 담당 인력이 없다면 오염 물질을 발견하지 못할 것이고 소비자는 알지 못할 것이다. 병입생수 회사는 수질 검사 결과를 대중에게 공표할 의무가 없다(알리는 곳도 있긴 하지만 말이다). 그래서 병입생수의 수질에 대해 입수 가능한 데이터는 대부분 비영리 소비자단체나 학계의 연구자가 테스트한 결과다. 1999년의 한 연구에서 천연자원보호위원회는 100개의 병입생수 제품을 조사했는데, 33%에서 주 기준을 위반했거나 순도 가이드라인을 초과한 발암 화학 물질과 비소가 검출되었다.[132] 또한 2008년에 10개의 미국 주요 병입생수 브랜드에 대해 진행한 검사에서는 비소, 브롬, 트리할로메탄 등 38개의 오염 물질이 검출되었다.[133]

더 최근의 조사들도 '초경량 터치'식 규제의 우려스러운 패턴을 보여준다. 컨슈머 리포트가 작성한 심층 보고서 시리즈의 일부가 《가디언》에 공동으로 보도되었는데, 큐리그닥터페퍼의 페냐피엘 생수 제품에서 식품의약국 기준인 10ppb보다 높은 수치의 비소가 검출되었다. 나중에 컨슈머 리포트는 식품의약국이 페냐피엘에 비소 수치가 높다는 것을 2013년부터 알고 있었지만 조치를 취하지 않았다는 사실을 발견했다. 이 보도 이후 큐리그닥터페퍼는 자발적으로 해당 제품을 리콜했다.[134] 또한 홀푸드마켓의 스타키 생수는 2017년에 비소가 허용 수치보다 높아서 리콜되었는데, 2019년에도 스타키 생수의 비소 수치는 10ppb보다 아주 약간만 낮은 수준이었다.[135] 국제병입생수협회의 홍보 담당 부회장 질 쿨로라는 이러한 보도 내용을 부인하면서 "컨슈머 리포트와 《가디언》이 소비자에게 병입생수의 안전성에 대해 불필요한 공포를 조장하고 있다"고 주장했다. 그는 국제병입생수협회의 병입생수 운영 지침에 따르면 회원사들이 "의무적으로 독립적인 제삼자 조직에 의해 매년 공장 실사를 받도록 되어 있다"고 말했다.[136] 하지만 이것은 국제병입생수협회가 웹사이트에 "자율 규제 기준"이자 "가치 있는 마케팅 도구"라며 게시한, 그리고 로이트가 "법적으로 집행력이나 구속력이 없다"고 지적한 바로 그 지침이다.[137]

요컨대, 미국에서 수도 당국은 병입생수 업계에 맞서 기울어진 운동장에서 운영되고 있다. 병입생수 업계는 대부분의 규제와 감시를 벗어나는데 공공 유틸리티는 그렇게 하지 못한다. 병입생수 업체는 대체로 스스로를 알아서 규제하도록 허용되고 있으며 가장 부정적인 문제가 폭로될 가능성으로부터도 사실상 보호되고 있다. 따라서 소비자는 병입생수가 오염되었는지, 리콜되었는지 알 기회가 거의 없다. 살츠먼은 이렇게 말했다. "병입생수가 수돗물보다 안전하다고 가정하면 우리는 더 안심이 될 것이다. 하지만 병입생수가 꼭 더 안전하다고 볼 이유는 거의 없다."[138] 판은 공공 수돗물에 불리하게 짜여 있다. 문자 그대로 이중 기준이 작동하고 있는 것이다.

플라스틱 '병'은 얼마나 안전할까? 최근 20년간 소비자 사이에서 플라스틱병, 음식용기, 아기 장난감 등 플라스틱 포장재와 물건에 대해 상당한 경각심이 일었다. 특히 에스트로겐 등 호르몬을 모방하는 화학 물질인 비스페놀A, 프탈레이트 등에 대해 우려가 높다. 오늘날 거의 모든 일회용 물병이 (그리고 대용량 물병 중에서도 일부가) 화학적으

로 꽤 안정적이라고 여겨지는 PET로 제조된다.[139]

하지만 이것은 이야기의 전부가 아니다. 2008년에 한 연구는 PET 플라스틱병 생수의 프탈레이트 수치가 유리병 생수보다 평균 12배 이상 높은 것을 발견했다.[140] 또 다른 연구는 자동차나 트럭 내부 온도가 일반적으로 높아지는 정도로 열을 가하거나 6-8개월 이상 보관하면 때때로 PET 플라스틱병이 프탈레이트나 염화안티몬을 병에 담긴 물로 방출하는 것으로 나타났다. 둘 다 에스트로겐 모방 화합물이다. 또한 플라스틱병을 섭씨 70도에 12일 동안 두면 환경보호청의 안티몬 오염 기준인 6ppb에 도달하고 80도에 7일간 두면 14.4ppb로 올라가는 것으로 나타났다.[141] 전반적으로, "실증 근거들에 따르면 PET병은 일반적으로 사용하는 환경에서도 내분비계 교란 물질을 방출할지 모르며 장기간 보관하거나 온도가 올라가면 그럴 가능성이 더 높아지는 것으로 보인다."[142]

PET 플라스틱병에서 물로 화학 물질이 누출되는지 여부에 대한 연구 결과는 혼합적이지만, 가장 크고 투명한 물통(19리터들이 물통 등) 소재인 단단한 PC[폴리카보네이트] 플라스틱은 연구 결과가 더 분명하다. PC는 악명 높은 내분비계 교란 물질인 비스페놀A를 누출하는 것으로 알려져 있다. 비스페놀A는 유럽, 캐나다 등 여러 국가에서 금지 또는 사용 제한된 독성 물질이다.[143] 신소재로 만든 몇몇 대체 플라스틱은 비스페놀A가 없다고 광고하지만, 에스트로겐을 모방하는 **다른** 화합물을 가지고 있다. 신경과학자 조지 비트너와 공저자들은 "비스페놀A가 없다고 해서 EA[에스트로겐 모방 화합물]가 없다는 말은 아니"라고 지적했다.[144]

마지막으로, 미세 플라스틱 등 우리가 병입생수를 마실 때 함께 마시게 되는 것이 무엇인지도 최근에 큰 이슈다. 뉴욕주립대 프레도니아 캠퍼스 화학자들은 9개 국가에서 구매한 11개 글로벌 생수 제품 250개 이상을 검사한 결과 93%가 미세 플라스틱으로 오염되어 있음을 발견했다. 리터당 평균 325입자가 들어 있었다.[145] 이 연구에 따르면 네슬레 퓨어라이프가 리터당 평균 2277입자로 미세 플라스틱이 가장 많았고, 한 표본은 놀랍게도 리터당 1만 390개의 미세 플라스틱 입자가 들어 있었다.

오늘날 미세 플라스틱은 모든 곳에서 발견된다. 대양에서도, 수로에서도, 공기에서도, 해산물에서도, 곡물에서도, 가공식품에서도, 야생생물에서도, 인체 조직에서도 발견된다. 환경과 우리 신체에 미세 플라스틱이 얼마나 많은지는 사람들에게 경각심을 불러일으키지만, 인간의 건강에 실제로 미치는 영향에 대해서는 논란이 있다. 세계보건기구의 보고서는 인간의 건강에 해롭다는 것을 입증한 실증 근거는 아직 없다고 결론 내렸다.[146] 하지만 어떤 연구자들은 미세 플라스틱이 당뇨, 심장병, 암, 생식계 및 신경계 질환 등과 상관관계가 있다고 주장한다. 신체에 흡수된 미세 플라스틱의 90%는 체외로 배출되는 것으로 보이지만 가장 작은 입자는 림프계, 혈관, 신체 장기에 직접 들어갈 수 있고 엄마에게서 태아에게로 넘어갈 수도 있다.[147]

병입생수에서 미세 플라스틱을 발견한 과학자들은 수돗물도 검사했는데, 매우 중요하게, 수돗물에서는 병입생수에서보다 리터당 훨씬 적은 미세 플라스틱 입자가 발견되었다.[148] 또 다른 연구에서는 한 사람이 병입생수만 마실 경우 수돗물만 마시는 사람에 비해 평균 22배나 미세 플라스틱을 많이 흡수하게 되는 것으로 나타났다(병입생수는 연간 9만 입자, 수돗물은 4000입자였다).[149] 병입생수 회사들은 이러한 결과를 반박하려 하지만, 이 연구 결과들은 병입생수에 든 미세 플라스틱과 수돗물에 든 미세 플라스틱 사이의 놀라운 대조를 직접적으로 보여주며, 병입생수가 더 깨끗한 물이라는 업계의 주장을 크게 흔든다. 플라스틱 오염 연구자 셰리 메이슨은 "병입생수를 사서 마실 때보다 수돗물을 유리컵에 따라 마실 때 미세 플라스틱을 훨씬 덜 마시게 될 것"이라고 말했다.[150]

포장생수의 진짜 비용

병입생수의 가격은 종종 조롱과 우려 둘 다의 대상이었다. 청량음료나 그 밖의 음료수 대비로는 경쟁력 있는 가격대로 설정되지만, 소비자에게 실질적인 대체품인 수돗물보다는 엄청나게 비싸다. 2018년에 식품과물감시단이 내놓은 보고서에 따르면, 1갤런[3.78리터]의 수돗물을 처리하고 운반하는 비용이 0.5센트[151]였는데, 휘발유 가격은 갤런당 2.35달러, 병입생수 가격은 갤런당 9.47달러였다.[152]

가격 차이를 더 알아보기 위해 나는 우리 집에서 가장 가까운 대형 마트인 프레드메이어(거대 유통업체 크로거가 소유하고 있다)에서 몇몇 병입생수 업체 제품과 유통매장 자체 브랜드 제품의 가격을 비교해보았다(한 병당 가격과 여러 병들이 멀티팩 가격 모두를 비교했다). [표 4]는 그 결과를 갤런당 가격, 그리고 2022년 미국의 1인당 연간 평균 병입생수 소비량인 47갤런[178리터]의 가격으로 나타낸 것이다. 제품 종류에 따라, 또한 멀티팩인지 여부에 따라, 4인 가족의 연간 소비량에 대한 생수 비용은 낮게는 254달러, 높게는 2690달러였다. 4인 가족이 같은 양의 물을 수돗물로 소비할 경우에는 비용이 **1달러도 되지 않았고** 1인당으로는 겨우 23.5센트였다.

물론 여기에서 이슈는 병입생수 비용이 천문학적으로 더 높다는 것만이 아니다. 이 가격이 가구가 병입생수에 지출하는 비용으로 어떻게 이어지는지, 그리고 가구 소득과는 어떻게 관련되는지도 중요하다. 오랫동안 병입생수 소비량은 가구 소득과 양의 상관관계가 있다고 여겨졌다. "가구 소득이 높을수록 병입생수 소비가 늘어난다"고 말이다.[153] 한 시장 분석 보고서는 "가구의 가처분 소득이 많을수록 소득이 낮은 가구에 비해 병입생수와 아이스 제품을 상당히 더 많이 구입한다"고 언급했다.[154] 또한 이 보고서는 그 역도 참이라고 설명했다. "공급량이 풍부하고 비용이 낮은 대체재인 수돗물이 있기 때문에, 병입생수 수요는 매우 [가격] 탄력적이다. 1인당 가처분 소득이 낮아지면 소비자는 가격에 더 민감해져서 병입생수 구매를 줄이려 한다."[155] 실제로 2008년과 2009년의 경기 침체 시기에 일어난 일이기도 하다.

하지만 최근의 연구들은 소득과 병입생수 소비의 관계에 대해 매우 다른 그림을 보여준다. 2019년에 컨슈머 리포트가 진행한 조사는 앞에서 본 것과 정반대의 결론을 내놓았다. 가장 가난한 가구가 병입생수에 **가장 많이** 지출하고 있다는 것이다. 연소득이 2만 5000달러 이하인 가구는 매월 15달러를 병입생수에 지출했고, 2만 5000달러에서 4만 9000달러 사이인 가구는 12달러, 가장 부유한 가구(연소득 5만 달러 이상)는 매월 10달러만 지출했다. 이 조사는 또한 흑인 가구는 평균적으로 매월 포장생수에 19달러를, 라틴계 가구는 18달러를 쓰는

표 4. 몇몇 병입생수 제품의 소매 가격: 미국 연평균 소비량에 해당하는 병입생수 연간 비용, 같은 양을 수돗물로 소비했을 경우의 비용, 2022
FredMeyer.com, 오리건주 포틀랜드의 상점을 온라인으로 검색.

병입생수 제품과 용량	소매 가격	용량 (갤런)	1갤런당 소매 가격	47갤런의 비용 (2021년 미국 평균 연간 소비량)	4인 가구의 비용 (연간 평균 소비량 기준)	수돗물 47갤런의 비용 (1인)**	수돗물 47갤런의 비용 (4인)**
아쿠아피나* (펩시) 20온스 병	$2.29	0.16	$14.31	$672.57	$2,690.28	$0.235	$0.94
애로우헤드(네슬레/블루트라이언) 12온스 병 12개들이	$3.99	1.125	$3.53	$165.91	$663.64	$0.235	$0.94
피지워터 1리터 병 6개들이(세일 중)	$14.99	1.59	$9.43	$443.21	$1,772.84	$0.235	$0.94
다사니*(코카콜라) 16.9온스 병 24개들이	$5.99	3.17	$1.89	$88.83	$355.32	$0.235	$0.94
프레드메이어 자체 브랜드 제품 16.9온스 병 24개들이	$4.29	3.17	$1.35	$63.45	$253.80	$0.235	$0.94

*: 재정수한 수돗물을 병입.

**: 갤런당 0.005달러, 미국 평균 소비자 수돗물 비용

반면, 백인 가구는 9달러만 쓰고 있다는 사실을 발견했다.[156]

다른 연구들에서도 비슷한 패턴이 나타났다. 미국에서 600가구 이상을 조사한 한 연구에 따르면, 흑인과 라틴계 가구(연소득 중앙값 1만 8000달러)는 매월 평균 병입생수에 20달러를 쓰고 있었는데, 라틴계가 아닌 백인 가구(연소득 중앙값 4만 2000달러)의 병입생수 지출은 훨씬 적은 12달러였다. 소득 대비 비중으로 보면, 흑인과 라틴계 가구는 소득 중 병입생수에 지출하는 비중의 중앙값이 1%인 반면 백인 가구는 0.4%에 불과했다. 백인은 소득 대비 비중으로 병입생수 지출이 가장 많은 가구가 소득의 6%를 지출했는데, 흑인과 라틴계 가구는 각각 **16.7%**와 **12%**를 지출했다. 생수를 사느라 다른 지출을 포기해야 했다고 말한 가구 비중은 라틴계 가구 중에서는 14%, 흑인 가구 중에서는 12%였는데, 백인 가구 중에서는 6%였다.[157] 보건학자 애서 로싱거와 동료 연구자들은 응답자의 소득이 높을수록 병입생수를 **덜** 마시고 수돗물을 더 많이 마시는 것을 발견했다. 또한 흑인과 라틴계 사이에서, 비非미국 출생 사람들 사이에서, 그리고 고졸 미만 학력인 사람들 사이에서 병입생수 소비가 훨씬 높았다. 사실, 흑인과 라틴계 성인의 식수 소비량 중 **절반 이상이** 병입생수였다.[158] 최근의 미국 데이터를 살펴본 2020년의 한 논문에서 영양학자 플로랑 비외와 공저자들도 이러한 경향을 발견했다. "예상과 달리, 수돗물 소비는 소득이 **높으면** 더 많았고 병입생수 소비는 소득이 **낮으면** 더 많았다[강조는 내가 표시한 것이다]."[159] 다른 말로, 병입생수 소비와 가구 소득의 관계는 인종, 민족, 계층에 따른 기존의 사회적 불평등과 겹치며 그 불평등을 한층 더 강화한다.

이 패턴은 수돗물의 안전성에 대한 각 집단의 인식과도 맞물린다. 자비디와 피어스의 연구에 따르면, 백인 응답자 중에서는 자기 집 수돗물이 마시기에 안전하지 않다고 생각하는 사람이 5%에 불과했는데 흑인 응답자의 경우는 8%, 라틴계 응답자의 경우는 16%가 그렇게 생각한다고 답했다. 수돗물이 안전하지 않다고 생각하는 사람 중 대안으로 사용하는 주 식수원으로 병입생수를 선택한 사람의 비중은 흑인의 경우 79%, 라틴계의 경우 73%였는데, 백인은 55%에 그쳤다.[160]

청량음료 소비가 줄어드는 추세(청량음료업계가 건강에 미치는 해로운 영향을 공격한 사회운동의 긍정적인 결과다)를 연구한 사람들도 미국에서 청량음료를 포기한 소비자 중 누가 수돗물을 선택하고 누가 병입생수를 선택하는지에 인종, 민족, 소득이 강한 예측 변수가 된다는 사실을 보여주었다. 공중보건 연구자 콜린 렘과 동료 연구자들은 가장 소득이 낮은 사람들과 흑인 또는 라틴계 사람들이 수돗물로 (돌아)가기보다는 병입생수를 선택하는 경향이 더 크다는 사실을 발견했다.[161]

종합적으로 이러한 연구 결과들은 미국의 수도 인프라 훼손으로 더 피해를 보고 있는 사람들, 그리고 자기 집 수돗물이 마시기에 안전하지 않다고 인식하는(또는/그리고 실제로 안전하지 않은) 사람들 사이에서 병입생수 수요가 더 높고 덜 가격 탄력적이라는 새로운 현상이 나타났음을 말해준다. 그들은 저소득층, 흑인, 라틴계다. 즉 오늘날 병입생수 시장은 쌍봉 분포를 보인다. "편리함을 위해 병입생수를 소비하는 고소득 고객층과 수돗물 접근성에 문제가 있어서 병입생수를 소비해야만 하는 저소득 고객층"이 존재하는 것이다.[162]

실제로 시장 분석가들은 흑인과 라틴계를 겨냥해 광고하라고 업계에 명시적으로 조언한다. 예를 들면 이런 식이다. "흑인과 히스패닉은 포장생수 제품의 중요한 소비자층이다. 두 집단 모두 병입생수가 수돗물보다 물맛이 좋다고 생각한다. 흑인 소비자는 전체 소비자 대비 다회용 물통을 사용하는 정도가 낮고 수돗물을 마시는 정도도 낮다. 아마도 병입생수의 물맛을 선호해서일 것이다. 물맛과 향을 강조하는 마케팅 메시지는 흑인 소비자에게 강력하게 소구할 수 있다. 생수 제품은 스포츠음료 시장으로부터 흑인과 히스패닉 소비자를 끌어올 수 있을 것이다."[163] 포장생수 업체는 흑인과 히스패닉, 그리고 수돗물이 안전하지 않거나 안정적이지 않은 나라에서 미국으로 온 이민자를 겨냥해 마케팅하는 것으로 상당한 비판을 받아왔다. 식품과물감시단은 "병입생수 회사들이 미국의 저소득층, 유색인종, 이민자 집단을 겨냥하기 위해 마케팅 기법을 갈고 닦아왔다"며 다음과 같이 지적했다. "특히 라틴계 엄마와 아이들, 여성이 타깃이다. 업계의 마케팅 전략은 역사적으로 안전한 수돗물에 접근하지 못했던 사람들(특히 최근에 미국으로 건너온 이민자)에게 병입생수의 안전성과 건강 효과를 과장하기 위해 고안된다."[164] 요컨대, 평균적으로 병입생수를 꾸준히 소비할 돈을 감당하기가 가장 어려운 사람들이 자신의 수돗물을 신뢰하지 못할 가능성이 가장 큰 사람들이고, 병입생수 업계의 광고가 타깃으로 삼는 사람들이며, 가구 소득 대비 포장생수에 가장 많은 돈을 지출하는 사람들이다.

안전이나 수질에 대한 두려움 때문에 수돗물을 꺼리는 가구가 수돗물을 마시지 않기로 하거나 수돗물을 마실 수 없다고 해서 수도요금을 안 내는 것도 아니다. 그들은 물값을 이중으로 낸다. 산업에 의한 오염이나 수도 시스템의 실패로 수돗물이 안전하지 않은 곳들, 이를테면 애팔래치아 탄광 인근 지역,[165] 수압 파쇄 때문에 지하수가 오염되었거나 정화조 누출이 광범위하게 벌어진 지역, 질소 오염이 심각한 농업 지역, 노후한 수도관에서 납이 누출된 도시 등에서는 경제적 부정의와 환경적 부정의가 맞물려 이 문제가 더 심각해진다. 자비디와 피어스에 따르면, 2015년에 음용수와 조리수를 모두 포함해 가구의 전체 식수 필요량(1인당 하루 15리터로 계산)을 수돗물 대신 병입생수로 소비하는 경우의 비용이 연간 [최소] 983달러에서 [최대] 4757달러에 달하는 것으로 나타났다. 또한 "수돗물이 안전하지 않다고 생각해 일상에서의 필요량을 병입생수로 소비하는 미국 가구 전체의 연간 병입생수 지출은 최소 56억 5000만 달러"였고 이것은 그해 미국 병입생수 판매액 전체의 40%에 약간 못 미치는 정도였다.[166] 현재 가난한 가구의 소득에서 수도요금이 차지하는 비중이 12%가 넘는데, 여기에 병입생수 비용까지 더하면 물은 매우 중대한 경제적 부담이 된다.[167]

수도요금을 내지 못해 단수가 되는 바람에 어쩔 수 없이 병입생수에 의존해야 하거나(미국에 이런 인구가 많게는 1500만 명에 달한다) 아예 수도나 실내 배관이 갖추어지지 않아서 병입생수에 의존해야 하는 경우(미국에 이런 인구는 200만 명이다)에는 이러한 부정의가 더욱 끔찍하다.[168] 라이언 펠튼에 따르면 디트로이트에서 수도요금을 연체해 단수된 가난한 가구(흑인 가구가 많다)는 그들이 내는 세금으로 운영되는 디트로이트 수도 당국이 공급하는 물로 만들어진 다사니 생수를 식수로 사용한다. 이들이 연체한 수도요금은 적게는 150달러 정도다. 자신이 사용을 거부당한 물과 동일한 물에 수백 배나 더 많은 돈을 내고 있는 것이다.[169] 상처에 소금 뿌리는 격으로, 이 가구들은 병입생수가 든 상자를 계속해서 사다 나르느라 추가 노동도 해야 한다. 오늘날 병입생수와 포장생수는 사회적, 인종적 부정의를 두드러지게 보여주며 그 부정의를 한층 더 강화한다.

어마어마한 발자국

하지만 뭐니 뭐니 해도 병입생수가 가장 큰 논란을 불러일으킨 이슈를 꼽으라면 수많은 환경적 악영향이며, 이 문제는 병입생수에 대한 대중의 반대에 불을 지피는 데 주된 역할을 했다. 병입생수가 끼친 환경 피해를 살펴보면, 첫째, 에너지 소비와 탄소발자국이 수돗물보다 훨씬 크다. 글릭과 헤더 쿨리의 연구에 따르면, 병입생수는 수돗물보다 단위량당 에너지를 1000-2000배나 많이 사용하며, 2007년 미국에서 연간 병입생수 생산과 소비에 소요된 에너지는 석유 3200만-5400만 배럴어치나 된다. 이는 미국 1차 에너지 소비량의 0.33%에 해당한다. 게다가 그 후로 미국의 병입생수 소비량은 90%나 더 증가했다.[170] 더 최근의 또 다른 연구는 병입생수가 환경에 미치는 전반적인 악영향이 수돗물의 1400-3500배라고 추산했다.[171]

병입생수는 병에 담기는 물 외에도 플라스틱병 제조, 세척 등 생산의 모든 단계에서 물을 상당히 많이 사용한다. 병입생수의 물 발자국 추산치는 연구마다 편차가 크다. 국제병입생수협회가 의뢰한 한 연구는 판매되는 물 1갤런당 제조 단계에서 1.4갤런밖에 소요되지 않는다고 주장했다.[172] 하지만 로이트는 "제조와 병입 과정에서 그 병에 담기는 물의 2배 이상의 물이 사용되며 수돗물 정수에 삼투압을 사용하는 공장은 가게의 매대에 올라가는 물 1갤런마다 (…) 3-9갤런의 물을 소모한다"고 지적했다.[173]

수원이 용천수나 지하수일 경우에는 물 추출 자체가 지역의 대수층, 샘물과 강물, 생태계, 농업용수와 생활용수용 관정, 기타 인근의 물 사용처에 영향을 미친다. 병입용으로 추출되는 물의 양은 전체 지하수 사용량 대비로 보면 미미할 수 있지만(업계는 비판적인 환경주의자들에게 대응하기 위해 이 점을 강조해서 이야기하곤 한다) 물 추출은 대수층 고갈, 관개용수와 생활용수 소실, 식수 오염 등 해당 수계와 지역에 막대하고 심지어는 되돌릴 수 없는 수문학적, 생태적 피해를 일으킬 수 있다.[174]

플라스틱 쓰나미

이 모두를 압도하는 환경 피해가 하나 더 있다. 지난 30년 사이 플라스틱 쓰레기가 지구를 뒤덮으면서 일어나고 있는 대대적인 생태 위기다. 일회용 플라스틱 오염의 파도를 처음으로 직접 목격한 기억이 지금도 생생하다. 2003년 태국 남부의 작은 섬에서였는데, 서쪽 해변 전체가 각양각색의 떠다니는 플라스틱 쓰레기로 덮여 있었다. 바다로 15미터나 퍼져 있는 곳도 있었고 어떤 곳은 30-45미터나 퍼져 있었다. 거기에서 수영은 하고 싶지도 않았을뿐더러 아예 불가능했다. 전에도 해양 쓰레기를 본 적이 있었지만 그렇게 멀리까지 뻗어 있는 것은 처음이었다. 이 쓰레기 중 논란의 여지 없이 단연 가장 큰 비중을 차지하는 품목은 여행객들과 주민들이 버린 플라스틱 물병이었다.

실증 근거가 말해주는 바는 분명하다. 분명히 우리는 플라스틱 쓰레기의 쓰나미에 직면해 있다. [2017년] 《사이언스 어드밴스》 저널에 실린 한 논문에 따르면, 전 세계적으로 이제까지 생산된 총 플라스틱(83억 톤)의 무려 절반이 불과 지난 13년 사이에 제조되었다. [2015년까지 생산된 총 플라스틱 중 약 63억 톤이 버려졌고] 이 중 재활용된 것은 9%에 불과하며 12%는 소각되었고 나머지는 매립장으로 가거나 길바닥, 강, 호수, 대양에 버려졌다.[175] 대략 1100만 톤의 플라스틱 쓰레기가 매년 해양으로 방출되는데, 여기에는 210억-340억 개로 추산되는 음료수병도 있다.[176]

어마어마한 플라스틱 쓰레기와 그것이 부서져서 생기는 미세 플라스틱은 바람과 해류를 타고 지구의 가장 외진 곳까지 흘러간다. 전체 바닷새 종의 절반 이상에서 플라스틱이 발견되었고 바다거북 종 전체에서 플라스틱이 발견되었다. 아열대 해양에 있는 5개의 거대한 해류는 해양 쓰레기의 상당 부분을 몇몇 커다란 '쓰레기 지대'로 몰아넣는데, 큰 플라스틱 물체와 미세 플라스틱이 혼합되어 있는 해양 지역을 일컫는다. 종종 인용되는 추산치에 따르면, 2050년이면 무게 기준으로 해양에 물고기보다 플라스틱이 더 많아질 것이라고 한다.[177] 이러한 예측에서 핵심을 차지하는 것이 플라스틱병이다. 한 보고서는 플라스틱병과 뚜껑이 해양 쓰레기 중 제1품목이라고 밝혔고 또 다른 논문은 플라스틱병과 뚜껑이 해양 쓰레기 전체 중 절반을 차지한다고 밝혔다.[178]

2006년에 전 세계에서 3000억 개의 일회용 플라스틱 음료수병이 생산되었다. 그로부터 10년 뒤, 이 숫자는 4800억 개로 늘었고 2021년에는 5830억 개로 추산되었다. 1분당 110만 개 이상이 만들어진 것이다.[179] 이 병은 누가 만드는가? 42개국의 해변에서 수거된 쓰레기를 조사한 한 대규모 연구에 따르면, 바다로 들어가는 플라스틱 쓰레기의 가장 큰 원천은 코카콜라(연간 300만 톤의 플라스틱 포장을 사용한다)였고 펩시, 네슬레, 다논이 뒤를 이었다.[180] 이 빅4 기업이 이 문제의 가장 큰 부분을 차지하지만 이들은 생수만이 아니라 매우 다양한 음료를 병에 담는다. 하지만 저명한 플라스틱병 생산 전문가 로즈메리 다우니는 전 세계에서 쓰이는 플라스틱병의 대부분이 생수를 담는 데 사용된다고 밝혔다.[181]

재활용은 어떤가? 업계는 그들 제품에 쓰인 병이 재활용 **가능**하다고 홍보하고 재활용 라벨을 붙이지만, 플라스틱병이 **실제로** 얼마나 재활용되고 있는지는 '희망은 높고, 약속은 거창하며, 적어도 현재까지는 기대를 저버린 이야기'라고 요약할 수 있다. 미국에서 판매되는 병입생수 전체 중 일회용 PET병에 담긴 것이 70% 이상을 차지한다.[182] 그런데 미국의 PET 플라스틱병 재활용률은 그리 높았던 적이 없고 2017년에 29.2%였던 데서 2021년에는 26.6%로 떨어졌다.[183] 게다가 재활용 프로그램에 들어가는 병의 7%만 새로운 음료수병으로 재활용되고 나머지는 등급이 더 낮은 제품, 가령 카펫 같은 것으로 '다운사이클링'되어 다시 재활용될 수 없다. 그나마 병은 가장 많이 재활용되는 플라스틱이다. 플라스틱 전체적으로 보면 미국의 재활용률은 2021년에 겨우 5%로, 2018년의 9%보다도 크게 낮아졌으며 중국의 25%나 유럽연합의 30%보다 한참 낮다.[184]

음료업계는 사람들에게 더 열심히 재활용하라고 독려한다. 음료업계가 도시 당국의 플라스틱 재활용 프로그램을 홍보한 것은 사람들이 플라스틱 포장 제품을 더 많이 소비하게 하려는 업계의 노력에서 핵심이었다.[185] 하지만 재활용을 **실제로** 더 많이 할 수 있는 정책의 경우에는 없애거나 약화하려고 맹렬히 로비를 한다. 일례로, 당국이 '병 보증금' 제도를 도입하려 하거나 확대하려 하면 업계는 기를 쓰고 반대한다. 《내셔널 지오그래픽》의 로라 파커는 "음료회사들은 오랫동안 재활용을 소리 높여 주창해왔지만 병 보증금 법은 자신에게 비용이 너무 많이 든다는 이유로," 또 제품 가격이 올라가게 될 거라며 "맹렬하게 반대해왔다"고 지적했다.[186] 업계의 로비로 2009년에 미국에서 전국적인 병 보증금 법안이 무산되었다. 그래서 미국 전체 중 겨우 10개 주와 괌에만 병 보증금 법이 있고 그중 6개에서만 모든 플라스틱 물 용기를 대상에 포함하고 있다.[187] 하지만 병 보증금 제도는 재활용에 효과가 있다. 병 재활용률은 병 보증금 제도가 있는 6개 주가 전국 평균보다 훨씬 높으며 코네티컷은 44%, 오리건은 86%에 달한다.[188] 독일의 전국적인 병 보증금 법은 재활용률을 98%까지 올렸다.[189] 음료 업계는 지역정부가 플라스틱 쓰레기를 다루는 데 필요한 비용을 조달하기 위해 세금이나 요금을 새로 부과하는 것에도 반대한다.[190] 요컨대, 업계는 자신에게 수익성이 있는 현 상태, 즉 전적으로 납세자와 요금 납부자가 비용을 부담하는 '자발적 재활용 제도'를 유지하기 위해 맹렬히 싸워왔다.

음료회사들은 병 제조에 **재생** 플라스틱을 원료로 사용하겠다는 약속도 실행을 질질 미루고 있다. 환경단체들의 압박으로 빅4 회사들은 반복적으로 재생PET(rPET)의 함량을 늘리겠다고 약속했지만 약속은 반복적으로 무산되었다. 사비라 차우드리는 2018년에 《월스트리트 저널》 기사에서 "이 업계의 많은 기업들처럼 다논은 재생원료를 사용하겠다고 약속했지만 계속해서 약속을 어겼다"고 지적했다. 그 기사에 따르면, "10년 전에 다논은 2009년까지 자사 제품에 사용되는 물병의 50%를 재생 플라스틱으로 만들겠다고 했는데, 바로 다음 해에 목표치를 2011년까지 20-30%를 사용하는 것으로 줄였다. 그리고 오늘날 다논의 전 제품을 통틀어 플라스틱병 전체 중 14%만이 재생 물질을 사용하고 있다."[191] 다른 회사들은 이 수치가 더 낮다. [2017년의 한 기사에 따르면] 코카콜라는 자사 제품의 병에 겨우 7%만 재생 플라스틱을 사용하며 네슬레워터스는 6%만 사용한다. 업계 평균은 6.6%다.[192]

하지만 환경 문제로 병입생수 업계를 비판하는 사람들은 업계가 재생 플라스틱 함량이나 재활용률을 올리도록 의무화하는 것 이상이 필요하다고 말한다. 많은 이들이 플라스틱 재활용이 깔고 있는 전제 자체를 거부하면서, 대부분의 글로벌 북부 국가들에서 1970년대 무렵에 사라진 반납 가능하고 리필 가능한 다회용 용기를 사용해야 한다고 주장한다. 환경단체 오세아나Oceana에 따르면, 다회용 플라스틱 물병으로 완전하게 바꿀 경우 원재료 사용을 40%까지 줄일 수 있고 온실가스 배출을 50%까지 줄일 수 있다.[193]

한발 더 나아가는 사람들도 있다. 이들은 모든 플라스틱 생산이 불가피하게 화석연료 산업과 연결되어 있으며, 따라서 기후 변화와 관련 있다고 본다. 플라스틱 생산과 소각은 이미 글로벌 온실가스 배출 전체 중 4.5%를 차지한다.[194] 저널리스트 조 카펜터의 2019년 기사에 따르면, 현재 플라스틱 생산 역량이 급격히 확대되고 있는데, [석유기업이] 석유 수요 감소로 인한 매출 감소 위험을 헤징hedging하기 위해 서다. 카펜터는 플라스틱은 "점점 더 거대 석유기업의 주요 이윤 원천 이 되고 있으며 기후 변화에 직면한 와중에도 석유를 더 많이 시추해 야 할 또 다른 이유가 되고 있다"고 지적했다.[195] 미국에서만도 2010년 이래 333개의 새로운 석유화학 시설을 짓는 데 2000억 달러 이상이 투자되었다. 글로벌 플라스틱 생산은 2030년이면 2배가 될 것으로 보이고 2050년이면 4배가 될 것으로 보이며 그때면 화석연료 전체 중 5분의 1이 플라스틱 제조에 사용될 것으로 보인다.[196] 여기에서 배 출되는 온실가스는 "남아 있는 글로벌 탄소 예산 전체의 10-13%를" 써버릴 수 있다.[197] 현재의 플라스틱 생산과 소비가 '지속가능하지 않 다'고 말한다면, 매우 완곡한 표현일 것이다.

하지만 병입생수 업계는 기후 위기를 시장 기회로 여긴다. 2022년 의 한 시장 분석 보고서는 이렇게 언급했다. "극단적인 기후 사건의 빈도와 심각성이 높아지면서 소비자들이 '프레퍼prepper'* 마인드를 더 많이 받아들이게 될 것이며 따라서 더 많은 소비자가 '만약의 경우 를 대비해' 포장생수를 쟁여두려 할 것이다. 이것은 일반 병입생수 및 대용량 통입생수 제품 범주에 득이 된다."[198]

양날의 검

하지만 이 중 어느 것도 지난 몇 년 사이 일회용 플라스틱 이슈가 대 중의 인식에서 폭발적으로 부각된 이유를 완전히 설명해주지는 못한

• 종말에 대비해 생존 물품을 준비해두는 사람들.

다. 왜 갑자기 부유한 나라의 많은 사람들에게 일회용 플라스틱이 긴급한 글로벌 위기로 여겨지게 되었을까? 중요한 이유 하나는 중국이 2018년에 대부분의 재활용품 수입을 전격 중단한 것이다. '국문리검 国门利剑, National Sword'이라고 불리는 이 정책은 세계의 재활용품 및 쓰레기 수거를 거의 완벽히 교란했다. 이 정책으로 중국은 여러 종류의 플라스틱도 포함해 24종류의 폐기물 수입을 금지했다. 재활용 선적품에서 발견되는 지속적인 오염 문제, 수질 오염과 대기 오염, 그리고 세계의 나머지가 내놓는 쓰레기의 매립장 역할을 하는 상황을 그만두려는 열망 등이 중국이 재활용품 수입 정책을 전환한 이유일 것이다.[199]

국문리검 정책 이전에 미국은 혼합 플라스틱의 80%와 전체 재활용품 3분의 1을 수출했고 대부분이 중국으로 갔다. 중국은 세계 플라스틱 폐기물 총량의 45%를 수입했다.[200] 중국이라는 통로가 없어지자 부유한 세계의 지역 당국들은 플라스틱 쓰레기 산에 파묻히게 되었고, 시장이 별로 없어서 재활용 공장에 플라스틱이 쌓여가게 되었다. 이제 많은 지역정부가 재활용품 쓰레기를 매립장으로 보내서 가정에서 열심히 재활용품을 분리 배출한 사람들을 혼란스럽고 실망하게 만들고 있다. 중국 시장이라는 배출 밸브가 닫히면서, 쓰레기에 대해서라면 '멀리 보낸다'는 개념이 성립하지 않는다는 사실이 더없이 생생하게 드러난 셈이다.

플라스틱 쓰레기는 부유한 나라에서만 쌓이고 있는 게 아니다. 국문리검 정책 이후 글로벌 북부의 정부와 기업들은 새로이 플라스틱 폐기물을 사줄 곳을 찾는 데 혈안이 되었고 많은 곳이 폐기물 수출지를 동남아시아로 옮겼다. 베트남, 인도네시아, 특히 말레이시아가 거의 하룻밤 사이에 도무지 이해가 가지 않는 양의 더러운 플라스틱에 파묻혔다. 저널리스트 도미니크 모스버겐은 "활동가들에 따르면 중국 재활용업자들이 종종 불법으로 말레이시아 곳곳에 공장을 세우고 규제 밖에서 폐기물을 처리·폐기하고 있다"고 보도했다. 또한 "일설에 의하면 그들이 재활용한 물질은 중국으로 다시 흘러 들어가 제조에 사용되는 것으로 알려져 있다. (…) 신경 쓸 환경 규제가 없어서 재활용업자들은 오염된 물을 적절히 처리하지 않고 그대로 버릴 수 있다."[201]

다큐멘터리 애니메이션 〈플라스틱 이야기The Story of Plastic〉가 보여주듯이, 규제받지 않고 이루어지는 폐기물 수입은 여러 농촌과 도시 지역에 악몽 같은 풍경을 만들어냈다. 더러운 플라스틱이 농촌의 들판과 뒤뜰에 한가득 쌓이고 인근 여기저기로 날아가면서 지역의 물길을 막는 것이다. 또한 수작업으로 플라스틱을 분류하고 녹이는 재활용 노동자들은 독성 물질에 많이 노출되는데, 이들은 가장 가난하고 주변화된 사회적 집단에 속하는 사람들이고 여성이 인구 비례 이상으로 많다. 이는 잘 알려지지 않은 환경정의의 위기이고, 아시아에서 특히 심각하다.[202]

전례 없는 저항

일회용 플라스틱에 반대하는 저항의 속도와 강도는 아무리 강하게 표현해도 과장이 아닐 것이다. 2018년과 특히 2019년에 진정한 티핑포인트가 있었다. 해양 플라스틱 오염에 대한 언론 보도, 중국의 국문리검 정책이 부유한 나라들에 미친 여파, 젊은이들이 이끈 활동으로 글로벌 기후 위기에 대해 급격히 높아진 인식 등 여러 요인이 합류했고, 이 모든 요인이 소셜미디어로 한층 더 증폭되었다. 글로벌 기후정의 운동과의 연결은 특히 중요하다. 2019년 9월에 185개국에서 760만 명이 기후 변화 대응에 나서지 않고 있는 정부에 항의하기 위해 거리로 나왔다. 많은 이들이 스웨덴의 청소년 활동가 그레타 툰베리에게 영감을 받았다. 이 운동은 결정적인 전환점이었다. 툰베리는 해양 플라스틱 오염에 대해서도 관심을 촉구했고 다른 사람들도 빠르게 이 두 이슈를 연결지었다. 미국 그린피스 사무총장 애니 레너드는 "플라스틱 위기와 기후 위기는 동일한 전투의 두 전선"이라며 "화석연료 산업을 멈추지 않고는 일회용 플라스틱의 시대를 끝낼 수 없고, 일회용 플라스틱을 끝내지 않고는 화석연료 산업을 멈출 수 없다"고 말했다.[203]

플라스틱 오염에 맞서는 운동이 성장하고 더 이상 수출할 수 없는 폐기물을 다루느라 정부의 비용 부담이 커지면서, 정책 변화가 쏟아져 나왔다. 일회용 플라스틱 제품을 금지·제한하거나 세금을 물리는 등 점점 늘고 있는 이러한 정책들은 재정 압박에 시달리는 정부의 금전적 고려, 환경에 대한 우려, 그리고 활동가들이 일으키는 압력 사이의 시너지를 보여준다. 2021년부터 효력이 발생한 유럽연합의 '일회용 플라스틱 지침Single Use Plastics Directive'은 모든 회원국이 일회용 빨대, 식기, 음료수 젓는 막대, 폴리스티렌 용기, 그리고 소위 '생분해 가능'하다는 플라스틱 사용을 전면 금지하도록 의무화했다. 하지만 많은 활동가들이 요구했는데도 여기에 플라스틱병은 포함되지 않았다. 전면 금지 대신 2025년까지 플라스틱병 제조에 적어도 25%의 재생원료를 사용하도록 했고 2029년까지 수거되는 모든 플라스틱병의 90%

를 재활용하도록 했다.[204] 캘리포니아주는 2030년까지 일회용 음료수 병 제조에 적어도 50%의 재생 플라스틱을 사용하도록 의무화했지만 일회용 플라스틱병의 판매를 제한하는 조치는 취하지 않았다.[205] 중국은 플라스틱 빨대를 금지하고 있고 비닐봉지와 플라스틱 식기는 2025년까지 단계별로 금지할 예정이다. 중국의 정책은 국제에너지기구가 화석연료에 대한 글로벌 수요를 위협하는 요인으로 꼽기도 했다. 하지만 그런 중국의 정책도 플라스틱병은 포함하고 있지 않다.[206]

위에서 말한 여러 변화가 합류해 쓰레기, 소비주의, 환경 파괴에 대한 대중의 태도에 급격한 전환을 가져왔다. 그리고 아직도 대체로 규제되지 않은 채로 남아 있는 플라스틱 음료수병이 새로이 타깃이 되고 있다. 파커가 언급했듯이 "물길을 막고 대양을 오염시키고 땅에 아무렇게나 버려지고 있는 빈 병의 과잉에 대대적인 역풍이 일고 있으며, 갑자기 플라스틱 물병을 들고 다니는 것이 쿨하지 않아 보이게 되었다."[207]

음료업계도 역풍에 대응해 변화하기 시작했다. 적어도 말로는 그렇다. 거대 음료기업들은 제품에 rPET의 함량을 늘리고 있다고 (또다시) 주장했다. 코카콜라, 네슬레, 펩시는 2030년까지 자사 제품의 포장재에 적어도 50%의 재생원료를 포함하겠다고 했다. 또한 이들 기업은 물병을 더 가볍게 만들어 플라스틱 사용을 줄이고 일부 제품은 플라스틱을 소위 '바이오 기반' 물질(하지만 완전히 생분해 가능하지는 않다)로 대체하겠다고 약속했다.[208] 하지만 일회용 플라스틱을 완전히 없애라는 요구에는 꿈쩍도 않고 있다. 코카콜라의 한 고위 경영자는 다보스 세계경제포럼에서 "일부 운동 진영이 원하긴 하지만 우리는 플라스틱을 통째로 내다 버리지는 않을 것"이라며 소비자를 소외시키고 매출에 타격을 가져올 수 있기 때문이라고 언급했다.[209]

업계를 비판하는 사람들은 이 입장이 상호 연결된 플라스틱 쓰레기 위기와 기후 위기의 긴급성에 전적으로 맞지 않는다고 지적한다. 글릭은 "병을 가볍게 하는 것으로 플라스틱의 양을 줄이는 데는 한계가 있다"며 내게 이렇게 말했다. "업계는 일회용 플라스틱병에 토대를 두고 있고, 따라서 당신이 그런 병 하나를 가지고 있으면 그것은 재앙이고 앞으로도 계속 재앙일 것입니다."[210]

플라스틱 반대운동과 당황한 제조업체들

오늘날의 시대정신에서 거부의 대상으로 새로이 정치화된 물건은 과다소비문화의 지속 불가능성을 상징한다고 여겨지는 플라스틱 생수병이다. 비닐봉지보다도 훨씬 더 그렇다. 이러한 역풍은 극적이기도 하고 세대 특정적이기도 하다. 시장 분석가들에 따르면, 1997년부터 2012년 사이에 태어난 Z세대가 그들의 부모 세대나 밀레니얼 세대보다 일회용 플라스틱병에 더 적대적이다. 30세 이하인 사람들 누구라도 (그리고 그들보다 나이가 든 사람 중 많은 이들도) 가방 안을 보면 금속으로 된 다회용 물병이 들어 있을 것이다. 다회용 물병은 문화적 기표다. 역설적으로 일회용품 소비주의에 반대하는 상징이 된, 트렌디한 소비자 아이템인 것이다. 로이트는 "다회용 물병을 사는 것은 개인 휴대폰이나 헤드셋을 사는 것이 함의하는 하이퍼 개인주의 hyperindividualism와는 반대"라며 "다회용 물병은 공적인 물을 지키기 위한 실천을 선언하는 것이고 (…) 역격리로부터 멀어지는 반가운 한

걸음"이라고 말했다.[211]

동기가 무엇이건, 전체적으로 이러한 변화 모두가 소비자 행태에 빠르게 전환이 벌어졌음을 말해준다. 2019년의 한 설문 조사에서 미국 소비자의 53%가 외출할 때 다회용 물병을 가지고 나간다고 답했다.[212] 2020년의 또 다른 설문 조사에서는 병입생수 구매자 전체의 59%와 Z세대 구매자의 3분의 2가 제품 가격이 올라가더라도 제조업체가 플라스틱 물병 사용을 중단해야 한다고 답했다.[213]

업계도 이 추세를 알고 있고, 우려하고 있다. 시장 분석 보고서들은 대개 건조한 문투로 작성되지만, 병입생수 시장에 대한 최근의 몇몇 보고서는 거의 자제하지 않고 긴급성을 호소하고 있어서 놀랄 정도다. 이 보고서들은 젊은이들이 플라스틱과 병입생수를 거부하고 있음을 매우 강조하면서 기업이 이러한 역풍에 진지하게 대응해야 한다고 소리 높여 촉구한다. 한 보고서는 "미국인 중 일회용 병입생수 구매를 줄인 사람의 비중은 작지만(병입생수 구매자의 7% 정도) 플라스틱 병에 대한 우려가 높아지면서 병입생수에 적대적인 사람의 비중이 앞으로 더 높아질 것"이라고 경고했다. "젊은 소비자는 병입생수에 극히 부정적인 견해를 가지고 있을 가능성이 크며 병입생수를 **전혀 구매하지 않게 될** 사람도 생길 수 있다"는 것이다. 이 보고서는 "Z세대와 더 이후 세대들이 병입생수에 완전히 등을 돌릴 가능성, 또한 병입생수 마시는 것을 담배 피우는 것과 비슷하게 여기게 될 가능성도 충분히 있다"고 언급했다[강조는 원문].[214]

특히 네슬레와 코카콜라에 대한 역풍이 두드러진다. 2019년에 네슬레와 코카콜라는 미국에서 병입생수 매출이 각각 1.8%, 0.2% 줄었다. 대침체 이후 처음으로 매출이 감소한 것이다. 정제 수돗물 생수 제품이 가장 크게 타격을 입었다. 《로이터》에 따르면 네슬레의 퓨어라이프는 "수돗물의 귀환으로 고전하면서"[215] 매출이 거의 6% 감소했고 다사니 매출은 1.8% 감소했다. 전 세계적으로는 그해 네슬레의 총 생수 매출이 거의 2% 감소했다.[216] 이러한 추세에 직면해서 2021년 3월에 네슬레는 미국과 캐나다의 생수 사업부와 브랜드를 사모펀드 컨소시엄인 블루트라이튼에 매각한다고 발표했다.[217]

그러는 동안 일회용 플라스틱병에 대한 대중의 역풍은 계속되었고, 매출 감소와 소비자 이탈에 대한 생수 마케팅 담당자들의 우려는 손에 잡힐 듯 생생하다. 한 시장 분석가는 "병입생수 시장은 사람들이 병입생수 대신 수돗물을 선택하고 있기 때문에 성장 둔화 내지 성장 감소의 위험이 있다"며 "플라스틱 포장재 쓰레기가 언론의 헤드라인을 장식하면서 일어난 일"이라고 분석했다.[218]

이에 대응하기 위해, 병입생수 업체는 플라스틱 재활용률을 높이겠다는 약속을 되풀이하는 것에 더해 플라스틱에 베팅하는 것의 위험을 줄이기 위해 대안 물질을 도입하고 있다. 어떤 회사는 플라스틱병에 달라붙어 도무지 떨어지지 않는 평판의 문제를 해소하고자 종이팩이나 멸균팩, 알루미늄 캔 등에 물을 담아 판매한다. 가향수와 탄산수 제품 상당수가 현재 캔 제품으로 판매된다. 하지만 거대한 일반 생수 시장은 여전히 플라스틱병이 압도하고 있다.[219] 한 시장 분석가에 따르면 "일반 생수는 플라스틱 포장재의 사용처로 충성스럽게 남아 있을 것으로 보이며, 플라스틱 범주 내에서 그나마 최대한 애써보는 경우라면 rPET의 사용 정도일 것"이라고 내다봤다.[220] 하지만 또 다른 시장 보고서는 "혁신이 도입되어도 다회용 물병으로 이미 넘어간 친환경 소비자들을 돌아오게 하지는 못할 것"이라고 언급했다.[221]

이러한 추세 속에서 병입생수 회사는 고객층을 어떻게 유지할 수 있을까? 위에서 언급한 시장 보고서는 "젊은 소비자에게 소구하는 종류의 포장생수를 개발하거나 (…) 지속가능성 트렌드를 활용할 수 있는 제품을 개발해야 한다"고 제안했다.[222] 일회용 병에 대한 역풍을 이용해 돈을 벌라는 조언인 것이다. 그리고 기업들은 이 조언을 따르고 있다. 2018년에 펩시는 가정에서 물에 탄산을 주입할 수 있는 장치를 제조하는 회사 소다스트림을 30억 달러도 넘게 주고 인수했다. 한발 더 나아가서, 돈을 넣으면 물을 채워주는 리필 스테이션 사업도 시작했다.

코카콜라의 다사니 퓨어필 스테이션은 2016년에 고안되었다. (…) 코카콜라는 대학 캠퍼스에서 지난 2년간 이 기계를 시범 운영했으며 이번 가을에 더 많은 학교와 동물원, 수족관으로 확대했다. 현재까지 가장 인기 있는 옵션은 차가운 정제 수돗물을 무료로 주는 것이다. (…) 북미 다사니 브랜드 디렉터는 "[다사니 퓨어필 스테이션이] 때로는 전통적인 음수대 바로 옆에 놓이기도 할 것"이며 "사람들이 줄을 서서 이 기계에서 물을 담아가는 것을 볼 수 있을 것"이라고 말했다. 하지만 코카콜라는 많은 학생이 기꺼이 온스당 5센트를 더 내고 향이나 탄산, 혹은 둘 다를 첨가한다는 사실도 발견했다. 결제는 앱, 애플페이, (…) 신용카드 등으로 할 수 있다. 어떤 경우에는 20온스의 물을 받아가는 가격이 20온스들이 다사니 생수 가격과 대략 비슷하다.[223]

네슬레와 펩시도 비슷한 제품을 도입했다.

업계가 반反상품화 추세에 대응할 수 있는 또 다른 방법은 무엇일까? 한 마케팅 보고서는 "다회용 물병 회사에 투자하는 것도 포함해" 병입생수 업체들이 "포장생수 제품에서 멀어지려는 Z세대의 운동을 상업화할 수 있는 해법을 개발해야 한다"고 제안했다.[224] 업체들은 이 조언도 따르고 있다. 큐리그닥터페퍼는 배터리로 작동되는 '스마트' 다회용 물병 제조사 라이프퓨얼스에 투자했다. RFID[무선주파수 식별] 칩과 끼울 수 있는 플라스틱 가향 포드가 있으며 사용자의 수분 및 영양 데이터를 추적하는 휴대전화 앱과 연결된다. 가격은 179달러다.

비非플라스틱, 다회용, 비非용기화 제품으로 가는 추세는 사회가 더 나아지는 쪽으로의 변화일까? 환경에 대한 Z세대의 우려가 마침내 업계를 압박해 연간 5000억 개의 일회용 플라스틱병을 만들고 운반하고 버리는 행위로 인한 막대한 생태적 피해를 고려하게 만든 것일까? 다회용 물병에 물을 넣어주는 기계가 플라스틱 쓰레기는 덜 만들겠지만, 이러한 노력은 근본적인 재사고라기보다 하나의 소비자층인 젊은이들이 일회용 플라스틱병에 거부감을 보이는 데서 발생하는 매출 출혈을 완화하기 위한 업계의 시도라고 보아야 한다. 실증 근거들을 보면 음료업체들은 플라스틱 병입생수를 이른 시일 안에 없앨 계획이 없는 것이 분명하다. 유럽연합, 캘리포니아주 등 몇몇 곳에서 업체들은 마지못해 재생원료 비중을 높일 수밖에 없게 되긴 했지만, 정책 변화와 사회운동의 압력이 그것을 지탱 불가능하게 만들지 않는 한 그들의 지배적인 사업 모델은 계속해서 일회용 플라스틱일 것이다.

더 근본적으로, 펩시나 코카콜라의 로고가 붙은 리필 스테이션에서 나오는 물은 다사니나 아쿠아피나처럼 여전히 '상업화된 수돗물'이다. 세금으로 처리되고 분배되고 유지되는 수돗물을 새로운 채널을 통해 소비자에게 돈 받고 판매하는 것이다. 수돗물 공급망에 직접 연결된 브랜드 물의 등장인 셈이다. 현재는 리필 스테이션이 무가향, 무탄산 수돗물을 돈을 받지 않고 제공하고 있지만(그리고 오래 검증되어 온 확실한 마케팅 수단인 무료 샘플로 제공하고 있지만), 이 사업 모델은 "수돗물은 깨끗하지 않으며, 수돗물을 마시기에 적합하도록 만들려면 민간 분야인 우리의 기술적 개입이 필요하다"는 업계의 주장을 강화하며 이것이 "물을 마시는 정상적이고 용인 가능한 방식"이라고 여기도록 우리를 길들인다.

병입생수의 세계

이 장에서 우리는 거의 사라졌던 병입생수 및 포장생수가 어떻게 되살아나서 가장 성공적인 마케팅 스토리가 되었는지 살펴보았다. 글로벌 북부의 경우, 병입생수 산업의 등장은 이동성 증가, 다이어트나 건강, 몸 관리, 수분 섭취에 대한 우려, 공공 음수대의 실종, 수돗물에 대한 불신 증대라는 사회적 경향이 합류한 우호적인 환경에서 득을 보았다. 수돗물에 대한 불신은 오랜 기간에 걸쳐 수도 인프라가 낙후되면서 한층 더 심화되었고, 빈도는 드물지만 매우 가시적인 수돗물 오염 사건들 때문에도 심화되었다. 병입생수 업체와 업계 협회들은 은밀히, 또 공공연히 수돗물을 비하하는 메시지를 담은 마케팅을 공격적으로 펼쳐 이 추세를 강화했다.

그 결과, 불과 10-20년 만에 사회 전반에서 병입생수가 정상적이고 일반적인 것으로 여겨지게 되었다. 이것은 매우 극적인 전환이다. 글로벌 북부의 소비자가 공공 음수대, 자기 집의 부엌과 욕실, 그리고 일터의 수도꼭지에서 매우 안전한 수돗물이 나오는데도 그 물이 아니라 플라스틱병에 든 물을 가게나 자판기에서 돈 주고 사서 마시게 되었으니 말이다. 경량 PET 플라스틱 기술이 발달하고 1990년대에 PET 병이 음료 제조에 광범위하게 도입되어 생수의 이동성과 수익성이 크게 높아지면서 게임판이 바뀌었다. 포장생수는 어디에나 존재하는 물건이 되었고 생수업체들은 (수도 당국이 아니라) 자신들을 수분을 섭취하는 데 믿을 만한 원천으로 자리매김할 수 있게 되었다.

　수돗물에서 병입생수로의 대대적인 전환은 큰 사회적, 경제적 영향을 일으켰다. 수돗물의 질에 대한 부정적 인식과 가구 소득 중 병입생수에 쓰는 돈의 비중은 인종, 민족, 소득 수준에 따라 다르고, 이는 안 그래도 막대한 인종적, 계급적 불평등을 병입생수라는 상품이 한층 더 확대하고 있음을 의미한다. 포장생수 구매는 가정에 무시할 수 없는 경제적 비용을 일으키며, 적어도 미국에서 이 비용은 유색인종과 저소득층 사이에서 가장 크다. 병입생수 업계는 이 패턴을 알아차리고 유색인종과 저소득층에 마케팅을 집중한다. 하지만 미국에서 병입생수는 수돗물보다 규제를 덜 받으며, 전반적으로 보면 더 안전한 것도 아니다. 연구 결과들에 따르면 병입생수가 더 높은 수치의 미세 플라스틱을 담고 있고 때로는 그 밖의 유해 물질도 더 많이 담고 있지만, 오염 물질이 발견되었다 해도 소비자가 그 사실을 알 가능성은 수돗물의 경우보다 훨씬 더 적다.

　플라스틱 물에 대한 마케팅이 본격적으로 시작된 지 30년이 지나면서, 세계 각지의 대양, 수계, 공동체, 그리고 농촌과 도시의 거주자들이 플라스틱 쓰레기의 파도에 은유적으로도, 플라스틱을 소각할 때 발생하는 연기에 문자 그대로도 질식당하고 있다. 플라스틱병은 기후 문제도 일으킨다. 이 같은 사회적, 생태적 위기는 최근에 소비자와 지역 당국 사이에서 플라스틱 생수병도 포함해 일회용 플라스틱에 맞서는 움직임을 촉발했다. 이 운동은 여전히 초기 단계이지만 이미 곳곳에서 굵직한 정책 변화를 만들어내고 있다. 플라스틱 생수에 대해 예기치 못했던 진정한 역풍이 특히 젊은 층 사이에서 거세게 일고 있으며, 이는 생수업계를 점점 더 초조하게 만들고 있다.

30년 동안 포장생수 업계는 수돗물을 두려워하도록 우리를 길들였다. 그런 우려가 늘 실증 증거로 뒷받침되는 것은 아니었는데도 말이다. 그리고 수돗물에 대한 우리의 두려움은 그들에게 매우 높은 수익을 안겨주었다. 하지만 부유한 국가에도 글로벌 남부의 많은 곳들처럼 수돗물이 정말로 안전하지 않아진 곳이 있을 수 있는데, 이런 경우는 어떻게 보아야 하는가? 이러한 위기가 생기는 근원은 무엇인가? 이러한 위기의 맥락에서는 병입생수가 어떤 역할을 자처하고 있는가? 주민들과 병입생수 업계는 수돗물 위기에 어떻게 대응하고 있는가? 지속되고 있는 '수돗물에 대한 전쟁'이 우리에게 실제로 물을 공급해주는 수도 유틸리티에, 그리고 더 일반적으로 공공재로서의 식수의 미래에 대해 의미하는 바는 무엇인가? 플린트에서 벌어진 환경 부정의 사례를 시작으로, 다음 장에서 이 중요한 질문들을 살펴보자.

3장

플린트: 부식된 파이프, 부식된 신뢰

우리는 도시 수돗물의 수질 저하에 대한 우려도 [포함해서] (…) 소비자 사이에 일고 있는 [우리에게] 우호적인 경향을 기회로 붙잡으려 합니다.

— 프리모워터 코퍼레이션(병입생수 제조업체, 전 코트 코퍼레이션), 투자자에게 발송한 보고서에서

"제가 알게 된 게 있는데요, 무언가의 피해자가 되면 그 사실이 맞서 싸우는 데 힘을 보태주더라고요. 2014년에 제가 딱 그랬어요. 플린트 물 위기 사건이 시작된 해죠. 4월 25일에 그들이 [수원을] 디트로이트에서 플린트강으로 바꾸었어요. 그날은 절대 못 잊죠. 딸애 생일이라 그날 아이가 다섯 살이 되었거든요."[1]

지나 러스터는 미디어와 이야기해본 경험이 많은 사람처럼 힘 있고 명료하게 말했다. 그는 커다란 흰색 글씨로 '플린트의 생명도 소중하다'라고 쓰인 검정 티셔츠와 파란색 패딩 조끼에 목도리를 두르고 있었다. 얼굴은 진지했지만 계속 미소가 터지려는 것 같았다. 러스터는 플린트 수돗물 재난에 대한 개인적인 경험을 내게 말해주었다.

4월과 7월 사이에 무언가가 이상하다는 걸 느끼기 시작했어요. 체중이 많이 줄었거든요. 한 18킬로그램쯤 빠졌을 거예요. 그러니까 날마다 일어나서 보면 밤새 1킬로그램씩 빠져 있었어요. 식욕도 전혀 없었고요. 억지로나마 뭘 좀 먹으려 해도 금속성 식기로는 아무것도 먹을 수가 없었죠. 플라스틱 식기로만 먹을 수 있었어요. (…) 몸에서 무언가가 반응을 일으켰거나 했던 것 같아요.

저는 소매 체인점 매니저였어요. 7월 4일[미국 독립기념일] 주말이었는데, 그날은 정말 아무도 일하고 싶어 하지 않았어요. 그래서 다른 매니저들에게 내가 일할 테니 하루 쉬라고 했죠. 저는 매장을 열었고, 계산대는 4개가 있었어요. 그때는 저 혼자 가게에 있었어요. 두 번째 계산대에 서 있었던 것까지는 기억이 나요. 그다음에 일하다가 쓰러진 거죠.

의사들은 악화되는 러스터의 증세를 보고도 영문을 몰랐다.

그다음에 기억나는 건, 정신을 차려보니 병원이더라고요. 병원에서는 뭐가 잘못된 건지 알아내지 못했어요. HIV, 루푸스신염, 티푸스 (…) 체크리스트에 있는 건 다 검사해봤어요. 그런데 납 중독은 검사하지 않았어요. 기록지 어디에도 제 혈액에 납이 있는지 검사했다는 말은 없었어요. 2014년이었으니까요. (…) 납 수치 검사를 해야 한다는 걸 누가 상상이나 했겠어요? 그래서 뭐가 문제인지 알아내는 데만 2년이 걸렸어요. (…)

제가 다니던 회사는 정말 잘 챙겨줬어요. 가족 및 의료 휴가법Family Medical Leave Act을 적용해주고 연장까지 해줬죠. 제 사례가 너무나 미스터리 같았기 때문이었어요. "지나에게 대체 무슨 문제가 생긴 거지? 영 지나 같지 않아. 지나처럼 보이지 않는다고." 제 피부색은 적어도 두 단계는 어두워져 있었어요. 몸무게로 말할 거 같으면, 다들 출근할 때마다 저를 보면서 체중이 그야말로 "떨어져 내린다"고 했을 정도였죠. 사람들은 저를 보고 이렇게 말했어요. "아이고, 그 바지가 지난주에는 맞았던 것 같은데, 이번 주에는 입지도 못할 정도인걸?" 그러니까, 명백한 징후가 있었어요. 하지만 납에 대해서는 아무것도 몰랐죠. (…)

딸애도 아팠고 저도 아팠어요. (…) 수술을 네 번인가 다섯 번인가 했어요. 병원에서는 유방암이라고 생각했죠. 그런데 수술해봤더니 한 무더기의 박테리아였어요. 그때부터 저는 정말로 과학을 파고들기 시작했어요. 플린트의 물에 무엇이 있는지 알아내려고요. 그리고 우리는 납보다 더 나쁜 게 들어 있다는 사실을 알게 됐어요. 그중에 어떤 박테리아는, 그러니까 대표적으로 레지오넬라균 같은 건 사람을 당장에 죽일 수도 있어요.

플린트 사례는 낡아가는 수도 인프라와 재정 긴축이 초래하는 위험 및 위해의 불평등한 분포를 잘 보여준다.[2] 이 사례는 수돗물의 수질을 위협하는 요인, 수돗물에 대한 신뢰 하락, 감당 불가능해진 물값으로 인한 위기 사이의 관계에 대해 복잡한 질문을 제기한다. 또한 플린트 사례처럼 인간이 유발한 재앙은 사회에서 병입생수가 어떤 역할을 해야 하는가에 대한 또 다른 질문도 제기한다.[3] 병입생수는 안전하지 못한 수돗물에 노출된 사람들에게 중요한 생명줄인가, 아니면 유감스러운 필수재인가, 아니면 플린트 사례 같은 물 위기를 이용해 수돗물에 대한 전쟁을 더 대대적으로 벌이는 데 사용되는 '기회주의적 상품'인가?[4] 주민, 활동가, 당국자는 수돗물이 (단기적으로라도) 마시기에 안전하지 못하다고 판명되었을 때 어떻게 대응해야 하는가? 병입생수는 비상 상황이나 재난 상황에서 모종의 합당한 역할을 하는가? 아니면 그러한 상황에서도 병입생수에 의존하지 않고 안전한 물을 공급할 수 있는 대안적인 방법이 있는가? 플린트 재난 같은 위기가 또다시 일어나는 것은 어떻게 막을 수 있는가? 3장은 이러한 질문들을 고찰하고 이 같은 위기에 맞서 일어난 풀뿌리의 대응을 탐구한다. 플린트의 투쟁은 널리 보도되어 잘 알려져 있지만, 어떻게 지역 활동가들이 주 차원의 연대를 이루어서 플린트의 수돗물 오염 재난을 1) 플린트와 디트로이트에서 대대적인 단수 조치로 생긴 인권 위기, 그리고 2) 인근 농어촌 지역에서 병입업체의 지하수 추출이 일으키는 문제라는 두 가지의 또 다른 이슈와 연결시켰는지는 잘 알려져 있지 않다. 병입업체들이 농어촌 지역에서 추출하는 지하수는 도시에서 수돗물이 오염되었거나 수도요금을 못 내서 수돗물을 사용할 수 없게 된 (혹은 둘 다인) 사람들이 어쩔 수 없이 의존하게 된 병입생수 제조에 사용된다.

수돗물 재앙의 전개

플린트는 주민 9만 5000명 중 54%가 흑인, 39%가 백인이며, 빈곤율은 39%다.[5] 2011년부터 2015년까지 플린트의 시 행정은 네 명의 선출되지 않은 비상재정관리관이 차례로 담당했다. 플린트는 미시간주의 공화당 주지사 릭 스나이더와 그의 전임 주지사 존 엥글러가 비상재정관리관을 내려보낸 미시간주의 몇몇 도시 중 하나다. 도시정부의 부채와 재정 적자 위기를 해소하려면 재정에 엄격한 규율이 필요하다는 논리에서였다. 플린트에 소재한 케터링대학의 부교수 벤저민 파울리는 "주 정부가 내려보내는 비상재정관리관의 가장 중요한 목표는 재정 건전성[부채 상환 가능성]을 다시 확보하는 것이며, 부서를 줄이고 공무원을 해고하고 노조와의 계약을 재협상하거나 종결시키고 공공 자산을 매각하는 등 비용을 줄이는 여러 조치를 통해 그 목표를 달성한다"고 설명했다.[6] 비상재정관리관 제도를 비판하는 사람들은 이러한 조치가 지역의 주권을 침해하고 지역의 선출직 공직자가 권한을 행사하지 못하게 하며 노동자와 주민의 필요보다 자본의 필요를 우선시한다는 점에서 '재난 자본주의'의 한 양상을 보여준다고 말한다.[7] 또한 비판자들에 따르면 어떤 도시가 비상재정관리관의 관리하에 들어가느냐 아니냐에는 인종적인 차원도 있다. 한때 미시간주의 흑인 인구 중 50% 이상이 비상재정관리관이 임명된 도시에 살고 있었는데 백인 인구 중에서는 비상재정관리관이 임명된 도시에 사는 사람의 비중이 매우 적었기 때문이다.[8]

비용을 절감해야 한다는 압박하에서, 플린트의 선출직 의원으로 구성된 시의회는 2013년 3월에 도시의 상수원을 그전까지 거의 50년간 사용해온 디트로이트 수도 시스템에서 휴런호Lake Huron로 바꾸기로 했다. 휴런호로부터 물을 끌어 올 새 파이프라인은 공사 중이었다. 이어서 그해에 임명된 비상재정관리관 에드 커츠와 그의 후임 마이클 브라운은 파이프라인 공사가 완공될 때까지 심각하게 오염된 플린트강을 2년 동안 상수원으로 사용하기로 하는 비공개 계약서에 서명했다.[9] 2014년 4월에도 파이프라인은 완공되지 않았고 그 사이에 디트로이트 수도 당국과의 계약이 종결되었다. 새로 부임한 비상재정관리관 다넬 얼리는 플린트강으로의 상수원 전환을 승인했다.[10] 그전에는 플린트 수도 당국이 수처리 공정을 직접 담당할 필요가 없었으므로 (디트로이트에서 이미 처리된 물을 사용했다), 상수원을 플린트강으로 변경하고 나서 몇 주, 몇 달 동안 수처리 경험 부족 때문에 수돗물에서 염소 등 수처리에 쓰이는 화학 물질 수치가 크게 오르락내리락했고, 이는 오염된 상수원이 일으키는 악영향을 더욱 심화시켰다.[11]

이에 더해, 미시간주 환경부는 비싸지도 않은 항부식제 투입을 의무화하지 않기로 하는 치명적인 결정을 내렸다(디트로이트의 물에는 항부식제가 첨가되어 있었다).[12] 이 결정으로, 납을 포함해 중금속과 박테리아가 가득한 생물막biofilm이 플린트의 낙후된 파이프 내벽에서 빠르게 떨어져나와 물에 들어갔고, 그 결과 광범위한 오염이 발생해 적어도 18개월간 플린트 주민이 유독한 수돗물을 마시게 되었다. 연구자들은 몇몇 수돗물 표본에서 납 수치가 환경보호청이 허용하는 한계치보다 수천 배나 높은 것을 발견했다. 어떤 표본은 환경보호청이 '유해 폐기물'로 규정하는 기준값을 초과하기도 했다.[13]

상수원 변경 직후부터 주민들은 물의 악취와 변색, 피부 질환, 소화기 질환, 탈모, 기타 알 수 없는 증상을 호소하기 시작했다. 하지만 시 당국자들은 문제가 있다는 사실을 계속 부인했다.[14] 《뉴욕타임스》에 따르면 "수돗물 색이 이상하고 악취가 난다는 주민들의 불평이 계속 나왔지만 당국의 전반적인 메시지는 물 문제는 아니리라는 것이었다."[15] 하지만 주민들은 정보를 공유하고, 물 권리를 위한 투쟁Water

You Fighting For, 플린트 민주주의 보호 연맹Flint Democracy Defense League 산하 물 태스크포스, 깨끗한 물을 위한 연대Coaltion for Clean Water와 같은 풀뿌리 단체를 조직해 저항하기 시작했다. 러스터는 이렇게 말했다.

그렇게 해서 [저는] 일자리를 잃었습니다. 아픈 상태로 집에서 TV를 보고 있는데, 플린트 시청 앞에서 수백 명이 시위를 하는 장면이 나오더군요. 그러니까, 눈이 무릎까지 쌓였는데 사람들이 거기에 가서 시위를 하고 있었어요. 제게 이것은 오프라[윈프리]가 말한 '아하'의 순간과 같았습니다. 저는 아팠고 걷지도 못했어요. 지팡이가 있어야 걸을 수 있었습니다. 하지만 딸애에게 이렇게 말했습니다. "우리도 저기 가서 저 사람들하고 같이 시위를 해야 할 것 같아." 그 사람들이 비상재정관리관을 내몰기 위해 저항하고 있었으니까요. (…) 사람들은 수돗물을 병에 채워서 가지고 나왔더라고요. 제가 늘 말하지만요, 물이 거의 애플사이다 색이었어요. 그건 물이라고 말할 수 없었습니다. 물하고 비슷하지조차 않았어요.

그날 시청 앞 시위로 비상재정관리관은 사임했습니다. (…) 2015년이었죠. 그러니까, 그 일이 저한테 동기를 부여해주었고 사람들의 힘을 알려주었어요. '백만인 행진'이나 '여성의 행진'처럼 수만 명씩 모일 필요도 없었습니다. 그들은 그저 평범한 시민이었어요. 아픈 사람들, 거짓말 듣는 데 진력난 사람들, 식구가 너무 아파서 일할 수 없게 된 것을 본 사람들, 식구가 온전히 기능하며 살아갈 수 없게 된 것을 본 사람들이요.

러스터는 이것이 자신의 운동이 시작된 순간이라고 말했다. "그날부터 시의회 회의마다 찾아가고 카운티 의회 회의마다 찾아갔어요. 그전에는 제 38년, 39년 인생 동안 플린트 시의회에 가본 적이 없었습니다. 디트로이트와 휴스턴 시의회는 가본 적이 있었지만 플린트에서는 가본 적이 없었어요. 제가 플린트에 살다 이사를 갔을 때만 해도 플린트는 살기 좋은 도시 4위인가 그랬거든요. 좋은 곳이었어요. 모두가 일자리가 있었고요. 그런데 돌아왔더니 수돗물 재앙이 벌어졌죠. 이 일은 정말로 저에게 커다란 계기가 되었습니다."

플린트강으로 상수원을 바꾸자마자 거의 곧바로 여러 가지 문제가 발생했다. 플린트에 있는 제너럴모터스 공장은 다시 디트로이트 수돗물을 공급하라고 요구했다(그리고 관철했다). 산성인 데다 염소 성분이 많은 강물이 자동차 부품을 부식시켰기 때문이다. 2014년에는 분변 박테리아가 발견되어 주민에게 끓인 물을 사용하라는 권고가 두 번이나 발동되었다. 하지만 2015년 초가 되어서야 심각한 납 오염에 대해 확실한 실증 근거가 나오고 주민들에게도 알려질 수 있었다. 환경보호청의 내부고발자가 정보를 유출하고 버지니아 공대 과학자들이 연구를 통해 입증한 덕분이었다. 2015년 3월, 물 오염 상황을 매우 우려하게 된 플린트 시의회가 디트로이트 수돗물로 다시 돌아가는 안을 투표로 결정했다. 하지만 새로 부임한 비상재정관리관 제리 암브로스가 이 결정을 기각했고, 플린트 주민은 유독한 물에 몇 개월이나 더 노출되었다.[16]

플린트 아이들의 혈중 납 수치가 2배가 되었다는 것을 보여준 연구 결과도 추가로 나왔는데, 한 핵심 전문가에 따르면 이 숫자도 실제 유해 정도를 작게 잡은 것일 가능성이 크다.[17] 나중에 밝혀지기를, 플린트 수도 당국과 미시간주 환경부 모두 플린트 수돗물의 납 수치가 극도로 높다는 명백한 실증 근거를 가지고 있었는데도 납 수치가 높은 표본을 폐기하고 오염의 증거를 최소화하는 방식으로 표본을 선정한 것으로 나타났다. 그럼으로써 "문제를 해결할 번거로운 조치도 피하고 대중의 불만이 빗발치는 것도 피할 수 있었다."[18] 납은 강력한 신경독이고 아이들에게 특히 위험해서 장기간 노출되면 종종 회복이 불가능한 발달장애, 학습장애, 과잉행동장애, 주의력결핍장애, 저체중 등을 일으킨다. 보건 전문가들은 인체에 안전한 납 수치라는 것은 존재하지 않는다는 데 대체로 견해가 일치한다.[19]

플린트 주민의 조직화는 2015년 내내 더욱 성장했고, 일부는 [비상재정관리관이 부임하면서] 법적으로 권한이 축소된 시의원들에게 초점을 맞추었다. 러스터는 이렇게 회상했다.

저는 시의회 회의장에 있었어요. 딸애랑 조카딸과 함께요. (…) 우리 모두 공개 발언 시간에 단상으로 올라가 발언을 했고, 기립 박수를 받았습니다. 네, 우리는 우리가 해야 했던 말을 하고 그곳에서 나왔어요. 다시 자리에 앉지는 않고 회의장에서 나왔죠. 엘리베이터를 타려고 하는데 한 여성이 우리한테 달려오는 게 보였어요. 그분의 이름은 네이이라 샤리프였습니다. (…) 저에게 "활동가가 되는 것을 생각해보신 적이 있으세요?"라고 묻더라고요. 저는 그분을 보았고, 이렇게 물었던 것 같아요. "활동가가 뭐예요?" 저는 기업 쪽에 있었고 제약 분야 출신이었지 활동가는 아니었으니까요. 그러자 네이이라가 말하더군요. "뭐냐면요,

그러니까, 방금 저기서 하신 거, 그거예요. 자녀분들하고," 둘 다 내 딸인 줄 아신 것 같더라고요. "자녀분들하고 거기서 하신 게 바로 활동가가 하는 일이에요."

이 만남은 곧 협업으로 발전했다. "네이이라가 내게 전화를 했고 우리는 이야기를 나눴어요. 네이이라는 이미 매우 활발한 활동가였어요. 플린트 물 위기가 있기 한참 전부터 활동가였죠. '따라다니면서 봐도 될까요?'라고 제가 물었고, 그는 당연히 된다고 했어요. 이렇게 해서 조직가와 활동가가 되는 일에 발을 담그게 되었죠. (…) 그리고 우리, 그러니까, 멜리사 메이즈와 네이이라, 그리고 저까지, 이렇게 팀이 되었고, (…) 플린트라이징을 창립하게 되었습니다."

2015년 10월에 스나이더 주지사가 마침내 플린트의 식수원을 다시 디트로이트 수도 시스템으로 바꾸기로 했을 때는 이미 막대한 피해가 발생한 뒤였다. 과학자들과 보건 당국자들에 따르면, 유독한 물 때문에 많은 플린트 아이들의 혈중 납 수치가 높아졌고, 적어도 12건의 사망과 수십 건의 입원 치료가 필요한 레지오넬라 병이 발생했다.[20] 또한 18개월간 오염된 물이 흐르면서 파이프가 부식되어 플린트의 수도 시스템 자체에도 상당한 피해를 입혔다. 부식된 파이프를 전부 교체하는 비용은 15억 달러로 추산되었다. 플린트 수돗물 사건에는 인종적, 계급적 문제가 강하게 결부되어 있어서 많은 비판자들이 이 사건을 심각한 환경 부정의의 대표 사례로 꼽는다.[21]

(병에 담긴) 물 권리를 위한 싸움

위기의 초기부터 플린트에서 병입생수는 뗄 수 없는 존재였다. 주민이 구매를 했든, 개인, 자선단체, 재단, 음료회사가 기부를 했든, 주정부가 분배를 했든, 플린트에 모습을 드러낸 수억 병의 생수는 이 상품의 '당장의 긴박한 재난에 대처하는 과정에서 차지하는 위치' 대 '수돗물의 훼손된 신뢰에 대한 장기적 대안으로서의 역할'과 관련해 중요한 질문을 제기한다. 정보가 별로 없었던 초기부터도, 그리고 2015년에 납 수치 자료가 공개된 뒤로는 더더욱, 많은 비영리기구에 이어 주정부가 운영한 병입생수 분배소Points of Distribution, POD('포드'라고 불린다)가 대다수 주민에게 생명줄이었다는 사실은 부인할 수 없다.[22] 러스터는 플린트 위기를 보도하는 전국 TV 뉴스에 나온 적이 있는데 당시를 이렇게 회상했다.

버니[샌더스]와 힐러리[클린턴]의 민주당 경선 토론이 있었을 때였는데, 플린트에서 열렸어요. (…) 그날 CNN의 한 취재팀 전체가 방 2개짜리 작은 연립주택인 저희 집에 찾아왔어요. 저희를 따라다니면서 하루 동안 저와 딸과 조카가 생수를 얼마나 많이 소비하는지 세었죠. 그리고 후보 토론 중간에 광고가 나가고 나서, 플린트 수돗물 위기를 보도하는 뉴스가 나갔어요. 저는 집에 있었는데, 와우! 제가 CNN에 나왔어요! 사람들이 그걸 보고 저희 페이스북 페이지를 팔로우하기 시작한 것 같아요. (…) 중국에서 일군의 학생들이 팔로우했고, 독일, 이탈리아에서도 그랬어요. 그저 놀라웠습니다. 그리고 다양한 곳에서 연설을 해달라는 초청을 받았어요. 예일에서도 연설을 했고요, 그 밖에 다른 곳에서도요. 소용돌이 같은 시간이었어요. 또한 저한테는 학습 곡선이 올라가는 시기였지요.

CNN은 러스터와 딸과 조카가 16.9온스[500밀리리터]들이 일회용 플라스틱 생수를 하루에 151병 사용한다고 보도했다. 요리에 36병, 머리 감는 데 36병, 마시는 데 27병, 설거지에 24병, 나머지는 양치질 등 기타 용도로 쓰였다.[23]

플린트 주민들은 생수에 의존하게 된 상황을 한탄, 좌절, 분노가 뒤섞인 감정으로 이야기한다. 플린트의 활동가 멜리사 메이즈는 물건이야기 프로젝트Story of Stuff Project가 만든 동영상에 나와 집 부엌에서 병입생수로 밥을 지으면서 "병입생수를 쓰고 싶어서 쓰는 게 아니"라고 힘주어 말했다. "이렇게 살고 싶은 사람은 아무도 없을 겁니다. 한번은 한참 요리 중인데 생수가 다 떨어졌어요. 그래도 음식에 수돗물을 넣을 수는 없었습니다. (⋯) 우리는 생수가 충분히 있는지 늘 챙겨야 해요. 생수가 다 떨어지면 정오부터 [오후] 6시 사이에 '포드'로 달려가야 합니다. 줄 서서 기다리다가 우리 몫의 생수 상자를 받아오는 거예요. 우리는 날마다 모든 일에 생수를 사용해야 하니까요."[24]

하지만 수돗물이 유독하게 오염된 플린트에서 주민 대다수에게 병입생수는 유감스러운 필수품 이상이었다. 병입생수 분배는 정치적인 요구가 되었다. 《플린트, 맞서 싸우다Flint Fights Back》의 저자 벤저민 파울리는 내게 이렇게 말했다.

병입생수를 분배해달라는 요구는 활동가들 사이에서만이 아니라 더 폭넓은 지역 공동체에서도 정말 두드러진 요구입니다. 여기에는 병입 생수에 의존하는 사람이 너무나 많고 지금으로서는 사정도 다 제각각입니다. 제가 사는 곳은 플린트에서 가장 부유하고 주로 백인이 사는 동네 두 곳 중 하나인데요, 제 이웃들은 다시는 수돗물을 마시지 않을 거라고 말합니다. (…)

　여기에는 기본적으로 병입생수 외에는 다른 선택지가 없다고 생각하는 사람이 아주 많습니다. 수돗물에 대한 신뢰는 그 정도로 크게 부서졌습니다. 하지만 또한 사람들은 일종의 권리로서 자신이 병입생수를 받을 자격이 있다고도 생각하고 있습니다. 바로 이 지점에서 병입생수가 [정치적인] 요구로 바뀝니다. 활동가의 관점에서 이것이 [정치적인] 요구 사항으로 바뀌는 것이지요. 활동가들의 입장은, 구체적으로는 주정부에 대한 요구인데요, 다음과 같습니다. "당신들이 일을 이 지경으로 만들고 우리를 유독한 물에 몰아넣었다. 그러니 적어도 위험한 수도관이 모두 교체될 때까지 당신들은 입수 가능한 가장 안전한 물을 우리에게 제공할 의무가 있다."[25]

　물론 주민들이 실제로 요구한 것은 병입생수 자체가 아니라 안전한 물이다. 2015년 11월에 플린트 시장으로 선출된 캐런 위버는 한 달 후에 도시 차원의 비상사태를 선포했다. 이는 플린트 위기를 전국적인 사안으로 부각시킨 촉매 중 하나였다. 그로부터 한 달이 지나지 않아서 스나이더 주지사와 오바마 대통령도 비상사태를 선포했고, 이로써 주와 연방의 자금이 플린트를 지원하는 데 쓰일 수 있게 되었다. 미시간주의 주 방위군이 동원되어 플린트에 생수를 분배했다. 중서부의 겨울만 아니었다면 언론에 나오는 이미지는 [여름에 뉴올리언스를 덮친] 허리케인 카트리나 같은 자연재해 이후의 사진이라고 해도 믿을 정도였다.

하지만 결정적인 차이가 있었다. 물 보호를 위한 미시간 시민회의 Michigan Citizens for Water Conservation[이하 MCWC] 회장 페기 케이스는 "플린트에서 주민들이 원래 원했던 것은 재난 선포였다"며 이렇게 설명했다. "비상사태emergency 선포가 아니라 재난disaster 선포요. 그랬다면 버펄로 물탱크[대용량 물탱크]와 연방재난관리청의 지원품을 받을 수 있고 진짜 재난으로 취급될 수 있었을 테니까요. 재난 선포가 되었다면 훨씬 더 많은 것을 받을 수 있었을 거예요. 하지만 재난 선포는 되지 않았죠."[26] 파울리는 많은 플린트 활동가들이 "재난 선포가 되었다면 미 육군 공병대가 동원될 수 있어서 그들이 파이프도 최대한 빠르게 교체했을 것이고, 그뿐 아니라 버펄로 물탱크도 들여올 수 있었을 것"으로 보았다고 말했다. "물탱크를 탑재한 트럭 같은 것이 오고 사람들은 다회용 물통을 들고 와서 물을 채워가는 거죠. (…) 다들 병입생수에 이렇게 의존해야 하는 것은 좋지 않다고 생각하고 있으니까요."

주정부와 연방정부가 플린트 주민에게 대용량 물탱크를 보내지 않기로 한 것은 결정적으로 중요했다. 위기 동안 병입생수가 사실상 **유일한** 식수 공급 방식이 되게 만들었기 때문이다. 많은 플린트 사람들에게는 지금도 그렇다. 게다가 플린트 사람들이 생수 상자를 날라다 집에 쌓아두는 것을 보여주는 수많은 사진과 영상이 TV, 인터넷, 소셜미디어를 타고 퍼지면서, 수돗물에 문제가 있는 경우에는 병입생수가 당연한, 혹은 용인 가능한 대안이라는 인식이 의식적으로도 무의 식적으로도 강화되었다. 병입생수 업계로서는 이보다 더 가치 있는 홍보가 없었을 것이다.

병입생수를 보급해달라고 요구하는 투쟁은 플린트 위기 내내 이 위기의 주된 특징이었다. 플린트 주민과 미시간주 및 전국 차원의 몇몇 단체들이 제기한 소송에서, 2016년에 연방 판사는 납을 걸러주는 수도꼭지용 필터가 적합하게 설치되지 못한 모든 주민에게 플린트시와 미시간주가 병입생수를 집까지 직접 가져다주어야 한다고 판결했다. 2018년 4월에 주정부가 2년 동안 운영되던 병입생수 무료 보급소를 닫는다고 발표하자 주민들은 병입생수를 최대한 많이 쟁여두려고 보급소에 몰려왔다. 플린트의 위버 시장은 주정부가 생수 분배 프로그램을 지속하도록 소송을 걸겠다고 밝혔다. 다음 달에 위버 시장은 네슬레가 향후 몇 개월 더 매주 10만 병을 플린트 주민에게 기부하기로 했다고 발표했다. 네슬레의 생수 기부는 2022년인 지금도 계속되고 있다.[27] 2018년 12월에 민주당 주지사 당선인 그레첸 휘트머도 주정부의 생수 분배를 재개하겠다고 약속했다(최종적으로 약속이 지켜지지는 않았지만 말이다).

이 시점이면 주정부가 선호하는 플린트 물 위기 임시 대응책의 접근 방식이 바뀌어 있었다. 주정부 입장에서 더 좋은 임시 대응책은 병입생수가 아니라 비상사태 자금으로 필터를 구매해 주민들에게 제공하는 것이었다. 하지만 수도꼭지에 설치하는 필터는 플린트 주민 다수에게 반발을 샀다. 파울리는 이렇게 설명했다. "필터가 플린트의 모든 주민에게 제공되었음을 보여주는 것은 무료 생수 제공 프로그램을 끝내기 위한 주정부의 주요 전략이 되었습니다. 그리고 필터를 거부하는 것(그리고 이에 따라오는 것으로, 주정부가 계속해서 생수 제공 프로그램을 운영하도록 요구하는 것)은 플린트에서 정치적 저항의 표준 양식이 되었고요."[28] 많은 주민이 수도꼭지용 필터가 정확하게 설치하기 어렵고 실제로 납을 잘 걸러내지 못하며 박테리아의 온상이 되고 있다고 주장했다.

여러 해에 걸친 곡절 많은 과정 끝에(팬데믹으로 한층 더 어려워졌다), 2021년 플린트시 정부는 각 가정으로 연결되는 말단 수도관 중 부식된 납관과 아연도금관을 교체하는 대규모 프로젝트가 거의 완료되었다고 선언했다. 위에서 언급한 소송에서 이뤄진 합의에 따른 프로젝트였다.[29] 1억 달러에 가까운 주정부와 연방정부 자금으로 플린트시는 2만 6000개 이상의 말단 수도관을 들어내고 약 1만 개의 구리관으로 교체했다.[30] 수질 검사에서 납 수치는 환경보호청이 개입해야 하는 기준인 15ppb보다 훨씬 낮은 수준으로 떨어진 것으로 나타났다.[31] 하지만 플린트의 물 활동가들은 수돗물이 안전해졌다는 개념에 문제를 제기했다. 2021년 1월에 메이즈는 이렇게 말했다. "현재, [말단 수도관은 교체됐지만] 플린트시의 훼손된 메인 파이프는 여전히 지하에 그대로 있고 부식된 내부 배관, 장비, 장치들도 아직 교체되지 않았습니다. 물이 이 파이프를 통해 우리 가정의 수도꼭지까지 흐르는 한 물은 계속해서 오염될 것입니다."[32] 아는 사람 중에 수돗물을 식수로 사용하는 쪽으로 되돌아간 사람이 있는지 러스터에게 물어보자 그는 이렇게 대답했다. "제가 아는 사람 중에는 없습니다. 누군가 있기야 있겠지요. 하지만 아무튼 제가 아는 사람 중에는 없어요. 그리고 수돗물을 다시 마시는 사람들은 주정부가 처음에 제공한 필터를 수도꼭지에 달았으니 안전해졌다고 생각하기 때문일 텐데, 우리는 더 잘 알고 있습니다. 우리가 과학자들을 불러와서 물을 검사했는데, 그게 필터를 통과한 물이었을 거거든요."

간단히 말해서, 플린트에서는 신뢰가 심각하게 손상되었다. 이 손상이 회복 가능한 것인지는 아직 알 수 없다. 많은 플린트 주민이 신뢰가 회복되는 데 중요한 한 단계는 오염을 일으키고 은폐한 사람들에게 책임를 지우는 것이라고 생각한다. 하지만 이와 관련해 진행된 일은 낙담스러운 롤러코스터였다. 2019년 6월에 미시간주 법무장관 데이나 네슬은 플린트 위기와 관련해 주 당국자들을 상대로 당시까지 제기된 모든 형사 기소를 수사상 하자가 있어 취소한다고 발표해 플린트 주민의 분노를 샀다.[33] 2021년 1월에는 스나이더 전 주지사를 포함해 9명의 전직 주 당국자와 지역 당국자가 새로 기소되었는데, 2022년에 또다시 거의 모든 기소가 각하되었다.[34]

2020년 8월, 민사소송 건에 대해 [미시간주 법무장관] 데이나 네슬은 주정부와 플린트 주민을 대리하는 변호인단 사이에 6억 4100만 달러로 합의가 이뤄졌다고 발표했다. 이 돈의 대부분은 플린트 아동 모두를 위한 치료 비용으로 쓰일 예정이다. 주민들은 이 합의에 대해 의견이 갈렸다. 어떤 이들은 독성에 노출된 성인은 피해 입증 기록이 없으면 보상해주지 않았기 때문에 불충분한 합의라고 생각했다.[35]

2017년에 플린트시는 디트로이트 수도 당국과 새로 30년간의 공급 계약을 체결했다. 플린트의 마지막 비상재정관리관은 2015년에 떠났지만 주정부의 플린트시 재정 관리는 2018년까지 완전히 종결되지 않았다. 위에서 언급했듯이 플린트의 납관과 아연도금관은 (일부는 남아 있지만) 2021년까지 대부분 철거되었다. 2022년 말 현재, 비영리기구가 운영하는 3개의 병입생수 분배소가 아직 열려 있고 수천 명의 주민이 계속 사용하고 있다.[36]

러스터에게 지금 시점에 플린트라이징이 바라는 바가 무엇이냐고 묻자 그는 이렇게 대답했다.

우리의 세 가지 요구는 간단합니다. 우리는 우리가 발간하는 모든 글과 명함에 그 세 가지를 인쇄해 넣었어요. "플린트라이징은 요구한다: 우리는 독에 돈을 내지 않을 것이다. 당신이 부순 것을 고쳐라." 이것은 인프라와 파이프를 말하는 것이고요. "우리는 온전하게 누릴 수 있기를 원한다." 사람들은 온수 탱크, 온수 히터, 냉장고 등 물이 들어가야 작동하는 모든 것을 잃었거든요. 플린트 사람들은 그것을 다 잃었어요. 마지막으로, "우리의 가족은 건강할 권리가 있다." 구체적으로, 플린트 주민 모두에게 메디케이드Medicaid[정부가 지원하는 의료보험]가 제공되기를 원합니다. 우리는 병원에 갈 때 돈 걱정을 할 필요가 없어야 합니다. 우리는 모두가 아프다는 것을 알고 있어요.

현재까지 세 가지 요구 중 하나(파이프 교체)만이, 그것도 일부만이 달성되었다.

생명줄을 끊다

플린트 이야기에서 덜 알려진 부분 중에 납 수돗물 위기와 동시에 벌어지고 있었던 단수 위기가 있다. 플린트강으로 수원을 바꾸기 전에도 비상재정관리관 체제에서 플린트의 수천 가구에 수도 공급이 중단되었다. 수도요금을 내지 못했기 때문이다. 본질적으로, 빈곤에 대한 처벌이었던 셈이다.[37] 러스터와 파울리에 따르면, 사실 플린트의 초창기 물 운동은 단수 반대 활동이 중심이었다. 이 활동은 디트로이트 활동가들과의 연대를 촉진했다. 디트로이트는 2014년에 시 정부가 전례 없이 많은 가구에 단수를 실시한 것으로 국제적인 뉴스가 된 바있었고 2020년이면 총 12만 7500만 가구가 단수를 경험했다(한 가구가 여러 차례 단수된 것까지 모두 센 숫자다).[38] 이는 대대적인 저항과 광범위한 비난을 불러왔고 유엔은 디트로이트의 단수가 "물 인권 및 여타 국제 인권의 침해에 해당"한다고 선언했다.[39] 시민단체인 기업감시단[2017년에 국제기업감시단이 이름을 변경했다]의 캠페인 디렉터 로렌드루샤는 디트로이트의 몇몇 가구는 "단수가 되고서 아이들을 다른 곳으로 보내야 했다"고 내게 말했다. "단지 수도요금을 내지 못했다는 이유로 그 가족들의 삶이 갈가리 찢겼습니다."[40] 집에 수돗물이 안 나오는 것은 미국의 21개 주에서 아동 방임의 증거로 간주될 수 있다.[41]

단수에 맞서 제기된 소송의 한 공판에서 디트로이트시 당국 측 변호사는 병입생수 등 여타의 식수원이 존재한다는 사실은 단수된 가구가 물 권리를 거부당하지 않았다는 의미라며 이렇게 주장했다. "어떤 사람이 자기 집에 물이 끊긴다고 해서 그가 물을 구할 수 없다는 말은 아닙니다."[42] 디트로이트에서 단수를 겪은 주민은 미국에서 단수를 경험하는 연간 약 1500만 명 중의 자그마한 일부에 불과하다. 놀랍게도 단수 인구가 무려 미국 전체 인구의 5%나 되는 것이다.[43]

2010년에서 2018년 사이에 미국의 수도요금은 평균 80%나 올랐다. 몇몇 도시에서는 인구의 40%가 상하수 서비스 요금을 낼 여력이 되지 못하며 이 숫자는 더 늘어날 가능성이 크다.[44] 하지만 음용수, 조리수, 세탁 및 세척 등에 필요한 물 전체를 병입생수로 대체하는 비용은 훨씬 더 크다.

심지어 플린트 수돗물이 납으로 오염되었다는 사실이 드러난 뒤에도 위기 내내 플린트 수도 당국은 수도요금 미납 가구에 단수를 집행했고 집에 저당권을 설정하겠다고 을렀다. 그러다 2019년에 새로 선출된 시장 셸던 닐리가 도시 전체에 단수 집행을 중지했고,[45] 코로나19 팬데믹 기간 몇 달 동안 주정부도 단수 집행을 중지했다. 그럼에도, 파울리는 단수가 여전히 "사라지지 않고 떠도는 위협"이라고 말했다. "저는 주민에게 물 공급을 완전히 끊는 것이 받아들여질 수 있는 정책으로 고려되었다는 사실 자체가 전적으로 스캔들급에 해당하는 일이라고 생각합니다." 한편, 단수가 되지 않은 가정의 플린트 주민은 주정부가 사후적으로 일부를 보조해준 22개월을 제외하고는 계속해서 수도요금을 내야 했다.[46] 러스터는 "수도요금 고지서에 금액이 1만 달러가 나온 사람도 있다"고 말했다.

물값을 낼 수 없어서 3-4년간 집에 물이 안 나온 친척들이 있어요. 우리가 사는 미시간주가 전국에서 물값이 가장 높아요! 베벌리힐스보다도 비쌉니다. (…) 평균적으로 플린트의 가구는 수도요금만으로도 매월 200-300달러를 냅니다. (…) 그런데 플린트는 인구 중 43%가 빈곤선 이하로 살고 있는 곳입니다. 당신이 고정 소득이 있다고 해보죠. 예를 들어,

제 이웃 중 한 명은 한 달에 790달러밖에 못 벌어요. 그런데 그중 300달러를 물값으로 낸다고 생각해보세요. 그러면 뭐가 남나요? 먹을 것을 살 수나 있나요? 물은요? 머리 위에 멀쩡한 지붕은 둘 수 있나요? 이게 플린트 주민들이 날마다 결정해야 하는 문제들이에요.[47]

다른 말로, 플린트 주민은 식수, 요리, 목욕, 때로는 빨래에도 사용할 수 없는 안 좋은 수질의 비싼 수돗물에 계속 돈을 내거나(여기에 더해 병입생수를 따로 돈 주고 사야 한다) 집에 물이 아예 안 나오는 채로 살거나 중에서 선택해야 한다.

수돗물, 병입생수, 샘물을 연결하기

미시간주 전역에서 활동가들은 안전한 수돗물을 위해 싸우고 단수 조치에 저항하는 데 더해 플린트와 디트로이트의 환경 부정의 및 사회 부정의 위기와 미시간주 서부 등지에서 병입생수 업계가 일으키는 지하수 고갈 문제의 연관성에도 눈뜨기 시작했다. 활동가들은 미시간주 내에서 병입생수와 관련해 물이 물리적으로 어떻게 이동하는지, 병입생수 업체는 깨끗한 물에 쉽게 (그리고 낮은 비용으로) 접근할 수 있는 반면 주민들은 물을 비싸게 사용해야 하고 때로는 단수까지 겪는다는 사실이 얼마나 모순되는지를 중심으로 물 부정의와 물 인권 이슈와 관련해 전례 없는 연대를 일구었다. 러스터는 이렇게 말했다.

플린트 물 위기가 왜 일어났는지 파고들다 보니 모든 길이 디트로이트로 통하더라고요. (…) 디트로이트 사람들과 함께 앉아 이야기하면서,

우리에게 무슨 일이 일어났는지가 아주 명확해졌어요. 이것은 돈 문제였고 파이프라인 문제였고 민영화 문제였고 비상재정관리관 문제였어요. (…) 그 단체들이 디트로이트에서 이미 활동하고 있었고, 단수에 맞서서, 또 네슬레에 맞서 오랫동안 싸워오고 있어서 정말 다행이었어요. 70년대부터 활동한 사람도 있었어요. 우리는 깨달았죠. 그래, 우리는 반드시 함께해야 해. (…) 이것이 우리가 넘어야 할 산이고 우리에게는 이미 그곳에 있는 사람들이 필요하니까요. 누가 적인지 아는 사람들, 제가 늘 말하듯이, 이 연극이나 오페라의 등장인물 모두를 아는 사람들 말예요. 그들은 우리 플린트 사람들에게 정말로 좋은 촉매였어요.

미국의 병입생수 1위 업체 네슬레워터스가 미시간주의 물 운동가들에게 두드러진 타깃이 된 것은 불가피했을 것이다. 플린트에 기부된 병입생수 대부분이 네슬레 생수였고, 주로는 아이스마운틴 샘물 생수 아니면 퓨어라이프 수돗물 생수였다. 전자는 미시간주 서부의 몇몇 지역에서 추출되고 후자는 디트로이트 수도 시스템에서 나오는 수돗물을 재정수한 제품이다. 이러한 지리적 인접성만으로도, 병입생수를 그 물의 원천과 연결하는 것은 플린트의 활동가 및 이들과 함께하는 활동가들에게 자연스러운 다음 단계였을 것이다. 네슬레가 농촌 지역인 오세올라 카운티와 메코스타 카운티에서 지속적으로 샘물을 추출하는 데 맞서 MCWC가 주도한 소송과 싸움은 일찍이 2001년부터 뉴스에 등장했다.[48] 이 투쟁은 네슬레의 물 추출이 인근 개울과 강에 미치는 영향, 추출을 얼마나 많이 허용할 것인가의 문제, 그리고 네슬레가 다량의 물을 취수하면서도 미미한 사용료만 내는 문제를 중심

170

으로 이루어졌다.

[주 단위의 물 정의 단체인] MCWC와 [도시 단위의 풀뿌리 단체인] 플린트 및 디트로이트 단체 간 연대는 플린트 위기 초창기부터도 존재했지만 2016년경에는 더 가시적인 형태를 띠기 시작했다. 네슬레가 [오세올라 카운티의 마을] 에바트 인근의 송어 서식 하천의 상류 지역 두 군데에서 지하수 추출을 2배로 늘려 연간 2억 1000만 갤런(약 8억 리터)을 퍼가기 위해 주정부에 허가를 신청하자 MCWC는 주정부를 압박해 공청회를 열게 했다. 빅스프링에서 열린 공청회에 대해 MCWC의 케이스는 이렇게 회상했다.

우리는 디트로이트에서 오는 차 한 대, 플린트에서 오는 차 한 대, 이렇게 버스 두 대를 마련했습니다. 그곳 사람들이 와서 발언을 했고요. 이 모든 일의 부정의를 그분들이 정말로 잘 지적해줘서 너무 좋았어요. [네슬레는] 허가증을 받으면 연 200달러를 내고 2억 1000만 갤런을 가져가요. (⋯) 플린트 사람들이 네슬레가 내는 것과 동일한 가격을 낸다면 물값이 얼마가 되어야 하는지 계산해보세요. 1년에 7센트 정도가 나옵니다. 그게 플린트 주민의 수도요금이어야 하는 거예요! (⋯) 그래서 우리는 계속해서 이렇게 해오고 있습니다. 어느 시점에는 더 광범위하게 주 전체적인 차원의 관점을 갖고 병입생수 문제와 물 인권을 연결하면서요.

도시-농촌 연대는 서로에게 득이 되었고 언론의 관심도 끌었다. 때때로 이들의 전술은 공청회 발언, 기자회견, 직접적인 저항 행동을 넘어서도 이루어졌다. 러스터는 이렇게 말했다.

[영화 제작자] 마이클 무어가 플린트 출신입니다. 그가 와서는 기본적
으로 이렇게 말했어요. "제가 도울 수 있는 일이 없을까요?" (…) 그는
우리에게 네슬레 공장(미시간주 스탠우드)에 갈 수 있는 방법을 제공해
주었어요. (…) 버스 한 대에 타고 서른 명이 갔습니다. 우리하고 (…) 영
화 제작진도 있었어요. (…) 그다음에 우리는 그곳 로비에 갇혔어요. 그
들더러 나오라고, 우리와 이야기 좀 하자고 요구하고 있었는데 (…) 쥐
들마냥 재빠르게 우리한테서 도망쳐 사라져버리더라고요.

　그다음에는, 가만 있자, 그러니까 경찰이란 경찰은 종류별로 다 온 것
같더라고요. 우리를 감옥에 처넣겠다고 말하면서요. 어라? 당신들이 우
리 물을 1년에 고작 200달러를 내고 퍼가고 있는데? 당신들이 문제인
데? 당신들이 우리에게 우리가 원하지 않는 병입생수를 사도록 강요하
고 있는 건데? 그전까지 우리는 병입생수를 사야만 했던 적이 없었는
데 (…) 이제 병입생수를 사야만 하도록 내몰리고 있는데? (…)

　하지만 그들은 우리의 질문에 대답하고 싶어 하지 않았어요. (…) 밖
에는 온갖 연방정부 기관이 다 출동해 있었죠. 심지어 야생생물을 관리
하는 데서도 나왔고 공원 관리인도 나와 있었어요. (…) 네슬레는 호송
차가 없으니까 인근의 모든 당국을 부른 것 같았어요. 여기 온 플린트
사람들을 감옥에 끌고 가라고요. (…) 마이클 무어와 그의 제작진이 30분
인가 45분인가를 그들과 이야기했고, 그들은 우리가 버스로 돌아가게
해주었어요. (…) 안도의 한숨이 나왔죠. 이게 우리의 네슬레 이야기예
요. 그 이후로 지금까지는 다시 가지 않았어요.

전국 단위 단체들도 플린트와 디트로이트의 풀뿌리 활동가들을 지원하면서 수돗물 위기와 병입생수 업계 사이에 비슷한 연결 고리를 찾아냈다. 식품과물감시단의 캠페인 디렉터 메리 그랜트는 이를 다음과 같이 명료하게 설명했다. "병입생수와 수돗물은 어떻게 연관되어 있을까요? 플린트는 안전한 수돗물에 접근할 수 없어서 병입생수에 의존해야 합니다. (…) 우리는 디트로이트에서 많은 단체들과 함께 하고 있는데요, 단수가 되면 많은 이들이 병입생수에 의존해야 합니다. 하지만 동시에, 네슬레 같은 회사들은 공공 수자원을 사실상 공짜로 가져다가 안전한 수돗물이 없는 곳이나 수도요금을 낼 여력이 없어서 물이 끊긴 사람들에게 판매하면서 큰 수익을 내고 있습니다."[49]

흥미롭게도, 네슬레도 자신의 병입생수 생산을 직접적으로 플린트의 수돗물 재앙과 연결시켰다. 30초짜리 TV 광고에 네슬레의 스탠우드 병입공장과 플린트의 병입생수 분배소가 나오고 지역 교회 사람 한 명의 목소리가 나온다. "어떤 사람들은 플린트를 잊었지만 네슬레워터스는 잊지 않았습니다. 3년 뒤인 지금도 네슬레워터스는 샘물을 제공하고 있습니다. (…) 플린트에서 우리는 포기하지 않았습니다. 우리에게는 친구가 있으니까요. 네슬레워터스 같은 친구가요."[50]

활동가들은 네슬레와 전 주지사 릭 스나이더 행정부의 관계를 강조함으로써도 네슬레와 플린트의 연결 고리를 드러냈다. 플린트 위기 당시 스나이더의 수석비서관이었던 데니스 머치모어는 플린트의 여러 핵심적인 의사 결정에 관여했는데, 네슬레워터스의 미시간주 대변인으로 일한 홍보 컨설턴트이자 로비스트 데버라 머치모어의 남편이다.[51] 러스터는 이렇게 말했다. "플린트 위기 동안 주지사 릭 스나이더는 네슬레와 연결 고리가 있었습니다. (…) 당신의 친구가 네슬레를 위해 일하는데 네슬레 생수가 플린트로 온다니 얼마나 아이러니입니까?"

플린트와 디트로이트 위기 때 병입생수가 어떤 역할을 했는가는 연방의회의 조사 대상이 되기까지 했다. 2020년 3월에 미국 하원 감독개혁위원회 환경소위원회는 이 이슈에 대해 청문회를 열었다. 미시간주 출신 하원의원으로 이 소위원회의 부위원장이자 디트로이트가 지역구인 러시다 털리브는 〈미시간 라이브〉 방송에서 이렇게 말했다. "과도한 요금 때문에 제 지역구 주민들은 단수를 겪는데, 그곳에 네슬레가 들어와서는 정작 우리 공동체는 거부당하고 있는 물로 수백만 달러의 수익을 올리고 있습니다."[52] 털리브와 캘리포니아주 출신 하원의원 할리 루다는 네슬레워터스 북미 담당 CEO에게 서한을 보내 네슬레의 병입생수 판매량, 매출액, 광고, 미국 전역에서의 원수 추출 등에 대한 자료를 요구하면서 이렇게 언급했다.

본 소위원회는 네슬레가 중요한 공공 자원을 그 자원을 필요로 하는 지역 공동체에서 추출해가면서 그 공동체에 그에 상응하는 재투자를 하지 않는 것을 우려합니다. (…) 2005년부터 2015년 사이에 네슬레는 미시간주에서 지하수 34억 갤런을 추출했고 2016년 한 해에만도 미시간주에서 추출한 물로 병입생수 3억 4300만 달러어치 이상을 판매했습니다. 미시간주의 플린트가 납 수돗물 위기를 겪고 있을 때 네슬레는 미시간주 밖에서 판매할 목적으로 에바트 등 미시간주 지역 공동체에서 계속 샘물을 추출했습니다. 에바트는 플린트에서 겨우 두 시간 거리에 있는데 말입니다.[53]

네슬레는 조사에 협조하겠다며 "생수 회사로서 책임감 있고 지속가능하게 사업을 운영하는 데 중대한 책임이 있음을" 인식하고 있다고 답했다.[54]

플린트와 디트로이트의 풀뿌리 활동가들과 MCWC 같은 물 보호 단체의 협업은 한층 더 확장되어 더 폭넓은 지역을 아우르는 운동이 되었다. 2017년 9월에 이 활동가들 모두가 미시간주와 인근 온타리오주에서 상업용 물 추출에 반대해온 현지 단체들, 두 주 모두의 선주민 공동체들, 미국과 캐나다의 물 정의 운동단체들과 함께 '물은 생명이다: 오대호 커먼즈Great Lakes Commons를 강화하자'라는 주제로 열린 컨퍼런스차 플린트에 모였고, 이 모임에서 물은 생명이다 연대Water Is Life Alliance가 탄생했다. 이 연대는 스스로를 "물의 상업화와 민영화에 반대하는 미시간주, 온타리오주, 그리고 선주민들의 공동체 기반 운동"이라고 묘사했다.[55] 이 연대 자체는 코로나19 팬데믹 시기에 사라졌지만 병입생수 반대운동을 주 차원에서 단수와 물값 부정의에 대한 이슈와 연결하려는 노력은 민중의 물 위원회 연대People's Water Board Coalition라는 이름으로 계속되었다. 여기에는 디트로이트, 플린트, 벤튼하버의 종교·노동·환경·사회정의 단체 30여 곳, 미시간주 서부의 MCWC와 플로우FLOW: For Love Of Water, 그리고 전국단체인 식품과물감시단 등이 참여하고 있다.[56]

플린트: 더 큰 그림

조금 물러서서, 플린트와 미시간주의 중요성을 안전한 물 접근성을 위한 투쟁이라는 국내외의 더 큰 맥락에서 평가해볼 필요가 있다. 플린트에서 병입생수가 수행한 역할은 진정한 역설을 보여준다. 플린트의 활동가들은 수돗물이 독성 물질로 오염된 위기 상황에서 대안적인 식수원으로 병입생수 무상 분배를 요구했다. 주정부의 생수 분배가 종료되자 활동가들은 그것이 계속되어야 한다고 주장했고 새로 당선된 주지사도 이에 동의했다. 활동가들이 병입생수를 요구하면서 동시에 그 병입생수에 쓰이는 물 추출에 반대하는 단체들과 연대한 것을 어떻게 설명할 수 있을까? 물론 플린트 사람들은 '연방 재난 지역' 선포를 요구했지만 거부되었다(재난 선포가 되었더라면 대용량 물 탱크를 통해 깨끗한 식수를 공급받을 수 있었을 것이다). 플린트, 디트로이트, 그 밖에 단수와 안전하지 못한 수돗물 문제를 겪고 있는 미국과 캐나다의 도시들에서 주민들은 훨씬 더 비싼 상품[생수]을 임시로 사용하는 것 외에는 대안이 별로 없다.

하지만 플린트의 중요한 점은 활동가들이 단순히 자신의 도시가 안전한 수돗물로 돌아가기를 요구하는 것에만 그치지 않았다는 데 있다. 플린트의 활동가들은 지역의 위기를 낙후된 인프라, 재정 긴축, 수돗물 안전성에 대한 위협, 감당 불가능한 물 가격이 일으키는 전국적 위기라는 더 큰 맥락에 놓고자 했다. 이러한 맥락화와 그로부터 일구어진 연대는 분명 중요한 성과 중 하나다. 러스터는 내게 이렇게 말했다.

나만이 아니라는 것을, 나보다 더 큰 무언가라는 것을 깨닫게 됩니다. (…) [플린트에서] 물 위기가 시작되었을 때는 다른 지역도 겪고 있는 일인 줄 몰랐어요. (…) 그런데 D.C.에서도 있었고 피츠버그에서도 있었습니다. D.C.와 피츠버그에서 이 일을 겪어본 사람들과 함께 이야기를 해보니, 우리가 정말로 사용할 수 있는 도구가 무엇인지, 무엇을 할지, 무엇을 하지 말아야 할지, [아이디어를] 얻을 수 있었어요. 이러한 공간으로 들어오면서 제 시야가 넓어졌습니다. (…) 제가 더 나은 조직가가 되고 더 나은 활동가가 되게 해주었죠. 우리가 달성하려는 것을 달성한 누군가의 옆에 앉아 함께 이야기하면서 말이에요.

이[수돗물 안전] 이슈는 디트로이트의 단수 문제와 미시간주 서부의 지하수 추출 반대 활동과도 연결되었다. 지하수 추출 문제는 지리적으로 플린트 자체의 문제가 아닌 데다 수돗물이 오염되거나 수도요금을 못 내 물이 끊기는 죽느냐 사느냐의 문제와 싸우고 있던 플린트의 풀뿌리 활동가들에게 우선순위가 높지 않아 보였을 수도 있다. 하지만 그들은 흩어진 이슈들을 연결해 그 모두를 방대한 도시-농촌 연대의 한 축으로 이었다. 이러한 연결은 플린트에서 (위기 시기의 주요 식수원으로서) 네슬레의 생수가 매우 가시적으로 존재했던 것, 그리고 깨끗한 물에 접근하는 데 네슬레와 플린트/디트로이트 주민 사이에 지극히 상반되는 이중 기준과 비용이 적용된다는 사실로 인해 한층 더 힘을 받았다. 이 맥락에서, 물을 추출하고 병입해 상품으로 만드는 과정은 플린트에서 약 45킬로미터 넘게 떨어진, 그리고 사회경제적으로나 인구 구성 면에서 매우 다른 농촌 지역에서 일어나고 있었지만, 농촌의 물 추출 문제는 수돗물 오염과 단수 위기(높은 수도요금으로 인한 물 접근성 위기)에 맞서 싸우고 있던 플린트/디트로이트의 도시 활동가들에게도 직관적으로 자신과 매우 관련된 일로 여겨질 수 있었다.

이러한 연대는 정부의 잘못된 행위와 환경 부정의의 화나고 충격적인 이야기를 기업 권력, 신자유주의적 긴축, 민영화와 상품화, 지역 민주주의에 대한 위협이라는 더 깊고 복잡한 이야기로 재구성해냈다. 이 마지막 주제, 즉 플린트의 재앙이 무엇보다 민주주의의 위기라는 사실은 지역 주민과 활동가들의 언명에 반복적으로 등장했다. 인터뷰를 마치면서 러스터는 이렇게 말했다. "플린트에서 일어난 일은 제가 다른 대의들에도 더 적극적인 태도를 갖게 해주었습니다. 거기에 들어가도록 허용되어서 다른 공동체들의 이야기를 들으면, 어떤 종류든 하나의 결론으로 돌아갑니다. 정부의 실패, 민주주의의 실패, 존엄의 실패지요. 우리가 존엄을 가질 수 있다면, 민주주의를 다시 가질 수 있다면, 그러니까 비상재정관리관 법을 모든 지역에서 없앨 수 있다면요? 비상재정관리관 제도는 어느 도시, 어느 주, 어느 마을에도 허용되지 말아야 합니다. 그리고 우리에게 우리의 존엄을 돌려주어야 합니다."

유독한 불평등

플린트 위기를 다룬 저술 다수가 플린트는 빙산의 일각이라고 지적한다. 플린트는 북미에서, 또 그 밖의 지역에서 낙후한 인프라와 안전하지 못한 수돗물이 불평등하게 분포되었다는 사실에서 발생하는 더 폭넓은 동학의 징후라는 것이다. 미국에서 향후 20년간 필요한 상하수 시스템 수리와 유지 보수 비용은 많게는 3.2조 달러로 추산되는데,[57] 구두쇠인 연방정부는 이것을 주정부와 도시 당국에 넘겼고, 주정부와 도시정부가 그들의 예산을 투입하고는 있지만 종종 필요한

[인프라] 개선 속도를 따라가지 못한다. 그리고 이러한 낙후화는 수돗물에 대한 불신에 불을 땐다. 라이언 펠튼은 이렇게 언급했다. "몇몇 장소에서는 수도 인프라가 한계에 다다랐다. (…) 투자 부족이 만연해 있다. 디트로이트 공립학교는 지난해에 수돗물에서 높은 수치의 구리와 납이 검출되어 전체적으로 급수를 중지했다. 웨스트버지니아의 한 마을은 2002년 이래 끓인 물 사용 권고가 내려진 상태다. (…) 미국인 중 34%(1억 1000만 명)가 안전 우려 때문에 집에서 수돗물 사용을 자주 피한다고 답했다. (…) 6분의 1가량은 집에서 수돗물을 전혀 마시지 않는다고 답했다."[58]

플린트 재앙은 미시간주 벤튼하버에서도 거의 다르지 않은 양상으로 반복되었다. 이곳 주민 약 1만 명 중 85%가 흑인이다. 현지의 목사와 주민들이 3년 동안이나 수돗물의 높은 납 수치에 대해 문제를 제기했지만 도시와 주 당국은 부식 방지 처리를 계속 미뤘다. 2021년 말에는 천연자원보호위원회 등 몇몇 단체(플린트라이징도 함께했다)가 연방 환경보호청에 조치를 취해달라고 요구하는 비상사태 청원을 제출했다. 하지만 주지사는 주민들에게 병입생수를 마시라고 독려했고, 주정부와 연방정부의 돈으로 납 수도관 교체를 지원했다. 벤튼하버의 모든 가구가 병입생수를 지급받았다. 처음에는 교회가, 나중에는 주정부가 생수를 제공했다.[59]

미시시피주의 주도 잭슨의 주민들(대체로 흑인이다)도 수십 년 동안 취약하고 자금이 부족한 수도 시스템 때문에 문제를 겪어왔다. 끓인 물 사용 권고가 자주 내려지는 것은 물론, 높은 납 수치, 수압 저하 등이 수시로 발생했다. 이런 상황은 2021년과 2022년에 닥친 극단적인 날씨로 인해 시스템이 거의 완전히 망가지면서 정점에 이르렀다. 인구 전체가 병입생수에 의존해야 했다. 비판자들은 대체로 백인인 주 당국자들이 다른 공동체에는 충분한 자금을 지원하면서 수리가 절박하게 필요한 잭슨에는 시스템이 거의 아사할 지경인데도 오랫동안 자금을 지원하지 않았다고 지적하면서 이 위기를 인종 분리 및 환경 인종주의의 역사와 연결짓는다.[60]

최근의 한 보고서는 미국에서 수돗물 문제가 기존에 여겨졌던 것보다 더 널리 퍼져 있음을 보여주었다. [2016년에] 천연자원보호위원회가 펴낸 이 보고서는 미국에서 도합 약 1600만 명에게 식수를 공급하는 시스템들이 전년도에 식수안전법의 납 및 구리 규제를 위반한 적이 있다고 밝혔다.[61] 이러한 식수 시스템(주로 소규모 공동체의 시스템이다)이 포괄하는 인구는 미국 인구의 5%에 조금 못 미치며, 대부분의 위반은 빠르게 시정되었다. 살충제, 질산염, 그리고 '영구 화학 물질forever chemicals'이라고도 불리는 과불화화합물PFAS 오염에 대한 최근의 언론 보도도 일부 지역 공동체에 경각심을 불러일으켰다.[62] 피터 글릭은 내게 어떤 오염 물질이건 해법은 간단하다고 말했다. 더 엄격하게 규제하면 된다는 것이다. "지난 수십 년간 실패한 것처럼 환경보호청과 의회가 식수 보호 규제를 진정으로 확대하는 데 실패하면 말이죠, 더 많은 사람이 병입생수 쪽으로 가게 될 테고 도시 당국에 수도 시스템을 개선하라고 압력을 가하지 못하게 될 것입니다. 하지만 기준이 더 엄격해지고 적용 범위가 넓어진다면, 우리는 수도 당국이 의무적으로 수처리를 개선하도록 만들 수 있을 것입니다. 너무나 필요하지만 그들이 하지 않고 있는 개선을 말이에요."[63]

공공 수도를 옹호하는 활동가들이 사람들을 겁먹게 해 대체로는 안전한데도 수돗물을 지금보다 더 기피하게 만들거나 문제 해결을 요구하는 대중의 압력을 약화하지 않으면서, 100년이나 된 노후 인프라와 자금 부족으로 인한 유지 보수 미비(그리고 산업과 농업에서 나오는 오염 물질)가 일으키는 수돗물 안전성 문제를 솔직하게 이야기할 수 있을까? 나와 이야기를 나눈 물 정의 활동가들은 도시와 농촌의 수돗물 위기 관련 언론 보도가 계속 경종을 울려대는 상황에서는 사람들에게 수돗물을 사용하라고 촉진하거나 병입생수 소비에 반대하기가 사실 어렵다고 인정했다. 모드 발로는 내게 이렇게 말했다. "인프라 투자 부족과 공공 수도에 대한 신뢰 상실은 정말 긴밀하게 관련이 있습니다. 여기 캐나다에서는 최근에 노후 수도 시스템에서 납 수치가 심각하다는 보도가 크게 났습니다. 이것이 우리의 운동을 후퇴시켰다고 말씀드릴 수 있습니다. 이런 문제는 종종 아주 지역적입니다. 가령 메인 파이프에서 어떤 학교로 들어가는 말단 수도관이 납 수도관인 경우처럼요. 따라서 심지어 도시 당국의 잘못도 아닐 수 있습니다. 그럼에도 이것은 큰 이슈입니다."[64]

이 문제를 더 정면으로 직시해야 한다고 보는 사람들도 있다. 파울리는 활동가들이 "공공 수도를 지키기 위해 싸우는 동시에 그것의 한계에 대해서도 지금보다 더 솔직해야 한다"고 말했다. "수돗물 이슈로 활동하는 사람들에게 이것은 정말 큰 어려움입니다. 당국이 수돗물의 안전에 대해 알려져 있는 바를 실제보다 과장할 때마다, 그리고 사람들이 실은 그게 이야기의 전부가 아님을 알게 될 때마다, 수도라는 커다란 공공 시스템을 기꺼이 신뢰하려는 사람들의 마음을 갉아먹는 요인이 되기 때문입니다."

물론 인프라 손상과 거기에서 생기는 수돗물 불신은 균등하게 분포되어 있지 않다. 2017년 미국 갤럽이 실시한 조사에 따르면 비백인 응답자는 80%가 식수 오염에 대해 '크게' 우려하고 있는 반면에 백인 응답자의 경우에는 이 숫자가 56%였다. 또한 연소득 3만 달러 이하인 사람 중에서는 75%가 크게 우려하고 있는 반면에 7만 5000달러 이상인 사람들 중에서는 이 숫자가 56%였다.[65] 《가디언》은 미국 수도 시스템의 규정 위반 건수를 알아보았는데, 가난한 농촌 지역의 수도 시스템에 가장 심각하고 만성적인 문제가 있었으며 라틴계 주민이 식수 오염을 가장 많이 겪는 것으로 나타났다.[66] 또 다른 연구는 저소득층 공동체들에서 흑인과 라틴계 인구 비중이 해당 공동체의 수도 시스템이 식수안전법을 얼마나 많이 위반하는지에 대해 가장 좋은 예측변수임을 보여주었다.[67] 또한 천연자원보호위원회의 한 분석은 "수도 시스템이 수년 동안 지속적으로 법 기준을 위반한 곳은 유색인종 인구 비중이 높은 곳일 가능성이 40%나 높다"며, 이는 "주거지 분리 등 여러 형태의 차별이, (…) 낙후되고 제대로 개발되지 않고 자금이 부족한 수도 인프라 문제로 이어진 결과"라고 지적했다.[68]

이러한 패턴은 병입생수 소비와 직접적으로 연결된다. 경제학자 W. 킵 비스쿠시와 공저자들은 "병입생수가 더 안전하거나 물맛이 더 좋다고 생각하는 사람들은 수돗물에 대해 안 좋은 경험을 했거나 수돗물이 환경보호청 수질 기준을 위반한 건수가 더 많은 주에 사는 사람들인 경우가 많다"는 것을 발견했다.[69] 파울리도 이에 동의하면서, 다음과 같은 맥락을 덧붙였다. "여러 연구에 따르면 유색인종, 특히 흑인과 히스패닉 사람들이 수도를 덜 신뢰하는 경향이 있습니다. 흑인의 경우 한 가지 이유는 (…) 그들이 납 문제나 노후 인프라 문제, 또는 그 밖에 특정한 사회적 맥락에서 발생한 수질 오염 이슈가 있었던 도시에서 사는 경우가 압도적으로 많기 때문일 겁니다. (…) 그리고 이에 대해 대부분의 사람들이 선택하는 대안은 홈디포[주택 관리 용품 및 가정 용품 매장]에 가서 수도꼭지용 필터를 사는 것이 아니라, 병입생수를 사는 것입니다."

수돗물 위기에 대한 언론 보도도 그 위기가 발생한 곳을 훨씬 넘어서까지 수돗물에 대한 사람들의 신뢰를 훼손할 수 있다. 그레고리 피어스와 실비아 곤잘레스는 플린트 재앙에 대한 보도가 "전국적인 관심을 끌었고 수돗물에 대한 의구심을 증가시켰다"고 언급했다. 실제로 연구들에 따르면 그 이후 미시간주 전역에 걸쳐 수돗물에 대한 신뢰가 크게 떨어진 것으로 나타났다.[70]

하지만 많은 논평가들이 수돗물 안전 문제의 현 규모를 **과장해서 강조**하게 될 위험도 있다고 지적한다. 이들은 미국 등 글로벌 북부에서 수돗물 대부분은 여전히 마셔도 안전하다고 강조한다. 펠튼은 "2013년 이후로, 건강과 관련된 수질 기준 위반 사례가 최소 1건 이상 있는 지역 수도 시스템으로부터 물을 공급받는 미국 인구의 비율은 10% 이하를 유지하고 있다"고 말했다.[71] 물 정의 활동가들은 수돗물 문제의 규모를 전체적인 관점에서 인식해야 한다고 말한다. 그랜트는 내게 이렇게 설명했다. "수도 시스템의 90% 이상은 연방 규제를 전적으로 잘 충족합니다. 수질 위반은 (…) 저소득층, 농촌, 유색인 공동체에서 (…) 인구 비례 수준보다 높게 발생하고 있습니다. (…) 이곳들이 건강과 관련된 기준 위반이 인구 비례 수준보다 많은 곳들입니다. 따라서 (…) 우리는 도움이 가장 필요한 곳으로 자금을 보내야 합니다."

긴축, 인종, 계급, 물

플린트와 디트로이트 모두에서, 선출되지 않은 비상재정관리관이 내려와 플린트강으로 수원을 변경하고 공공 자산을 민영화하는 등 명시적으로 비용 절감을 내세우며 지역의 민주주의를 덮어버렸다. 이는 지리학자 제이미 펙이 '긴축 도시주의austerity urbanism'라고 부른 과정을 전형적으로 보여준다. 펙은 오랫동안 신자유주의의 중요한 도구였던 긴축이 어떻게 대침체 이후 미국과 유럽 모두에서 두드러지게 전면에 등장했는지 설명했다. 그에 따르면 긴축은 "연방정부가 주정부에, 주정부가 도시정부에, 도시정부가 저소득층 동네에 하는 일"이며 "거시경제 운영을 잘못한 비용, 금융 투기의 비용, 기업이 취하는 부당 이득의 비용을 재산, 권한, 권리를 박탈당한 사람들에게 떠넘기는 수단"이다. 이 무시무시한 조치들은 "엄격한 재정 준칙을 부과하고 정부 지출을 줄이는 것이 예산 건전성을 회복할 수 있는 (유일한) 방법"이라는 논리로 정당화된다.[72]

이러한 정책은 저소득층 동네에 압도적으로 많이 부과되며 특히 유색인종이 많이 사는 곳이 그렇다. 지리학자 케이티 미헌과 공저자들은 "흑인과 황인 인구가 많은 공동체에 안전한 물을 공급하는 역할이 사회적 불평등을 강화하고 생명을 위협하는 방식을 띠며 가치 절하되었고 재정 건전성이라는 목적에 종속되었다"고 지적했다.[73] 또한 사회학자 로라 풀리도는 플린트의 주민이 자본과 국가 둘 다로부터 버려졌다며 이렇게 설명했다. "이러한 가치 절하가 주민이 흑인이라는 점과 그들이 잉여적 존재로 취급된다는 점 둘 다에 기초하고 있고 이 둘이 서로를 구성하고 있으므로, 이를 **인종적 자본주의**racial capitalism라고 부를 수 있을 것이다[강조는 내가 표시한 것이다]."[74]

이 같은 유형의 긴축 도시주의는 소위 '선진국'과 '개발도상국'의 구분선을 흐릿하게 만든다. 플린트 및 유색인종이 많은 몇몇 도시들, 안전한 수돗물이 없는 선주민 공동체들, 지하수가 오염된 캘리포니아주 센트럴밸리의 마을들,[75] 자원 추출이 많이 이루어지는 농촌 공동체는 '글로벌 북부 안의 글로벌 남부'다. 이 같은 상황에서, 재정적으로 쪼들리는(혹은 구조조정에 들어간) 지역정부는 오염 물질을 제거하거나 부식된 파이프와 수처리 공장을 개선할 여력이 없기 때문에 (연방정부의 보조가 크게 늘지 않는 한) 수돗물의 질이 훼손될 위험이 훨씬 더 높다. 따라서, 플린트의 많은 사람들이 그렇듯이, 주민들은 수돗물에 대한 신뢰를 돌이킬 수 없을 정도로 상실하고 병입생수와 포장생수 형태로 시장에서 답을 찾는다. 이러한 상황에서의 '역격리' 대응은 특권층의 반응이 아니라 가난한 노동자 계층에게 부과되는 추가적인 비용과 노동으로 나타난다.[76] 수돗물이 안전하지 않아지거나, 단수가 되거나, 집에 아예 수도 시설이 없다면, 구조적으로 이들의 주거 환경은 글로벌 남부의 많은 도시 및 도시 외곽 사람들과 유사해진다. 안전한 물을 이용하려면 생수를 구매하는 수밖에 없게 된 사람들 말이다(물론 그럴 돈이 있어야 말이지만). 폴리도는 이렇게 말했다. "이것은 새로운 일이 아니다. 1980년대에 글로벌 남부에서 일어난 일이다. (…) 실제로 플린트의 한 주민은 자기 동네가 '제3세계' 같아졌다고 말했다.

(…) 플린트의 물 재난은 '제1세계'의 핵심 특징인 깨끗한 수돗물을 잉여 주민에게 제공할 수 있는 능력이 이제는 사라졌음을 보여주는 신호다."[77]

이 모든 경우에서 병입생수 **의존성**의 확산은 물 부정의의 징후다. 이것은 물 인권(집 내부 또는 집과 매우 가까운 곳에서 음용수와 조리수로 쓸 수 있는 안전한 물에 감당 가능한 가격대에서 충분하고 안정적으로 접근할 수 있는 권리)이 침해당하고 있음을 경고해주는 빨간불이다.

병입생수의 확산은 물 부정의만을 보여주는 지표는 아니다. 앞 장에서 보았듯이 역사적으로는 병입생수가 더 높은 소득 및 더 높은 재량 지출[반드시 써야 하는 지출 이외의 지출]과 상관관계가 있었다. 하지만 최근의 더 새로운 데이터(여론조사 결과와 학계의 연구 모두)는 이제 미국에서 병입생수 소비가 **더 낮은** 소득과 상관관계가 높아지고 있으며 저소득층과 유색인종 사이에서 가장 빠르게 성장하고 있음을 보여준다.[78] 따라서 현재 병입생수 시장은 쌍봉 구조를 보인다. 한쪽 소비층은 경제적으로 여건이 좋은 사람들이다. 이들은 수돗물 위기에 대한 언론 보도나 업계의 광고를 보고서, 또 건강과 수분 섭취에 대한 라이프스타일 기준이 달라져서, 양질의 수돗물이 나오는데도 그것을 사용하지 않기로 한 사람들이다. 다른 한쪽 소비층은 주로 비백인인 저소득층이다. 이들은 종종 합당한 이유에서 자기 집 수돗물이 안전하지 않다고 생각한다.[79] 이들은 자기 집 수돗물에 문제가 있다는 사실이 실제로 밝혀졌거나 그 수돗물이 위험하다고 인식하고 있기 때문에 높은 비용 부담에도 불구하고 병입생수를 사는 사람들이다. 이 두 번째 소비층이 현재 병입생수 시장에서 가장 빠르게 성장하고 있는 고객군이다.

시장 기회이자 쉬운 해법

병입생수 업계는 플린트 위기 같은 수돗물 수질 문제가 발생해 널리 알려지면 거기에서 재빨리 기회를 포착해왔다. 네슬레워터스 대변인 제인 래즈긴은 "플린트 같은 곳에서 생겨난 우려는 사람들의 인식 속에 병입생수가 안전하고 밀봉된 식수원이라는 개념을 들여왔다"고 말했다.[80] 저널리스트 제니퍼 캐플란은 "매출이 증가하리라는 업계의 기대는 (…) 부서져가는 인프라와 관련이 있다"[81]고 지적했다. 이 장의 제사에서도 볼 수 있듯이 말이다. 사실, 업계가 낙후한 인프라에서 사업 기회를 예견하는 것은 플린트 위기보다 한참 전으로 거슬러 올라간다. 2009년에 네슬레워터스 북미 CEO였던 킴 제프리는 "병입생수의 미래"라는 제목의 파워포인트 발표를 했다.[82] 그중 핵심적인 한 슬라이드에는 다음과 같은 말이 쓰여 있었다.

병입생수의 미래는 무엇인가?

1. 물 관련 분야 전체가 승자가 될 것
2. 미국의 수돗물 인프라는 계속해서 낙후될 것
3. 사람들은 깨끗한 물을 정수기와 병입생수에 의존하게 될 것
4. 이후 10년간 생수 분야에서 호황이 예상됨

네슬레가 10년도 더 전부터 물 인프라의 낙후화가 굵직한 시장 기회가 되리라고 인식했다는 데 주목할 필요가 있다. 이것은 네슬레가 수돗물을 경쟁 상대로 보았다는 또 다른 증거다. 또한 이것은 업계의 비전에서는 플린트 재난 같은 시기의 병입생수 사용이 단지 긴급 상

황에서의 단기적 해법이 아니라 장기적 해법임을 말해준다. 게이 호킨스는 "병입생수는 안전한 물을 공급하는 다른 형태가 없거나 위험에 처했을 때 합리적인 선택지라고 여겨지는 무언가로서 제시되는 기회주의적 상품이라고 보아야 한다"고 말했다.[83]

하지만 취약해진 수도 인프라의 대체재로서 병입생수를 긍정적으로 보는 것은 음료업체만이 아니다. 때때로 병입생수는 당국자들에게도 쓸모 있는 목발 역할을 한다. 적어도 단기적으로는 이것이 세금이나 수도요금을 올리는 것보다 훨씬 비용이 덜 들고 정치적으로 쉬운 해법이기 때문이다. 정부의 예산이 아니라 주민이 내는 수도요금으로 수도 운영 자금이 조달될 때는 더욱 그렇다. 달리 말하면, 병입생수의 존재는 지역 당국자가 수도 인프라의 문제를 고쳐야 한다는 즉각적인 의무를 피할 수 있는 길을 제공해준다. 메리 그랜트는 이러한 과정을 학교의 납 수도관 문제에서 극명하게 볼 수 있다고 설명했다.

예를 들어, 현재 많은 학교가 10년 넘게 병입생수에 의존해왔습니다. (…) 볼티모어는 2007년 이래로 공립학교에서 생수를 제공하고 있습니다. (…) 학교에 있는 납 수도관을 없애고 고치는 데 주정부의 자금을 지원하기보다 병입생수에 의존해온 것이지요. (…) 병입생수는 1년 단위 예산으로 가능하니까요. (…) 장기적으로는 [인프라를 고치는 투자가] 금전적으로 이득이 되지만 당장은 병입생수에 의존하지 않기 위해 필요한 개선을 할 자원과 자본이 없는 것입니다.

다른 도시들도 비슷한 문제를 겪고 있다. 애틀랜타, 디트로이트, 시카고, 뉴어크, 포틀랜드(오리건주), 그 밖에도 많은 곳의 학교 수도관에서 납이 발견되었는데, 이에 대한 대응으로 음수대와 싱크대를 없애고 학생들에게 길게는 수년 동안 병입생수를 제공해왔다. 수도관을 교체하는 비용이 너무 크기 때문이다.[84]

하지만 돈이 쪼들리는 당국 입장에서 병입생수가 이상적인 퇴로라는 데 모두가 동의하는 것은 아니다. 파울리는 내게 "플린트에서 그랬던 것처럼 주민에게 병입생수를 분배하는 것은 주정부에 큰 비용이 된다"고 말했다. "주 정부는 절대로 다시 하고 싶어 하지 않았습니다. (…) 다른 걸 다 떠나서 비용이 너무 드니까요. 물론 인프라를 교체하는 데도 비용이 들죠. 하지만 주정부가 생수 분배 프로그램을 하고 싶어 하리라고는 생각되지 않습니다."

이것은 매우 중요한 지점이다. 하지만 플린트에서 주정부 자금으로 병입생수를 제공했던 것을 논외로 하면, 미국 전역에서 안전하지 않다고 알려졌거나 그렇게 인식되고 있는 수돗물을 대체하기 위해 병입생수를 사용하는 비용은 도시나 주 당국이 아니라 결국에는 주민 또는 민간 후원자들이 대는 경우가 압도적으로 많다는 사실도 생각해야 한다. 게다가 주민들은 여기에 더해 수도요금도 계속 내야 한다. 따라서 (의식적으로든 아니든) 지역 당국자는 안전하지 못한 수돗물을 즉각적으로 개선해야 할 압력을 낮춰주는 유용한 완화 밸브 기능을 병입생수에서 발견하게 될 수 있다. 그런 상황에서는 의사 결정자들이, 어쩌면 주민들까지도, 병입생수가 수돗물 수질 위험에 대해 받아들일 수 있는 중기적(심지어는 장기적) '해법'이라고 생각하게 될지 모른다.

무엇이 비상사태에 해당하는가?

물의 상품화에 대해 가장 소리 높여 비판하는 사람들 중에서도 진정한 재난이나 비상사태 때에는 병입생수가 모종의 합당한 역할을 한다고 인정하는 사람들이 있다. 예를 들어 글릭은 병입생수가 "재난 상황에서 다른 안전한 대안이 없을 때 단기적 해법으로서" 받아들여질 수 있다고 말했다.[85] 하지만 이러한 언명은 더 많은 질문을 불러온다. 우선, 무엇이 진정한 재난인가? 플린트에서처럼 사회적으로 만들어진 납과 박테리아 중독, 선출되지 않은 행정관이 저소득층과 흑인 인구가 많은 도시에 강제한 정책의 직접적인 결과로 일어난 사건도 진정한 재난에 해당하는가? 여기에 '비상사태'나 '재난' 같은 말이 애초에 적합한가? 아니면 '범죄'와 '인권 침해'라는 말을 써야 하는가? 허리케인 카트리나 같은 '자연' 재해(와 대응)도 뿌리 깊이 존재해온 인종적, 계급적 불평등이 켜켜이 쌓인 위에 닥친 것이었음을 생각하지 않고는 제대로 이해할 수 없다. 이런 점들을 모두 고려할 때, 외부에서 강제된 긴축 정책에 의해 도시 주민 전체를 독성 물질에 노출시켜 막대한 피해를 일으키고 지연과 은폐로 그 기간을 한층 더 늘리기까지 한 식수 재난 사건에서 병입생수 제공이 정말로 받아들여질 수 있는 해법인가?

둘째, 마찬가지로 중요한 점인데, 재난 상황이 끝나는 시점이 언제인지도 질문해야 한다. 정확히 언제 [당장의 긴급 구호와 피해 대응이 아니라] 피해를 일으킨 기저의 원인을 고쳐야 할 시점이 시작되는가? 미루는 것을 더 이상 허용할 수 없는 도덕적 한계선은 어디인가? 병입생수의 존재가 손상된 수도 인프라를 제대로 고치게 할 정치적 추동력에서 김을 빼고 당국자들이 '비상사태'를 무한히 연장할 수 있게 한다면, 여기에는 구조적인 문제가 있다고 봐야 한다. 2018년에 한 동영상에서 메이즈는 "플린트에 안전한 선택지나 백업 수단으로 일회용 반창고의 물 버전이나 다름없는 병입생수가 없었더라면 수도관은 진즉에 고쳐졌을 것"이라고 주장했다.[86] 비슷하게, 정치학자 라울 파체코베가도 재난이 닥친 공동체에 기부된 병입생수의 존재는 "궁극적으로, 공공 정책이 일으킨 문제에 대해 당장의 완화 조치가 아니라 영구적인 해법으로서 병입생수를 촉진하는 효과를 낼 수 있다"며 따라서 "당국자들이 모든 시민에게 물 접근성을 보장하는 것을 자신의 의무로 여기지 않게 되어 정부가 의무를 방기하게 만든다"고 지적했다.[87]

중요한 점은, 병입생수가 즉각적으로 이용 가능하다는 점 때문에 당국이 공공 수도 인프라를 고치고 유지하는 일의 긴급성을 인식하지 않게 된다는 것이다. 드루샤는 이 같은 정치적 압력의 약화가 특히 연방정부 수준에서 실제로 발생하고 있다고 말했다. 인프라 자금이 어느 정도라도 유의미한 규모로 증액되려면 연방정부에서 돈이 나와야 할 텐데도 말이다.

연방정부가 다시 들어와서 자금을 제공하는 것이 꼭 필요합니다. 업계는 연방정부가 우리 수도 시스템에 다시 투자할 수 있다는 생각을 동화로 치부합니다만, 이것은 동화가 아닙니다. 연방정부는 전에도 그런 투자를 했습니다. 이것은 단순히 정치적 의지의 문제입니다. 돈은 있어요. 다른 곳에 쓰이고 있을 뿐이지요. 그리고 모두가 "나는 더 이상 수돗물을 믿지 못하기 때문에 병입생수를 살 거예요"라고만 말한다면,

자신의 돈으로 네슬레에, 또는 펩시나 코카콜라에 남은 평생 내내 의존하겠다고 투표하는 격이 됩니다. 공공 수도 시스템을 옹호하고 당국자들이 절실히 필요로 하는 힘을 보태는 게 아니고요.

수도관의 부식과 신뢰의 부식 둘 다를 해결하는 가장 분명한 방법은 낡은 상하수도 시스템을 고치고 유지하고 개선하는 데 연방정부의 지출을 극적으로 늘리는 것이다. 공공 인프라를 다시 짓는 것이 문제의 규모에 상응하는 유일한 장기적 해법이다. 버몬트주 출신 상원의원 버니 샌더스, 캘리포니아주 출신 하원의원 로 칸나, 미시간주 출신 하원의원 브렌다 로렌스가 발의한 '물의 가용성, 투명성, 형평성, 신뢰성에 대한 법안Water Affordability, Transparency, Equity, and Reliability(WATER) Act'은 몇 년 동안이나 의회에서 공전했다. 이 법안은 미국 전역에서 상하수도 시스템 복원에 일회성이 아닌 지속성 자금 지원을 크게 늘리도록 되어 있었다. 2021년 5월에 의회는 이 목적을 위해 상하수도에 일회성으로 350억 달러를 지출하는, 더 완화된 법을 통과시켰다. 350억 달러의 40%는 농촌 공동체, 선주민 공동체, 공공 서비스가 잘 도달하지 않는 공동체에 쓰이도록 할당되었다.[88] 이어 2021년 11월에 '인프라 투자 및 일자리 법'이 초당적으로 통과되었다. 이 법은 납관 제거에 들어가는 150억 달러도 포함해 550억 달러를 상하수도 시스템 복원에 쓰도록 하고 있다. 이 중 절반은 부채 형태로 조달될 예정이다. 역사적인 투자이긴 하지만, 이 자금도 전국의 납 수도관 문제를 해결하는 데 필요한 비용의 4분의 1밖에 되지 않고, 모든 수도 시스템을 환경보호청의 수질 기준에 부합하도록 개선하는 데 필요한 비용의

7%밖에 되지 않으며, 플린트가 겪은 것과 같은 재난의 근본 원인을 해결하기에는 너무나도 부족하다.[89]

팬데믹 시기의 식수

이 모든 다이내믹이 코로나19 팬데믹 때 더없이 가시적으로 드러났다. 처음에 수도 당국은 수돗물이 바이러스를 실어 나른다는 (부정확한) 두려움에 맞서야 했지만, 팬데믹은 집에 손 씻을 수돗물이 안정적으로 공급되지 **않는** 것이 바이러스를 **더 많이** 전파한다는 사실을 고통스럽도록 명확하게 보여주었다. 이러한 상황에서 단수는 물 인권만 침해하는 것이 아니라 문자 그대로 목숨을 위협한다.

팬데믹의 초기 몇 달 동안 이 극명한 현실은 당국자들에게도 명백해졌다. 2020년에 많은 도시와 20개 주가 단수 집행을 중지했고 미시간주도 포함해 몇몇 주에서는 단수되었던 가구에 대한 수도 공급 재개를 의무화했다. 하지만 단수 집행 중지 대부분은 이후에 기간이 만료되어서 다시 많은 가구가 수도요금을 못 내면 수도가 끊길 위기에 처했다.[90]

몇몇 연구는 단수 집행 중지가 실제로 감염을 줄이고 생명을 구했음을 보여주었다. 코넬대학 연구자들의 한 논문은 훨씬 더 많은 생명을 구할 수도 있었다고 주장했다. "단수 집행 중지가 전국적으로 시행되었다면" 2020년 한 해에만도 "9000명 이상의 생명을 살릴 수 있었을 것이고 거의 50만 명의 코로나19 감염을 막을 수 있었"으리라는 것이다.[91]

흥미롭게도, 팬데믹에 대한 플린트의 대응은 주민의 필요에 비교적 잘 부합했다. 이미 도입된 단수 중지에 더해 팬데믹이 시작되자 도시 당국은 물이 끊긴 곳에 물 공급을 재개하고 수도요금을 낼 수 있게 저소득층에 재정 보조를 실시했다. 이 정책들은 나중에 주 차원에서도 도입되었다. 파울리는 플린트의 조치가 "미국과 여타의 지역들에서 고전하고 있는 수도 당국에 희망과 영감을 주었을 것"이라고 말했다.[92]

팬데믹이 병입생수와 관련해 갖는 함의는 무엇일까? 업계는 비상사태 시기의 필수품으로서 병입생수 소비를 촉진했다. 2020년 3월에 국제병입생수협회는 "병입생수는 좋은 시절이든 공중보건 위기 같은 나쁜 시절이든 당신이 필요로 할 때 늘 있을 것"이라고 말했다.[93] 팬데믹의 첫 몇 달 동안, 공포에 질린 소비자들이 사재기를 하면서 병입생수 매출이 급등했다.[94] 업계는 이 일시적 급등을 시장 기회로 바꿀 수 있기를 기대했다. 2021년에 한 시장 보고서는 이렇게 언급했다. "이러한 패닉 구매는 병입생수가 집에 쟁여두어야 하는 필수품이라는 인식을 강화했다. (…) 2021년 겨울 폭풍 때 텍사스주에서 안전한 수돗물이 나오지 않았던 사건과 더불어 팬데믹이 남긴 지속적인 심리적 영향에서, '만약의 경우'를 대비해 포장생수를 한층 더 많이 쟁여두려는 소비자들이 생겨났다. 제조업체와 소매업체들은 소비자의 이러한 쟁여두기를 촉진할 기회가 있다."[95]

병입생수 특유의 위협

앞에서 보았듯이 병입생수 업계는 자신들이 수돗물과 직접 경쟁하는 것이 아니라 여타의 포장음료와 경쟁하는 것이라고 주장한다. 하지만 플린트처럼 수돗물이 오염된 곳에서 단기적, 중기적으로 유독한 수돗물을 대체하기 위해 병입생수를 사용하는 것, 그리고 병입생수 회사들이 위기 때 생수를 기부하면서 이를 홍보하는 것은 그들이 병입생수를 수돗물의 직접적인 대체품으로 보고 있고 그렇게 이용하고 있다는 또 다른 증거다. 병입생수를 즉시 이용할 수 있다는 사실은 당국이 절박하게 필요하지만 비용이 많이 드는 수도 인프라에 대한 투자를 미루도록 허용하는 구조를 만든다.

이 모순은 병입생수의 독특한 특성과 병입생수가 식수를 사실상 '인클로즈enclose'[공공재의 사유화]하는 핵심적인 방식을 보여준다. 병입생수는 완전히 명백하면서도 매우 중요한 한 가지 방식에서 수돗물과 근본적으로 등가다. 즉 이것은 그저 물이다.[96] 다른 음료와 달리 병입생수는 생명에 필수적이고 공중보건에 매우 중요한 재화이자 지역정부의 핵심 기능 중 하나를 직접적으로 대체한다. 병입생수 업계가 겉으로 이야기하지 않는, 하지만 밀어붙이고자 하는 근본적인 주장은 수돗물에 대해 병입생수가 전적으로 받아들여질 수 있는, 아니 더 우월한 대체재라는 것이다. 청량음료, 우유, 주스, 맥주와 달리 생수는 100년 넘게 정부가 제공했던 핵심적인 서비스를 자신이 수행하겠다고 말한다. 생명을 지탱해주고 공중보건을 유지하는 데 필수적인 물질, 공공 수도 시스템이 환경 영향과 비용을 훨씬 덜 들이면서 제공하는 그 물질을 공급하는 것 말이다.

여전히 수도를 통해 양질의 식수가 공급되고 있는 글로벌 북부의 대다수 지역에서 병입생수와의 '경쟁'이 수도 인프라의 유지 관리를 저하시키면 어떻게 될 것인가? 모드 발로는 이것이 자신이 매우 두려워하는 일이라고 말했다. "필요한 보수와 개선을 더 오래 미룰수록 사람들은 공공 수도 시스템을 점점 더 신뢰하지 않게 될 것입니다. 그들이 민간 영역이 제공하는 물을 사용하는 쪽으로 돌아서면, 많은 이들이 이제 화장실 물이나 샤워용으로밖에 쓰지 않는 수도 시스템을 업그레이드하는 데 자신의 세금이 쓰이는 것을 지지하지 않게 될 것입니다. (…) 따라서 악순환 고리가 됩니다. '나는 수돗물을 신뢰하지 않아. 나는 다른 식수원을 돈을 내고 살 거야. 하지만 이제 나는 공공 수도 시스템을 안전하게 만드는 데 필요한 돈을 또 내고 싶지는 않아. 내가 그것을 사용하지 않으니까.' 이렇게 말이에요."[97]

여전히 거의 모두가 수돗물을 이용할 수 있고 안전하게 마실 수 있는 곳에서 수돗물에 대한 대중의 불신을 높임으로써, 그리고 정부가 수도 인프라에 재투자하도록 압박하는 사회적 압력을 낮춤으로써, 생수업계는 그들의 시장을 창출했다. 충분한 수의 사람들이 수돗물을 **절대** 안 마셔야겠다고 설득되어 식수용으로서의 수돗물을 완전히 거부하면, 점점 더 많은 수돗물이 정말로 마시기에 덜 안전하고 덜 믿을 만해지게 될지 모른다. 이 과정은 '강탈에 의한 축적'의 본질이다. 이것은 영리한 마케팅의 성공적인 결과이기도 하지만 사회와 민주주의에 우려스러운 함의를 갖는다.

두려움에서 저항으로

병입생수 의존의 광범위한 확산은 물 부정의의 핵심적인 상징이다. 병입생수는 플린트, 벤튼하버, 잭슨에서와 같은 긴축 상황에서, 또 볼티모어 등 많은 곳의 학교에서, 비상시의 긴급한 용도로만이 아니라 중기적, 장기적으로도 수돗물을 대체했고, 이는 점점 더 가혹해지는 신자유주의의 맥락에서 지배 엘리트가 사회계약을 저버리고 있음을 드러내는 확연한 징후다. 글로벌 남부의 많은 곳뿐 아니라 미국과 캐나다에서도 비백인 거주자가 많은 도시와 저소득 농촌 지역 및 선주민 공동체 주민들은 비싼 생수를 날마다 사는 것 외에 선택의 여지가 없는 상황에 처했을지 모른다. 오염된 물을 마시거나 아니면 갈증을 해소하지 못하거나 중에서 선택할 게 아니라면 말이다.

또한 글로벌 북부에서도 상당한 인구가 합당한 이유로 수돗물에 대해 우려하고 있고 그런 사람들이 점점 더 많아지고 있다. 수돗물에 대한 신뢰 저하는 사회의 문제들을 정부가 해결할 수 있으리라는 신뢰가 낮아진 더 폭넓은 현상의 한 측면이다. 하지만 그것 자체가 지난 40년간 신자유주의와 긴축이 만들어낸 결과다. 신자유주의와 긴축을 주창한 사람들이 '정부 실패' 내러티브를 촉진하고 공공 부문이 말라비틀어질 정도로까지 자금을 줄이면서 일어난 일인 것이다. 신뢰의 반대는 두려움이고, 두려움은 한층 더 많은 사람들이 병입생수에 해법을 기대는 '역격리' 쪽으로 가게 만든다.

하지만 병입생수 소비와 지출이 그렇듯이 수돗물에 대한 불신도 균등하게 분포되지는 않는다. 미국에서는 저소득층과 유색인종 지역 사회에서, 특히 흑인과 히스패닉 사이에서 둘 다 더 높고 더 빠르게 증가하고 있다. 이들은 식수(때로는 조리용 물)를 병입생수에 의존하기에는 그 상품의 어마어마하게 높은 평균 비용을 감당하기 가장 어려운 사람들이다.[98] 병입생수는 사회적 불평등과 낙후한 수도 인프라, 그리고 공공 투자의 감소로 인한 수돗물 안전 위험의 불균등한 분포가 일으키는 복잡한 동학에 얽혀 있다.

병입생수와 포장생수는 공공재의 미래를 둘러싼 더 큰 투쟁에서도 핵심이다. 여기서 공공재란 한 세기에 걸쳐 수세대의 세금으로 지어진 복잡하고 방대한 공공 수돗물 처리 및 공급 인프라를 말한다. 풀리도는 이렇게 말했다. "인프라는 과거의 부와 역량을 드러내고 그것의 끔찍한 부식은 (…) 포기와 방치의 정치를 드러낸다. 부서지는 인프라는 과거의 경제 체제가 현재와 만나는 지점이다. (…) 인프라 유지 관리는 사회적 투자의 일종이다. 인프라를 방치해 독성 물질이 흐르도록 내버려두는 결정은 처분되어도 무방하다고 여겨지는 사람들에 대한 폭력의 한 형태라고 보아야 한다."[99] 미국에서, 유색인종 지역과 저소득층 사이에서 수돗물에 대한 불신이 인구 비례 이상으로 높다는 사실은, 적어도 부분적으로는 이러한 방기의 결과다. 플린트와 잭슨에서 벌어진 환경 부정의 사건들과 오늘날 신자유주의적 긴축이 오기 한참 전부터 있었던 체계적 인종 차별, 레드라이닝redlining,[*] 주거 분리, 저투자, 그리고 국가 수준에서 벌어진 환경 부정의의 역사 둘 다에 대한 반응인 것이다.[100]

병입생수가 거의 모두에게 확산되고 식수로서 수돗물을 대체하게 되면서, 당국자들이 충분한 자금을 들여 낙후한 수도 시스템을 수리하고 유지하도록, 또한 식수로 적합한 높은 수준으로 수처리를 거친 수돗물을 모두에게 공급하도록 강제하는 압력이 낮아지고, 이는 필요한 변화의 긴급성을 희석시킨다. 수도 시스템에 꼭 필요한 자금을 투입하지 않으면 이는 파이프만 부식시키는 게 아니라 물에 대한 필

• 20세기 초 미국에서 흑인 거주지에 대해 주택 관련 대출 등 금융 서비스 제공을 거부한 관행.

요를 집합적으로 해결할 수 있다는 우리의 믿음도 부식시킨다. 수돗물에 대한 공격은 공공 수도 시스템에 대한, 아니, 공공 영역이라는 개념 자체에 대한 공격이기도 하다.

이 장에서 나는 다른 음료와 달리 병입생수라는 사적 재화가 공공 영역이 수행하던 중요한 기능을 직접적으로 대체하고 있으며, 그 과정에서 공공 영역의 기능을 훼손하고 있다고 주장했다. 이것은 '강탈에 의한 축적'의 본질이다. 또한 이것은 병입생수가 제기하는 위협을 여타의 위협과 구별되게 만드는 요인이며, 병입생수라는 상품이 단순한 하나의 소비재 이상으로 다루어져야 하는 이유다.

하지만 우리는 이 긴급한 위협에 저항할 수 있다. 사실, 많은 곳에서 저항은 이미 일어나고 있다. 위에서 소개한 미시간주의 다인종적인 도시-농촌 간 연대도 놀라운 사례지만, 빠르게 성장하는 플라스틱 생수에 대해, 또 '수돗물에 대한 전쟁' 및 이것이 수도 시스템에 가하는 위협에 대해 다른 형태의 저항도 일고 있다. 이러한 저항은 안전한 수돗물을 널리 이용할 수 있는 곳들에서 이미 지난 20년간 일구어져 오고 있었다. 다음 장은 이 저항의 핵심적인 한 측면을 살펴본다. 병입생수로 소비가 넘어가는 추세를 되돌리기 위해 지역정부, 시민단체 및 소비자단체, 환경 활동가 등이 소비자단에서 벌이는 운동이다. 또한 이들은 병입생수라는 상품을 소비하는 것에 문제를 제기하고 대안적인 소비 모델을 촉진하는데, 그 대안적인 모델에는 낙후한 수도 인프라를 복구하고, 공공장소에서 수돗물을 훨씬 더 용이하게 마실 수 있게 하며, 수도에 대한 신뢰를 회복하고, 안전하고 감당 가능한 가격대의 수돗물을 모두에게 보장하는 것이 포함된다.

4장

수돗물을 되찾으려는 노력

생수는 어떤 면에서 밍크코트나 담배 같은 상품이 되어버렸습니다. 젊은 사람들 사이에서 생수는 사회적으로 수용할 수 없는 것이 되었죠. 저는 그 것이 두렵습니다.
— 존 카투라노, 네슬레워터스 지속가능성 선임 매니저, 2019년

오타와의 8월 초, 견딜 수 없이 덥고 축축 늘어지는 어느 날이었다. 오 전 11시에 이미 34도가 넘었다. 도심에 있는 낡은 건물의 2개 층을 계 단으로 올라갔더니 땀이 비 오듯 흘러내렸다. 온갖 군데에 상자, 책, 서류 등이 널려 있는 공간이 눈앞에 나타났다. 나를 맞아준 사람은 단 체가 다른 사무실로 이사를 할 참이라 짐을 싸는 중이라고 했다. 그 는 1997년에 설립된 캐나다의 싱크탱크인 폴라리스 연구소 사무총장 리처드 지라드였다. 나는 생수업계에 맞서는 운동의 기원을 찾으러 이곳에 왔다. 이 운동의 궤적에는 폴라리스 연구소와 캐나다가 주되 게 등장한다. 우리는 커다란 탁자에 앉아 이야기를 나누었다. 지라드 가 말했다. "병입생수 운동이 막 시작되었던 시절이 (…) 생각납니다. 저는 이 이슈가 언론에서 갑자기 폭발적으로 다루어졌을 때를 (…) 늘

이야기하곤 하는데요, 캘리포니아주인가 어딘가에서 처음으로 어떤 식당이 병입생수를 취급하지 않기로 한 일에 언론이 크게 관심을 보였어요. 엄청난 일이었지요. '대체 왜 페리에를 팔고 있는 거지?' 이런 의문을 제기한 거죠. 다른 식당들도 그렇게 하기 시작했고요. 그리고 누군가가 여기에 관심을 가졌고, 샌프란시스코가 무언가를 했고, 이어서 도시 당국 차원에서 무언가가 시작되었고, 말하자면 이런 움직임이 폭발적으로 확산되었어요."[1]

그는 폴라리스 연구소가 생수 문제에 관여하게 된 기원이 21세기로 접어들던 때, 소위 '자유무역'을 촉진하는 기구(세계무역기구 등)와 협정(OECD에서 비밀리에 협상 중이다가 결국에는 무산된 다자간투자협정 등)의 확산에 반대하며 벌인 '글로벌 정의 운동'으로 거슬러 올라간다고 했다.

폴라리스 연구소 창립자이자 소장인 토니 클라크는 시애틀에서 열린 [WTO 반대] 시위 때 그 시민사회운동의 주요 인물이었습니다. (…) 그들은 다자간투자협정과 그 밖의 사악한 무역협정에 반대하는 운동을 시작했습니다. 모두 기업 권력의 입장에서 나온 협정들이었어요. 그리고 서비스 교역 이슈 쪽으로, (…) 그다음에는 수도 민영화 이슈 쪽으로도 이어졌습니다. (…)

1990년대에 수에즈, 비방디, 베올리아 등 거대 물 관리 기업이 글로벌 남부에서 최대한 계약을 따내서 사업을 확장하려고 정말로 혈안이 되어 있었습니다. 꼭 그들이 원하는 대로 전개된 것은 아니었지만요. 그 시기에 폴라리스 연구소는 전략적으로 기업 리서치를 많이 하기 시작했습니다. 거대 물 관리 기업의 현황과 활동을 조사했지요. 그다음에 (…) 토니와 몇몇 사람들이 병입생수가 폭발적으로 증가하고 있는 현상에 주목하기 시작했습니다. 이것이 또 다른 형태의 물 사유화일까? 우리는 생수업계에서 무슨 일이 벌어지고 있는지를 정말로 들여다보아야 했습니다. 누가 주요 선수인지 등등요. 그래서 그는 이에 대해 책을 써야겠다고 생각했고 《병 속으로Inside the Bottle》가 출간되었습니다.

《병 속으로》가 출간된 2005년은[2] 폴라리스 연구소가 병입생수 업계와 병입생수 상품 둘 다를 공격하는 전국적인 운동을 시작한 시기와 맞물리며, 이런 종류의 운동은 이때가 처음이었다. 한 평론가는 《병 속으로》가 "상세한 기업 분석과 시장 분석, 업계에 대한 폭로, 그리고 정치적 대의에 대한 주장을 두루 담고 있다"고 평했다.[3] 《병 속으로》는 두 가지의 흥미롭고 얼핏 보기에는 명백하지 않아 보이는 연관성을 드러냈다. 하나는 떠오르는 생수업계와 전 세계에서 수도 민영화에 나서고 있는 글로벌 기업의 연관성을 드러낸 것이고, 다른 하나는 생수 시장의 빠른 성장을 공공 수도 시스템에 대한 위협과 연결한 것이다. 이 운동은 공공 수도 시스템을 되찾는 일에 캐나다 사람들이 소비자로서보다는 행동하는 시민으로서 참여하게 하고자 노력했고, 이를 기업의 영향력으로부터 민주적 제도와 기관을 구해내기 위한 더 폭넓은 과정의 일부로 이야기했다.[4]

폴라리스 연구소는 대중의 목소리가 여전히 의사 결정에 어느 정도나마 영향력을 행사할 수 있는 두 영역에서 이 운동을 일으키고자 했다. 하나는 도시정부, 다른 하나는 대학 캠퍼스였다. 지라드는 이렇게 설명했다.

그때 저는 코카콜라, 펩시, 네슬레 같은 거대 기업을 조사하기 시작했습니다. (…) 그다음에 폴라리스 연구소가 실제 활동을 시작했지요. 그러니까, 우리는 이 모든 조사를 했고 그다음에 캐나다에서 '병 속으로' 캠페인을 시작했습니다. 하지만 국제기업감시단, 식품과물감시단 등 미국에도 파트너가 있었어요.

캐나다에서 우리는 (…) 도시 당국이 도시가 소유한 장소에서 병입생수의 구매와 판매를 금지하도록 하는 데 정말로 집중했어요. (…) 우리가 승리한 곳들 중 압도적 다수에서 지금까지도 그 정책이 시행되고 있습니다. (…) 몇몇 [시의회는] 도시가 소유한 장소에서 병입생수를 전면 금지했고 어떤 곳들은 자판기에서만 금지하기로 하거나 수돗물에 재투자를 하기로 했어요. 우리에게 핵심은, 공적으로 공급되는 수돗물에 대한 접근성을 확대하는 것과 기업에 가능한 한 크게 타격을 입히는 것이었습니다. (…) 그다음에 또 다른 활동도 했는데요, 대학 캠퍼스에 초점을 두는 활동이었습니다.

폴라리스 연구소는 캐나다 최대 도시 토론토를 포함해 도시 당국 수준에서 정책 변화를 이끌어내는 데 매우 효과적인 접근 방식을 개발했다. 2008년에 토론토는 캐나다병입생수협회, 네슬레워터스, 리프레시먼트캐나다, 그리고 업계가 고용한 로비스트들의 맹렬한 반대를 뚫고 도시 소유 장소들에서 병입생수의 판매와 구매를 금지했다.[5] 지라드는 토론토에서 펼쳐진 운동이 이 단체의 막강한 조직화 모델을 보여준다고 말했다.

캐나다에는 이 이슈와 관련해 활동하고 있는 사람들이 임계치 이상으로 충분히 많이 존재했습니다. 그리고 기본적으로 우리는 도시 당국에 어떻게 접근할지를 거의 과학에 가깝도록 정교하게 만들었어요. 우리는 캐나다도시연맹 같은 단체들과 정말로 열심히 협업합니다. 그들이 이 이슈와 관련해 실제로 회원 도시들에 메시지를 보낼 수 있게요. (…) 우리는 누가 이슈를 주도해야 하는지에 대해 매우 전략적이었습니다. 그리고 토론토의 참여를 이끌어낸 것이 정말로 중요했습니다. 우리는 토론토 시장이 이러저러한 선언이나 그와 비슷한 발언들을 하게 만들 수 있었습니다. 정말로 엄청난 일이었어요. (…) 토론토는 우리가 가장 크게 승리한 도시 중 하나입니다.

• • •

이 장은 병입생수 업계에 도전하는 운동의 두 측면(소비자단에서 생수를 공격하는 운동과 원수原水가 추출되고 제조되는 추출단에서의 운동) 중 소비자단의 운동을 다룬다. 수요 측에서 일어나고 있는 이러한 도전은 병에 담긴 물이 도시의 수도 시스템에서 이미 처리된 물인지 아니면 용천수나 대수층에서 나오는 샘물이나 지하수인지 등을 구분하기보다 '병입생수'라는 상품 일반에 초점을 맞춘다.

이 운동은 쉽게 범주화할 수 없는 다양한 노력으로 구성되어 있다. 지역 공동체 수준의 활동부터 전국 단위, 심지어 초국가적 단위의 활동이 모두 존재하며, 공공 영역, 민간 영역, 비영리 영역이 두루 참여하고 있다. 지역 주민, 활동가, 학생, 환경운동가, 지역 당국자, 그 밖의 많은 사람들의 참여 동기는 각기 다양하지만 이러한 운동은 대부분 몇 가지 핵심 목표를 공유하고 있다. 첫째, 포장생수의 환경적 영향이나 경제적 영향 때문에, 또는 포장생수가 공공 수도에 제기하는 위협 때문에, 포장생수의 판매와 소비를 없애거나 줄이고자 한다. 둘째, 공공장소에서(때로는 민간이 운영하는 장소에서도) 수돗물 접근성을 상당한 비중으로 높이려 한다. 셋째, 수돗물 소비를 늘리고 포장생수를 논쟁적인 상품, 나아가 해로운 상품으로 규정하기 위해 포장생수 소비에 대해 안 좋은 이미지를 각인시키고자 한다.

구체적으로 보면, 지난 20년 동안 벌어진 '수돗물을 되찾자' 운동은 주로 두 가지 형태로 나타났다. 하나는 수백 곳의 도시와 지역 당국이 정부 조달에서 병입생수를 구매하지 못하게 하고 종종 공원, 해변, 동물원, 박물관 등 공공 소유지에서도 병입생수 판매 금지를 이끌어낸 운동이다. 다른 하나는 수천 곳의 대학과 공공 및 민간 기관이 자판기, 커피숍, 구내식당, 기숙사, 강의동 등에서 병입생수를 제한하거나 금지하게 만든 운동이다. 거의 모든 경우에 병입생수 금지와 더불어 낡은 음수대를 필터 달린 번쩍이는 리필 스테이션으로 교체하고, 다회용 물병을 나눠주며, 수돗물의 질을 사람들에게 더 잘 알리는 프로그램을 통해 수돗물 사용을 촉진하고, 수돗물을 더 마시기 쉽고 더 마시고 싶게 만들기 위한 노력이 동시에 전개되었다. 이러한 노력의 대부분은 관심 있는 학생, 지역의 환경단체, 시의회 의원 등 현지 사람들이 자생적으로 일으켰지만, 많은 운동이 몇몇 대규모 단체가 조직한 전국 단위 및 국제 단위 운동에서 지원과 영감도 받았다.

정부와 기관들의 공식적인 생수 금지 정책에 더해, 더 최근에는 비영리 단체, 소상공인 매장 등 민간 영역의 많은 장소도 수돗물 접근성을 높이기 위해 노력하고 있다. 특히 사람들이 매장에서 다회용 물병에 수돗물을 채워갈 수 있게 하고 그런 매장을 쉽게 찾을 수 있게 함으로써, '수시로 편리하게' 수분을 섭취하려면 일회용 생수를 사는 수밖에 없다는 업계의 주요 주장을 무력화하고 있다.

포장생수에 반대하는 운동 중 이러한 활동은 양질의 수돗물이 널리 접근 가능한 곳들(수돗물 안전성 위기를 별로 겪지 않은 부유한 나라와 도시)에서 주로 일어났지만, 플라스틱 오염 위기가 수돗물을 되찾고자 하는 요구에 전 세계적 규모로 불을 당기면서 부유한 곳만의 운동이기를 넘어 더 폭넓게 확산되고 있다.

소비자단에서 벌어진 운동의 다섯 주인공

병입생수의 악영향에 대한 가장 초창기의 주요 연구는 1990년대 말에 나왔다. 《병 속으로》가 출간되기 한참 전, PET 플라스틱이 업계에 널리 쓰인 지 불과 한두 해 뒤이고 펩시와 코카콜라가 다사니와 아쿠아피나를 선보인 지 얼마 뒤이자 빅4의 시장 점유율과 생수 매출이 급격히 오르기 시작한 지 얼마 되지 않았을 때였다. 처음 제기된 우려는 일회용 플라스틱 생수병 수십억 개가 일으키는 환경 문제였다. 지라드는 이렇게 회상했다. "원래 음식점들이 병입생수를 취급하지 않기로 하는 데 촉매가 된 이슈는 (…) 환경 문제였습니다." 천연자원보호위원회의 유명한 1999년 보고서 〈병입생수: 퓨어한[순수한] 음료인가 퓨어한[순전한] 과장인가?〉[6]는 업계의 성장과 그 영향에 대해 처음으로 숫자로 된 자료를 제시했고 한두 해 뒤 대학과 지역정부가 처음으로 병입생수 금지를 위한 노력을 시도하도록 이끌었다.

더글러스 홀트는 이렇게 설명했다. "그 시기에 사람들이 훨씬 더 많이 관심을 가졌던 문제는 기후 변화였지만, 병입생수는 특정 이슈에 초점을 맞춘 운동 중 가장 강력하고 잘 조직된 환경운동이었다고 감히 말할 수 있을 것이다. 창조적인 변형이야 많이 있었지만 이 모든 활동의 핵심 주장은 병입생수에서 멀어져 수돗물로 전환하자는 것이었다. 그리고 이 핵심 주장은 윤리적 가치의 패러다임에 직접적으로 기반한 주장이었다. 병입생수는 커다란 환경 문제이고, 동시에 고치기 쉬운 문제이므로, 이와 관련해 당신이 무언가를 해야 마땅하다고 말이다."[7] 시에라클럽, 그린피스, 세계자연기금 등 몇몇 대형 환경단체도 각기 이런저런 시기에 생수 반대운동을 펼쳤다.[8]

소비자단에서 벌어진 생수 반대운동의 이데올로기적이고 역사적인 DNA를 추적하는 것은 양파 껍질을 벗기는 것과 같다. 하나의 기원 이야기가 또 다른 기원 이야기로 이어지는 듯 보이는 것이다. 크게 보면 이런 노력은 이데올로기적, 제도적으로 2개의 뿌리를 가지고 있다. 한편에서 이 운동은 지속가능하지 않고 불필요해 보이는 제품의 막대한 에너지 발자국, 물 발자국, 폐기물 발자국에 반대하는 환경단체들에서 시작됐다. 다른 한편에서 이 운동은, 폴라리스 연구소가 보여주듯이, 1990년대 말 이후 반기업 운동과 글로벌 정의 운동에 관여하던 단체들에서 시작됐고, 또한 1970년대까지로도 거슬러 올라가는 초창기 소비자운동 및 반기업 운동과도 연결되어 있다. 소비자단에서 생수 반대운동을 벌인 곳 중 가장 중요하고 오래 활동한 곳들의 뿌리

표 5. 병입생수 관련 운동을 벌이는 북미의 주요 단체

단체명	본부 위치	설립연도	이전 단체명	병입생수 관련 운동 시작 연도
폴라리스 연구소	오타와	1997	-	2005
캐나다시민평의회	오타와	1985	-	2009
기업감시단	보스턴	1977	INFACT; 국제기업감시단 (CAI)	2005
식품과물감시단	워싱턴 D.C.	2005	-	2007
물건이야기 프로젝트	캘리포니아주 버클리	2007	-	2010

는 후자 쪽인데, 수도 민영화에도 활발하게 맞서 싸웠던 4개의 환경단체—폴라리스 연구소, 캐나다시민평의회, 기업감시단, 식품과물감시단—가 그 주인공이다. 둘은 캐나다, 둘은 미국 단체다. 다섯 번째 주인공은 물건이야기 프로젝트로, 환경운동 쪽 기원과 반기업 및 글로벌 정의 운동 쪽 기원을 연결하면서 상대적으로 최근에 생긴 단체다. [표 5]

더 캐나다 쪽의 뿌리

병입생수 반대운동의 두 기원 중 두 번째 뿌리, 즉 반기업 운동 쪽 기원부터 이야기해보면, 우선 폴라리스 연구소의 '병 속으로' 캠페인이 매우 성공적이었다. 이 운동은 불과 두어 해 사이에 92개 도시와 26개 대학, 11개 교육구에서 병입생수 금지를 이끌어냈다.[9] 하지만 2011년 무렵이면 이 이슈에 대한 폴라리스 연구소의 활동은 수그러들기 시작한다. 지라드는 이렇게 설명했다. "어느 시점에 우리는 캐나다에서 도시 당국과 대학의 병입생수 구매 금지를 이끌어내는 데 큰 성공을 거두었습니다. 굵직한 사안이었지요. 그 이후에 몇 가지 일이 있었고 우리에게 오는 자금이 줄기 시작했습니다. 그래서 '병 속으로' 캠페인을 중단했고, 제 생각에는 많은 사람들이 이 이슈를 어느 정도 알게 된 시점과 맞물렸던 것 같습니다."

하지만 또 다른 주요 단체가 바통을 이어받았다. 캐나다시민평의회는 1985년에 작가 팔리 모왓, 마거릿 애트우드, 환경주의자 데이비드 스즈키, 작가이자 활동가 모드 발로 등 문화적, 정치적 저명인사들에 의해 설립되었고, 모드 발로가 회장을 맡았다. 캐나다시민평의회의 첫 관심사에는 임박한 캐나다-미국 자유무역협정에서 캐나다의 경제적, 환경적 주권을 지키는 것[10]과 공정한 무역 정책을 촉진하는 것도 있었다. 이어서 이곳의 운동은 글로벌 교역 협정들에서 캐나다의 담수 공급과 오대호의 수질을 보호하는 문제로도 확대되었다. 또한 공공 서비스, 특히 수도 서비스의 민영화에 반대하는 운동도 전개했다. 현재 이곳은 전국에 50개 이상의 지부를 두고 있다.[11]

2009년에 캐나다시민평의회는 캐나다 공무원 노조와 함께 블루 커뮤니티Blue Communities 운동을 시작했다. 발로는 그 순간을 이렇게 회상했다. "[보수당 당수] 스티븐 하퍼가 총리였습니다. 그는 인프라를 늘리고 싶어 하는 도시들에 민-관 파트너십을 촉진했어요. 물론 도시 인구는 증가하고 있었고 파이프는 아마 100년은 되었을 것이고 도시들은 돈이 필요했을 거예요. 총리는 [도시들이] 연방정부의 자금을 원한다면 민간 모델로 가야 한다고 했어요. 그리고 우리는 병입생수에 맞서 싸우고 있었죠. (…) 그래서 모든 이슈에 건건이 **맞서서** 반대하는 대신, 그러니까 병입생수에 맞서서 반대하거나 민영화에 맞서서 반대하는 대신, 무언가를 **위해서** 운동을 하기로 결정했습니다. 비전을 갖기로 한 거죠. 우리는 상황을 더 잘 파악할 수 있기를, 도시 당국들이 입장을 분명히 가질 수 있기를 바랐습니다."[12] 블루 커뮤니티가 되려면 도시 당국은 세 가지 구체적인 행동을 실천하겠다는 결의안을 통과시켜야 한다. 첫째, "물과 위생을 인권으로서 인식하고 보호한다." 둘째, "공적으로 조달된 자금으로 공공 주체가 운영하는 상하수도 서비스를 촉진함으로써 물을 공공 신탁 자원으로서 보호한다." 셋째, "도시 당국이 소유한 장소나 시설, 그리고 도시 당국의 행사에서 병입생수를 일거에, 혹은 단계적으로 금지한다."[13]

블루 커뮤니티 운동은 생수업계와 수도 민영화를 명시적으로 연결 지었다. 이는 전에 폴라리스 연구소가 벌였던 운동도 (도시 당국에 대한 요구 사항으로 명시화하지는 않았지만) 짚어낸 바 있는 연결 고리다. 세 번째 요구 사항인 정부 기관의 생수 구매 금지와 공공시설에서의 판매 금지는 토론토와 몇몇 캐나다 도시가 이미 시행하고 있는 강한 정책과 비슷한 수준으로 프로젝트의 야심을 확대했다. 2011년 밴쿠버 교외 지역인 버너비를 필두로 블루 커뮤니티에 합류한 도시의 목록은 처음에는 서서히, 나중에는 빠르게 늘어났다. 몬트리올, 밴쿠버, 그리고 수십 곳의 작은 도시와 마을이 합류했고 여러 대학과 교육구도 동참했다. 현재 블루 커뮤니티에는 미국, 유럽, 라틴아메리카의 도시, 대학, 교회 등이 참여하고 있다(이 장 뒷부분 233쪽 [표 6] 참고).

발로는 병입생수가 블루 커뮤니티 운동에서 차지하는 위상을 내게 이렇게 설명했다.

10년 전에 저희는 캐나다에서 크게 두 가지 방식으로 이루어진 물 사유화에 맞서는 싸움으로서 이 프로젝트를 시작했습니다. 하나는 수도 서비스의 민영화이고 다른 하나는 병입생수입니다. 물 상품화의 형태는 그 밖에도 많지만요. 현재 공식적으로 블루 커뮤니티에 동참한 곳을 보면, 50개 이상의 도시와 마을에서[14] 2500만 명을 포괄하고 있습니다. 이곳들은 매우 진지하게 임하고 있습니다. 대부분의 도시와 마을 당국이 관공서 사무실과 회의실에 유리 물병을 놓아두고 있습니다. 또한 베를린, 뮌헨, 브뤼셀 등 많은 곳이 공원, 주민센터, 도시 곳곳에 음수대를 새로 설치하기 위해 예산을 할당했습니다.[15]

발로가 수도 민영화와 병입생수를 물 사유화의 두 가지 주요 방식이라고 말한 것에 주목할 필요가 있다. 이 말은 포장생수의 성장, 그리고 수도 민영화 및 물 인권을 둘러싼 전 지구적인 투쟁 사이의 연결을 강조하고 있으며, 물 상품화의 이 두 양상이 많은 학자들이 생각했던 것보다 덜 구별되는 것임을 암시한다.

보이콧의 성과

캐나다뿐 아니라 미국에서도 2000년대의 첫 10년 동안 병입생수 이슈가 도약했다. 이 흐름에 주되게 뛰어든 초창기 전국단체는 국제기업감시단[이 절에서는 CAI로 표기]이다. 이곳은 1977년에 분유행동연대Infant Formula Action Coalition[이하 INFACT]로 시작되었다. INFACT는 글로벌 남부에서 네슬레가 펼치던 매우 논쟁적인 분유 마케팅에 반대하는 미네소타대학 학생 활동가들의 운동에서 출발했다. 이곳은 분유 관련 운동을 벌이던 미국, 캐나다, 유럽의 많은 단체 중 하나였고 1977년부터 1984년까지 네슬레 제품에 대한 국제적인 보이콧을 통해 분유 문제를 널리 알리는 데 일조했다. 한 논평가는 네슬레 불매운동이 "북미의 어떤 풀뿌리 소비자운동보다도 큰 지지를 이끌어냈다"며 "그 영향은 전 세계의 산업, 정부, 시민단체들에 여전히 살아 있다"고 언급했다.[16] 이 불매운동은 세계보건기구와 유니세프가 분유업계 마케팅 지침을 만드는 것으로 이어졌으며, 네슬레는 이 지침을 받아들이는 데 동의하고 마케팅 활동을 일부 수정했다.

1980년대와 90년대에 INFACT는 핵무기 제조에 관여한 제너럴일렉트릭, 건강에 악영향을 미치는 담배 산업 등 분유 이외의 산업과 기업들을 대상으로도 운동을 전개했다. INFACT는 2005년에 CAI로 이름을 바꾸고 병입생수 업계로 관심을 돌려 얼마 뒤 '병 밖에서 생각하라Think Outside the Bottle' 운동을 시작했다. 아이러니하게도, 이 단체는 한 바퀴를 돌아 예전의 숙적 네슬레와 다시 대적하게 되었다. 전에 네슬레 불매운동에 활발하게 참여했던 요크대학의 인류학 교수 페니 반 에스테리크는 2019년에 열린 병입생수 활동가 모임에서 두 운동 사이에 중요한 유사점이 있다고 말했다. "우리는 같은 회사를 상대하고 있습니다. 바로 네슬레죠. 말도 안 되게 어마어마한 이윤을 올리면서 사람들이 필요로 하지 않는 것을 사람들에게 판매하고 있습니다. 모유가 그렇듯이 물도 고유한 물질이고, 순수한 물과 모유에는 대체품이 없습니다. 둘 다 다른 무엇도 그것에 상응할 수 없는, 인간 사회의 생존에 결정적으로 중요한 물질입니다. 또한 둘 다 라이프스타일에 따른 선택이 아니라 필수재입니다. 인간의 필요를 사유화하고 거기에서 이익을 취할 권리를 가진 사람은 없습니다. 그런데 네슬레는 지난 몇십 년 동안 모유에 대해 했던 일을 이제 물에 대해 하려 하고 있습니다. (…) 그래서 저는 우리가 함께 나서야 한다고 생각합니다."[17]

병 밖에서 생각하라 운동을 통해서 CAI는 자기 학교가 생수 판매를 금지하도록 압박하는 활동을 벌이고 있던 대학생 활동가들을 지원했다. 또한 도시 당국이 병입생수를 금지하게 하는 활동에는 CAI가 직접 뛰어들어 시의회에 로비를 하고 국제병입생수협회와 그 밖의 업계 쪽 단체들에 맞서 싸움을 벌였다. 이러한 운동의 성과로, 2008년에 샌프란시스코, 솔트레이크시티, 미니애폴리스, 뉴욕 시장의 주도로 '미국 도시 시장 협의회'가 "가능하면 도시 당국들이 도시정부의 병입생수 사용을 단계적으로 완전히 금지하고 수도의 중요성을 널리 알릴 것"을 촉구하는 결의안을 통과시켰다.[18] 2007년에는 CAI의 압박으로 펩시가 자사의 아쿠아피나 생수의 원수가 수돗물임을 공개적으로 인정했고 그 사실을 라벨에 표시해 알리기로 동의했다.[19] CAI의 물 캠페인 디렉터 로렌 드루샤는 이 시기를 돌아보면서 내게 이렇게 말했다. "우리는 병입생수에 대해 이야기하고 사람들을 조직화하는 것이 물의 사유화에 대한 논의로 들어갈 수 있는 관문이 되어준다는 사실을 알게 되었습니다. 당시에 미국에서 물 사유화는 사람들에게 접근하기가 쉽지 않은 주제였거든요. 2019년인 지금은 완전히 달라졌지요. 하지만 그때는 [병입생수 이슈가] 물 사유화라는 주제로 들어가게 해주는 일종의 관문 역할을 했습니다. (…) 막대한 마케팅 비용을 써가며 대중의 인식을 수돗물을 불신하게 하는 쪽으로 몰아가는 생수 산업이 대중의 분위기를 바꾸고 있는 것을 우리가 보고 있었으니까요."[20]

CAI는 2017년에 이름을 다시 바꾸어 [국제International가 빠진] 기업감시단CA이 되었다. 최근에 이들의 물 운동은 초점이 달라져서, 플린트 이후 수돗물에 대한 불신 증가, 미국에서 물값을 감당하지 못하는 사람들이 많아지는 위기, 수도 인프라 복원을 위한 자금 지원의 필요성 등에 방점을 두고 있다. 또한 다국적 기업에 맞서 벌였던 이전의 활동과 일관성을 유지하면서 라고스, 나이지리아 등의 도시에서 수도 민영화 계획에 반대하는 운동과도 연대하고 있으며, 더 일반적으로 글로벌 남부에서 세계은행이 물 사유화를 지원하는 데 반대하는 운동을 벌이고 있다. 하지만 병입생수, 특히 이제까지 핵심 타깃이었던 네슬레의 문제점에도 여전히 초점을 두고 있다. 이는 이 단체의 물 캠페인 웹사이트에서 잘 볼 수 있다.

병입생수 업계는 물에 대한 기업의 통제력이 확산되는 데 은밀하게 역할을 해왔습니다. 이들은 수백만 달러를 들여 오도의 소지가 있는 마케팅을 전개하면서 사람들이 물에 대해 생각하는 방식을 바꾸었습니다. 네슬레 같은 기업은 물을 민주적으로 관리되고 공유되어야 할 필수 자원이 아니라 수익을 위해 사고팔 수 있는 상품으로 만들려고 합니다. (…) 하지만 네슬레 같은 기업이 적으로 삼는 것은 수돗물만이 아닙니다. 수자원을 공공이 관리하는 것도 그들의 대대적인 이윤 추구를 제약하고 있으니까요. (…) 그래서 플린트나 디트로이트에서처럼 수돗물 위기가 오면 병입생수 업계는 냉큼 뛰어들어서 자신이 해법이라고 자처합니다.[21]

그렇다면, 전반적으로 (국제)기업감시단은 생수업계에 도전하는 자신들의 활동을 물에 대한 기업의 통제에 맞서고 물 정의를 실현하기 위해 미국에서, 또 전 세계에서 벌어지고 있는 운동의 일부로 여기고 있다고 말할 수 있을 것이다.

식품과 물을 연결하기

포장생수에 반대하는 운동에서 미국의 주요 단체 중 두 번째는 식품과물감시단Food and Water Watch[이 절에서는 FWW로 표기]으로, 전직 퍼블릭시티즌Public Citizen 직원이 2005년에 창립했다. 퍼블릭시티즌은 1971년에 랠프 네이더가 세운 소비자 및 환경운동 단체다. FWW가 생기기 전에 퍼블릭시티즌은 캘리포니아주 스톡턴 등 미국의 여러 도시에서 수도 민영화에 반대하는 운동을 전개했다. 유전자 조작 식품이나 공장식 농업 등 식품 이슈와 관련된 활동에 더해, 물 관련 활동에서도 수도 민영화 반대부터 수도 인프라에 대한 연방 투자 촉구, 그리고 포장생수 반대까지 다양한 이슈를 다뤄왔다. 이들은 이러한 사안에 대한 면밀한 조사를 토대로 일련의 보고서를 펴냈고, 그중에는 병입생수 업계에 대한 보고서들도 있다.[22] 대체로는 미국에서 활동하지만 유럽으로도 활동을 확장하고 있다.

FWW는 수돗물을 되찾자 운동을 통해 포장생수를 기관 차원에서 금지하게 하려는 노력을 오랫동안 기울여왔다. FWW의 캠페인 디렉터 메리 그랜트는 내게 이렇게 말했다. "우리는 대체로 (…) 대학 캠퍼스들과 함께 일해왔습니다. 또한 도시 당국이 시 소유의 건물과 시설에서 병입생수를 사용하지 않고 (…) 쓰레기를 없애도록 독려하는 활동도 해왔고요. 이는 의식 고양과 더 많이 관련된 활동입니다. (…) 사람들이 일회용 플라스틱에 대해 더 많이 알게 하는 것이지요. 수돗물이 안전한 곳에서는 생수 소비를 줄이게 하면서요."[23]

최근에 FWW는 병입생수 금지에 집중하던 데서 주된 초점을 조금 옮겼다. 그랜트는 이렇게 설명했다. "기관 차원에서 병입생수를 금지하는 것은 가치가 있습니다. 저는 사람들이 수돗물을 마시도록 독려하고 병입생수에서 멀어지게 하는 정책이 필요하다고 생각합니다. [하지만] 우리의 활동 대부분은 이제 기관 차원에서 생수를 금지하는 것 대신 정책에 초점을 맞추는 쪽으로 이동했습니다." 또한 FWW는 상업적 병입회사들의 용천수 추출에 반대하는 지역 공동체 조직을 지원하는 활동도 하고 있는데, 이에 대해서는 다음 장에서 알아볼 것이다.

'병입생수 이야기' 이야기

병입생수 반대운동을 활발하게 펴고 있는 다섯 번째 조직은 '물건이야기 프로젝트'다. 물건이야기 프로젝트는 과다소비 문제를 다룬 애니 레너드(이 단체의 창립자다)의 2007년 애니메이션 〈물건 이야기The Story of Stuff〉가 바이럴에 대대적으로 성공하면서 시작되었다.[24] 현 사무총장인 마이클 오히니는 그 동영상에 막대하게 쏟아진 대중의 관심을 활용해 다른 상품과 산업에 대해서도 문제를 알리기 시작했다고 설명했다.[25]

우리는 첫 동영상 시리즈(〈병입생수 이야기〉, 〈전자제품 이야기〉, 〈화장품 이야기〉)를 만들었는데, 기본적으로 일상의 소비재에 대한 것이었어요. 그것을 우리 경제의 더 큰 진실을 이야기하기 위한 상징으로 사용했지요. (…) 〈병입생수 이야기〉는 사실 만들어진 수요manufactured demand에 대한 이야기라고 할 수 있습니다. 수도꼭지에서 거의 공짜로 얻을 수 있는 것을 어떻게 사람들이 돈 주고 사게 만들 수 있을까요? (…) 그 동영상은 식품과물감시단, 기업감시단, 폴라리스 연구소, 퍼시픽 연구소, 캐나다시민평의회와 함께 만들었습니다. (…) 우리는 이 삐딱하기 그지없으면서도 똑똑한 사람들을 불러모아 함께 테이블에 앉아 대본을 만들었습니다. (…) 하지만 기본적으로 우리가 이 동영상을 만들었고 (…) 정말 예상하지 못한 방식으로 대박이 났어요.[26]

이 시점까지 물건이야기 프로젝트는 사회적, 환경적 행동주의를 촉진하기 위한 미디어 제작 활동만 했다. 하지만 플린트 재앙 이후 다른 전국단체들이 병입용 물 추출에 맞서는 지역 운동을 지원하던 데서 물 부정의와 공공 수도 시스템에 대한 위협에 맞서는 쪽으로 초점을 옮겼을 때, 물건이야기 프로젝트는 병입시설 입지 반대 싸움에 관여하며 그 빈자리를 채우기 시작했다. 오히니는 이렇게 설명했다.

우리는 말하자면 매우 지역적인 수준에서, 현장 활동에 더 많이 관여하게 되었습니다. 처음에는 [캘리포니아주] 샌버너디노, 그다음에는 [오리건주] 캐스케이드락스에서요. 이를 통해 미국 곳곳에서, 또 캐나다에서 이 이슈로 활동하는 풀뿌리 단체들을 만나기 시작했습니다. 식품과물감시단과 기업감시단이 풀뿌리 공동체를 지원하는 활동을 줄여가던 동안, (…) 우리가 그 역할을 어느 정도 이어받은 거죠. 제 생각에는 그렇습니다. 특히 우리는 두 가지를 제공했습니다. (…) 재정 지원, 그리고 전략 전술에 대한 조언. 우리는 샌버너디노와 캐스케이드락스에 대한 3개의 동영상 시리즈를 만들었고, 그다음에 미시간주 에바트와 플린트 위기를 대비해 보여주는 〈두 도시 이야기〉를 만들었어요.

특정 장소에 천착한 동영상으로 풀뿌리 운동을 지원하고 증폭하면서, 물건이야기 프로젝트는 물 정의, 낙후되는 인프라, 민영화, 단수 문제와도 싸울 수 있었다. 오히니는 이렇게 말했다. "제품으로서 말하자면 병입생수는 멍청한 제품입니다. 하지만 물 정의와 물 접근성에 대한 더 큰 대화로 들어가기 위한 길로서는 훌륭하다고 생각합니다. (…) 〈두 도시 이야기〉는 (…) 우리의 가장 명시적인 메시지였어요. '보세요, 여기에서 일어나고 있는 일이에요'라고요. 수자원 민영화가 진행되는 곳에서는 수도 인프라에 투자가 부족해지고 (…) 그다음에는 네슬레가 에바트에서 물을 퍼 가면서 플린트 주민에게 생수를 공짜로 나눠주는 광경이 나타나게 되는 거라고 말이지요."

또한 이 단체는 최근 일회용 플라스틱에 대한 우려가 폭발적으로 높아진 것에 부응하는 활동을 펴기에도 좋은 위치에 있었다. 오히니는 이렇게 말했다. "우리는 플라스틱으로부터의 해방Break Free From Plastic 운동의 탄생과 성장에 주된 역할을 했습니다. 정의 문제를 더 날카롭게 제기하면서 전 세계의 플라스틱 오염에 맞서는 운동이에요. (…) 병입생수는 플라스틱 이슈죠. 그래서 겹치는 부분이 있었어요. 하지만 근본적으로 이것은 물 정의, 민영화, 그리고 기본적으로 누가 공공재를 통제하느냐에 대한 운동입니다." 요컨대, 물건이야기 프로젝트는 업계의 물 추출에 맞서는 싸움과 생수라는 상품에 대한 소비(및 폐기)에 맞서는 싸움을 연결하면서, 병입생수를 환경 문제이자 사회 정의의 문제로 접근하고 있다.

이들 북미의 다섯 단체는 병입생수 업계와 제품에 맞서는 사회운동들의 느슨한 연대가 발달해가는 데 주된 역할을 했다. 이들 단체 모두에서 생수 관련 활동은 기업 권력의 팽창에 저항하고자 하는 더 깊은 관심사에서 나왔다. 폴라리스 연구소를 제외하면, 정도는 다르지만 현재도 모두가 병입생수 관련 활동을 계속 이어가고 있다. 하지만 이들에게 병입생수 운동은 물 사유화에 반대하고, 저투자와 훼손으로부터 공공 수도 시스템을 지키며, 국내적으로도 전 세계적으로도 모든 사람이 감당 가능한 가격대에서 깨끗한 수돗물에 접근하는 것을 가로막는 부정의에 맞서는, 더 큰 노력의 일부다.

시청과 함께 싸우기

소비단에서 벌어지는 활동의 여러 방식 중에서도 도시 당국의 정책 변화를 성공적으로 이끌어낸 활동이 가장 가시적이었고, 가장 비중 있고 오래가는 영향을 남겼다. 미국과 캐나다에서는 수도사업 주체 대부분이 공공기관이기 때문에 병입생수는 도시 당국이 요금 납부자와 납세자의 돈으로 제공하는 수돗물과 거의 언제나 직접 경쟁하게 된다. 또한 도시 당국은 일반적으로 폐기물 처리와 재활용 서비스도 담당하며, 재활용되지 않고 버려지는 막대한 양의 플라스틱병을 처리하는 비용도 부담한다. 특히 중국이 국문리검 정책으로 플라스틱 폐기물 수입을 금지한 후로는 더욱 그렇다.[27] 시청이 공무원에게 마실 물을 수돗물 대신 생수로 제공하기 위해 생수를 구매하면, 혹은 시의회 회의 때 자리마다 플라스틱 생수병을 놓아두면, 수도 공급과 플라스틱 폐기물 처리 둘 다에서 도시 당국의 역할에 상충하는 제품을 승인하는 데 공공 자금을 쓰는 셈이 된다. 드루샤는 이렇게 설명했다. "공공 수도 시스템을 지켜야 할 당사자인 도시 당국이 생수업계를 승인한다는 게, 그럼으로써 자신이 제공해야 할 서비스를 스스로 미묘하게 훼손한다는 게 얼마나 말도 안 되는 일인지에 대한 논의가 그때 많이 있었습니다. '왜 시 당국은 회의 때 시청 공무원에게 수돗물을 제공하지 않습니까? 시청 사무실과 회의실에 병입생수를 줄줄이 늘어놓을 때 이것이 전달하게 될 메시지가 무엇이겠습니까?' 그리고 명백히 이 문제 제기는 많은 도시에 반향을 일으켰습니다." 이런 이유에서, 병입생수 반대 운동가들은 정책 변화를 이끌어내기에 도시정부가 매우 비옥한 토양임을 알게 되었고, 지역 주민 및 공감하는 공직자들과 함께 이를 실현하기 위해 노력했다. 생수 금지 정책의 소구력과 효과는 금전적인 것일 수도 있고(도시가 불필요한 병입생수와 폐기물 관리에 쓰는 지출을 줄일 수 있다), 정치적인 것일 수도 있으며(공공 조달 구매력을 사용해 다른 도시와 함께 일종의 메시지를 낼 수 있다), 문화적인 것일 수도 있다(수돗물을 다시 활성화하고 병입생수 소비를 줄임으로써 무엇이 정상적인 방식인가에 대한 기대를 바꿀 수 있다).

지역정부 수준에서 병입생수에 도전하는 노력과 관련해, 정책을 세 가지 층위로 나누어 생각해보는 것이 유용하다. 손에 잡힐 만한 높이에 달린 과일, 즉 가장 쉬운 정책은 지역정부가 정부 조달에서 생수 구매를 중단하는 것이고 이것이 가장 널리 도입되고 있는 정책이다.

납세자의 돈으로 다사니, 아쿠아피나, 폴란드스프링을 사서 시청 사무실 냉장고, 시의회 회의 자리, 공청회 자리에 갖다 놓지 말고 수돗물이 담긴 물병을 갖다 놓는 것이다. 이보다 적극적인 두 번째 층위의 정책은 공공 소유 장소에서 병입생수 구하는 것을 더 어렵게 만드는 정책이다. 공립 공원, 스포츠 경기장, 해변, 박물관 등에서 병입생수 판매를 금지 또는 제한하는 것이다. 공공 소유 장소에 있는 푸드카트, 카페, 매점, 자판기 등을 모두 포함할 수 있어서 잠재적으로 큰 시장일 수 있다. 대규모 공공 행사에도 이 두 번째 층위의 정책을 적용할 수 있다. 수천수만 명이 운집하는 도시공원의 대규모 음악 축제에 가보면 비싼 일회용 생수가 유일하게 구할 수 있는 식수인 경우가 많다. 그리고 산더미 같은 플라스틱병 쓰레기가 나온다. 행사에서 병입음료 판매를 금지하고 행사 조직가들이 무료 수돗물을 제공하도록 하면 공공장소에서 공공의 물을 되찾는 한 가지 방법이 될 것이다. 세 번째 층위는 더 급진적인 정책으로, 병입생수를 전체적으로 금지하는 정책이다. 공공 소유 장소이든 민간 소유 장소이든 상관없이 도시 내에서 일회용 병입 및 포장생수 판매를 **모두** 불법화하는 것이다. 이 논쟁적인 접근은 도입된 곳이 아직 소수에 불과하지만 확산되고 있는 것으로 보인다. 또한 지역정부 수준에서 병입생수에 과세를 하는 것도 병입생수 소비를 줄이고 수도 인프라 개선에 필요한 자금을 마련하는 방법이다. 2008년에 시카고에 도입된 '병 하나당 5센트' 제도가 그런 사례다.

첫 두 층위의 정책이 어디에서 어떻게 실행되고 있는지 살펴보자. 로스앤젤레스는 도시정부가 병입생수 구매를 중단한 첫 번째 도시로, 무려 1987년으로 거슬러 올라간다. 하지만 톰 브래들리 시장의 당시 행정명령은 나중에 유명무실해졌다.[28] 2000년대 중반에 로스앤젤레스가 이 정책을 되살렸을 때는 글로벌 북부 국가들에서 이와 비슷한 조치를 취하는 지역 당국이 많이 생겨나고 있었다. 2010년에 피터 글릭은 이렇게 언급했다. "이 운동은 확산되고 있다. 샌프란시스코, 밴쿠버, 세인트루이스, 앤아버, 어배너, 샌타바버라, 맨리, 토론토, 오타와, 로마, 피렌체, 리버풀 등 많은 도시가 (…) 정부 조달에서 병입생수 구매를 중단하고 수돗물 촉진 운동을 승인하는 쪽으로 이동하고 있다."[29] 실제로 금세기의 첫 10년간 많은 도시에서 플라스틱 포장생수 구매를 중단하고 식수 접근성을 확대하는 움직임의 대대적인 파도가 일었다. 때로는 진보 성향 시장이나 시의회가 주도했고 때로는 지역 활동가나 전국 단위 운동단체들의 압력에 의해 이루어졌다. 이러한 조치를 도입한 도시들의 동기는 환경만이 아니라 금전적인 것이기도 했다. 예를 들어 일리노이주의 쿡 카운티는 2007년에 병입생수 구매를 중단하고서 병입생수 구매에 들어가던 돈을 연간 40만 달러나 줄일 수 있었다.

어떤 도시들은 두 번, 세 번 재도입하면서 정책을 점점 더 강화했다. 뉴욕은 2008년에 시청 내에서 사용되는 용도의 병입생수 구매를 중단했고, 2020년에는 빌 더블라지오 시장의 행정명령으로 시가 소유하거나 장기 임차하고 있는 모든 장소에서 병입생수 구매를 중단했다. 저널리스트 저스틴 드칼마는 "이 조치로 뉴욕은 매년 시가 구매하던 최소 100만 개의 일회용 플라스틱 음료수병을 줄이게 될 것"이라며 "뉴욕시가 트럼프 오거니제이션이 소유한 센트럴파크 스케이트장 두 곳을 [포함해] (…) 맨해튼의 2배가 넘는 면적에 걸쳐 1만 7000개가 넘는 부동산을 소유하고 있거나 장기 임차하고 있기 때문에 광범위한 효과가 있을 것"이라고 언급했다.[30]

음수대의 부활

하지만 안전하고 편리하게 사용할 수 있는 수돗물이 어디에도 없다면 병입생수 판매 금지는 문제가 될 수 있다. 부유한 나라에도 자금이 줄고 방치되어 공공 식수 인프라가 더 이상 기능하지 않는 곳들이 있다. 영국의 공공 식수 접근성에 대한 《가디언》의 탐사보도에 따르면, 인구가 280만 명인 광역 맨체스터 지역 전체의 공공장소에 작동 중인 음수대가 **단 하나도** 없는 것으로 나타났다. 기자 니콜라 데이비스는 이렇게 보도했다. "머지사이드 전역에서도 마찬가지 상황이었다. 이곳의 다섯 구 모두 작동하는 음수대가 하나도 없다고 답했고 사우스요크셔 셰필드의 공보관은 모든 음수대가 한두 해 전에 건강 위험 우려와 손상으로 철거되었다고 말했다."[31]

따라서 병입생수 금지는 반드시 듀엣으로 이루어져야 한다. 병입생수를 금지하거나 제한하는 정책과 함께, 혹은 종종 그에 앞서, 공공장소에서의 수돗물 접근성을 향상하거나 복원하려는 노력이 병행되어야 하는 것이다. 수돗물에 대한 신뢰를 회복하기 위해서만이 아니라 수돗물을 마시는 잃어버린 문화적 습관을 회복하기 위해서도 꼭 필요한 일이다.

이런 문제가 있지만, 현재 공공 음수대의 부활은 잘 진행되고 있다. 켄드라 피에르-루이스는 "몇몇 도시가 서서히 음수대를 다시 설치하고 있거나 적어도 유지 보수 작업을 확대하고 있다"며 "2013년에 로스앤젤레스는 공공 음수대를 개선, 복원하기 위한 종합적인 계획을 내놓았고 미니애폴리스는 지역 예술가가 디자인한 새로운 음수대 10개를 설치하기 위해 50만 달러를 지출했다"고 언급했다.[32] 뉴욕은 음수대가 부족한 곳, 도시공원, 기타 공공장소에 2025년까지 500개의 음수대를 설치하거나 수리하기로 결정했다. 이미 존재하는 2000개 외에 추가로 설치되는 것이다. 이 정책은 목표하는 바를 명시적으로 쓰레기 저감과 연결지었다.[33] 파리에서는 재공영화된 수도 운영 주체 오드 파리Eau de Paris['파리의 물'이란 뜻으로 파리시 수자원공사의 이름]가 몇몇 리필 스테이션의 수도꼭지를 개조해 **탄산수**를 담아갈 수 있도록 했다.

병입생수 금지를 실시하지 않은 도시들도 음수대 확대에 합류하고 있다. 런던 시장 사디크 칸은 런던 전역에 새로운 공용 음수대를 설치하겠다고 발표해 헤드라인을 장식했다. 2018년에 500만 파운드를 들여 100개의 새 리필 음수대를 설치하겠다고 선포한 것이다.[34] 칸 시장실은 음수대가 설치될 장소를 [카운슬, 비즈니스, 박물관 등에서] 신청받겠다고 해 대중의 관심을 불러일으켰다.

이러한 노력은 일반적으로 수돗물 접근성을 높이기 위한 운동을 수반하며, 종종 지역정부 및 수도 운영 주체와 협업한다. 호주 시드니 수도 당국의 웹사이트에서는 시드니에 있는 수백 개의 리필 스테이션[그림 10] 위치가 표시된 지도를 볼 수 있는데, 수돗물을 무료로 제공하는 500곳 이상의 음식점과 매장도 표시되어 있다. 또한 시드니 수도 당국은 1000명 이상이 참여하는 공공 행사의 경우 병입생수를 판매하지

그림 10. 리필 스테이션 (호주 맨리)
사진: Daniel Jaffee

않는다는 조건으로 이동식 리필 스테이션을 무료로 제공한다.[35]

유럽에서는 유럽연합이 최근에 개정한 음용수 지침Drinking Water Directive을 통해 수돗물 접근성을 높이기 위한 굵직한 조치를 취했다. 물 정의 단체들의 압력으로 이뤄진 개정이었다. 이에 따르면, 2025년까지 모든 유럽연합 회원국은 공공건물에서 무료로 식수를 마실 수 있게 해야 하고 여타의 공공장소에는 음수대나 리필 스테이션을 두어야 한다. 유럽 녹색당 연합은 이 지침이 "공공장소에서 물을 채워갈 수 있는 시설의 설치가 아직 법으로 의무화되지 않은 많은 유럽연합 회원국들이 새로이 법을 만들도록 강제하는 효과가 있을 것"이라고 언급했다.[36]

샌프란시스코의 수돗물 되찾기 운동

샌프란시스코는 최근까지 미국 도시 중 병입생수의 공공 구매와 판매 둘 다를 금지한 가장 큰 도시였으며, 어떻게 수돗물을 되찾을 수 있는지 보여주는 좋은 사례다. 현재 샌프란시스코는 공원, 해변, 푸드 카트, 도시 광장 등 시가 소유한 모든 장소에서 용기 종류에 상관없이 21온스[약 620밀리리터] 이하 용기에 담긴 일회용 포장생수를 금지하고 있다. 또 대규모 공공 행사장은 수도 시스템에 연결해 공짜 수돗물을 제공해야 한다. 샌프란시스코 환경부의 한 공무원은 이 정책이 도입된 과정을 다음과 같이 설명했다. "2007년에 [개빈 뉴섬] 시장의 생수 관련 행정명령이 있었습니다. 시청의 모든 부서가 시의 돈으로 병입생수를 구매할 수 없게 되었지요. 그리고 2014년에 생수 판매를 제한하는 '병입 및 포장생수 금지 조례'가 통과되었습니다. (…) 그리고 '수돗물 음용 조례'도 있는데, 음수대를 설치해야 할 새 건물은 [일정한 시설 기준을 충족하는] 리필 스테이션(수돗물 음용 스테이션)을 두도록 하고 있습니다."[37] 병입생수를 없애기 위한 샌프란시스코의 노력은 더 포괄적인 제로 웨이스트Zero Waste 정책에서도 핵심이었다. 앞에서 말한 환경부 공무원은 제로 웨이스트 정책이 매립장으로 들어가는 쓰레기의 양을 이미 75% 이상 줄였다고 말했다. "우리의 전반적인 목표는 제로 웨이스트에 어떻게 도달할 것인가입니다. 이것은 그중 제1열의 공격일 뿐입니다. 가장 지속가능하지 않은 일회용 플라스틱을 금지하는 것 말이에요."

병입생수 금지를 확대한 2014년의 기념비적인 조례는 당시 시의원이었던 데이비드 치우가 앞장서서 추진했다. 그는 시의회에서 이렇게 말했다. "저는 오래지 않은 과거에 우리 세계가 플라스틱 생수에 중독되어 있지 않았었다는 사실을 주민들에게 상기시켜드리고 싶습니다. [1990년대] 이전에도 수세기 동안 모든 사람이 수분을 충분히 섭취하고 있었습니다."[38] 조례 통과를 위한 치우의 노력은 국제기업감시단, 시에라클럽, 서프라이더재단Surfrider Foundation 등 많은 단체의 지지를 받았다.

앞에서 언급한 샌프란시스코 환경부 공무원은 이 정책의 동기가 환경이나 비용적인 측면뿐 아니라 샌프란시스코에서는 포장생수가 요세미티 국립공원을 수원으로 하는 샌프란시스코의 고품질 수돗물과 경쟁한다는 점과도 관련이 있었다고 말했다. "우리는 우리의 수돗물이 어디에서 오는지에 대해 자부심과 기쁨을 느끼고 있습니다. (⋯) 우리는 헤치헤치Hetch Hetchy[요세미티 국립공원 북서쪽에 위치한 계곡이자 저수지]에서 시원의 맑은 물을 가져오는데, 주와 연방의 정수 기준을 능가하는 물입니다. 그런데도 플라스틱 생수를 사야만 한다고 생각하는 사람들이 있거든요."

2017년에 샌프란시스코는 비닐팩, 캔, 종이팩 등 어느 용기에 담긴 것이든 간에 모든 1리터 이하 생수를 금지하도록 조례를 확대했다.[39] 2019년에 조례는 한층 더 확대되어서 시가 소유한 샌프란시스코 국제공항에도 적용되었다. 연간 이 공항을 이용하는 여행객이 5800만 명이나 되기 때문에 이 조치는 샌프란시스코의 포장생수 반대 노력을 크게 가시화할 수 있었다. 포장생수가 금지된 줄 미처 모르고 온 여행객들은 다회용 물병이나 머그컵을 사서 공항에 설치된 100곳 이상의 음수 코너에서 물을 담을 수 있다.[40]

하지만 샌프란시스코의 가장 혁신적인 점이라면 공급 쪽, 즉 수돗물 접근성을 확대한 부분일 것이다. 수돗물 음용 조례는 도시 당국의 여러 부서를 아우르는데, 이는 수돗물 접근성을 경제, 환경, 공중보건 모두의 이슈로 바라보는 폭넓은 관점을 반영한다. 2021년 현재 샌프란시스코의 공공유틸리티위원회는 공공장소에 173개의 수돗물 음용 스테이션(물을 채울 수 있는 음수대)을 설치했고(공항에 설치된 것은 포함하지 않은 숫자다), 도시 내의 거의 모든 공립학교에도 설치했으며, 그 밖에도 많은 일이 진행되고 있다.[41] 샌프란시스코 도시 당국은 수돗물의 질에 대한 대중의 불신을 어떻게 해소했을까? 공공유틸리티위원회 과장 존 스카풀라는 이렇게 설명했다. "수돗물 음용 스테이션을 새로 설치할 때마다 (…) 우리는 거기에서 나오는 물을 엄격하게 검사합니다. (…) 모두에게 '넵, 이 물은 수질 검사를 통과했어요. 전적으로 안전하고 물맛 좋은 수돗물을 완전히 공짜로 드셔도 됩니다'라고 보여주는 것은 도움이 됩니다."[42] 공공유틸리티위원회는 또한 도시 수돗물의 수질을 대중교통 및 여타 공공장소에 게시하는 광고로도 알리고 있다.

리필 스테이션 설치부터 수돗물 홍보에 이르는 이 모든 노력은 샌프란시스코에서 청량음료와 가당음료에 온스당 1센트씩 부과되는 세금penny-per-ounce tax으로 충당된다. 이 세금은 2016년에 유권자의 약 3분의 2가 찬성해 통과되었다.

병입생수를 '정말로' 금지하기

위에서 이야기한 지역 단위의 노력 모두 유의미한 변화를 보여주지만, 질문되지 않은 전제가 하나 있다. 이러한 정책은 공공이 소유한 장소에만 적용되어야 하는가? 민간기업에 그들 자신의 경내에서 무엇을 팔지 말라고 하는 것은 너무 과하거나 정치적으로 불가능한 일인가? 하지만 정부는 환경에 해를 끼치거나 사회에 큰 비용을 발생시키는 민간 영역의 행위를 늘 규제해왔다.

실제로 몇몇 도시는 훨씬 더 야심 찬 조치를 취했다. 공공기관뿐 아니라 모든 민간 공간에서도 일회용 병입생수 판매를 금지한 것이다. 이 소규모 운동은 2009년에 호주 번다눈 마을 주민이 인근 대수층에서 물을 추출하는 병입생수 공장 건설 계획에 맞서 싸우면서 시작되었다. 현지 사업가인 휴 킹스턴은 《뉴욕타임스》에 이렇게 말했다. "우리 마을에 물을 추출하는 공장이 들어서는 것을 원하지 않는다면, 그것의 최종 제품도 판매하지 못하게 해야 마땅하다는 이야기가 나오기 시작했습니다."[43]

이러한 접근에 대한 관심은 지구 반대편으로 넘어와 매사추세츠주의 역사적인 도시 콩코드에서도 모습을 드러냈다. 여러 차례의 시도 끝에 2010년에 80세의 노익장 활동가 진 힐이 주민들을 설득해 일회용 플라스틱병 전면 금지안을 통과시키는 데 성공했다. 이 조치는 몇 가지 곡절을 겪은 뒤 2013년에 주 법무부의 승인을 받음으로써 효력이 발생했다. 그 후로 주 내에서 12곳이 넘는 공동체가 뒤를 따르면서 매사추세츠주는 이 야심 찬 모델의 중심지가 되었다. 또한 2019년 이후로는 케이프코드 전역에서도 마다비 뱅카티산이 이끄는 지역 환경

단체 지속가능한 실천Sustainable Practices의 주도로 일회용 물병 금지가 확산되고 있다. 이 단체는 케이프코드에 있는 15개 타운 전체에서 타운홀 미팅을 통해 '상업적인 일회용 플라스틱병 제품 금지' 결의안을 추진하고 있으며, 이 글을 쓰는 현재 7개 타운에서 성공했다.[44]

모두 합해서, 이 글을 쓰는 현재 민간과 공공기관 모두에서 일회용 플라스틱 생수의 전면 금지를 도입한 21개 공동체에 21만 명 가까운 사람들이 살고 있다. 크지 않은 숫자이고 아직은 모두 크지 않은 규모의 공동체들이다. 이처럼 더욱 급진적인 접근이 큰 도시에도 퍼질 수 있을까? 나아가 일반적인 표준으로까지 자리 잡을 수도 있을까? 만약 그렇게 된다면, 이는 더 많은 정부가 물병과 음료수병을 일회용 플라스틱 전반의 문제를 다루기 위한 더 포괄적인 노력에 포함시켰기 때문일 것이다.

반소비 전략의 파급력

궁극적으로, 이 모든 형태로 이루어지는 병입생수 금지의 파도는 얼마나 중요성을 갖는가? 한 가지 면에서 이 전략은 개인이 아니라 정부가 주체가 되어 상품을 불매하는 보이콧의 독특한 한 형태로 볼 수 있다. 이것은 여타 형태의 소비자운동과 대조적이다. 많은 비판자들이 신자유주의와 부합한다고 조롱하기도 하는 종류의 보이콧, 즉 더 친환경적인 제품이나 더 윤리적인 브랜드의 소비를 주창하기 위한 '바이콧buycott'*이 아니라 **반反**소비 전략인 것이다. 즉 이것은 불필요한 시장 상품을 거부하고 상품화되지 않은 무료 공공재로 대체하려는 활동이다.

이 접근은 '정책 전염'의 형태도 띠고 있다. 유사한 정책을 도시들 사이에 의식적으로 전파하는 것이다. 도시 당국은 신자유주의 시대에 진보적인 사회 변화를 도입하는 데 있어 종종 가장 수용성 높은 단위였다. 사회운동은 주정부나 중앙정부 차원에서는 기득권에 막혀 성공하지 못할 법한 혁신적인 정책을 통과시키기 위해 종종 도시정부로 종종 눈을 돌렸다.[45] 병입생수 금지의 경우, 이러한 정책이 도입된 곳에 사는 인구가 많아질수록 영향은 더 커질 것이다. 병입생수 구매가 줄어드는 직접적인 경로로도 그렇고, 새로 생긴 음수대나 리필 스테이션을 더 많이 이용할 수 있게 되어 어쩔 수 없이 플라스틱 생수를 소비해야 하는 상황에 덜 내몰리게 되면서 문화적인 표준이 달라지는 간접적인 경로로도 그렇다. 이러한 사례는 탈상품화 사례 중 지역화된, 손에 잡히는 구체적인 경우들이지만 수백 개의 크고 작은 공동체에서 실행된다면 효과는 증폭될 수 있다.

이러한 금지 정책으로 플라스틱 물병을 총 몇 개나 없앴는지에 대해서는, 아쉽지만 믿을 만한 데이터가 없다. 샌프란시스코도 수돗물 음용 프로그램과 포장생수 금지 정책으로 병을 몇 개나 없앴는지는 통계를 내지 않는다. 영리 기업인 탭Tap은 웹사이트에서 전 세계 25만 5000개 리필 스테이션 덕분에 이제까지 총 5000만 개 가까운 물병을 사용하지 않을 수 있었다는 통계를 제시했는데,[46] 명백히 이것은 빙산의 일각일 것이다.

- '불매' 운동을 뜻하는 보이콧Boycott이 사실상 대안 제품을 '구매buy'하게 만드는 효과를 낸다는 점을 꼬집기 위해 만든 언어유희.

없앨 수 있었던 플라스틱병의 개수에 대한 총계 데이터가 없으니, 생수 금지 정책이 도입된 도시와 지역 공동체에 사는 인구수를 계산해보자. 이 운동의 핵심 지역인 캐나다의 경우, 블루 커뮤니티에 동참한 총 50개 지역 공동체에 710만 명 이상이 살고 있고[47] 추가로 670만 명이 폴라리스 연구소가 진행한 더 이른 운동 때 병입생수를 금지한 도시들에 살고 있다. 즉 2022년 현재 거의 1400만 명의 캐나다인이 지역 정부가 모종의 병입생수 금지 조치를 취한 곳에 살고 있으며 이는 전국 인구의 거의 37%에 해당한다.[48]

유럽, 미국, 브라질에서 블루 커뮤니티에 참여하는 27개 도시를 더하면 생수 금지 운동이 포괄하는 인구는 전 세계에서 거의 2400만 명에 이른다. 다시 한 걸음 더 멀리서 보면, 어떤 방식으로든 도시 차원의 병입생수 금지 조치가 도입된 곳은 현재 미국에서 적어도 1300만 명, 세계적으로는 4500만 명을 포괄하고 있다. 여기에는 2019년에 시의회가 병입생수를 금지한 인도의 사우스 델리도 포함되는데, 인구가 거의 300만 명이다.[49] [표 6]은 병입생수 규제를 도입한 큰 도시의 목록을 보여준다.

도시보다 큰 단위인 주정부나 카운티 정부에서 생수를 금지한 곳까지 포함하면 숫자는 더 커질 수 있다. 2017년에 일회용 플라스틱 생수를 금지한 인도의 마하라슈트라주처럼[50] 규모가 매우 큰 곳도 있기 때문에(이 주는 인구가 1억 1600만 명이다), 도시보다 큰 단위 정부에서의 생수 금지는 현재 1억 7100만 명을 포괄한다. 즉 세계적으로 2억 1600만 명이 모종의 병입생수 규제가 있는 곳에 살고 있다고 볼 수 있다. 마지막으로, 민간 소유 공간에서도 병입생수 판매를 금지하는 곳

표 6. 병입생수 금지 정책을 도입한 대규모 도시 (2022년 8월 현재)
Council of Canadians n.d.-a; Polaris Institute 2014.

도시	국가	인구**	정책 도입 연도	정부 조달 구매 금지 또는 단계적 폐지	시 소유 부지에서 생수 판매 금지 또는 단계적 폐지	블루 커뮤니티 참여
뉴욕시	미국	8,230,290	2008; 2020	O	-	-
로스앤젤레스	미국	3,983,540	2007; 2019	O	O	O
베를린	독일	3,426,354	2018	O	O	O
사우스델리	인도	2,733,752	2019	O	-	-
토론토	캐나다	2,731,571	2008	O	O	-
파리	프랑스	2,148,271	2016	O	O	O
브뤼셀 -수도지역	벨기에	2,095,688	2019	O	O	O
함부르크	독일	1,852,478	2022	O	O	O
몬트리올	캐나다	1,704,694	2019	O	O	O
뮌헨	독일	1,260,391	2017	O	O	O
새너제이, 캘리포니아	미국	1,009,340	2008	O	-	-
에드먼튼	캐나다	932,546	2016	O	-	-
샌프란시스코, 캘리포니아	미국	883,255	2007; 2014; 2017	O	O	-
시애틀,워싱턴	미국	776,555	2008	O	-	-
밴쿠버, 브리티시컬럼비아	캐나다	631,486	2009; 2020	O	O	O
새크라멘토, 캘리포니아	미국	525,398	2008	O	-	-
리버풀	영국	498,042	2007	O	-	-
마이애미, 플로리다	미국	478,251	2008	O	-	-
핼리팩스, 노바스코셔	캐나다	448,231	2009	O	-	-

런던, 온타리오	캐나다	383,822	2008; 2021	O	O	O
본, 온타리오	캐나다	331,572	2009	O	-	-
테살로니키	그리스	325,182	2018	O	O	O
세인트루이스, 미주리	미국	294,890	2008	O	-	-
가티노, 퀘벡	캐나다	290,239	2007–2011*	O	-	-
아우구스부르크	독일	259,900	2019	O	O	O
롱게이, 퀘벡	캐나다	252,828	2007–2011*	O	-	-
버나비, 브리티시컬럼비아	캐나다	247,336	2011	O	O	O
프라이부르크임브라이스가우	독일	230,940	2022	O	O	O
모스톨레스	스페인	210,309	2019	O	O	O
리치몬드힐, 온타리오	캐나다	208,052	2007–2011*	O	-	-
솔트레이크시티, 유타	미국	200,831	2007	O	-	-
벌링턴, 온타리오	캐나다	193,668	2010	O	-	-
바스	영국	193,282	2008	O	-	-
오샤와, 온타리오	캐나다	178,893	2008	O	-	-
셔브룩, 퀘벡	캐나다	171,158	2007–2011*	O	-	-
생카트린, 퀘벡	캐나다	141,490	2012	O	O	O
패서디나, 캘리포니아	미국	141,029	2008	O	-	-
트루아리베르, 퀘벡	캐나다	140,420	2019	O	O	O
킹스턴, 온타리오	캐나다	135,707	2011	O	O	O
베른	스위스	134,591	2013	O	O	O

*: 추정 기간 (Polaris Institute 2014)
**: 현행 인구 추산치, 도시나 관할 지역 경계 내의 인구만 계상

에 거주하는 경우와 병입생수를 금지한 대학에 다니는 100만-200만 명의 학생까지 포함하면 숫자는 더 커진다.

이 숫자들을 해석할 때는 조심해야 한다. 생수를 금지했지만 여기에 포함되지 않은 도시도 있을 수 있고 오래전에 도입된 생수 금지 정책이 현재는 적극적으로 집행되지 않고 있는 곳도 있을 수 있다. 그럼에도 이 숫자들은 몇 가지 결론을 내릴 수 있게 해준다. 첫째, 2007년에서 2011년 사이에 도시 당국 차원에서 병입생수를 금지하는 움직임의 첫 번째 파도가 있었다. 이후 몇 년간은 다소 주춤했지만 새로운 지역 공동체들이 계속해서 병입생수 금지 정책을 선포했다. 그리고 그 이후에 또 한 번의 파도가 있었는데, 전부는 아니어도 많은 수가 블루 커뮤니티 운동을 통해서였다. 생수 금지 정책이 있는 곳에 거주하는 인구의 절반 이상이 2017년 이후에 이러한 금지가 도입되었거나 확대된 곳에 살고 있다. 속도는 느려지는 것이 아니라 빨라지고 있다. 둘째, 이제는 포장생수 반대가 일회용 플라스틱에 반대하는 더 큰 국제적인 운동의 일부가 되었고 이 운동은 글로벌 남부에서도 널리 확산되고 있다. 앞으로 글로벌 남부와 북부 모두에서 더 많은 지역 정부가 플라스틱 생수 반대에 동참할 것이라 기대해봄 직하다.

병입생수 없이 (사는 법) 배우기

대학은 포장생수에 맞서는 운동에서 특히나 비옥한 땅이었다. 대학은 준자립적 공동체여서 대체로 학내의 물리적 시설에 대해 스스로 책임을 지고 있고 운영위원회가 적어도 형식적으로라도 학생의 요구에 반응한다. 2009년에 미국 최초로 병입생수를 공식적으로 금지한 곳은 사립대학인 세인트루이스 소재 워싱턴대학이었다. 같은 해에 캐나다의 위니펙대학과 브랜든대학도 병입생수를 금지했고, 호주의 캔버라대학과 오타와대학, 아이비리그의 하버드와 다트머스, 그리고 미국의 큰 공립대학들과 커뮤니티 칼리지 등 수백 개의 대학이 뒤를 따랐다. 영국의 리즈대학은 2008년에 병입생수 판매를 금지하면서 연간 18만 개의 병을 제거하는 효과를 보았다.[51] 2000년대의 첫 10년 사이에 병입생수 금지는 대학 내 환경운동의 주요 의제가 되었다. 북미에서는 이러한 대학 내 환경운동 다수가 위에서 언급한 운동단체 중 하나 이상으로부터 지원을 받았다. 2016년에 식품과물감시단은 미국의 대학 캠퍼스 중 완전히 또는 부분적으로 '수돗물을 되찾자' 네트워크에 들어온 곳이 73곳이라고 밝혔다.[52]

드루샤는 매사추세츠주에 있는 스톤힐 칼리지에 다니던 학생 시절 처음으로 국제기업감시단 활동에 참여했을 때를 다음과 같이 회상했다.

저는 사회정의 문제에 눈 떠가던 대학 신입생이었습니다. 매우 시건방진 학생이었지요. 그리고 미국 외교 정책의 많은 부분이 (…) 초국적 기업을 위해 이루어지고 있다는 것을 알게 되었습니다. (…) 그 꽤 어두웠던 시기에 기업감시단이라는 단체를 발견했습니다. '병 밖에서 생각하라' 운동에서 인턴을 했어요. (…) 병입생수 관련 운동은 내가 학생으로서 할 수 있는, 정말 피부에 와닿는 일 같았습니다. 그래서 저는 우리 학교에서도 활동을 조직하게 되었어요. 학교가 병입생수 판매를 전면 금지하게 만들지는 못했지만 학교 행사에 쓸 병입생수를 구매하는 예산은 없애게 할 수 있었습니다. 저에게 정말 강력한 경험이었습니다. (…) 제게는 이것이 사람들에게 이슈를 알리는 수단이자, 그들의 마음을 움직여서 인권으로서의 물에 대해, 그리고 인권으로서의 물이 상품으로서 물을 취급하는 것과 얼마나 부합하지 않는지에 대해 대화를 시작할 수 있게 해주는 수단 둘 다인 것 같았습니다.

대학 내 병입생수 금지는 거의 모두 학생들이 다회용 물병이나 컵에 깨끗한 물을 담아 갈 수 있도록 음수대나 리필 장소를 확대하는 활동과 함께 이루어졌다. 대학 로고가 박힌 다회용 금속 물병을 신입생 오리엔테이션 때 나누어주는 것은 널리 활용된 방식이었고 이는 물을 마시는 표준적인 양식을 새로이 만드는 데 일조했다. 병입생수 금지까지 가는 데는 실패하더라도 종종 대학이 캠퍼스의 음용수 인프라를 개선하는 데로는 이어졌다.

대학 내 병입생수 금지의 효과는 어떠했을까? 상품화된 물을 제거하는 것이 학생들이 장기적으로 수돗물을 더 많이 마시고 플라스틱 생수를 피하는 습관을 갖게 했을까? 아니면 포장생수 업계가 주장하듯이 단지 덜 건강한 청량음료를 마시게 되었거나 캠퍼스 밖에서 생수를 사 와서 가지고 다니게 되었을까? 실증 근거는 드물고 혼합적이다. 2015년에 워싱턴대학의 첫 번째 생수 금지에 대한 연구에서 병입음료 구매량은 39.4%가 감소했고 소다 파운틴으로 판매되는 탄산 음료 매출은 46.3% 감소한 것으로 나타났다.[53] 이 연구가 학생들의 병입생수 소비를 따로 떼어 추적한 것은 아니지만, 그들이 청량음료로 넘어가지는 않은 것이 분명하다. 다른 한편으로, 2015년에 버몬트 대학에서 2013년의 학생 투표로 생수를 금지한 것의 효과를 연구한 바에 따르면 청량음료나 스포츠음료 같은 덜 건강한 음료 소비가 증가한 것으로 나타났고 캠퍼스에 버려진 플라스틱병도 줄지 않았다.[54] 생수 금지에 반대하는 사람들은 이러한 연구 결과를 냉큼 가져다가 생수 금지가 역효과를 낸다고 주장하지만, 대학 당국은 수돗물 접근성 확대 노력을 더 강화하겠다고 약속했다.

캠퍼스의 병입생수 금지 운동은 어디로 가고 있을까? 2000년대 말에 신문 지면을 장식했던 초창기 학내 생수 금지 운동의 분출(학생들은 학생회관 앞에서 병입생수와 수돗물을 블라인드 테스트하는 등 생수 금지를 이뤄내기 위해 와글와글한 운동을 전개했다)은 이제 다소 수그러들었다. 그럼에도 2010년대에 생수 금지 정책을 도입한 대학 수는 계속늘었다. 그리고 더 최근에는 일회용 플라스틱에 반대하는 글로벌 운동의 일환으로 대학에서 병입생수를 없애려는 운동이 본격적으로 이루어지고 있다. 이제까지 가장 큰 움직임이 있었던 곳은 캘리포니아주다. 2020년에 UCLA와 23개의 캘리포니아 스테이트 대학 계열 캠퍼스 전체가 2023년까지 플라스틱 병입음료를 완전히 없애기로 했다. 10개의 UCUniversity of California 계열 캠퍼스 모두에서도 2030년까지 플라스틱 병입음료가 금지될 예정이다.[55] 이들 두 대학 캠퍼스를 합하면 규모가 어마어마한데, 거의 80만 명의 학생에 이른다.

불공평한 대우?

정부와 학교의 이처럼 다양한 정책 모두가 하나의 상품을 대상으로 한 운동이었다. 그렇다면 그 상품의 제조사들은 어떻게 반응하고 있을까? 공개적으로는 이러한 움직임이 대수롭지 않다는 듯이 군다. 하지만 불공평하게 생수업계만 콕 집어서 타깃이 되었다고도 주장한다. 내가 만난 한 병입생수 회사 관계자는 "본질적으로 우리는 다른 모든 포장음료와 동등하게 취급되기를 원한다"고 말했다. "기관이나 대학 등이 병입생수를 금지할 거라면 청량음료나 과일주스, 그 밖에 그들의 경내에 설치된 자판기 속의 다른 음료수도 다 금지해야 한다"는 것이다. 2013년에 기자회견에서 네슬레워터스 CEO 킴 제프리는 병입생수 금지를 도입하는 곳이 많아져도 병입생수의 꾸준한 성장을 멈추지는 못할 것이며 단지 사람들이 덜 건강한 음료를 마시게만 만들 뿐이라고 주장했다. 또한 그는 식품과물감시단과 국제기업감시단을 비판하면서 그들이 "해법 기반의 단체가 아니"라고 주장했다. "그들은 우리가 사업 자체를 하지 못하게 되는 편을 더 선호할 것입니다. 우리는 이들 두 단체와는 할 이야기가 없습니다."[56]

병입생수 업계와 몇몇 개별 업체들은 병입생수 금지안에 맞서서 직접 로비를 하고 회의장에서 발언을 한다. 하지만 국제병입생수협회는 병입생수 금지 정책에 반대하는 얼굴로는 업계 협회나 큰 기업보다 지역 주민이 나서는 것을 더 선호한다. 이 협회의 대정부 관리 디렉터는 이렇게 말했다.

지역 수준에서는 (전국 단위의 기구가 아니라) 현지 주민이 이웃, 친구와 이야기하면서 병입생수의 여러 가지 이득을 공동체에 알리는 것이 더 낫다. 현지 주민의 목소리가 더 강하게 영향을 미치기 때문이다. 국제병입생수협회가 개입하면(때로는 협회 이름만 언급해도) 논쟁이 생수 금지나 제한 쪽에 유리하게 기울 수 있다. 지역 주민들은 자신이 느끼기에 거대한 다국적 조직이나 기업이 지역 사안에 영향을 미치려 하는 것을 원하지 않는 법이기 때문이다. 이러한 경우에는 이 주제에 대해 협회가 전하고 싶은 병입생수 친화적인 메시지를 현지 주민의 목소리를 통해 이야기하는 것이 더 좋다.[57]

업계의 노력이 효과를 거둔 사례도 있긴 하지만 대체로는 도시의 생수 금지 조치를 막지 못했다. 도시정부들로서는 병입생수 구매 비용을 아낄 수 있다는 사실이 너무나 매력적이라는 점이 한 가지 이유일 것이다.

국립공원에서 플라스틱 없애기를 둘러싼 엎치락뒤치락

하지만 매우 유명한 한 기관이 진행하려던 생수 금지에 대해 말하자면, 생수업계가 다른 데서보다 조금 더 성공적이었다. 그 기관은 미국 국립공원관리청이다. 저널리스트 아델 피터스는 이렇게 설명했다. "2010년, 그랜드캐니언 국립공원이 공원 내에서 병입생수 판매를 중지하기로 하기 며칠 전에 코카콜라가 국립공원관리청을 압박해 이를 무산시켰다. 그들이 가진 무기는 무엇이었을까? 코카콜라는 국립공원 재단의 큰 자금원이다. 하지만 대중의 공분이 일고 나서 결국에는 생수 금지가 도입되었다. 다른 많은 국립공원에서처럼 그랜드캐니언에서도 병입생수가 국립공원이 치워야 하는 쓰레기의 거의 3분의 1을 차지하고 있었다."[58] 2011년에 국립공원관리청은 개별 공원이 음수대와 다회용기 사용률을 높이고 기념품점과 매점에서 일회용 플라스틱

생수 판매를 중지할 수 있게 하는 안을 승인했다.

하지만 국제병입생수협회는 이 새 방침이 마음에 들지 않았다. 이 협회의 한 보도자료는 "오해에서 비롯한 병입생수 판매 금지는 국립공원에서 나오는 플라스틱 재활용품 흐름을 줄일 수 있을 것으로 보이지 않는다"고 언급했다.[59] 이렇게 해서 생수업계와 생수 반대 운동가들 사이에 가장 공개적이고 맹렬한 싸움이 불거졌다. 이 싸움의 상당 부분은 연방의회 복도에서 벌어졌다. 2015년에 드루샤는 이렇게 회상했다. "우리는 국립공원, 그리고 자신의 공원을 병입생수 없는 곳으로 만들고 싶은 미국 전역의 사람들과 함께 활동을 시작했습니다. 국립공원관리청은 굉장히 중요한 문화적 상징이고, 지속가능성의 표식이니까요. (…) 공원 관리인이 병입생수가 있는 자판기 옆에 서 있는 것은 정말 잘못된 메시지를 줍니다. (…) 그래서 전국에서 사람들이 이 이슈에 정말로, 정말로 열정적이었습니다. (…) 우리의 운동이 벌어지던 동안 많은 공원이 병입생수를 금지했어요." 417개의 국립공원 중 23개만 병입생수를 금지했지만 가장 상징적이고 방문객이 많은 몇몇 곳이 포함되어 있었다. 이어서 드루샤는 이렇게 말했다. "그때 국제병입생수협회가 맹렬히 로비를 하며 끼어들었습니다. (…) 그들은 개별 공원이 병입생수를 금지하도록 허용한 정책을 철회하는 (…) 수정 조항이 추가된 세출법안이 상정되게 했습니다. 그래서 우리도 조직화 수위를 한층 더 높였습니다. 근본적으로 국제병입생수협회와 맞짱을 뜬 거죠. 그들이 연방 의원을 포섭하면 우리도 그 의원에게 연락해서 기업의 개입에 맞서고 명백히 병입생수 금지를 원하는 공원관리청을 지지해달라고 했어요. (…) 궁극적으로 우리는 매 라운드에서 승리했습니다."

한 연구에 따르면 생수 금지를 도입한 공원들에서 많게는 총 200만 개의 플라스틱병을 없앨 수 있었던 것으로 보이고, 이러한 결과에 힘입어 국립공원관리청은 2016년에 이 정책을 시행하겠다는 방침을 다시 한번 밝혔다. 하지만 드루샤는 이것이 허울뿐인 '피루스의 승리'였다고 말했다. "한두 주 뒤에 데이비드 번하트가 트럼프 행정부의 내무차관이 되었습니다. 네슬레워터스를 대리했던 법무법인에 있다가 곧바로요. (…) 그러고서 몇 주 뒤[2017년 8월]에 병입생수 금지 정책이 철회되었습니다."

매출의 일부밖에 영향을 받지 않을 텐데 업계는 왜 국립공원의 생수 금지를 막기 위해 이렇게까지 노력을 쏟은 것일까? 2020년에 국제병입생수협회가 내놓은 한 보고서는 "국립공원에서 생수 판매를 금지해도 업계의 매출 자체에는 크게 영향을 미치지 않는다"고 인정하면서 이렇게 설명했다. "하지만 매우 안 좋은 선례를 남길 것이고 병입생수에 비판적인 사람들이 우리 제품을 도시, 대학, 동물원, 그 밖의 공공장소에서 금지하려는 노력에 이 사례를 이용하게 될 것이다."[60]

환경단체 수백 곳의 촉구가 있은 뒤, 2022년 6월에 바이든 행정부는 이 이슈에 대해 조치를 취했다. 내무장관 데브 할런드는 연방정부가 10년 이내에 국립공원을 포함한 194만 2600제곱킬로미터의 연방 토지에서 병입생수도 포함해 모든 일회용 플라스틱 구매를 단계적으로 완전히 없애겠다고 발표했다.[61]

리필 열풍

포장생수에 저항하는 수요 측 운동의 마지막 사례는 정부와 교육기관의 영역을 넘어선다. 이것은 대체로 비영리기구와 소규모 사업체가 공공 및 민간 장소에서 수돗물을 더 쉽게 구할 있게 함으로써 사람들이 수돗물 소비를 촉진하고자 하는, 주로는 지역적인 노력이다. 이 과정에서 이들은 민간 영역과 공공 영역의 경계를 부분적으로 허물고 있다.

가장 최근에 분출된 이 운동은 모두 리필에 대한 것이다. 지난 몇 년간 리필 운동이 폭발적으로 성장했고 민간 사업체가 매장 고객과 고객이 아닌 사람 모두에게 무료로 수돗물을 제공하는 운동에 동참했다. 이는 두 가지 핵심 조건이 마련된 덕분에 가능했다. 하나는 다회용 물병과 리필 가능한 장소가 널리 확산된 것이고, 다른 하나는 그러한 장소가 어디인지 알 수 있는 휴대전화 앱이 개발된 것이다. 동참하는 사업자나 기관(도서관, 박물관 등)은 매장 창문에 스티커를 붙여 표시하는데, 운동이 일어나고 있다는 분위기를 만드는 데 기여한다.[그림 11] 2015년에는 비영리기구 시티투시City to Sea 산하의 리필Refill이 영국 브리스톨에서 시범 프로그램을 시작했다. '리필'의 앱은 건지섬부터 스코틀랜드 북부까지 3만 군데가 넘는 리필 가능 장소를 보여준다. 리필은 2019년 한 해에만 영국에서 플라스틱병 1억 개 이상이 쓰레기가 되는 것을 막았다고 주장한다. 이 단체는 활동가들이 각자 자신의 동네에 리필 시스템을 갖추도록 독려하는데, 현재까지 그러한 노력이 펼쳐진 사례가 400건도 넘는다. 런던에서는 시장실과 (민간) 수도사업자인 템스워터가 이들의 운동에 재정을 지원한다. 리필은 이와 비슷한 운동의 글로벌 네트워크를 만들려 하고 있다.[62]

뉴질랜드에서는 '무료 수돗물 뉴질랜드Free Tap Water NZ', 호주에서는 '수도를 선택하세요Choose Tap', 미국에서는 '위탭WeTap', 캐나다에

그림 11. 카페 문에 붙어 있는 '물 무료 리필' 매장 표시 로고 (뉴질랜드 더니든)

사진: Daniel Jaffee

서는 '블루WBlue W' 등 비슷한 노력이 다른 곳에서도 계속 이루어지고 있다. 블루W의 창립자 에반 필킹튼은 "세계 어디를 가든 목마른 사람들이 물을 마시는 데 돈을 낼 필요가 없게 하는 것"이 목표라며 이렇게 말했다.

아침에 일어나서 열쇠, 도시락, 일거리와 노트북을 집어 들고 현관 쪽으로 가면서 [다회용] 물병도 집어 들고 나가는 사람들이 있습니다. 그렇죠? '블루W'라고 붙여놓은 매장들은 이러한 매장이 없다면 물 받을 곳을 찾아 두리번거리며 헤매야 할 그 사람들을 끌어들이려고 하는 겁니다. 전에는 헤매다가 도서관이나 버스 정거장으로 가서 (…) 운이 좋으면 음수대를 발견했죠. 하지만 이제는 창문에 블루W가 붙어 있으면 그냥 들어가서 물병에 물을 채우면 된다는 걸 아는 거죠. 커피나 차를 시키지 않더라도요. 또한 매장 소유자는 이것이 (…) 유동인구를 끌어들여서 자신에게도 득이 된다는 것을 알고요[63]

이러한 노력은 소상공인뿐 아니라 대형 유통업체의 관심도 끌었다. 영국에서는 슈퍼마켓 체인 아스다Asda와 레스토랑 체인 프레타 망제 Pret à manger가 리필과의 협업으로 수백 개의 매장에 무료로 물을 받아갈 수 있는 코너를 열었다.

포장생수 업계는 환경 문제에 대한 우려에서 촉발된 리필 운동을 예의주시하고 있고, 이 장의 제사가 보여주듯이, 걱정하고 있다. 영국에서는 2019년에 병입생수 판매가 대침체 이후 처음으로 감소했는데, 리필이 주된 이유 중 하나였다. 업계 매체인 《그로서》는 이렇게 언급했다. "안 좋은 소식은 여기에서 그치지 않는다. 점점 더 많은 소비자가 일회용 플라스틱보다 다회용 물병을 쓰는 쪽으로 넘어가면서 병입생수는 환경에 대한 우려로부터도 계속 타격을 받고 있다. (…) 이 운동은 너무나 중대해서, [리서치 업체] 민텔의 선임 식음료 분석가 리처드 케인스는 다회용 물병을 '병입생수 판매에 가장 큰 위험'이라고 칭했을 정도다. 게다가 돌아다니면서도 쉽게 수돗물을 받아 다회용 물병을 채울 수 있게 되면서 이 위험은 더욱 커지고 있다. (…) 이를 종합하면, 그림은 꽤 암울해보인다."[64] 업계가 우려하는 현상은 여론조사에서도 확인된다. 영국에서 병입생수 구매자의 63%와 다회용 물병을 가지고 다니는 사람의 72%가 리필 스테이션이 더 많아진다면 더 많이 이용할 것이라고 답했다.[65] 수돗물을 되찾자 운동은 순풍에 돛을 달고 날아가고 있는 것으로 보인다.

평가

이러한 진전에 얼마나 의미를 부여할 수 있을까? 공공, 민간, 비영리 영역이 벌이는 노력의 느슨한 혼합이 실제로 병입생수 소비를 줄이거나 업계의 전망에 타격을 주었을까? 10여 년 전 대침체가 왔을 때 글로벌 북부 대부분 지역에서 병입생수 판매가 2년 연속 감소했다. 그때 몇몇 연구자들은 소비자의 소득 감소와 함께 병입생수 반대운동도 큰 요인이었을 것이라고 평가했다. 하지만 병입생수 판매 감소는 짧게 끝났다. 2012년에 더글러스 홀트는 이렇게 언급했다. "병입생수를 마시는 것이 몇몇 대학 캠퍼스와 소수의 문화적 엘리트 소비층 사이에서 낙인이 되긴 했다. 하지만 이런 움직임이 대중시장에 미친 영향은 미미했다. 2008-2009년의 심각한 경제 침체 동안 예측 가능하게 위축되었던 판매는 그 시기 이후에 다시 증가했다."[66] 피터 글릭은 "[당시에] 이러한 [판매 감소가] 병입생수를 반대하는 사회운동을 반영하는 것일 수도 있겠다고 생각했지만, (…) 수요는 다시 반등했고 사회운동은 어느 정도 수그러들었다"고 말했다.

하지만 돌아보면, 병입생수 소비에 도전하는 활동이 몇 년 동안 수그러들긴 했어도, 이것은 2개의 커다란 파도 사이에 있었던 막간이었던 것으로 보인다. 정부와 기관의 병입생수 금지 정책이 다시 한번 대대적으로 일고 있다. 몇몇 주요 도시에서 병입생수 금지가 새로 도입되었고 특히 2018년과 2019년 이래로 수돗물 접근성이 상당히 확대되었다. 이 두 해는 중국이 부유한 나라들로부터 재활용 플라스틱 수입을 금지하기 시작한 때이자 수백만 명의 젊은이가 세계 곳곳에서 기후정의 운동을 벌인 시기다. 두 파도 사이의 막간 동안, 소비단에서의 병입생수 반대운동은 2개의 커다란 조류와 통합되었다. 하나는 일회용 플라스틱에 대한 전 지구적인 저항, 다른 하나는 플린트 이후 공공 수도 공급을 지키고 재활성화하려는 싸움이다.

인과관계를 입증하기는 어렵지만(팬데믹도 업계에 영향을 미쳤다), 병입생수 반대운동은 생수 판매 감소에 실제로 핵심적인 역할을 한 것으로 보인다. 영국에서 2020년의 병입생수 판매는 2018년 수준보다 여전히 낮았는데, 불과 3년 전까지만 해도 파죽지세로 성장하고 있던 시장으로서는 놀라운 변화다.[67] 업계는 이 변화를 특히 젊은 층 사이에서 리필을 선호하고 플라스틱에 반대하는 운동이 일었던 결과로 보고 있으며, 이에 대해 우려하고 있다. 이러한 판매 감소는 (여론조사에서도 드러나듯이) 수돗물을 마시는 것이 다시 정상적인 표준으로 여겨지게 된 문화적 전환을 반영하는 것으로 보인다. 사람들이 더 많은 외부 장소(공공 소유와 민간 소유 모두)에서 수돗물을 더 편리한 형태로 더 쉽게 이용할 수 있게 하라고 요구하고 있는 것도 그러한 문화적 변화다.

이러한 소비단 중심 운동의 역사는 병입 및 포장 생수에 도전하는 더 폭넓은 운동의 DNA에 대해 무엇을 드러내주는가? 병입생수 금지 운동의 계보는 '서론'에서 제기한 질문 중 하나인 병입생수 반대운동과 수돗물 민영화 반대운동, 그리고 글로벌 물 정의 운동 사이의 관계를 생각해보는 데 도움을 준다. 이 장에서 소개한 북미 빅5 단체의 경로를 보면, 이들의 병입생수 관련 활동(대부분 거의 20년 전으로까지 거슬러 올라간다)은 그보다 앞선 시기에 있었던 반기업 및 글로벌 정의 운동에서 나왔다. 그 운동은 불공정한 무역협정과 투자협정에 맞선 것도 있었고 초국적 기업의 활동에 맞선 것도 있었다. 병입생수에 대한 이들의 운동은 수도 민영화에 반대하고 공공 영역을 재활성화하기 위해 수도 시스템을 강화하려는 과거의, 혹은 지금도 지속되고 있는 운동의 확장이기도 하다. 그와 동시에, 이 단체들 대부분에서 병입생수는 유일한 초점이 아니었고 주된 초점도 아니었다. 그보다 병입생수 이슈는 기업의 통제력과 물 상품화에 맞서고자 하는 그들의 더 일반적인 도전에서 촉진제 역할을 했다.

병입생수를 금지하기 위한 구체적인 행동은 어디에나 보이는 병입생수를 줄이고 병입생수 소비에 낙인을 찍으며 물을 탈상품화하는 데 어떤 역할을 하고 있을까? 직접적이고 물질적인 면에서 보면, 이러한 노력은 정부 기관만이 아니라 공공 소유 장소에서 사업을 하는 민간 사업체도 병입생수 판매를 줄이게 하는 데 일조하고자 하며 성과도 있었다. 또한 병입생수 금지의 짝꿍 정책인 수돗물 접근성 인프라 투자도 포장생수 소비를 한층 더 줄이는 데 도움이 된다. 집 밖에서는 믿을 만한 공용 음수 장소를 찾기가 너무나 어렵다는 업계의 주장(때로는 암묵적인 주장이긴 했어도 아무튼 종종 사실이었다)을 깨뜨릴 수 있었기 때문이다. 눈에 잘 띄는 곳에 새로 세워진 깔끔한 리필 스테이션과 음수대도 업계의 주장을 약화하면서, 적어도 이론상으로는 공공이 공급하는 물과 민간이 [포장생수 형태로] 공급하는 물 사이의 기울어진 운동장을 평평하게 만들어 포장생수의 필요성을(따라서 소비를) 감소시킨다. 간접적인 측면에서 보면, 공공 수돗물을 소비하는 습관을 회복하려는 이러한 노력, 즉 곳곳에 설치된 리필 스테이션, 다회용 물병, 매장 창문에 붙은 스티커, 스마트폰 앱 등의 새로운 물리적 인프라로 인해 가능해진 노력은 문화의 영역에서 작동하면서 식수 소비 방식의 사회적 표준을 바꾸어내고 있다.

종합하면, 소비단에서 병입생수에 도전하는 노력은 공짜 식수, 즉 상품화되지 않은 형태의 식수에 접근하는 옛 양태와 새 양태를 두루 아우른다. 여기에는 도시가 자금을 대는 음수대와 리필 스테이션도 포함되지만, 민간 사업자가 매장 고객과 비고객 모두에게 무료로 수돗물을 제공하는 것도 포함되며, 돌아다니면서도 이러한 장소를 수시로 쉽게 찾을 수 있게 해주는 물류적, 기술적 장비들도 포함된다.

여기에서 일구어지고 있는 효과는 부분의 합을 훨씬 넘어서는 것으로 보인다. 오프라인[음수대]과 온라인[스마트폰 앱]이 결합된 혼합적 물 접근성 인프라가 나타난 것이다. 이 새로운 인프라의 존재는 급진적인 주장을 한다. 식수에 접근하는 방식은 비용이 들지 않아야 하고, 누구에게나 열려 있어야 하며, 어디에나 있어야 하고, 낙인이 찍히지 않아야 하며, 일회용 용기로 포장되어 있지 않아야 한다고 말이다. 요컨대, 이것은 사회가 공공 식수에 대한 권리를 보장해야 함을 다시 주장하는 것과 같다.

이러한 변화는 젊은 층이 주도하는 플라스틱 오염 및 기후 변화에 대한 글로벌 운동과 잘 부합한다. 이 결합은 대중의 중요한 일부인 젊은 층 사이에서 병입생수를 마시는 것이 덜 매력적이고 덜 쿨하고 더 문제적인 일로 보이게 함으로써 그것을 더 이상 정상적이지 않고 낙인 찍히는 행위로 인식되게 했다. 병입 및 포장생수의 성장이 물에 대한 민간기업의 광범위한 통제를 받아들이는 데 익숙해지게 하거나 받아들이도록 유도하는 역할을 했다면, 역으로 이제는 병입생수라는 물 상품의 성장을 늦추고 되돌리려는 운동이 탈상품화의 중요한 형태를 구성하고 있다.

마지막으로, 병입생수를 금지하고 수돗물을 되찾기 위한 노력은 긴축에 저항하고 공공재를 지키는 한 가지 방식이기도 하다. 이것은 우리가 공유하고 있는, 하지만 종종 낙후된 물 인프라에 대한 재투자로 이어진다. 이 운동은 집에서 나오는 수돗물을 마시기 안전하게 유지해야 할 의무뿐 아니라 공공장소에서도 다시금 안전한 음용수에 널리 접근할 수 있게 만들어야 할 의무를 국가에 부과한다. 다시 이는 공공 영역의 핵심적인 중요성에 대한 대중의 인식을 강화하는 데 도움이 될 것이다.

수돗물이 안전하지 않다면 어떻게 수돗물을 되찾을 수 있을까?

하지만 이러한 주장에 제기되곤 하는 중요한 문제가 하나 있다. 병입생수 금지, 리필 스테이션 설치와 같은 소비단에서의 운동은 안전한 물이 널리 공급되고 있는 곳에서나 적용되는 이야기 아니냐는 것이다. 수돗물 공급이 불안정하거나 안전하지 않다면 어떻게 수돗물로 돌아간단 말인가? 소비단에서의 포장생수 반대운동은 양질의 식수 공급을 이미 누리고 있는 비교적 부유한 나라와 도시에서 보호적 행동으로서 이루어지는 것이자 물에 대한 특권의 산물인가? 아니면 수돗물을 되찾고 음용수 소비문화를 바꾸고자 노력하는 것이 '모두를 위한 물 정의'를 달성하는 데 활용될 수 있는 정치적 압력을 만들어낼 수 있는가?

어떤 이들은 소비단에서의 병입생수 반대운동이 이미 널리 수돗물이 보급된 곳들, 주로 글로벌 북부 도시들의 운동이라고 본다. 게이 호킨스와 에밀리 포터, 케인 레이스는 "병입생수 반대운동 대부분은 국가가 물을 공급할 것으로 기대되고 그것이 시민권의 상징인 국가만의 현상"이라고 언급했다.[68] 크게 보면 맞는 말이지만, 조금 더 섬세하게 따져볼 필요가 있다. 우선, 수돗물이 믿을 만하지 못했던 곳에서 수돗물의 질을 개선하거나 복원해 수돗물에 대한 신뢰를 (재)구축하는 것이 얼마든지 가능하다. 전 유엔 물 인권 특별보고관 카타리나 드 알부케르크는 브라질에서 열린 세계물포럼에서 이렇게 말했다. "제가 어렸을 때 저희 나라 포르투갈에서는 사람들이 수돗물 마시는 것을 두려워했습니다. 그리 안전하지 않았기 때문입니다. 그런데 커다란 캠페인이 벌어지고 커다란 투자가 이루어지면서 마시기에 가장 좋은 물은 수도꼭지에서 나오는 물이라는 사실을 사람들이 알게 되었습니다. 수돗물이 값도 더 싸고 수질도 더 좋으며 관리도 더 잘되고 더 환경친화적입니다. 하지만 이것을 달성하려면 정보가 접근 가능하고 투명해야 합니다. 사람들이 신뢰를 가질 수 있도록요."[69]

수도 시스템에 대대적인 공공 투자를 한 포르투갈의 사례는 북미에서, 또 세계의 다른 많은 곳에서 물 정의 운동이 요구하고 있는 종류의 인프라 복원이 가능함을 보여주는 좋은 사례다. 하지만 안전하지 않은 물 때문에 위험에 처해 있는 곳들의 현실에 적용하려 하면 어려운 문제가 제기된다. 글로벌 남부의 많은 곳뿐 아니라 글로벌 북부에서 사실상 글로벌 남부와 상황이 비슷한 곳도 마찬가지다. 예를 들어 캐나다의 선주민 공동체 수십 곳은 오랫동안 '안전하지 못한 물 경고'

가 내려진 상태에서 병입생수에 의존하도록 내몰렸다. 이들 중 일부는 정부가 일회용 플라스틱을 금지하면 여기에 병입생수도 포함될까 봐 우려한다. CBC는 이 상황을 이렇게 보도했다. "준 바티스트는 브리티시컬럼비아주 클루스쿠스 부족 위원인데, 이 부족 사람들은 깨끗한 식수를 이들의 공동체로 들어오는 병입생수에 의존하고 있다. 따라서 병입생수 접근성에 영향을 미치게 된다면 여기에서는 일회용 플라스틱 금지가 잘 지켜지지 않을 것이다. 바티스트는 클루스쿠스 부족 사람들 집에 수도가 연결되어 있기는 하지만 물이 중금속으로 오염되어 색이 누렇고 황 냄새가 난다고 말했다."[70] 블루 커뮤니티 프로젝트는 이 딜레마를 인지하고 있으며, 수돗물이 안전하지 못한 공동체에 대해서는 병입생수 금지 요구 사항을 수정했다.[71] 분명히 이러한 상황은 소비단의 운동이 포장생수에 도전할 때 섬세한 접근을 할 필요가 있음을 의미한다.

하지만 안전한 물이 대체로 잘 공급되는(혹은 인프라에 막대한 지출을 할 역량이 있는) 부유한 나라에서만 소비단에서의 병입생수 반대운동이 나타날 수 있다는 주장은, 최근까지는 대체로 맞았을지 몰라도, 포장생수에 대한 문제의식이 전 세계적인 플라스틱 반대운동과 결합한 오늘날에는 더 이상 맞는다고 볼 수 없다. 오늘날에는 지역 당국과 기관의 일회용 병입생수 금지가 안전한 식수가 보편적으로 공급되어 있지 않은 곳들에서도 일어나고 있다. 인도의 사우스 델리 정부와 마하라슈트라주 정부가 이를 보여주는 최근의 두 사례다. 마하라슈트라주는 인구가 대부분의 국가보다도 많은데, 이곳 당국자들은 주정부 사무실에서 플라스틱 생수를 없애고 그 대신 삼투압 처리한 수돗물을 유리병에 담아 제공하거나 디스펜서로 제공할 것이라고 밝혔다.[72] 글로벌 남부의 대학들도 이러한 정책을 도입하고 있다. 브라질의 라브라스 연방대학은 블루 커뮤니티 참여 대학이고 필리핀의 실리만대학은 '플라스틱으로부터의 해방' 운동의 일환으로 일회용 병입생수 판매를 중단했다. 그리고 아마도 이들은 첫 번째 주자들이고 앞으로 유사한 노력이 더 생겨날 것이다.

소비에서 추출로

이 장을 마무리하며, 소비단의 병입생수 반대운동에서 볼 수 있는 마지막 시사점을 이야기해야 할 것 같다. 소비단에 초점을 둔 '수돗물을 되찾자' 형태의 운동은 '플라스틱 포장생수'라는 상품 범주 일반(과 포장생수 업계 일반) 혹은 추상적인 범주와의 싸움이다. 지역정부가 포장생수의 구매와 판매를 금지하도록 활동하는 단체들도 대개 일반 범주로서 병입생수라는 상품이 미치는 부정적인 영향에 초점을 맞추지, 특정 기업에 초점을 맞추지는 않는다. 또한 병에 든 물의 원천이 구체적으로 어느 곳에서 나왔든 상관없이 병입생수에 반대한다. 이것은 전략적으로 합리적이다. 어떤 도시가 시 차원의 정부 조달에서 병입생수 구매를 금지할 때, 이것은 수돗물을 재정수한 생수와 용천수나 관정에서 취수한 생수 모두를 금지하는 것이다. 따라서 이러한 노력은 병입생수 시장 전체를 타깃으로 하며, 특정 브랜드에 초점을 두지는 않는다. 그리고 북미에서 이러한 운동을 막으려는 움직임은 개별 회사 차원에서 이루어진다기보다는 업계 차원의 로비 집단을 통해 이루어져왔다.

이 특징은 샘물 및 지하수 추출에 맞서는 투쟁과 두드러지게 구별된다. 미국에서는 샘물과 지하수가 병입생수 시장의 3분의 1이 약간 넘는 정도밖에 차지하지 않지만 캐나다 등 다른 많은 나라에서는 병입생수의 대부분을 차지한다. 생산 및 추출단에서의 투쟁은 구체적인 특정 기업에 강하게 초점을 두며, 활동가들은 해당 기업의 이름을 구체적으로 거명하고 특정 지역의 지하수를 보호하기 위해 활동한다. 이렇게 매우 지역적인 속성을 갖는 물 추출단에서의 투쟁을 다음 장에서 살펴보자.

5장

캐스케이드락스: 10년의 투쟁

나는 애나 매 레너드를 따라 주정부가 운영하는 어류 산란장 뒤쪽 자갈길을 올라갔다. 산란장은 국립삼림지역 가장자리의 가파른 기슭 발치에 있었다. 우리는 더글러스 전나무가 무성한 숲으로 들어간 다음 갈림길에서 오른쪽으로 꺾어 짧은 오솔길을 따라 막다른 곳까지 걸어갔다. 커다랗고 깊은 샘이 있었다. 고사리류의 식물이 둘러싼 가운데 수정처럼 맑은 물이 가득했다. 벽돌로 가장자리를 댄 분출구에서 삼림 깊숙한 곳부터 샘물이 솟아올랐다. 못의 바깥 가장자리를 따라서는 나무 난간이 설치된 금속제 보행자 다리가 가파른 기슭을 내려다보고 있었다. 저 멀리 고속도로에서 들려오는 희미한 소리를 제외하면, 유일한 소리라곤 샘에서 솟아나는 물이 콘크리트 수로를 타고 흐르다 무성한 숲속의 이끼 덮인 바위로 6미터가량 떨어지는 소리

뿐이었다. 오리건주 정부와 인근의 작은 마을인 캐스케이드락스 사이에 '물 교환' 안이 승인되면, 네슬레는 여기에 커다란 병입공장을 짓고 매년 이곳의 샘물을 4억 4700만 리터씩 추출해다가 애로우헤드 생수 제품을 만들어 북서부 전역에서 판매할 것이었다.

앉을 만한 곳이 없어서 썩어가는 잘린 목재를 몇 개 가져다가 임시로 걸상을 만들었다. 한두 줄기의 햇빛이 숲의 나뭇잎 차양을 뚫고 내려와 우리에게 닿았다. 2주 뒤에 10대 청소년 한 명이 터트린 폭죽 때문에 대형 산불이 나서 이 지역의 일부가 불에 탈 줄은 우리 둘 다 상상도 하지 못했다. 레너드는 50대 후반이었고 손주를 둔 할머니였다. 하나로 땋은 머리에 우아한 미소를 가진 그는 웜스프링스 부족 연맹의 일원이다. 이 연맹은 컬럼비아강 인근의 또 다른 세 부족과 함께 1855년에 체결된 조약에 따라 국가에 양도한 땅에 대해 상당한 권리를 보유하고 있는데, 전통적인 연어 양식 조업권도 그중 하나다. 레너드는 "우리가 지금 와 있는 이 샘물을 영어로는 옥스보우 스프링Oxbow Spring이라고 부르지만 선주민 말로는 '쿠우프 와니이치트'라고 부른다"고 알려주었다.

고대부터 이곳은 사람들이 찾아와 기도하는 곳이었습니다. 노래 부르는 것도 포함해서 부족 전통 방식으로 영적인 수행을 하던 곳이죠. 또한 이곳은 그저 점심을 먹으러 오고, 약수를 마시러 오는 곳이기도 했습니다. 여기 이 물이 약수지요. (…) 물은 인권입니다. 물은 인권이에요. 전통 선주민 사회에서는 물을 판매한다는 건 생각할 수도 없는 일입니다. 공기를 판매하는 것을 생각할 수 없는 것처럼 말이에요. 네슬레에 반대하는 와나품 어민 연대Wanapum Fishing People Against Nestlé의 궁극적인 목적은 인디언 공동체에서 병입생수 사용을 멈추는 것입니다.[1]

• • •

2008년에 네슬레워터스는 오리건주 캐스케이드락스에 대형 병입공장을 짓겠다는 제안서를 제출했다. 캐스케이드락스는 컬럼비아강 협곡 국립경관지역에 위치한 인구 1100명의 마을이다. 이 제안서는 네슬레가 50년간 옥스보우 스프링 사용권을 보장받도록 하고 있었다. 네슬레가 샘물을 캐스케이드락스 수도 당국으로부터 고객 자격으로 구매해서 현금이 부족한 캐스케이드락스의 재정 수입을 2배로 늘려주고 일자리도 약 50개 정도 창출할 것이라고 했다. 캐스케이드락스 당국자, 오리건주 주지사, 오리건주 어류 및 야생생물국 모두 긴 승인 과정 내내 일관되게 이 안을 지지했다. 몇 년 동안 캐스케이드락스에서 여기에 공개적으로 반대하는 목소리는 거의 없다시피 했다. 승인이 나는 것은 따놓은 당상 같았다.

하지만 9년도 더 지난 뒤에 내가 레너드와 함께 와서 나무 아래에 앉았을 때도 옥스보우 스프링은 여전히 추출되지 않는 채로 흐르고 있었다.[그림 12] 병입공장 승인은 아직 나오지 않았고 지어질 가능성에서 그 어느 때보다도 더 멀어진 듯했다. 그리고 4개월 뒤에 이 제안은 공식적으로 폐기된다. 지역 주민과 활동가들은 어떻게 세상에서 가장 큰 식음료회사의 병입공장 건설 계획을 그렇게 오랫동안 지연시키고 끝내 완전히 무산시킬 수 있었을까? 반전을 거듭하는 이 다사다난한 이야기에는 여러 지역단체와 전국단체가 등장하며, 주정부를 타깃으

그림 12. 옥스보우 스프링 (오리건주 컬럼비아강 협곡)
사진: Daniel Jaffee

로 삼아 오랫동안 이어진 운동, 그리고 궁극적으로 선주민 활동가와 부족민 자치위원회도 포함해 다양한 사람들의 연대를 일궈내고 마침내 샘물 병입에 찬반을 묻는 전례 없는 카운티 주민투표로 병입공장 건설안을 최종적으로 무산시킨 지역 운동이 등장한다. 하지만 더 큰 이야기는 캐스케이드락스 이야기보다 일찍 시작되고 그 뒤로도 한참 더 이어지며, 여기에는 네슬레 및 여타 글로벌 생수 회사들이 샘물 수원을 확보하기 위해 접촉한 북서부 지역의 또 다른 선주민 공동체 예닐곱 개도 등장한다. 이 10년의 투쟁을 상세히 살펴보면 비슷한 병입 계획에 직면한 다른 농촌 공동체 주민들에게뿐 아니라 더 폭넓은 물 보호 운동에도 도움이 될 귀중한 교훈을 얻을 수 있을 것이다.

어머니 매클라우드의 자리를 차지하기

무엇이 네슬레를 태평양 연안 북서부[*] 그리고 최종적으로 이곳의 습윤한 중심부인 컬럼비아강 협곡으로 오게 했을까? 그 이유를 찾으려면 몇 년을 더 거슬러 올라가서 네슬레가 북미 서부 연안에서 샘물을 추출하려 시도했다가 실패한 굵직한 사건 하나를 알아보아야 한다. [2000년대에] 캘리포니아주 북동부 끝자락, 만년설이 덮인 샤스타산의 깊은 숲속에 자리 잡은 작은 마을 매클라우드에서 6년간의 싸움이 벌어졌다. 매클라우드는 비법인지구인 인구 1200명의 작은 마을로, 오랫동안 매클라우드강 목재회사에 마을 전체가 의존했다. 사람들은 이 회사를 '어머니 매클라우드'라고 불렀다. 1980년대에 목재 산업이 쇠퇴하고 2002년에 매클라우드 목재 공장이 완전히 문을 닫으면서, 이곳의 실업률이 20% 이상으로 치솟았다.

2003년 9월에 이 지역의 유일한 정부 기관인 매클라우드 공동체 서비스부McCloud Community Services District 공직자들은 네슬레와 비밀리에 협상한 계약을 승인했다. 만약 실행되었더라면 네슬레는 예전 목재 공장 자리에 미국 최대의 병입공장을 지어서 99년 동안 매클라우드 공동체 서비스부의 고객 자격으로 매년 19억 7000만 리터의 샘물을 구매해갈 수 있었을 것이다. 네슬레가 낼 사용료는 갤런당 고작 0.00008달러(466리터당 1센트)로 책정되었지만 매클라우드 공동체 서비스부는 연 100만 달러가 채 되지 않았던 총 재정 수입에 35만 달러

• 태평양 연안 북서부Pacific Northwest는 태평양 연안의 북미 북서부 일부 지역을 특정한다. 워싱턴주, 오리건주, 아이다호주와 캐나다의 브리티시컬럼비아주, 때로는 알래스카주도 포함한다.

를 보탤 수 있을 터였고, 네슬레는 250개의 일자리도 약속했다.[2]

네슬레는 병입공장이 들어설 장소로 왜 이 마을을 선택했을까? 저널리스트 미셸 콘린은 네슬레가 "미국 전역에서 11명의 물 사냥꾼[물 탐사 전문가]을 고용했는데, 이들은 물 공급량을 모니터링하는 일 외에 멀리 외진 곳에 있는 시원의 깨끗한 샘물 수원을 찾아다니는 일도 한다"고 설명했다. 바로 "매클라우드 같은 곳" 말이다.[3]

매클라우드 공동체 서비스부 위원회가 표결로 이 계약을 승인했을 때(모든 법적 비용은 네슬레가 부담했다), 이 계획은 그날 바로 사람들에게 알려졌고 많은 주민이 분개했다.[4] 이 계획에 반대하는 풀뿌리 운동은 매클라우드를 우려하는 시민 모임Concerned McCloud Citizens이라는 지역단체의 결성으로 이어졌다. 또한 매클라우드 유역 위원회 McCloud Watershed Council, 나중에는 [야생 송어trout와 송어 서식지 보호 운농을 펼치는] 캘리포니아 트라우트California Trout와 트라우트 언리미티드Trout Unlimited도 싸움에 합류했다. 뒤에 합류한 이 단체들은 네슬레 병입공장이 들어설 경우 이곳의 청정 어획지역에 미치게 될 악영향을 우려했다. 나중에 매클라우드 유역 위원회는 식품과물감시단과도 협업한다.

네슬레의 병입공장 계획은 마을을 정확히 둘로 갈랐다. 지지자들은 전에도 다른 병입업체를 유치하려 시도한 적이 있었고, 심각한 경제 문제를 타개하는 방법으로서 매클라우드의 풍부한 샘물을 상업화하는 것이 당연한 일이라고 생각했다. 한 주민은 내게 이렇게 말했다. "이 샘물은 당국[매클라우드 공동체 서비스부]이 판매할 수 있는 유일한 것입니다. 우리에게는 물이 있어요. 깨끗하고 그저 더할 나위 없는 물이 있습니다. 우리가 팔 수 있는 것은 그것뿐이에요. 우리가 매달 내는 [세금 외에] 우리가 돈을 벌 수 있는 길은 그것뿐입니다. (…) 그래서 우리는 이렇게 생각했습니다. '병에 물을 담는 공장에 대해, 그러니까 이런 청정한 산업에 대해 누가 불평할 수 있겠어?'라고요."[5] 긴장이 높아지면서, 반대자들의 자동차 타이어가 찢기고 찬성자들의 집 울타리가 뜯겨나가는 등 쌍방에서 험한 일이 벌어졌다.[6]

비판적인 입장을 가진 주민들은 네슬레의 병입공장 건설안이 매클라우드가 미래에 식수를 계속 확보할 수 있을지에 심각한 위협을 제기한다고 보았다. 매클라우드 유역 위원회의 한 활동가는 "친네슬레에서 반네슬레로 돌아선 사람들의 (…) 주된 이유는, (…) 그 계약안에 따르면 가뭄이 들었을 때 (…) 우리는 우물을 파서 우물물을 마셔야 할 텐데 네슬레는 우리의 깨끗한 샘물을 가져갈 수 있게 되어 있었기 때문"이라고 말했다.[7]

반대하는 주민들이 소송을 제기했고, 이는 네슬레가 캘리포니아주 환경품질법이 정한 환경영향평가를 준비할 수밖에 없도록 압박했다. 이 때문에 승인 절차가 상당히 지연되었다. 이어서 2008년에 전국적인 경기 침체가 닥치자 네슬레는 병입시설의 규모를 크게 줄일 것이라고 발표했다.[8] 《비즈니스위크》는 이 같은 전개를 "모든 기업이 경고로 여겨야 할 것"이라며 "[전에는] 다국적 기업이 경제적으로 침체된 도시나 마을에 들어와 자신이 원하는 바를 상당한 정도로 행할 수 있었지만 (…) 매클라우드 주민들은 자신의 이슈를 센세이셔널한 국제 뉴스로 만드는 데 성공했고, 네슬레는 항복했다"고 보도했다.[9] 결국, 2009년 9월에 네슬레는 매클라우드 공장 계획을 완전히 철회했다. 그보다 불과 한두 달 전에, 네슬레는 캘리포니아주 새크라멘토에 수돗물을 병입하는 큰 공장을 짓기로 새크라멘토 당국과 합의했다.

네슬레를 물리친 승리에 대해 활동가들은 효과적인 메시지 구성, 소송을 통한 법적인 도전, 네슬레에 부정적인 언론 보도가 나오게 함으로써 평판 위협을 일으킨 홍보 활동이 잘 결합된 덕분이라고 분석했다. 캘리포니아 트라우트의 한 활동가는 내게 이렇게 말했다. "우리는 이슈를 두 가지로 프레이밍했고 그 둘을 잘 엮었습니다. 물이 이것[네슬레 공장]보다 더 소중하다는 것, 그리고 (…) 네슬레가 수십억 달러의 이득을 얻는 동안 (…) 그들은 우리를 제3세계 국가처럼 취급할 텐데, 우리는 그보다 더 나은 대우를 받을 자격이 있다는 것이었어요. 우리는 만약 당신이 물을 판매하는 것이 좋은 아이디어라고 생각한다면 방금 무슨 짓을 한 건지 생각해보라고 말했습니다. 가장 중요한 자산을 헐값에 넘긴 거나 마찬가지라고 말이에요."[10] 하지만 네슬레워터스의 CEO는 매클라우드에서 후퇴하기로 한 결정이 순수하게 사업상의 결정이었다고 말했다. "새크라멘토 공장을 통해서 우리는 북부 캘리포니아 고객에게 더 낮은 물류비용과 더 작은 환경 발자국으로 제품을 공급할 수 있게 될 것입니다. (…) 따라서 더 이상 매클라우드에 새 시설을 지을 사업상의 필요가 없어졌고, 그래서 계획을 철회한 것입니다."[11]

수돗물을 병입하기

수돗물을 병입하는 공장은 발견하기가 쉽지 않다. 종종 산업단지에 자리 잡고 있고 통상적인 대형 물류창고 같아 보인다. 병입회사는 계량기가 돌아가는 도시의 수도 시스템에 공장을 연결해 그 수돗물을 재정수하고 자사가 특허를 가진 미네랄 혼합물을 첨가한 뒤 플라스틱병에 담아 트럭에 싣고 유통매장으로 간다. 이 상품은 제조비용이 싸다. 병입업체들은 대개 상업용 수도요금을 내고, 때로는 할인도 받는다. 허가 승인이나 입지 등을 둘러싼 번거롭고 힘든 과정도 거의 존재하지 않는다. 레이더망에 잡히지 않으므로, 샘물 추출안을 내놓았을 경우라면 발생했을 논란도 피할 수 있다. 이런 점을 생각할 때, 2014년부터 [수돗물을 병입하는] 새크라멘토 공장에 대해 사람들의 저항이 분출한 것은 굉장한 일이다.

현지의 독립 저널리스트인 댄 배처에 따르면, 네슬레가 2009년에 계획안을 제출한 새크라멘토의 병입시설은 당시 시장이던 케빈 존슨(전직 NBA 농구 스타이자 기득권과 연줄이 많은 민주당 정치인이다)이 적극적으로 유치하고 홍보했다. 댄 배처는 "[활동가들이] 매클라우드에서 네슬레를 내쫓았고 그다음에 네슬레가 여기[새크라멘토]로 왔다"며 "네슬레를 유치하고 싶어 한 시장[케빈 존슨]이 있었기 때문"이라고 내게 설명했다. "때는 2009년이었고, 전해에 경제 붕괴와 주택 버블 붕괴가 있었죠. '이것은 일자리입니다. 뭐가 문제입니까?' 기본적으로 이것이 케빈 존슨의 메시지였습니다."[12]

네슬레 공장은 연간 적어도 3억 300만 리터를 병입할 수 있는 규모였다. 도시 당국자에 따르면 일반적으로 그만큼을 다 추출하지는 않는다지만 말이다. 아무튼 이 물에 대해 네슬레는 새크라멘토 주민 및 여타 기업이 내는 것과 동일한 수도요금을 냈는데, 갤런당 0.2센트도 되지 않았다.[13] 2015년에 네슬레는 캘리포니아 남부에 있는 세 도시에서도 수돗물을 병입하고 있었으며, 이에 더해 캘리포니아주 여기저기의 총 11곳에서 샘물도 병입하고 있었다.

2014년에 캘리포니아주 거의 전역에 가뭄이 들었고 2015년에는 훨씬 더 심해졌다. 주지사 제리 브라운은 주민의 물 사용을 적어도 25% 이상 줄이는 긴급 조치를 발동했다.[15] 배처는 내게 이렇게 말했다. "캘리포니아 수자원부는 사람들에게 샤워 횟수를 줄이고 잔디가 갈색으로 말라비틀어져도 그대로 두라고 했습니다. 그렇게 하는 사람들, 샤워에 물을 덜 쓰는 사람들을 영웅이라고 추켜세웠죠. (…) 그러는 동안, 네슬레는 이 모든 물을 가져다가 막대한 수익을 내면서 사람들에게 다시 팔고 있었습니다. (…) 제 생각에는 이 부분이 정말로 사람들에게 공분을 일으킨 것 같습니다."

2015년에 지역 일간지 《데저트 선》이 네슬레가 샌버너디노 국유림에서 27년 전에 만료된 허가를 가지고 계속해서 샘물을 추출하고 있었다는 사실을 폭로했을 때,[16] 네슬레워터스의 새 CEO 팀 브라운은 라디오 인터뷰에서 "[캘리포니아주에서 병입을 멈출 생각이 없으며] 오히려 늘릴 수 있다면 더 늘릴 것"이라고 신경질적으로 대응했다.[17] 유례없이 심각한 가뭄의 한복판에서 상업용 병입업체는 희소한 지하수를 아무 제약 없이 계속해서 뻔뻔하게 퍼 올리는 반면 주민은 일상에서 쓰는 물까지 줄여야만 하는 대조적인 상황은 이 이슈를 국제적인 뉴스거리가 되게 만들었다.

이렇게 긴장이 고조된 맥락에서, 새크라멘토의 한 단체(유머러스하게도 이름을 크런치 네슬레 연대Crunch Nestlé Alliance*라고 지었다)가 [샘물이 아닌] 수돗물만 병입하는 시설에 대해서는 매우 드물게도 대중적인 저항을 조직했다. 2014년 10월, 첫 저항 행동에 나선 이들은 공장 정문 앞 도로를 막고 시위를 벌였다. 배처는 이렇게 회상했다. "네슬레는 이미 자기네 사람들에게 자리를 피해 있도록 했습니다. (…) 그들은 영리해요. 그리고 충돌을 피합니다. (…) 크런치 네슬레 연대가 이 시위를 주도한 단체였지만, 평화운동을 하는 사람들, 선주민 공동체, 브라운 베레 같은 치카노[멕시코계 미국인] 민권운동 단체도 있었습니다." 2015년 3월에 크런치 네슬레 연대는 다시 한번 네슬레 공장 입구를 막았고 이번에는 미디어의 관심을 끌 만한 의상과 소품으로 무장하고 있었다. 배처는 이렇게 말했다. "사람들은 쇠스랑을 들고 말그대로 '문 앞의 야만인들' 모습으로 그곳에 갔어요. (…) 그리고 네슬레의 '크런치' 제품이 그려진 팻말이 있었지요. 모든 TV 방송국이 이 장면을 아주 좋아했습니다." 이 저항은 국제적으로 언론을 탔다. 크런치 네슬레 연대의 한 일원은 "이렇게까지 글로벌하게 갈 줄은 몰랐다"고 말했다.[18]

지역 활동가들의 노력은 커리지 캠페인Courage Campaign, 국제기업 감시단 등 주 차원과 전국 차원의 여러 단체로부터 지원도 받았다. 이들은 온라인 청원을 통해 캘리포니아주에서 물 병입을 중지하는 데 찬성하는 사람들의 서명을 16만 건이나 받아냈다.[19] 그 요구를 달성하지는 못했지만 [샘물이 아닌] '수돗물' 추출이 이 싸움의 주된 초점이었다는 사실 자체가 유의미하다. 공공 수도 인프라에 스리슬쩍 업혀서 이득을 얻는 것이 더 이상 예전처럼 안정적이고 논란을 일으키

• crunch는 와그작, 으드득 부서지는 소리를 뜻하므로 '네슬레 분쇄'라는 의미를 갖지만, 동시에 '크런치'는 바사삭 씹히는 곡물이 함유된 네슬레의 초콜릿바 이름이기도 하다.

지 않는 시장 전략이 될 수 없다는 의미였기 때문이다.

새크라멘토는 네슬레가 저가 제품인 퓨어라이프를 생산하는 데 안정적인 새 수원 역할을 했다. 하지만 이것은 **샘물이 아니라** 수돗물이었다. 샘물 생수는 다른 제품명으로 더 비싸게 판매되고 수익성도 더 높다.[20] 따라서 네슬레는 계속해서 새로운 샘물 수원을 찾아다녔고 북쪽으로 눈을 돌려 습윤한 지역인 태평양 연안 북서부로 향했다.

샘물 사냥

오리건주 포틀랜드를 벗어나 동쪽으로 차를 몰고 넓은 컬럼비아강을 따라 달리다 보면 도시가 갑자기 사라진다. 강을 따라 숲이 우거진 언덕이 점점 더 높아지다가, 꼭대기를 보려면 목을 젖혀야 할 정도가 된다. 포틀랜드에서 약 70킬로미터쯤 떨어진 컬럼비아강 협곡 중심부에 현무암 절벽이 위로 높이 솟아 있다. 강은 해발 30미터밖에 안 되지만 절벽의 끝인 벤슨 고원은 해발 1200미터가 넘는다.

이곳은 서로 다른 지형이 만나는 지점이다. 건조한 내륙과 강수량이 많은 윌라메트 계곡 사이의 통로 중 가장 좁은 부분이고, 서부 연안 전체를 종단하는 산에서 유일하게 거의 해수면 높이인 곳이다. 500년 전에 일어난 거대한 산사태가 컬럼비아강을 막으면서 자연적으로 댐이 생겼고, 이 댐은 신의 다리Bridge of the Gods라고 불렸다. 댐이 차차 깎여나가면서 여러 협곡이 생겼고 여기에서 캐스케이드[폭포]라는 이름이 유래했다. 이 협곡들은 유럽에서 온 정착민이 이동하는 데 큰 장벽이었기 때문에 여기에 마을이 생겼다. 1890년대에 통행을 편리하게 하기 위해 통행용 갑문들locks이 지어졌고[이렇게 해서 캐스케이드락스Cascade Locks라는 이름이 생겼다] 이 갑문들은 1938년에 보너빌댐 건설로 수몰될 때까지 존재했다.

캐스케이드락스 위아래로 들어선 큰 댐들은 태평양 연안 북서부의 풍부한 수력 발전원의 일부다. 오늘날 수력 발전은 재생 에너지로 여겨지지만 이 댐들은 커다란 생태적, 문화적 피해를 일으켰다. 특히 1957년에 댈스댐이 건설되면서 셀릴로폴스가 수몰되었는데, 이 지역은 고대로부터 컬럼비아강 일대의 선주민에게 주요 어업 지역이자 교역 중심지였고 북미에서 가장 오랫동안 중단 없이 사람이 거주해온 공동체였다.[21] 또한 이 댐들은 강의 물줄기를 끊는 결과를 가져왔는데, 그 때문에 여름에 물 온도가 더 높이 올라가서 무지개송어, 치누크연어, 은연어, 붉은연어의 산란이 크게 줄었다. 이제는 개체 수가 옛날 수준의 5-10%밖에 되지 않는다.[22]

이 지역의 경제는 유럽 사람들이 선주민을 몰아내고 정착한 이후 100년 넘게 어업과 목재업을 중심으로 굴러갔다. 1988년에 마지막 공장이 문을 닫을 때까지 커다란 목재 공장들이 캐스케이드락스에서 수십 명을 고용하고 있었다. 1986년에 레이건 대통령이 '컬럼비아강 협곡 국립경관지역법'에 서명하면서 협곡 양쪽으로 약 140킬로미터 길이에 달하는 1200제곱킬로미터 이상의 공유지와 민간 소유지가 보호구역으로 지정돼 개발이 금지되었다. 드문드문 파고들어 자리를 잡은 소수의 마을과 도시만 예외적으로 개발될 수 있었다. 레크리에이션, 관광업, 서비스 경제가 어떤 곳은 더 빠르게, 어떤 곳은 더 느리게 산업 경제를 대체하기 시작했다.

유명한 퍼시픽 크레스트 트레일Pacific Crest Trail을 종주하는 등산객들은 이곳 캐스케이드락스에서 고도를 훅 낮춰 내려온 뒤 '새로운' 신의 다리를 따라 컬럼비아강을 건넌다. 100년 된 새 다리는 좁고 높은 금속제 다리인데, 보행자용 갓길은 없지만 강 상류와 하류의 놀라운 절경을 볼 수 있다. 캐스케이드락스는 이 산중 지형에서 컬럼비아강과 주위를 병풍처럼 둘러싸고 있는 무성한 산 사이의 너비 약 1.5킬로미터 정도의 공간에 끼어 들어가 있다. 강 바로 위쪽으로는 벌링턴노던 철도가 나 있어서 기차가 끊이지 않고 굉음을 내며 지나간다. 더 가면 마을의 주요 도로가 나오고 한 블록 더 올라가면 84번 주간고속도로의 콘크리트 중앙 분리대와 시 경계선이 나온다. 그곳을 넘어가면 후드산 국유림인데, 대부분이 햇필드 야생지에 속한다.

이곳은 연중 8개월이 우기인 습윤 지대로, 연평균 강수량이 1950밀리미터나 된다. 숲이 무성하고 이끼가 가득하며 크고 작은 폭포가 놀라운 절경을 이룬다. 마을 위쪽의 산기슭에는 지하에서 솟아 나오는 수십 개의 용천이 있다. 그중 하나가 옥스보우 스프링인데, 여기에서 나온 물이 이끼 낀 언덕 기슭을 따라 흘러가 주정부 소유의 작은 산란장을 지나 수온이 낮은 시냇물인 허먼크릭으로 합류하고, 허먼크릭은 곧 컬럼비아강으로 합류한다.

강의 바로 상류 쪽으로 가면 습한 캐스케이드의 풍경과 대조적으로 강우량이 급격하게 줄어든다. 동쪽으로 30킬로미터를 가면 해가 쨍쨍 나고 침엽수가 우거진 후드리버가 나오는데, 주요 농업지대이자 현재는 레크리에이션의 메카이기도 하다. 이곳은 연중 강수량이 780밀리미터밖에 안 되는데, 거기서 30킬로미터를 더 가면 산은 사라지고 강수량이 330밀리미터 이하인, 풀과 관목이 있는 사막지대가 나타난다.

'어려운 시기에 있는 공동체'

대침체에 깊이 빠진 2010년에 캐스케이드락스의 공식 실업률은 18%가 넘었다.[23] 서부의 많은 농촌 공동체가 그렇듯이, 캐스케이드락스에도 천연자원(이 경우에는 목재) 추출에 의존하던 지역 경제가 관광과 레크리에이션 쪽으로 방향을 바꾸면서 생겨난 긴장이 존재한다.

2010년 3월, 마을 너머로 높이 솟은 절벽에 아직 눈이 쌓여 있던 쌀쌀한 어느 날, 우리[24]는 캐스케이드락스에 모였다. 지역 공직자 제리 로저스[25]와 이야기를 나눌 참이었다. 내가 마을 소개를 해달라고 하자 그는 이렇게 대답했다. "우리는 '어려운 시기에 있는 공동체'입니다. 그리고 전환 중인 공동체이지요. 우리 경제는 목재 산업과 함께 죽었고, 우리는 거기에서부터 정말로 다시 일어나야 합니다." 이어서 그는 이렇게 설명했다.

일반적으로는 보수적인 마을이라고 말할 수 있을 겁니다. 공화당 텃밭이죠. 확실히 빨간[공화당 지지 성향] 동네예요. (…) 비교적 저소득층이고 (…) 작은 농촌 마을입니다. 일반적으로 정부에 대한 불신이 크죠. (…) 제 생각에는 총기 소유 권리를 지지하는 사람들이 분명히 많을 것 같고, 더 기독교적이고 더 종교적인 성향이리라고 생각합니다. 하지만 오리건주 분위기도 있어요. (…) 환경 윤리적인 분위기도 있다는 거죠. 제 말은, 정부를 매우 불신하지만 이곳이 녹색 공동체가 되면 좋겠다고 말하는 사람들이 있습니다. (…) 대부분의 사람들은 경관보호법을 지지한다고 말할 것이고 이 아름다운 산을 보호해야 한다고 말할 거예요. 이 마을에는 산을 벌목해야 한다고 생각하는 사람이 아무도 없습니다. 사람들이 화를 내는 지점은, 이를테면 우리[시 경내 지역들]가 경관 보호구역에 들어가 있지 않다는 것입니다. (…) 하지만 이곳 컬럼비아강 협곡 사람들 사이에서는, 이 협곡에서 벌어지는 모든 일은 죄다 협곡의 친구들Friends of the Gorge 같은 단체나 환경주의자들이 왈가왈부한다는 생각이 있고 그게 완전히 불공평하다는 인식이 있습니다.[26]

다른 주민들도 지역 경제의 활력이 사라졌다는 느낌을 이야기했다. 에밀리 케이플스는 내게 이렇게 말했다. "제가 여기로 가져올 수 있다면요, 첫 번째는 은행일 거고요, 그다음에는 약국, 혹은 더 큰 슈퍼마켓, 아니면 그저 생활에 필요한 기본적인 것들이 있으면 좋을 것 같아요. 그런 것이 없어서 우리는 적응을 해야 합니다."[27]

캐스케이드락스 시의원인 디애나 버스디커는 많은 주민이 옛날의 자원 추출 경제 모델로 돌아가기를 원한다고 말했다. "목재 공장이 1980년인가에 문을 닫았는데요, 제 생각에는, 개인적인 생각입니다만, 사람들의 시간이 목재 공장이 문을 닫은 시점에 멈춰 있는 것 같아요. 사람들은 이곳이 회사 마을이었던 때로, 천연자원을 판매하는 것이 우리 일이었던 때로 돌아가고 싶어 합니다. (…) 하지만 이제는 일이 그렇게 돌아가지 않지요."[28]

캐스케이드락스에서 사람들과 나눈 대부분의 대화에 빠지지 않고 등장한 소재 하나는 캐스케이드락스와 인근의 훨씬 더 큰 도시인 후드리버와의 관계였다. 정치적 운명의 장난으로 캐스케이드락스도 후드리버 카운티 안에 있게 되었지만[캐스케이드락스시와 후드리버시 모두 후드리버 카운티에 속해 있다], 캐스케이드락스와 후드리버는 인구 구성, 경제 기반, 정치 성향, 문화적 지향이 극적으로 다르다. 캐스케이드락스의 많은 주민이 그 때문에 캐스케이드락스가 부당한 대우를 받고 있다고 생각한다. 로버트 핸포드는 이렇게 말했다.[29] "우리 카운티의 돈은 후드리버에 집중됩니다. 그곳은 정말로 농업 공동체예요. 하지만 우리도 그들의 카운티에 속해 있습니다. 우리는 그들에게 상당히 의존해야 하고 그들은 우리에게 많은 것을 명령합니다. 우리는 그들에게 받아야 할 것을 (…) 다 받지 못하고 있다고 생각해요. [그들과] 우리는 서로 다른 두 개의 실체니까요." 캐스케이드락스의 또 다른 지역 당국자인 케일럽 타운센드는 내게 "후드리버는 상당히 진보적인 성향이고 [친환경 브랜드] 버켄스탁을 신는 환경주의자들이 많다"고 말했다. "거 왜, 스바루를 몰고, '우리 협곡에는 안 된다'는 태도를 엄청 강하게 가지고 있는 사람들 있잖아요. 그중에 어떤 사람들은 병입생수를 금지하는 게 지구를 구하는 길이라고 말하죠."[30] 후드리버 카운티 농업관개국장이자 카운티 의원이기도 한 레스 퍼킨스도 "캐스케이드락스에는 후드리버 사람들이 캐스케이드락스 일을 좌지우지한다고 생각하는 사람이 많다"며 "마치 없는 존재인 듯이 취급되고 뒤로 밀려나고 있다는 뿌리 깊은 느낌이 있다"고 말했다.[31]

없는 존재인 듯이 취급된다는 느낌은 2009년에 캐스케이드락스의 고등학교와 중학교가 문을 닫았을 때 한층 더 심해졌다. 전직 교사 낸시 마쿼트[32]는 "여기에 고등학교나 중학교를 유지할 만큼 아이들이 충분히 없어서 이젠 학교가 후드리버에 있다"고 말했다. 그는 이것이 "나이 든 사람들이 많이들 심각하게 생각하는 이슈"라며 "전에는 주변에서 뛰어노는 아이들을 늘 볼 수 있었는데 지금은 정말 느낌이 이

상하다"고 말했다. 컬럼비아강 협곡에 사는 변호사 브렌트 포스터는 "캐스케이드락스의 관점에서 시작해야 한다"며 "많은 오리건주의 농촌 마을처럼 이들은 신자유주의적 성공 비전하에서 완전히 뒤로 밀려났다"고 말했다. "서쪽에 있는 도시 포틀랜드나 그 밖에 많은 이웃 지역은 경제 성장을 하는데 이들은 경제 성장에서 이득을 얻지 못했습니다. 이들에겐 분노할 만한 이유가 차고 넘칩니다."[33]

바로 이러한 정치적, 문화적 환경에, 그리고 전국적인 대침체의 와중에, 네슬레의 병입공장 계획이 들어왔다. 이곳에는 시들어가는 지역 경제 및 지역 기관들[교육 기관 등]에 대해 진정한 우려가 있었고, 활발한 고용 기회를 원하는 깊은 열망이 있었으며, 번성하는 이웃 도시를 향한 널리 퍼진 불만이 있었다. 그 불만은 이웃 도시 때문에 자신의 경제 발전을 추구할 길이 막혀 있다는 인식, 그리고 그들과 매우 상이한 정치적, 문화적 지향에서 나오는 불만이었다.

컬럼비아강 협곡의 병입공장 건설안을 둘러싼 10년간의 싸움 이야기에는 몇 가지 에피소드와 예기치 못한 반전이 있으며 새로운 등장인물이 계속해서 등장한다. 이 드라마를 6개의 막으로 나누어 살펴보자.

제1막: 물 교환, 2008-2010

포틀랜드 시내에 위치한 복닥대는 사무실은 20세기 초입에 지어진 색 바랜 건물에 있었다. 나는 20대의 열정적인 포틀랜드 토박이이자 식품과물감시단의 북서부 지역 조직가로 새로 고용된 줄리아 드그로를 만났다. 드그로는 식품과물감시단이 왜 이 지역에서 활동하기로 했는지에 대해 이렇게 설명했다.

272

[네슬레의] 캘리포니아 수원들이 고갈되고 있었습니다. 그리고 그들은 바로 얼마 전에 샤스타산 지역에서 쫓겨났죠. (…) 북서부 지역에는 네슬레 병입공장이 하나도 없어서 그들은 습윤한 이 지역에 들어와 기반을 마련하고 싶어 했습니다. (…) 네슬레의 예전 양태들을 보면, 경제적으로 어려워진 농촌 지역을 주로 찾아다닙니다. (…) 그것을 이용해서, 이 자원[물]을 종종 악영향을 남기면서 추출해 막대한 이윤을 올리죠. 그리고 미시간주와 메인주에서, 또 그 밖의 곳들에서 벌어진 일들을 보면요, 이들이 일단 공장을 세우고 나면 되돌리기가 매우 어렵다는 것을 명백하게 알 수 있습니다. 그래서 일반적으로 우리가 이 업계에 가장 크게 영향을 미칠 수 있는 길은 (…) 애초에 병입공장이 들어오지 못하게 막는 것입니다.[34]

네슬레 같은 샘물 병입업체들이 과거에 천연자원 추출 산업에 의존했다가 현재 경제적으로 타격을 입은 마을들을 먹잇감으로 삼는다는 주장은 생수업계를 비판하는 사람들에게서 일반적으로 들을 수 있는 주장이다. 하지만 내가 만난 생수 회사 관계자는 생수 회사가 일부러 경제적으로 침체된 농촌 지역을 겨냥해 샘물 수원을 확보하려 한다는 주장을 반박했다. "저희가 지도를 보면서 '아, 저 지역은 기존 산업이 떠났으니 누군가가 와서 그걸 메워주기를 기다리고 있겠구나'라고 (…) 말하지는 않습니다. 저희의 의사 결정 과정은 그렇지 않아요. 가장 중요한 고려 사항은 식품의약국이 규정하는 샘물 요건에 맞고 (…) 수질이 우리가 요구하는 바에 부합하는지, 그리고 우리 프로젝트를 지탱하기에 충분한 양이 되는지입니다."[35]

2007년에 네슬레는 이 일대를 탐색하면서 워싱턴주의 몇몇 마을 (이넘클로, 오팅, 블랙다이아몬드) 당국자들을 접촉한 뒤에 캐스케이드 락스로 눈을 돌렸다. 로저스는 네슬레가 캐스케이드락스 당국에 처음 접촉해왔을 때를 이렇게 회상했다. "네슬레 사람이 우리에게 (…) 만나자고 연락을 해왔습니다. (…) 그리고 이렇게 말했어요. '북서부 지역에서 공장 지을 곳을 찾고 있는데, 여러분이 우리가 찾고 있는 것 두 가지를 가지고 계신다는 사실을 발견했습니다. 여기에는 훌륭한 샘물이 있고 산업 부지가 있습니다. 그 둘을 동시에 발견하는 게 사실 쉬운 일이 아니거든요.' (…) 우리는 현장에 가서 살펴보았어요. (…) 기본적으로 서쪽부터 동쪽으로 쭉 가보았지요. 다 둘러보고 나서 그들이 가장 좋다고 판단한 샘물 수원은 (…) 옥스보우 스프링과 옥스보우 산란장이었습니다."

하지만 옥스보우의 물은 캐스케이드락스 소유가 아니었고, 캐스케이드락스 당국자는 네슬레 사람에게 그 사실을 설명했다.

그랬더니 네슬레 사람이 이렇게 묻더군요. "아, 그럼 누가 소유하고 있나요?" 주정부 소유라고 했더니 그들은 다시 이렇게 물었습니다. "이곳에서 엄청나게 많은 물이 나오고 있는데요, 우리가 약간을 가져가도록 주정부에서 허가해줄까요?" (…) 그래서 우리는 주 당국자들과 회의 자리를 마련했습니다. (…) 그리고 주정부에 이렇게 물었습니다. "캐스케이드락스시가 주정부가 소유한 물의 권리 일부를 갖고 그것을 네슬레가 병입하도록 허용하는 방식에 대해 어떻게 생각하십니까?" 주정부는 "좋은 생각 같습니다"라고 답했고, 그다음에 우리는 오리건주 수자원부에 가서 말했습니다. "[주정부가 가진] 샘물에 대한 권리를 우리가 가진 관정 물에 대한 권리와 맞교환하는 데 문제가 있을까요?" 그러자 그들은 "문제 없어요. (…) 그렇게 하실 수 있습니다"라고 대답했습니다. 회의를 하고 난 뒤의 분위기는 이랬어요. "세상에나, 이게 되는 프로젝트였네?" 그 이후로 우리는 계속 그 프로젝트를 진행해오고 있습니다.

주정부의 이해관계는 무엇이었을까? 2011년 1월에 임기가 끝난 당시 민주당 주지사 테드 쿨롱고스키가 주정부의 관련 부처에 캐스케이드락스와 샘물 병입 관련 협상을 진행하라고 지시하면서 든 이유는 경제 발전이었다. 어쩌면 주지사가 이 협상을 지지한 것은 네슬레가 오리건주 정치인들에게 로비를 한 것과 관련이 있을 수도 있고 없을 수도 있다. 네슬레는 2009년 주의회 회기에만도 3만 5000달러를 지출했다.[36]

오리건주 어류 및 야생생물국의 프로그램 과장 더그 보슐러는 이렇게 설명했다. "우리는 주지사의 경제개발팀으로부터 이 과정에 대해 이야기를 들었고 주지사실로부터 협상에 참여하라는 요청을 받았습니다. 그렇게 해서 모든 것이 시작되었죠. 우리는 우리가 이득을 얻을 수 있는 한, 즉 오리건주의 어업과 어류 및 야생생물국의 임무에 도움이 되는 한 진행하겠다고 했습니다. (…) 우리는 주 산란장의 이익을 보호하고 향상시키고자 합니다. 그것이 우리가 하려는 일입니다."[37]

그 결과로 복잡한 물 삼각 교환 프로그램 안이 나왔다. (로저스가 위에서 언급한 것과 달리) 물에 대한 **권리**를 교환하는 것이 아니라 '물'을 교환하는 것이었다. 캐스케이드락스시 당국자 타운센드는 제안된 물 교환의 구조를 이렇게 설명했다.

우리가 진행하고 있는 건 오리건주 어류 및 야생생물국와 맞교환을 하
는 것입니다. 본질적으로, 우리[캐스케이드락스]의 관정 물을 그들의 샘
물과 교환하는 것이죠. (…) 네슬레가 모든 인프라와 배관을 설치할 것
입니다. (…) 오리건주 어류 및 야생생물국은 이 안을 좋아했어요. 자신
들의 수자원을 보충할 기회가 되니까요. 여름에 때때로 유량이 떨어지
는데 보충하지 못하는 일을 겪곤 하거든요. (…) 본질적으로 이것은 1갤
런과 1갤런을 교환하는 프로그램입니다. 우리가 그들의 샘물을 가져오
고 그것을 우리의 관정 물로 매워주는 것이죠. 그다음엔 가져온 샘물
을 네슬레에 판매하는 것입니다. 우리의 용수를 사용하는 여타의 기업
고객에 판매하는 것과 마찬가지로요.

이 거래는 지역정부, 주정부, 민간기업이 모두 관여되어 있었다는
점에서 특이했다. 지지자들은 이 계획이 윈-윈-윈 시나리오라고 말
했다. 이 거래는 또 다른 면에서도 특이했는데, 샘물을 민간 토지 소
유자나 시 당국이 아니라 주정부가 소유하고 있었다는 점이었다. 캐
스케이드락스가 단순하게 자신이 소유한 관정 물을 네슬레에 판매했
다면 훨씬 쉬웠을 것이다. 하지만 네슬레는 관정 물이 아니라 가치가
더 높은 '샘물'(미국 농무부의 '샘물' 기준에 부합하는 샘물)을 원했다. 네
슬레가 선택한 샘물이 민간 소유지에 있었어도 승인 과정이 더 빨랐
을 것이다. 하지만 네슬레가 주정부 소유의 수원을 선택했기 때문에
협상에 도달하는 경로가 더 길고 복잡해졌다. 이 샘물에 대한 권리가

모든 오리건주 주민에게 속해 있다는 핵심적인 사실은 나중에 나오게 될 최종 결과에 결정적으로 영향을 미치게 된다. 승인 과정에 추가적인 절차를 보태게 되었을 뿐 아니라, 반대자들이 "기업이 들어와 주민 공동 소유의 물을 장악하려 한다"는 프레임을 만들 수 있었던 것이다.

나머지 사항들은 비교적 익숙하다. 네슬레는 5000만 달러를 들여 캐스케이드락스 산업 단지에 구매할 땅에 커다란 병입공장을 지을 예정이었고 이 공장에서 옥스보우 스프링 샘물을 1년에 최대 4억 4600만 리터씩 추출해 애로우헤드 제품으로 판매할 것이었다. 이에 더해, 추출량이 확정되지는 않았지만 상당량의 관정 물도 취수해 퓨어라이프 제품으로 판매할 것이었다. 수원 두 곳 모두에서 네슬레는 캐스케이드락스 수도 시스템의 고객 자격으로 갤런당 1센트의 5분의 1도 안 되는 돈을 낼 것이었다. 그 돈의 수천 배를 받고 소비자에게 판매할 것이면서 말이다. 하루에 많게는 200대의 트럭이 1년에 10억 병 이상의 생수를 싣고 나갈 것이고 대부분 오리건주 서쪽과 워싱턴주 서쪽의 매장들에서 판매될 것이었다. 네슬레는 이 공장이 50명을 전일제로 고용할 것이라고 했지만 지역 주민들로 고용하겠다는 약속은 하지 않았다.

캐스케이드락스 당국자들에게 고용보다 더 매력적이었던 것은 이 공장에서 나올 재정 수입이었다. 타운센드는 예상되는 세수와 네슬레가 낼 전기요금으로 "연간 총 100만 달러 가까이 들어올 것으로 기대하고 있다"고 말했다. 하지만 내가 처음으로 지역 당국자와 이야기했던 2010년에 네슬레는 이 약속을 계약서에 포함하지도 않았고 병입공장을 세울 땅도 매입하지 않은 상태였다. 그리고 7년 뒤에도 마찬가지였다.

반대자들의 외로운 싸움

네슬레에 맞서는 조직적 저항은 이 계획이 알려지자마자 거의 곧바로 생겨났지만 10년 동안 부풀었다가 쪼그라들었다가 했고 상당히 여러 차례 재구성되었다. 처음에 캐스케이드락스 내에서는 네슬레의 병입 계획에 공개적으로 반대 목소리를 내는 주민이 극소수였다. 반면에 병입 계획을 서둘러 진행하려는 주민은 수도 많고 목소리도 컸다. 퍼킨스는 "지역 공동체에서 목소리를 내는 많은 사람들이 '우리는 [네슬레의 계획을 통해] 경제 발전을 원하고 (…) 이것은 우리 공동체에 필요한 일'이라고 말하고 있었다"고 회상했다. 로저스도 지역 분위기는 거의 만장일치로 지지하는 분위기였다고 말했다. "저는 반대하는 사람을 말 그대로 딱 한 명 알고 있었습니다. (…) 새로 온 사람이었고 이 지역으로 오는 전형적인 부류의 사람이었어요. 문을 걸어 닫으려 하고 여기에서 아무것도 달라져서는 안 된다고 말하는 사람요."

2010년에 그 유일한 반대자는 나와의 인터뷰에 기꺼이 응해주었다. 그는 카를라 뉴튼[38]이었고, 한 회의에서 시 행정관이 "네슬레가 우리 물을 정말 얼마나 간절히 원하는지, 그리고 그들이 딱 이 시점에 공장을 짓고자 한 덕분에 우리가 그들에게 물을 팔 수 있게 된 것이 얼마나 엄청나고 좋은 기회인지 말했을 때" 네슬레의 병입 계획을 처음 알게 되었다고 했다.

저는 그전에 캘리포니아주 칼리스토가에 살았어요. (…) 그곳에서는 많은 사람들이 세인트헬레나크릭의 물이 너무 많이 추출되어서 시내가 마르고 있다고 생각했어요. (…) 부분적으로는 그것이 제가 '스톱 네슬레StopNestlé' 블로그를 시작한 이유에요. 그 블로그에서 "이 일이 어떻게 해서 일어났는지 알려주실 분 계세요?"라고 물었죠. 또 저는 캘리포니아주를 떠나 이곳에 왔을 때부터도 매클라우드에 대해서 알고 있었어요. 그리고 아마도 [주 차원의 물 운동을 하는 어느 활동가가] 구글로 검색을 하거나 뭔가를 찾아보고 있었던 모양이에요. (…) 그렇게 해서 그들과 연결이 되었어요. 저는 거기에 가서 이렇게 물었어요. "이들을 어떻게 다룰 수 있을까요? 이들은 네슬레예요."

뉴튼은 캐스케이드락스 당국자들이 초기에 병입 계획안에 대해 조용히 지역 주민의 지지를 확보한 방식을 이렇게 묘사했다. "그때 그들은 시의 중요한 사람들만 불러서 몇 차례 회의를 열기로 했어요. (…) 그들은 회의를 두 번 열었고 (…) 의사 결정 정족수는 되지 않았어요. (…) 그들이 하려고 한 것은 몇몇 사람들이 자기 편에 서게, 여기에 동의하게 하는 것이었죠." 뉴튼은 이들 회의 중 하나에 참석했다. "저는 [네슬레 사람] 바로 옆에 앉아 있었어요. 그리고 매클라우드에서 무슨 일이 벌어졌는지에 대해 사근사근하고 조용한 말투로 물어서 그를 자극했죠. (…) 그는 회의에 사람이 많이 올 거라고 전혀 예상하지 않고 있었어요. 회의가 있다는 것을 어디에도 알리지 않았으니까요. 하지만 저는 제가 아는 모든 사람에게 연락해서 이 회의에 대해 알렸어요. 그래서 컬럼비아 리버키퍼Columbia Riverkeeper 사람도 와 있었고, 컬럼비아 협곡의 친구들Friends of the Columbia Gorge은 '회의에 오셔서 어려운 질문을 던져주세요'라는 메시지를 여기저기에 보냈어요. 네슬레는 깜짝 놀랐지요." 이렇게 해서 지역의 환경단체 및 물 보호단체들이 네슬레의 병입 계획을 초기에 알게 되었고 이 과정의 맨 처음부터 관여할 수 있었다.

하지만 캐스케이드락스 주민 중 네슬레의 계획에 반대하는 사람이 딱 한 명뿐이었다는 말은 내가 다른 형태로 접한 지역 주민의 우려와 맞지 않는다. 네슬레의 계획이 나오고 맨 초창기부터도 우려의 목소리가 없지 않았다. 2010년에 네슬레가 조직한 '타운홀 미팅'에는 75명가량이 참석했다. 네슬레 대변인이 개회를 선언하고 의제를 설명한 뒤 캐스케이드락스 당국자와 캐스케이드락스 항만공사 당국자들이 지지하는 발언을 이어갔다. 열린 토론을 할 기회도 없이 촘촘하게 짜인, 매우 제약된 회의였는데도 중간중간 많은 주민이 병입공장이 초래할 수 있는 해로운 영향에 대해 우려를 제기했다. 특히 트럭 교통량이 많아지면서 대기 질, 도로 안전, 도로 상태 등이 나빠질 가능성을 질문했다. 한 주민은 네슬레 관계자에게 날마다 수백 대의 트럭이 다니게 되면 지역의 도로를 유지 보수하는 비용은 누가 낼 것인지 물었다. 선주민 어민인 또 다른 지역 주민은 컬럼비아강과 허먼크릭의 연어에 미칠 영향을 우려했다. "네슬레가 폐기물을 다 치울 건가요? 공장이 내 그물을 기름으로 찌들게 만들 텐데요." 인근 워싱턴주 스티븐슨에서 온 한 여성은 참석자들에게 수돗물을 마시고 병입생수를 피하라고 촉구했다. 마지막으로 주민 한 명이 일어나 지하수 고갈에 대한 우려를 표명했다. "우리의 물을 당신네가 다 뽑아내고 나면 훌렁 떠나버릴 겁니까? 그대로 떠나서 동부로 다시 갈 겁니까?"

"밸브는 우리가 통제한다"

이러한 우려가 있었지만, 어쨌든 많은 캐스케이드락스 주민이 이 지역은 지하수와 지표수 모두 예외적으로 물이 풍부한 곳이라는 강한 믿음을 가지고 있었고, 따라서 장래에 캐스케이드락스가 주민에게 필요한 물을 확보하는 데 병입공장이 위협이 된다는 주장을 매우 미심쩍어 했다. 디어드리 제퍼슨[39]은 이렇게 말했다. "[병입공장에 반대하는 사람들은] 물이 이 지역에서 나가는 것을 보고 싶어 하지 않죠. [창문 너머로 컬럼비아강을 가리키며] 그런데 저기 물이 흘러 나가고 있지 않나요? 물은 컬럼비아강으로 흘러 들어오고 다시 흘러 나갑니다. 모든 물은 이 장소를 떠납니다. 병에 담겨 나가는 것과 큰 강물을 타고 흘러서 나가는 게 뭐가 다릅니까? (…) 우리는 1년에 강우량이 2000밀리미터나 됩니다. 그리고 인구는 1000명입니다. 우리는 경관 보호구역의 국유림으로 둘러싸여 있습니다. 누가 우리 물을 사겠습니까? 살 사람이 아무도 없습니다." 오랜 주민인 로레인 하먼[40]도 비슷하게 주장했다. "네슬레 반대자들은 우리 물이 고갈될 거라고 하는데요. 저기요, 잠깐만요, 비가 많은 컬럼비아강 협곡 마을에서 물이 고갈된다는 건 별로 현실적이지 않아요. (…) 그들이 병입공장 2개를 들여온다 해도 우리가 보유한 전체 물 가용량의 기껏해야 10% 정도일 겁니다. 그때 물이 고갈되리라는 생각은 전혀 합리적이지 않다고 생각합니다."

또 하나의 주요 쟁점은 물 추출에 대한 통제권을 궁극적으로 누가 갖느냐였다. 매클라우드에서도 그랬듯이 캐스케이드락스에서도 네슬레는 샘의 '소유권'이나 샘물에 대한 '권리'를 갖지는 않을 것이었다. 캐스케이드락스시 당국과 오리건주 주정부 사이의 복잡한 물 교환 거래는 샘물을 공공 영역에서 민간 영역으로 옮기는 법적 조정에서 기술적으로는 네슬레가 빠져 있게 했지만, 그럼에도 네슬레가 그 물의 수혜자로 지정되어 있었다. 이 거래가 승인되면 네슬레는 샘물을(그리고 추가로 관정 물도) 지역 수도 당국의 고객 자격으로 사용할 테지만, 50년이나 계약상의 권리를 갖는 매우 우대받는 고객이 될 것이었다.

오리건주 어류 및 야생생물국의 보슐러는 오리건주가 어떤 권리나 보호도 민간기업에 양도하지는 않을 것이라고 주장했다. "우리는 이 협상으로부터 우리를 보호할 수 있고, [필요하다면] 우리의 샘물을 다시 가져올 수 있습니다. 우리는 물의 권리를 계속 보유함으로써 소유권을 유지하고 있습니다. 이 자원에 대해 재산권으로서의 소유권을 우리가 여전히 가지고 있는 것입니다. 이를 전제로, 우리를 위한 보호 조항을 포함하는 여느 사업 계약처럼 물을 교환하는 것일 뿐입니다." 마찬가지로, 네슬레의 계획을 지지하는 많은 지역 주민도 캐스케이드락스가 고삐를 잡고 이 다국적 기업을 다룰 수 있으리라는 점을 강조했다. 또 다른 캐스케이드락스 당국자 케빈 카도조[41]는 이렇게 말했다. "많은 사람이 이곳에 와일드카드가 왔다고 생각하는 것 같습니다. 네슬레는 원하는 대로 다 할 수 있고 크고 강력하고 강하다고요. 하지만 (…) 캐스케이드락스 당국은 네슬레를 통제하기 위해 결의안이나 절차 같은 것을 적어 넣을 수 있습니다. (…) 말하자면, 기본적으로 이 전체를 캐스케이드락스시 당국이 통제합니다. (…) 우리는 계약서에 '우리가 밸브를 통제한다'고 명시할 것입니다."

내가 만난 네슬레 관계자도 이런 계약에서는 지역 당국이 궁극적인 결정권을 갖는다고 말했다. "물을 가져가는 것에 대해 말하자면, 지역 공동체에 들어오는 어떤 산업도 마찬가지일 것입니다. 지역 공동체는 산업용수에 대해 (…) 상업 요율로 수도요금을 매기겠죠. 산업용수 고객에게 얼마나 많은 양의 물을 할당할 것인가 등도 지역 공동체가 정할 것이고요. 그리고 [생수 회사들도] 지역 공동체가 정한 계획 안에서 운영해야 할 것입니다. 지역 공동체가 정한 공급량 한도 내에서요."

하지만 작은 지역 공동체가 거대한 다국적 기업을 효과적으로 규제할 수 있으리라는 미심쩍은 전제는 논외로 하더라도, '통제력' 상실과 '권리' 상실 사이의 구분은 대체로 언어상의 구분에 불과한 것일지 모른다. 드그로는 이렇게 주장했다. "이 특정한 사례에서 네슬레가 물의 권리를 가져가지는 않는다고 해도 그들은 많은 통제력을 획득할 것입니다. 일단 네슬레가 거대한 병입시설을 짓는 데 수백만 달러를 투자하고 나면, 그리고 시 당국이 매년 4억 4600만 리터의 물을 내주어야 하는 계약상의 의무가 생기고 나면, (…) 그 자원에 대한 통제력을 갖기 위해 명시적인 물의 '권리' 소유가 꼭 필요하지는 않습니다." 다른 말로, 법적으로 재산권의 교환이 이루어지지 않는다고 해서 시장market이 물에 대한 통제력을 행사하지 않는다는 의미는 아니다. 상품화는 사유화 없이도 일어날 수 있다.

제2막: 연대를 일구기, 2010-2014

2010년 무렵이면 병입 계획안에 맞서는 주 차원의 연대가 꾸려져 있었다. 이름은 우리 협곡에 네슬레는 안 된다 연합Keep Nestlé Out of the Gorge Coalition이었다. 이 연합은 '오리건 환경', '민주주의를 위한 연맹', '컬럼비아 리버키퍼', '예수와 마리아의 거룩한 이름 자매회', '사회적 책임을 위한 오리건 의사 연대' 등 환경, 소비자, 종교 단체 16곳이 참여하는 단위로 성장했다. 하지만 드그로가 말하기를, 전략 세션에 꾸준히 참여하면서 이 연대의 활동에 적극적으로 나선 주요 단체는 4곳―식품과물감시단, 삼림 보호단체인 바크Bark, 시에라클럽의 이 지역 지부, 공무원 노조 AFSCME ―으로, 모두 포틀랜드에 근거지를 두고 있었다.

포틀랜드에서는 이 단체들이 시위를 하거나 주 당국자에게 이메일 보내기 같은 활동을 할 때 많은 사람의 참여를 꽤 쉽게 조직할 수 있었지만, 목소리 큰 사람들이 주로 친네슬레인 작은 마을 캐스케이드락스에서 기꺼이 반대 목소리를 낼 반네슬레 주민을 육성하는 것은 전혀 다른 문제였다. 시에라클럽의 한 자원봉사자는 이 어려움을 이렇게 설명했다. "그곳에서 [시에라클럽 회원] 26명인가를 가입시켰습니다. 우리는 그 사람들에게 메일을 보냈어요. 가능하다면 메일을 보내고, 가능하다면 전화도 하고, 다 했어요. 그중에서 실제로 행동에 나온 사람은 한 명이었습니다." 이어서 그는 이렇게 말했다. "우리의 목표는 (…) 사람들이 행동에 나설 때 이웃과 친구와 가족을 데리고 나올 수 있게 하는 것이었습니다. (…) 서로서로 보호막이 되어줄 사람들을 조금씩 곁에 둘 수 있도록요. 이곳은 작은 마을이어서 어떤 이슈에 뛰어드는 순간 모두가 다 알게 된다는 것을 우리는 알고 있었거든요. (…) 우리는 정말로 캐스케이드락스 사람들과 더 강한 소통이 필요했습니다."[42]

긴 정체기
친환경적이라고 많이 찬사받는 주 치고는 놀랍게도, 오리건주의 물 보호 체계는 취약한 편이다. 2016년에 일간지 《오리거니언》은 탐사보도를 통해 오리건주의 지하수 규제가 취약하고 낡았으며 수도 당국이 지속가능하지 않은 양의 지하수 추출을 허용하고 있어서 일부 대수층이 빠르게 고갈되고 있다고 지적하면서 "물 추출에 주정부가 제한을 두는 것이 사실상 불가능하다"고 폭로했다.[43]

그럼에도, 옥스보우 스프링이 주 소유의 샘이라는 점은 네슬레 반대자들에게 좋은 소식이었다. 승인 절차가 한없이 길고 복잡해져서 활동가 단체들이 개입할 수 있는 기회가 많았기 때문이다. 활동가 단체 연합은 기록적인 숫자의 시민들이 주정부 수자원부에 물 교환 계획에 반대한다는 의견을 보내도록 독려했고 이 협상이 '공공의 이익'에 부합하지 않는다는 주장을 공식적으로 제출했다. 공공의 이익에 부합하는지 여부는 주정부가 이러한 계획을 승인할 때 주되게 고려해야 할 법적 기준 중 하나였다.[44] 훗날 여러 해에 걸친 노력을 되돌아보면서 드그로는 이렇게 말했다.

네슬레가 병입할 물을 확보하기 위해 접촉한 곳이 오리건주 어류 및 야생생물국이었다는 점은 우리에게 선물이었습니다. 공식적으로 그 물의 소유자는 오리건주였으니까요. (…) 그래서 우리는 주 전체 차원의 운동을 전개할 수 있었습니다. (…) 우리는 주지사 존 키츠하버에게 7만 7000건의 의견을 보냈습니다. 그래서 전국 언론에 실렸고요. 제가 처음으로 《월스트리트저널》과 인터뷰를 한 해이기도 했지요. 정말 엄청난 일이었어요. 큰 뉴스였습니다. 그리고 크고 긴 싸움이 되었죠. 크고 긴 싸움이 된 건 정말 중요했어요. 우리가 길고 끈질기게 버틸 수 있는 힘이 있다는 것, 우리가 여기에서 그냥 발을 빼고 나가지는 않으리라는 것, 우리가 이기고 있다는 것을 보여주었으니까요.[45]

하지만 운동의 초점을 주정부의 승인 절차에 집중시키기로 했다는 말은 중간중간의 시위나 기자회견 외에는 이 투쟁이 알아차리지도 못할 정도로 느리게 진전되리라는 뜻이기도 했고, 실제로 거의 5년이나 굼벵이 걸음을 했다. 2012년에 수자원부는 수많은 반대 의견을 무릅쓰고 물 교환을 승인했다. 크레그 법률센터Crag Law Center[태평양 연안 북서부 지역에서 자연 유산 보호 활동을 하는 지역 사회에 법률 지원을 하는 비영리 단체]가 이 결정에 항의하면서 소송을 제기했고, 이는 시계를 2년 더 멈추었다. 결국 2014년에 그들의 항소가 기각되었는데, 네슬레 반대자들은 이것이 또 하나의 '작은' 후퇴라고 생각했다. 아직도 승인 절차는 길게 남아 있었고 협상이 실제로 진척되려면 몇 년이나 더 걸릴 터였으니 말이다. 하지만 사실 이것은 매우 결정적인 순간으로 훗날 판명 나게 된다. 바로 이 시점에 주와 지역 당국자들, 그리고 네슬레가 굼벵이 속도의 관료제적 절차에 인내심이 바닥나 전술을 바꾸기로 했기 때문이다.

제3막: 물에 불이 붙다, 2015

진행이 되기는 하는지 어떤지 인식하기도 어려울 정도로 느렸던 굼벵이 걸음이 4년간 이어진 뒤, 갑자기 2015년에 네슬레의 병입공장 계획이 대중의 눈앞에 폭발적으로 등장했다. 급작스럽게 이 사안이 언론을 장식하는 기삿거리가 되었고 수많은 반대자들이 새로이 합류했는데, 여기에는 크게 세 가지의 상황 전개가 영향을 미쳤다.

첫째, 주정부, 캐스케이드락스시 당국, 그리고 네슬레가 물 교환 안을 극적으로 수정하고 승인 절차를 패스트트랙에 올렸다. 《오리거니언》의 켈리 하우스는 이렇게 보도했다. "네슬레는 기존의 승인 절차를 폐기하고 남은 소요 시간을 절반 정도로 줄일 수 있는 접근을 취하고 싶어 한다. 주정부와 캐스케이드락스시 당국이 1대 1로 물을 교환하고 그다음에 캐스케이드락스가 네슬레에 물을 판매하는 형식을 취하는 대신, 네슬레는 주정부가 옥스보우의 수자원 일부에 대한 법적 권리를 거래하기를 원한다. 이 새로운 전술은 현재의 허가 절차에서 핵심적인 병목 지점 하나를 없애게 될 것이다. '공공의 이익'에 부정적인 영향을 미치는지를 평가하지 않아도 되는 것이다."[46] 어류 산란장 보호를 위해 옥스보우 스프링에 대한 주정부의 권리를 절대 양도하지 않겠다던 오리건주 어류 및 야생생물국의 주장은 사라졌다. 다국적 기업 하나의 이익을 위해, 되돌리는 것이 가능한 물 교환을 하는 대신 물에 대한 **권리**를 영구적으로 이전하게 될 터였다. 캐스케이드락스시 행정관 고든 짐머만은 이렇게 말했다. "이것이 우리 운동을 움직이게 만들었습니다. (…) 반대해야 할 지점의 범위를 좁히는 효과를 냈지요."[47]

드그로는 이 결정이 캐스케이드락스 자체와 더 폭넓은 지역 모두에서 반대에 불을 지피는 데 결정적이었다고 말했다. "소송도 걸리고 기타 등등 절차가 너무 오래 걸리니까 네슬레가 갑자기 '아 진짜, 이제 진행 좀 시키자'는 태도가 되었습니다. (…) 오리건주 어류 및 야생생물국은 승복하고 이 안을 '패스트트랙에 올리겠다'고 발표했고요. 이 발표가 부족민을 화나게 했고 심지어는 캐스케이드락스 주민도 화나게 했습니다. 모두를 화나게 했죠. (…) 분명히, 이 패스트트랙안이 폭발을 일으켰습니다."[48]

샘물에 대한 '권리'를 이전하는 방안으로의 변화는 컬럼비아강 유역의 두 선주민 부족이 행동에 나서도록 자극했다. 웜스프링스 부족 연맹의 E. 오스틴 그린 주니어는 신임 주지사 케이트 브라운에게 서한을 보내 분명한 역사적 사실을 설명했다.

캐스케이드락스 지역은 우리 선주민 부족 연맹이 권리를 갖는 땅에 속합니다. 우리 연맹은 1855년에 미국[연방정부]과 맺은 조약으로 이 땅의 소유권을 미국 정부에 양도했지만 컬럼비아강 인근, 태고로부터의 고향인 이 지역을 떠난 적이 없으며 컬럼비아강 지역에서 우리가 가진 조약상의 권리를 적극적으로 행사해왔습니다. (…) 우리 연맹은 주정부가 당면 절차를 재고하고 현재 제안된 샘물 권리 교환안을 철회하기를 강하게 촉구하며, (…) '공공의 이익' 평가를 물 교환 승인 과정의 일부로 의무화할 것을 요구합니다.[49]

우마틸라 인디언 보호구역 부족 연맹도 뒤를 따랐다. 우마틸라 대변인 척 샘스[50]는 《오리거니언》에 이렇게 말했다. "우리는 연어를 보존할 만큼 충분한 물이 하류로 흘러갈 수 있을지 우려스럽습니다. 아직 우리는 그에 대한 정보를 알지 못합니다."[51]

판도를 바꾼 두 번째 요인은 가뭄이었다. 2015년 봄에 미국 서부의 대부분 지역에 심각한 가뭄에 들었고 이 사실은 부인할 수 없이 명확했다. 7월이면 주의 39개 카운티 중 23개가 가뭄 비상사태를 선포했고, 후드리버 카운티도 그중 하나였다. 샘물 권리 교환을 추진하던 사람들에게 가뭄 비상사태는 최악의 타이밍에 온 셈이었다.

교육자이자 후드리버의 오랜 주민인 패멀라 라센은 내게 이렇게 말했다. "저는 여기에서 태어나 후드산을 보면서 자랐습니다. 그리고 아시아에서 살다가 그해 여름에 다시 돌아왔는데 (…) [흡 하고 숨을 들이쉬며] 세상에, 물이 이렇게 마른 것을 본 적이 없었어요. 40년이나 여기 살았었는데 말이에요. '대체 무슨 일이지?' 하고 생각했죠. (…) 이렇게 해서 물에 관한 이 이슈가 제 레이더망에 들어오게 되었습니다."[52]

라센은 캐스케이드락스 사람 중에는 네슬레가 들어오는 것에 반대하는 사람이 거의 없다는 주장을 불식시키면서 캐스케이드락스에 풀뿌리 단체를 만들었고 나중에 이 단체는 로컬물연대Local Water Alliance로 발전한다. 그는 카운티 차원의 가뭄 선포에서 캐스케이드락스를 제외하기 위한 수정안이 발의되었던 회의를 회상하면서, 가뭄이 "우리의 성공에서 막대한 부분이었다"고 설명했다. 과학자들이 회의에 나와서 기후 변화가 후드산 빙하에 미치는 파괴적인 영향을 진술했는데, 이 지역의 농장과 과수원은 이 빙하에서 내려오는 물에 관개를 의지하고 있다. 라센은 "과학자들의 진술을 듣고 24시간 동안 우울했다"고 말했다. 캐스케이드락스를 가뭄 선포 지역에서 제외하려던 수정안은 캐스케이드락스 당국자들과 네슬레가 미는 안이었지만 통과되지 않았다. 그러는 동안, 5인으로 구성된 캐스케이드락스 시의회에서도 상황이 달라지기 시작했다.

물을 위한 연대가 생겨나다

버스디커는 컬럼비아강 협곡에서 20년 넘게 산 주민이고 캐스케이드락스의 계획위원회에서 일했으며 2014년에 캐스케이드락스 시의원으로 선출되었다. 2015년 3월에 그는 캐스케이드락스 선출직 공직자로서는 처음으로 네슬레의 계획에 공개적으로 의구심을 드러냈다. 보복 가능성에 노출되는 위험한 일이기도 했지만 로컬물연대로 발전하게 될 조직 구성의 촉매가 된 일이기도 했다. 그는 이렇게 회상했다. "내가 무언가를 이야기하니까 갑자기 일이 벌어지기 시작했습니다. 그리고 패멀라가 나를 어떻게 지원할지 논의하기 위해 모임을 꾸렸어요. 우리의 첫 회의는 사실 [캐스케이드락스가 아니라] 스티븐슨에서 열렸습니다. (웃음) 우리가 무슨 일을 하고 있는지 캐스케이드락스 사람들은 모르게 하려고요. 그랬는데도 10명인가 12명인가가 왔고, 정말 고무적이었어요. 그다음 두 번째 모임에는 20명인가 22명인가가 왔어요. 우리 모두 이런 마음이었습니다. '와우, 보세요, 여기에서 무언가가 벌어지고 있는 것 같아요.'" 첫 회의 때 유일하게 캐스케이드락스 주민이 아니었던 라센은 또 다른 관점에서 이 모임을 묘사했다.

제가 뭘 알고서 거길 간 건 아니었어요. 제가 정확히 뭘 원하는지 저도 몰랐어요. 우리가 무언가를 해야 한다는 것만 알았죠. 그래서 이런 접근을 취했습니다. '여기 살면서 어떤 점이 좋으세요?' 그리고 브레인스토밍을 했습니다. (…) 미래에 무엇이 있었으면 좋겠나요? 이러한 과정을 통해서 우리 모두 네슬레 같은 것은 여기에 있지 않았으면 좋겠다는 결론에 도달했습니다. 이 거대한 다국적 기업 말이에요. 사람들은 그와 반대되는 것들, 지역적이고 지속가능한 것들을 원했어요. 그러니까, 이것은 '우리는 저들이 싫어'라는 접근으로 시작된 모임이 아니었습니다. 매우 다른 접근이었죠. 저는 이것이 이 운동 전체를 다르게 느껴지게 만들었다고 생각해요. (…) 이 운동은 싫어하는 무언가와 싸우는 것에만 그치는 게 아니라 우리가 정말로 사랑하는 것을 지켜내고 우리가 정말로 사랑하는 것을 소중히 여기기 위한 활동이었고, 그것을 어떻게 달성할 수 있을지 알아내는 일이었습니다.[53]

곧 후드리버에 로컬물연대의 두 번째 지부가 세워졌다. 결정적으로, 로컬물연대는 캐스케이드락스 사람들 중에서 네슬레와의 물 거래 협상이 진행되지 않기를 바라지만 이제야 서로를 발견하게 된 사람들, 이제야 자신의 목소리를 낼 수 있게 된 사람들이 더 많이 드러날 수 있게 해주었다.

물과 연어를 지키기

2015년에 이 이슈를 분출시킨 세 번째 요인은 몇몇 독립적인 선주민 활동가의 합류였다. 이들은 네슬레의 병입 계획에 맞서 싸우는 사람들의 연대에서 근본적으로 중요한 역할을 했다. 이는 공식적인 부족 위원회가 한 것과는 별도의, 하지만 상호보완적인 역할이었다.

애나 매 레너드는 웜스프링스 부족민 중 캐스케이드락스에 정착해 거주하고 있는 소수 중 한 명이다. 그는 네슬레의 계획을 처음 알게 되었을 때를 이렇게 회상했다.

2년 동안 아들이 와 있었는데, 하루는 이러더라고요. "엄마, 그 사람들이 여기에서 샘물을 퍼 가려고 한대요. 이 아름다운 옥스보우 스프링 샘물을 말이에요." "누가 그걸 퍼 간다는 거야?" "네슬레요." 저는 네슬레가 세상에서 가장 큰 식음료회사 중 하나인 줄도 몰랐습니다. 상관없었어요. 어쨌거나 나설 참이었으니까요. 그들이 누구인지는 상관이 없었습니다. 그들이 나쁜 일을 하고 있다면 말이에요. 그러면 그에 대해 뭔가를 해야죠. 어느 날 아침에 다시 아들이 말하더군요. "우리는 무엇을 해야 하나요? 뭔가를 하긴 해야 할 텐데요." 아들은 강을 위아래로 왔다 갔다 하면서 (…) 오리건주 쪽을, 다시 돌아와 워싱턴주 쪽에 있는 부족민의 어업 지역을 돌아다녔어요. 그러면서 어민들에게 네슬레의 계획을 알고 있는지 물어봤는데 아는 사람이 없었다고 했습니다.

병입공장 계획안은 오래전인 2008년에 나왔다. 하지만 컬럼비아강의 4개 부족—야카마, 우마틸라, 웜스프링스, 네즈퍼스(니미이푸)—중 어디도 2015년 5월에 웜스프링스 위원회가 공식적으로 물 권리이전 계획에 반대하기 전까지는 이 이슈에 대해 공개적으로 입장을 밝히지 않았다. 레너드는 자신의 이야기를 이어갔다.

7월 4일 이틀 전인 [2015년] 7월 2일에 신문도 사고 커피도 마시러 나갔어요. 그리고 그 입구에 세 명의 여성이 서 있는 것을 보았습니다. '네슬레 반대No Nestlé'라고 쓰인 팻말을 들고 있었어요. 저는 '아, 안 돼, 겨우 여자 셋뿐인 거야?'라고 생각했습니다. '그러면 우리가 지고 있는 건데? 우리는 이기고 있지 않은 거야.' (…) 저는 '좋아, 환경주의자들이 이 이슈를 붙잡았어'라고 말할 수 있기를 바라고 있었거든요. 제가 너무 순진했죠. (…) 그래도 거기 들러서 그 여성들과 이야기를 했어요. 그들은 로컬물연대 사람들이었고 나를 반기면서 "인디언분들은 어떤 것을 하고 계시나요? 부족민분들은 어떤 것을 하고 계시나요? 무엇을 하실 계획이세요?"라고 물었습니다. 그러니까, 우리는 아직 이기고 있지 않았어요. 내가 물었습니다. "여러분은 이기고 있지 않은 건가요?" 그들은 "이기고 있지 않아요"라고 말했어요.

(…) 그래서 이 모든 것이 시작되었습니다. 7월 4일에 첫 집회를 했는데, 사람들이 많아서 놀랐어요. 선주민도 많았고요. 30명쯤 되었을 거예요. 이틀 동안 조직한 것치고는 많은 거죠. (…) 그리고 우리는 청원을 위해 웜스프링스와 야카마 선주민 (…) 1000-2000명에게 서명을 받았습니다.

애나 매 레너드는 본명이 아니다. 본명은 클레어리스 웨슬리인데, 두 명의 저명한 미국 인디언 활동가 애나 매 아콰시와 레너드 펠티어를 기리는 의미에서 물 병입 계획에 반대하는 단식 투쟁을 할 때 가명을 사용했다. "7월 4일의 첫 시위 이후, 우리는 4개 부족 모두와 만나야 하며, 그것도 당장 만나야 한다는 것을 깨달았습니다. 그래서 관심을 끌 무언가가 필요했죠. 저는 옛날에, 30대 때요, 젊은이들의 구금 관련 이슈로 단식 투쟁을 해본 적이 있었어요. (…) 그래서 단식을 하기로 했습니다. 물과 음식 없이 버틸 작정이었어요. 그리고 [캐스케이드 락스] 시의회도 그렇게 하도록 요구했습니다. 잠시 멈춰서, 물이 없으면 지구가, 모든 생명이 어떻게 될지 생각해보라고 말이에요. 우리가 우리 물이 [다른 곳에 의해] 통제되게 둔다면, 외국 기업이 소유하게 둔다면, 그들은 그 물로 원하는 것은 무엇이든 할 것입니다." 그의 투쟁 이야기는 빠르게 부족민들에게 퍼졌다.

같은 시기에 웜스프링스에서 큰 화재가 있었어요. 한 할머니가 차에 음식, 기부품, 그 밖에 이런저런 물건을 싣고 화재 현장으로 가다가 차를 세웠어요. 꼭 이런 일이 일어날 것 같더라고요. 누군가가 지나가다가 이 장면을 페이스북에 올려줄 거라고요. 그런데 그 할머니가 딱 그렇게 한 거예요. "이 일을 널리 알려야겠네요. 자, 저랑 같이 사진 찍어요." 정말 존경할 만한 할머니였어요. 아무튼, 그분이 저와 사진을 찍었고 그게 널리 알려졌습니다. 정말 바이럴이 잘되었어요. (…) 그 주에 얼마나 많은 부족민이 와주었는지를 보고는 깜짝 놀랐습니다. (…) 자기 집에 화재가 계속되고 있었는데도 말이에요. 많은 일이 일어났습니다. 그리고 거기서부터 일이 진행되기 시작했지요. 집회 때마다 점점 더 많은 부족민이 참여했습니다. (…)

하지만 많은 사람들을 상대하는 건 힘들었죠. 사건도 있었어요. 여기 캐스케이드락스 남자 하나가 우리 발을 차로 밟고 지나가려고 했어요. (…) 어쩌면 발이나 발목이 부러졌을지도 몰라요. 발이 완전히 으스러졌을지도 모르죠. 인도 가장자리에서 살짝 나와 있던 내 발에서 1인치도 안 되게 지나갔거든요.

2015년 8월, 레너드는 캐스케이드락스 시청 앞에서 전통 선주민 복식 차림으로 닷새간 단식 투쟁을 했다. 이는 네슬레의 계획에 대한 싸움에 언론의 관심을 대대적으로 불러일으켰다.[54] 또한 레너드가 또 다른 선주민 활동가들과 접촉할 수 있게 해주었다.

나는 캐스케이드락스에서 남동쪽으로 약 45킬로미터 떨어진 웜스프링스 선주민 마을에서 휘트니 칼라마를 만났다. 후드산 너머에 있는 건조한 지대였고, 산쑥으로 뒤덮인 절벽과 드문드문 자라난 노간주나무군 사이의 협곡을 비집고 자리한 마을이었다. 2630제곱킬로미터의 웜스프링스 보호구역은 웜스프링스가 1855년 조약으로 조상들이 살던 고향 땅 약 4만 500제곱킬로미터를 강제로 양도한 뒤에도 컬럼비아강 선주민의 손에 아직 남아 있는 땅 조각 중 하나다.[55] 우리는 음악이 시끄럽게 흘러 나오는 카페에 앉았다. 그는 네슬레가 병입공장을 짓겠다고 한 장소[그림 13]와 자신과의 연결 고리를 이야기했다.

사실 어렸을 때 저는 여름이면 캐스케이드락스의 낚시용 데크에서 살다시피 했습니다. 아이였을 때 그 데크에서 커다란 그물망 뜰채와 긴 작살을 가지고 처음으로 25킬로그램짜리 연어를 잡았어요. 제가 직접 끌어올렸죠. 아버지가 옆에 서 계셨지만 전부 제가 했어요. 아버지는 어부였습니다. 연어를 보호하는 일도 하셨죠. 때로는 관광객이나 아는 친구분들에게서 연어를 되사서 풀어주기도 했습니다. 낚시를 가면, 한 번에 몇 주씩 갔습니다. 여름에 붉은연어가 올 때 그랬어요. 여름과 가을에는 낚시 장소 중 한 곳에서 몇 달씩 지냈습니다. 오랫동안 이스트윈드 드라이브스루 매장, 차르 버거에도 가고, 모텔에서 아이스크림도 먹으면서 자랐습니다. 우리는 항상 거기에서 저녁을 사 먹곤 했어요. (…) 저는 여름을 거기에서 보냈어요. 그곳에서 자란 거죠. 마리나 공원

그림 13. 부족민의 연어 낚시용 데크 (오리건주 캐스케이드락스)
사진: Daniel Jaffee

에서부터 철길을 가로질러서 언덕을 걸어 올라가곤 했어요. 마리나 공원은 이쪽 맨 끝에 있는 작은 강변 공원이에요. (⋯) 가족마다 낚시용 데크가 있었습니다. (⋯) 웜스프링스 부족은, 저는 알지도 못하는 옛날부터 그 강에서 고기를 잡았어요. 물이 많고 댐이 없었을 때부터요. 여기에는 아주 많은 역사가 있습니다.[56]

칼라마는 어린 시절의 상당 부분을 오리건주에서 멀리 떨어져 지냈지만 2013년에 웜스프링스로 돌아왔다. "저를 돌아오게 한 것은, 음, 그러니까, [다른 곳에서는] 자신의 문화와 언어를 가질 수 없잖아요. 저는 우리 언어가 신성하다고 생각하는데요, 우리는 그걸 잃어버리고 있습니다. 계속 이어가려고 노력하지 않으면 모두 다 사라지게 될 거예요." 그는 레너드의 단식 투쟁을 알게 되었을 때 네슬레의 계획에 반대하는 운동에 깊이 발을 담그게 되었다.

저는 그 할머니에 대한 이야기를 페이스북에서 보았어요. 우리 말로 '할머니'는 친가인지 외가인지에 따라 '카틀라' 또는 '알라'라고 불러요. 아무튼, 그 카틀라 또는 알라가 (…) 페이스북에 올린 글을 보게 됐죠. 그걸 보고 이렇게 생각했습니다. '이 할머니가 하실 수 있다면 더 젊은 우리가 가서 그분을 지지하지 못할 이유가 뭐람?' 할머니는 거기에 앉아 계셨고, 저는 그에 대한 페이스북 글을 보았어요. 단식이 시작되기 하루 전이었어요. 그분은 단식을 준비하고 있었죠. 제가 남편에게 말했어요. "저기 가고 싶어." 그러자 남편이 저를 쳐다보며 묻더라고요. "무슨 소릴 하는 거야?" (…) 그래서 저는 페이스북 게시물을 다시 공유하고 말했죠. "나랑 같이 갈 사람?"

그는 웜스프링스의 또 다른 여성과 함께 캐스케이드락스로 갔다.

우리는 옷을 입고 머리를 땋고 숄을 걸치고 전통 휘장을 둘렀습니다. 영어로는 '날개 옷wing dress'이라고 하죠. 그리고 모카신을 신고 구슬 귀걸이를 하고 펜들턴 숄을 걸쳤습니다. 그렇게 하고 거기에 갔어요. 거기 그 여성이 있었습니다. 가만히 앉아서 조용히 혼자 기도를 하고 계셨어요. 눈을 감고요. 그분이 눈을 떴을 때 (…) 얼굴이 확 밝아졌습니다. 이런 말을 하신 것 같아요. "와주셔서 기뻐요." 우리는 서로 모르는 사이였어요. (…) 우리는 그 여성의 본명도 몰랐습니다. 한 달이나 지난 뒤에야 알게 되었지요. 그분은 우리를 보고 매우 기뻐했습니다. (…) 우리가 자신과 함께 앉아 있기 위해 여기에 와서 얼마나 기쁜지 모른다고 했어요. 저는 그분에게 이렇게 말했습니다. "여기 앉아서 함께 기도를 하려고 왔어요." 우리는 하루 종일 그분과 함께 있었습니다.

칼라마는 이어서 이렇게 말했다. "떠나기 전에 우리는 옥스보우 스프링에 가서 얼굴을 씻었습니다. 우리는 기도를 했고 나는 발을 담갔어요. (…) 물은 아주 차가웠습니다. 우리 이치시킨어로 물은 '추우시'라고 해요. 자동차 안에서 굴러다니던 코카콜라 빈 병이 있었어요. 거기에 물을 담아서 (…) 그 자리에서 마셨습니다. (…) 무언가가 느껴졌어요. 우리가 보호하려고 노력하는 이 물을 지금 병에 채운 것이구나, 하고 생각했습니다."

칼라마는 캐스케이드락스에서 부족민이 이끄는 일련의 저항을 조직했고 4개 부족 사람들에게 네슬레의 계획을 알리고 네슬레를 구체적으로 겨냥한 청원운동을 전개했다. 그는 웜스프링스 부족위원회가 더 적극적으로 목소리를 내어 입장을 밝히고 캐스케이드락스 시의회에 물 교환에 반대한다는 서한을 보내야 한다고 촉구했다. 또한 9월에 살렘에 있는 주 의사당 앞 계단에서 네슬레의 계획에 반대하는 굵직한 대중 시위를 조직하는 데도 일조했다. [그림 14-16]

두 활동가 모두 로컬물연대에 공식적으로 합류하지는 않았지만 로컬물연대와 협업했다. 그와 동시에, 이들은 선주민이 이끄는 별도의

그림 14. 네슬레의 계획에 반대하는 집회 (살렘, 오리건주 의사당. 2015년 9월)
사진: Will Doolittle, whereismyriver.com

단체도 만들었다. 웨슬리는 아들 오시월, 그리고 야카마 선주민 두 명과 '네슬레에 반대하는 와나품 어민 연대'를 만들었고 칼라마는 캐스케이드락스에서 소셜미디어 단체인 컬럼비아강 조약 원주민 네슬레 반대 연합Columbia River Treaty Natives Against Nestlé의 설립을 도왔다.

아이러니하게도 2019년에 내가 칼라마와 이야기를 나누었을 때 웜스프링스 보호구역은 심각한 물 위기를 겪고 있었다. 40년이나 된 노후 수도 시스템을 교체할 자금이 없었고 유지 보수에 책임이 있는 연방 인디언사무국의 지원이 충분하지 않아서 적어도 2017년 이래로 박테리아 오염 때문에 3200명의 주민이 사는 마을에 끓인 물 사용 권고가 수차례나 내려졌다.[57] 칼라마는 이렇게 말했다. "그들은 우리 지역에 비상사태를 선포했습니다. 그저 수도를 틀고서 감자도 삶고, 뜨거

그림 15. 네슬레의 계획에 반대하는 집회 (살렘, 2015년 9월)

사진: Will Doolittle, whereismyriver.com

그림 16. 오리건주 의사당 집회에서 연설하는 애나 매 레너드 (2015년 9월)

오른쪽은 클리키테트강 선주민 부족장 월버 슬로키시

사진: Will Doolittle, whereismyriver.com

운 차도 마시고, 물도 마시고, 그런 일을 할 수 없는 게 정말 힘들었습니다. 설거지를 할 때도 먼저 끓이지 않으면 안 될 정도로 물이 안전하지 않았습니다. 저는 우리 동네에 있는 샘에 가서 5갤런[19리터]들이 스포츠용 물통에 샘물을 채웠습니다. 래틀스네이크 스프링스라고 불리는 샘인데요, 이것이 제가 믿을 수 있는 유일한 물이었습니다."[58] 비상사태가 선포되었을 때 많은 부족민이 병입생수에 의지해야 했다. "사람들이 병입생수를 기부했고 네슬레 생수가 들어왔어요. 그런데 저는 너무 화가 났습니다. (…) 이런 생각이 들었죠. '애로우헤드? 이건 네슬레잖아.' (…) 그리고 몇 개의 기사에서 많은 사람이 이렇게 말하는 것을 보았습니다. (…) '우리가 여기서 네슬레에 맞서 커다랗고 중대한 싸움을 하고 있는데 사람들은 왜 네슬레 생수를 우리에게 주는 거지?'라고요."

제4막: 물 병입, 주민투표에 부쳐지다, 2016

로컬물연대가 생기고 나서 일은 빠르게 진행되었다. 버스디커는 "사람들을 모아 여러 차례 시위를 하고 비영리 법인 지위를 얻고 주민투표 준비를 했는데, 이 모두가 4월부터 9월 초 사이에 벌어졌다"고 말했다.

로컬물연대가 물 병입 금지를 위해 [카운티 단위에서] 주민발의(주민 주도로 주민투표 의제를 올리는 것)를 시도하기로 한 결정은 그 이전에 주 차원의 활동가들이 추구하던 전술이나 캐스케이드락스 현지 활동가들이 추구하던 전술과 크게 달라진 것이었다. 오리건주의 다른 지역에서 주민발의 운동에 참여했던 변호사 브렌트 포스터가 이 시점에 이곳의 운동에 합류했다. 포스터는 이렇게 말했다.

[캐스케이드락스의] 싸움을 알고는 있었습니다. 하지만 지켜보는 것 외에 관여하지는 않고 있었죠. 그 병입 계획이 워낙에 말도 안 되는 것으로 보였거든요. 한때는 이렇게 생각했어요. '누군가가 이것을 멈추겠지. 주정부가 합리적으로 생각할 거야. 케이트 브라운이 결국에는 제지할 거야.' 하지만 일이 더 진행되면서 '세상에, 아무도 이것을 멈추지 않고 있잖아!'라고 생각하게 되었습니다. 그래서 청원에 앞장서고 있는 사람 중 한 명인 패멀라를 만났습니다. 패멀라는 (…) 줄리아, 그리고 또 다른 사람들과 주민발의를 [전술적] 선택지 중 하나로 고려할 수 있을지에 대해 논의해본 적이 있다고 했습니다. 주민발의는 우리가 완전히 도둑맞은 시스템에 진정하고 솔직한 민주주의를 밀어 넣을 수 있는 몇 안 되는 도구 중 하나입니다. (…) 이렇게 해서 몇 년간 지켜만 보던 제가 여기에 들어오게 된 것 같습니다. 선출된 사람들 중에 아무도 자신이 해야 할 일을 하지 않고 있는 걸 보면서요.[59]

또한 포스터는 캐스케이드락스 현지에서 네슬레에 반대하는 사람들이 누구인지를 보고, 그리고 이들이 이미 전개한 활동을 보고서도 참여하기로 마음을 굳히게 되었다고 했다.

그들은 사업을 하는 사람들, 소상공인이었어요. 어느 면으로 봐도 급진 좌파가 아니었죠. 그들은 단지 자기네 마을에 네슬레가 오게 두면 삶이 어떻게 될지를 우려했습니다. 제게 이것은 정말로 강렬한 인상을 남겼습니다. 그들의 이야기를 듣고 선주민들과 함께 모임에 참석하는 것 등이요. 클레어리스 웨슬리는 바로 얼마 전에 단식 투쟁까지 했습니다. 법적인 관점으로 말하자면, 이들이 얼마나 열정적인지 제가 알게 되었다는 것은, 그들의 깊은 관심사를 가져다가 서로 결합해서 유권자가 듣기에 논리적이면서 법적으로 방어 가능한 주장이 되도록 만들어야 한다는 의미였습니다. 네, 그렇게 된 거죠.

주민발의를 하기로 한 선택은 데이터로도 힘을 받았다. 드그로는 이렇게 회상했다. "우리는 비용을 들여 여론조사를 돌려볼 수 있었습니다. (주민발의가) 결정적으로 중요했던 이유는, 네슬레 병입안이 패스트트랙으로 가는 방식을 보건대, 그리고 (샘물 권리 교환에 대해) 우리가 진행한 법적 소송의 승산이 매우 불확실했다는 점에서, 주민투표를 발의하면 강한 메시지를 전달할 수 있을 게 분명해 보였기 때문입니다. 네슬레에 '노'라고 말할 수 있는 (…) 정말 강력하고 단단한 메시지가 될 것 같았죠. 이길 수 있을 것 같다는 느낌이 있었습니다."[60] 여론조사 결과, 카운티 주민의 대략 70%가 주민발의를 지지하는 것으로 나타났다.

두 번째 의사 결정, 즉 '어느 단위에서' 주민발의를 할 것인가는 더쉬웠다. 이들은 주민발의를 후드리버 '카운티' 단위에서 진행할 참이었다. 네슬레 반대자들에게 카운티 단위가 몇 가지 점에서 유리했기 때문이다. 우선, 오리건주는 주 차원뿐 아니라 지역 단위에서도 주민발의로 입법을 할 수 있는 주다. 둘째, 후드리버 카운티는 오리건주에서 9개뿐인 '홈 룰home rule'[자치권] 카운티 중 하나다. 주민이 카운티 헌장을 투표로 개정할 수 있다. 셋째, 활동가들은 캐스케이드락스 사람들만 볼 때보다 카운티 전체로 봐야 네슬레의 물 병입에 반대하는 사람의 비중이 더 높으리라는 것을 알고 있었다.

하지만 꼭 기술적인 편의성에서만 취해진 방편은 아니었다. 포스터는 "이것이 **후드리버의 사안이기도 하다는 것을** 깨달았기 때문에" 관여한 것이라고 말했다.

이것은 캐스케이드락스만의 일이 아닙니다. 안 그렇습니까? 캐스케이드락스에서 벌어지는 일은 후드리버에서 벌어지는 일이기도 합니다. 그들이 이 거대한 시설을 캐스케이드락스에 들여온다면 후드리버에도 크게 영향을 미칠 것입니다. 네슬레가 하는 일은 단지 하나의 수원으로부터 하나의 공장을 짓는 것이 아니니까요. (…) 그들은 트럭을 보내서, 할 수 있는 곳이면 어디에서나 거대한 문어의 빨판처럼 물을 빨아들입니다. 제가 사는 마을에서는 지난 한두 해 사이에 많은 사람들의 우물이 말랐어요. 후드리버를 보면 만년설의 미래를 볼 수 있고 그밖에도 모든 것을 볼 수 있습니다. 그리 멀지 않은 미래에 우리가 사막 비슷한 환경에서 살게 되리라는 것을요.

캠페인 컨설턴트인 크리스틴 로빈슨은 주 차원의 연대 모임에서 주민발의를 제안했고, 전략 세션과 메시지 만들기 세션에 참여했으며, 로컬물연대 회원 관리와 회원 교육도 담당했다. 로컬물연대는 포스터, 그리고 크레그 법률센터와 함께 일하면서 소송이 걸리더라도 방어할 수 있을 만한 표현으로 주민발의안 문구를 작성했다. 2015년 9월에 일군의 자원봉사자들이 곳곳을 다니면서, 가칭 '후드리버 물 보호 주민발의안' 제출 요건을 갖추기 위해 서명을 받았다. 인구가 2만 2000명밖에 안 되는 카운티라서 664명의 유효 서명만 있으면 되었다. 3개월 후에 라센과 동료 조직가들은 그 숫자의 3배나 많은 서명이 담긴 상자를 들고 카운티 법정에 갔다.[그림 17] 이 발의안은 2016년 5월에 주민투표에 부쳐지기로 결정되었고 번호도 부여되었다. '주민발의 14-55'였고 공식 문구는 다음과 같았다. "상업적으로 물을 병입하고 그 물을 운송하는 것을 금지하도록 카운티 헌장을 개정할 것인가?" 이 발의안은 '상업적' 병입을 하루 1000갤런[3785리터] 이상으로 정의했고 [생수가 필요할 수 있는] 비상사태 시 병입 금지에 일시적으로 예외를 허용했다.[61]

그러는 동안, 주정부가 물 '권리' 교환을 패스트트랙으로 처리하는 방안을 고수하기로 결정하면서 열기가 더 올랐다. 은유적으로도 그랬지만, 이 시기에 문자 그대로도 열기가 오르고 있었다. 2015년의 가뭄은 기후 변화가 물 가용량에 미치는 위험을 극적으로 보여주기도 했지만, 그해 여름의 폭염은 컬럼비아강 전역에서 연어의 절반을 떼죽음으로 몰아넣기도 했다. 많게는 25만 마리나 죽은 것으로 추산된다.[62]

늦가을 무렵이면, 부족민과 주민의 운동이 모종의 성과를 내기 시작했다. 2015년 11월 6일, 오리건주 어류 및 야생생물국이 샘물 '권리' 교환을 승인하기 직전에, 브라운 주지사가 패스트트랙 절차를 포기하도록 명령했다. 그리고 예전 방식, 즉 '공공의 이익'에 대한 평가를 포함해야 하고 절차가 훨씬 더 오래 걸리는 '물' 교환 방식으로 돌아가도록 했다.[63] 무슨 일이 일어났던 것일까? 웨슬리는 부족민의 압력이 결

그림 17. 로컬물연대 회원들이 주민발의 서명을 제출하고 있다 (후드리버, 2015년 12월)
왼쪽부터 패멀라 라센, 오로라 델 발, 몰리 키신저, 하이디 히메네스, 멜로디 샤피로
사진: Blue Ackerman

정적이었다고 말했다. "우마틸라 부족 지도자들이 주지사 쪽 사람들과 만나고 바로 다음 날 샘물 권리 교환안이 철회되었습니다."

주민발의 캠페인을 시작하다

주지사가 양보했지만 주민발의 운동은 멈추지 않았다. 로컬물연대 활동가들, 그리고 이들과 연대한 사람들은 돈 많은 다국적 기업과 이 기업을 지지하는 지역민에게 맞서는 주민발의[2016년 5월로 예정된]에서 승리하기까지 5개월이 남아 있었다. 로컬물연대는 후드리버에 사무실을 하나 열었고 무보수 상근자를 한 명 두고 캠페인을 진행했다. 그는 오로라 델 발이었고 2003년부터 캐스케이드락스에 살고 있었다.

나중에는 유급 조직가 몰리 키신저도 합류했다. 로컬물연대는 40개 이상의 농장과 과수원도 포함해 100곳 넘는 사업체로부터 빠르게 지지 선언을 받아냈다. 그들은 이 운동이 일반적으로는 환경 이슈에 관심이 없었을 유권자층 사이에서도 널리 소구력을 갖는다는 사실을 깨달았다. 포스터는 이렇게 회상했다. "우리는 스펙트럼상의 정말 다양한 사람들에게서 지지를 받았습니다. 그러니까, 자유지상주의자들도 있었고 (…) 공화당 사업가도 있었어요. '향후 20년, 50년, 100년 동안 우리가 어떻게 농장을 계속 운영할 수 있을까'를 고민하는 사람 누구나요. (…) 그들은 자신이 쓸 수 있는 물 공급량을 우려하게 되었어요. 진정한 기업 이데올로그들이요? 네, 그들은 우리를 지지하지 않겠죠. 하지만 그거 아세요? 그들은 전체 인구의 15%도 되지 않아요. 그러니 상관없죠. 이것이 우리의 접근 방식이었습니다." 작고 이데올로기적으로 다양한 카운티에서 정치적 편 가르기를 초월하는 것은 이 캠페인에 꼭 필요했다. 델 발은 이렇게 말했다. "우리는 이것이 초당적인 운동이 되게 하려고 노력했습니다. 한 전단에 우리는 이렇게 적었어요. '공화당, 민주당, 독립 정치 성향 모두 공통으로 가지고 있는 것이 무엇일까요? (…) 우리의 물을 보호하고 싶어 한다는 것입니다.'"[64]

이 고도로 풀뿌리적인 캠페인은 수십 명의 자원봉사자에게 의존했다. 하이디 히메네스는 한두 해 전에 캔자스주에서 후드리버로 이사온 간호사였다. 정치 활동 경험은 없었지만 로컬물연대 사무실 매니저로 상근하다시피 자원 활동을 했다. 그는 이렇게 회상했다.

패멀라에게 제가 서명 받으러 다니는 걸 잘할 수 있을지 걱정이라고 말했어요. 우선, 재미있을 것 같지 않았고, 밖에 서서 서명을 받는 게 꺼려졌어요. (…) 저는 네 살쯤 된 아주 어린 아이가 있었고 동거인은 한동안 멀리 있었어요. (…) 그래서 아이랑 둘뿐이었죠. 후드리버에 친척이 없어서 서명 받으러 갈 때 아이를 데리고 가야 했어요. 하지만 어쨌든 우리는 서명을 받으러 갔습니다. 그리고 시작이 중요하다는 것을 알게되었어요. 시작을 위해 작은 한 발짝을 떼는 거요. 그리고 깨닫는 거죠. '어, 나쁘지 않은데? 시내에 가서 서명을 받고 사람들을 모으는 것도 할 수 있겠는데?'라고요.[65]

라센은 로컬물연대가 자원봉사자들 사이에서 육성하고자 한, '서로를 지원하고 양육하는 윤리 의식'에 대해 이야기했다. "우리는 사람들이 우리의 운동 안에서 아, 우리가 정말로 공동체를 일구고 있구나, 하고 느낄 수 있게끔 서로를 돌보고 양육하고 재미를 느낄 수 있는 다양한 일들을 했습니다. (…) 풀뿌리 운동인데, 그것을 매우 양육적인 방식으로 했지요."[66]

한편, 네슬레는 병입공장에 대한 지지를 확보하기 위해 정치활동위원회(자금 모금 단체)인 컬럼비아강 협곡 경제 활성화 연합을 조직하고 유명한 정치 컨설턴트 리베카 트위드를 고용했다. 트위드는 전에 주 차원에서 기업 세금을 올리고 유전자 조작 식품에 라벨을 붙이게 하려는 주민발의 투표를 성공적으로 무산시킨 전력이 있었다.[67]

메시지를 구성하기

이러한 캠페인에서는 유권자에게 이슈의 본질이 무엇인지, 이 문제에 걸려 있는 것이 무엇인지를 어떻게 효과적으로 알릴 것인가가 핵심이다. 사회운동 연구자와 활동가들이 메시지 프레이밍, 또는 메시지 구성이라고 부르는 것 말이다.

주민발의 추진 측이 직면한 한 가지 어려움은 이 이슈를 카운티 유권자들이 보기에 자기 자신에게도 관련성 있는 이슈로 여겨지게 하는 일이었다. 네슬레의 병입공장은 후드리버 카운티 내이긴 하지만 구석의 먼 곳[캐스케이드락스]에 세워질 예정이었다. 그곳은 경제적, 문화적 특성이 후드리버 카운티의 다른 곳들과 다르고, 후드리버밸리의 농민과 과수원 대부분이 관개용으로 사용하는 지표수와 눈에 띄는 수문학적 연결이 없는 지역이었다. 따라서 로컬물연대는 딜레마에 봉착했다. 더 큰 단위인 카운티 수준에서 네슬레 병입공장이 미치게 될 영향을 어떻게 사람들에게 와닿게 이야기할 수 있을까? 이들은 병입용 물 추출을 물이 [경내 밖으로] **수출**exportation되는 것으로 묘사하기로 했다. 물이 이 지역을 영구적으로 떠나게 된다고 말이다. 생수가 국경을 넘어 외국으로 나갈 가능성은 거의 없었지만 이 프레임은 카운티 유권자에게 상당히 설득력이 있었다. 드그로는 이렇게 회상했다. "물 수출이라는 개념은 농민에게 대번에 끔찍한 일로 들렸습니다. 꼭 농민이 아니더라도 이 카운티가 농업에 많이 의존하고 있다는 것을 알고 있는 지역 주민 모두에게 그랬습니다. (…) 우리가 자유지상주의적 자유방임 성향 사람들을 극복할 수 있었던 것은, 물이 [다른 것들과] 다르다는 점이었습니다. '옆 동네가 네슬레에 물을 팔면 당신의 지표수 수위가 낮아집니다. 네슬레와 거래하는 어떤 동네라도 당신의 인근에 있다면 당신 마을의 지표수를 낮추게 됩니다!'라고 말이에요."[68]

미래에 물 부족을 일으킬 수 있다는 위험, 특히 이 카운티의 주 산업인 관개 농업에 물이 부족해질지 모른다는 위험에 초점을 둔 전략은 효과가 있었다. 델 발은 이렇게 설명했다. "집집마다 가서 문을 두드리면 (…) 몇몇 농민들은 이렇게 묻습니다. '이게 우리하고 무슨 상관이 있나요?' (…) 그러면 저는 이렇게 대답하죠. 가뭄 때 거대 기업이 물을 잠가버리면 어떻게 되겠습니까? 당신 이웃 중에 연로한 농민이 있는데 더 이상 농사를 짓기 싫어서 자신이 가진 물에 대한 권리를 네슬레에 팔아버리면 어떻게 되겠습니까? 그러면 당신의 물이 어떻게 되겠습니까?"

이 중심 메시지는 그에 딸려 나오는 2개의 추가적인 메시지로 한층더 뒷받침되었다. 첫 번째는 [이번에 병입을 허용하면] 병입업체들이 잽싸게 발을 들이밀도록 허용하는 격이 된다는 것이다. 네슬레에 물을 사용할 길을 열어주면 다른 회사들도 줄줄이 들어오려 할 것이고 그들의 물 사용을 막을 방법이 없게 된다. 로컬물연대가 배포한 한 우편 전단에는 이렇게 쓰여 있었다. "우리는 줄을 길게 늘어선 병입업체 모두에 물을 내어주는 것을 감당할 수 없습니다. 그런데 '딱 한 업체만' 물을 사용할 수 있게 하는 방법은 없습니다."[그림 18] 두 번째 메시지는 기업의 물 추출과 지역민이 쓸 수 있는 물 가용량 사이에는 제로섬 관계가 있다는 것이다. "작년에 있었던 가뭄 비상사태는 우리의 물이 무한정 있는 게 아니라는 사실을 상기시켜주었습니다. 주민발의 14-55는 우리의 제한된 물 공급량을 정말로 중요한 사용처, 즉 우리의 과수원, 가정, 소상공인들에게 공급하고 그렇게 함으로써 우리의 물을 보호하는 (…) 상식적인 방법입니다."[69] 이 메시지는 주민들이 이미 당국으로부터 공식적으로 듣고 있는 말로 한층 더 강화되었다. 델발은 "농업관개국이 사람들에게 '잔디에 물을 주지 말고 농민을 위해 물을 아껴주세요'라고 말하고 있었다"고 회상했다.

하지만 네슬레의 물 병입안이 농장과 과수원이 의존하고 있는 물에 실제로 얼마나 중대한 위협이었을까? 나는 후드리버밸리 위쪽으로 가보았다. 사방에서 배와 체리 과수원이 눈 덮인 두 산(남쪽으로는 후드산, 북쪽으로는 애덤스산)의 봉우리와 함께 멋진 경관을 만들어내고 있었다. 그곳에서 농업관개국장 레스 퍼킨스를 만났다. 이 지역에서 농업과 물 사이의 관계를 알려면 퍼킨스를 만나야 한다. 분주한 사무실의 커다란 둥근 탁자에 앉아서, 그는 후드리버밸리의 농업 거의 모두가 강물과 시냇물로 관개를 하는데, 가뭄과 기후 변화 때문에 수량이 달라지고 있다고 말했다. 여름과 가을에 물이 훨씬 적어졌다는 것이다.

후드리버밸리에 샘물을 추출하는 곳이 더 생기면 농민이 쓸 수 있는 물에 위협이 될까? 퍼킨스는 이렇게 설명했다. "여기에서 가정은, 후드리버 유역에서는 그것이 지표수와 매우 긴밀히 연결되어 있다는 것입니다. 지하수를 뽑아내기 시작하면 지표수에 영향을 줄 가능성이 큽니다. (…) 하지만 우리는 아직 충분히 알지는 못합니다."[70] 퍼킨스는 네슬레가 캐스케이드락스에서 물을 추출하면 허먼크릭의 어업에 어떤 영향을 미칠지는 그리 걱정하지 않았다("그건 매우 적은 양의 물입니다"). 하지만 후드리버밸리에 지하수 추출 장소가 추가로 생길 경우 발생할 일에 대한 주장들이 지역 농민에게 큰 영향을 미쳤다고 말했다. "주민발의에 반대하는 지역 주민도 있었습니다. 민간기업을 통제

14-55에 찬성을
우리의 물
우리의 미래

지금이 우리의 제한된 물 공급량을 병입생수 수출로부터 보호할 수 있는 기회입니다

작년의 가뭄 비상사태는 우리의 물이 무한하지 않다는 사실을 상기시켜주었습니다. 물 공급량을 지키는 것은 현재 우리 지역 수천 개의 일자리에 매우 중요합니다. 전문가들이 가뭄 증가를 예측하는 때에 병입생수를 수출하는 것은 말이 되지 않습니다. 우리에겐 농장, 가정, 소상공인을 위한 물이 충분하지 않습니다.

"후드리버 카운티의 농업은 제한된 물 공급량에서 매년 수억 갤런을 내어주는 선례를 감당할 수 없습니다."

—모리아 레이놀즈,
카사 베르데 농장

물 보호 주민발의는 우리 지역의 물을 매년 16억 개의 플라스틱병에 담아 가지고 나가지 못하게 막고 우리의 가정, 농장, 양식장에서 사용할 수 있게 보호하는 상식적인 방법입니다.

하지만 이것은 우리 카운티를 네슬레 병입공장으로부터 보호하는 것에 그치지 않습니다. 이것은 우리의 제한된 물 공급량을 정말로 중요한 사용처, 즉 우리의 과수원, 가정, 소상공인을 위해 보호하려는 것입니다.

우리 지역의 농장, 과수원, 후드리버 록포드 그레인지는 주민발의 14-55를 지지합니다

40곳 이상의 농장과 과수원이 물 보호 주민발의에 지지 의사를 밝혔습니다. 후드리버 록포드 그레인지의 설명입니다.

"우리는 후드리버 카운티의 모든 좋은 수원지가 병입생수 업자의 표적이 되도록 내버려둘 여유가 없습니다."

지지를 표명해준 농장을 보시려면 다음 웹사이트를 방문해주세요. **LocalWaterAlliance.org**

유권자님들 주목!
네슬레의 정치적 과장 광고를 주의하세요!

네슬레는 세계에서 가장 큰 기업 중 하나입니다. 그들은 최근에 위장 정치 단체인 컬럼비아강 협곡 경제 활성화 연합이라는 것을 만들고 살렘 출신의 몸값 비싼 정치 로비스트를 고용했습니다.

네슬레를 위해 벌이는 위장 단체의 번드르르한 광고에 **속지 마세요.** 우리 카운티가 산업적 규모의 병입에 지역의 물을 내어주는 선례를 만들면 물 안전성을 위험에 빠트리고 우리 지역 경제에 해를 입히게 됩니다.

단단히 준비합시다. 네슬레는 곧 정치적 과장 광고를 우리에게 홍수처럼 퍼부을 것입니다. 공포감을 주어서 유권자를 호도하려 할 것입니다. 우리가 듣게 될 법한 주장 몇 가지를 소개합니다.

주장 1: "병입생수는 후드리버 카운티의 경제와 일자리에 도움이 된다"

팩트 체크: 물 병입공장은 매우 자동화되어 있고, 일반적으로 소수의 저임금 일자리만 만듭니다. 네슬레는 지역에서 하나의 일자리도 창출하지 않을 것입니다.

네슬레가 말하는 과장된 일자리 숫자를 믿지 마세요. 수년간 그들은 50개의 일자리를 만들 것이라고 했습니다. 이번 달에 네슬레는 원래도 과장되었던 숫자를 어이 없게도 2배로 뻥튀기했습니다. 그러나 현재 운영되고 있는 공장들에 실제로 일자리가 몇 개인지는 여전히 공개하지 않고 있습니다.

물은 새로운 금입니다. 우리는 줄을 길게 늘어선 병입업체 모두에 물을 내어주는 것을 감당할 수 없습니다. 그런데 '딱 한 업체만' 물을 사용하게 하는 방법은 없습니다. 네슬레가 물을 매년 2억 갤런씩 실어가는 선례를 만들면 우리의 농업, 가정, 소상공인이 필요로 하는 물 공급을 위험에 빠트릴 수 있습니다.

주장 2: "캐스케이드락스는 네슬레를 필요로 한다"

팩트 체크: 네슬레는 과장된 일자리 약속을 하지만, 지역 주민에게 단 하나의 저임금 일자리조차 확약한 바 없습니다.

캐스케이드락스 주민 다수가 네슬레 공장을 반대합니다. 매일 200회의 트럭 운행이 작은 중심가를 시끄럽게 할 테니까요. 이는 캐스케이드락스가 필요로 하는 일자리, 가족 부양이 가능한 임금을 주는 일자리를 유치하려는 노력에 해가 됩니다.

"우린 네슬레의 계획을 지지했었죠 하지만 그들의 주장을 자세히 조사해보니 그것이 교묘한 속임수란 걸 깨달았습니다."

—캐시 티틀스과 밥 티틀,
캐스케이드락스의 오랜 주민이자
소상공인

YES 14-55
Our Water
Our Future

그림 18. "주민발의 14-55에 찬성합시다" 우편 전단지 (2016)
디자인: Katsandesign.com

네슬레의 물탱크 트럭 운영이 카운티 전체를 위험에 빠뜨린다

네슬레의 대형 트럭 통행과 물 병입시설 운영은 우리 카운티 전체를 위협하고, 모든 좋은 수원지를 네슬레의 표적으로 만듭니다.

네슬레 공장은 전국적으로 물탱크 트럭을 이용해 끌어오는 물의 양을 늘립니다. 예를 들어, 네슬레 덴버 공장은 100마일 떨어진 수원에서 물을 운반하는데, 그와 똑같은 짓을 이곳에서는 할 수 없도록 막을 방법이 없습니다.

네슬레가 컬럼비아강 협곡 전역의 수원을 표적으로 삼아 캐스케이드락스 공장으로 운송할 위험이 있고, 이는 과수원과 농장에 필요한, 가뜩이나 제한된 우리의 물 공급을 위협합니다.

덴버 공장에서 물을 실어가는 네슬레 트럭

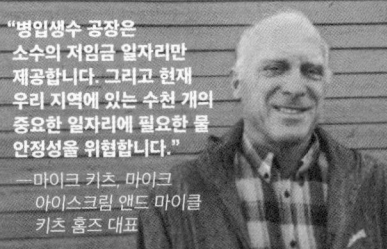

"병입생수 공장은 소수의 저임금 일자리만 제공합니다. 그리고 현재 우리 지역에 있는 수천 개의 중요한 일자리에 필요한 물 안정성을 위협합니다."

—마이크 키츠, 마이크 아이스크림 앤드 마이클 키츠 홈즈 대표

왜 100개 이상의 지역 사업체가 주민발의 14-55를 지지하는가?

- 물은 우리 지역 경제의 근간입니다.
- 병입생수 공장은 고도로 자동화되어 있어서 소수의 저임금 일자리만 제공합니다.
- 주민발의 14-55는 현재와 미래에 물 공급이 더욱 제한될 것으로 예상되는 때에 지역 사업체와 농업이 필요로 하게 될 물 안정성을 보호합니다.

이것은 그저 상식입니다. 후드리버 카운티는 오리건주에서 가장 큰 병입생수 수출지가 될 여유가 없습니다.

주장 3: "세수 기반에 도움이 될 것이다"

팩트 체크: 캐스케이드락스시와 네슬레는 표준 기업 특구 세금 감면 프로그램에 따라 네슬레가 최소 5년간 재산세를 전혀 내지 않을 것이라고 오랫동안 가정해왔습니다.

네슬레의 하루 200회에 달하는 트럭 운행은 우리의 도로에 큰 영향을 미칠 것이고, 우리의 소방 및 경찰 시스템에서 득을 보겠지만 그 비용은 우리 납세자들이 내야 합니다.

주장 4: "주민발의는 불법이며 카운티에 비용을 유발할 것이다"

팩트 체크:

전형적인 정치적 겁주기 전술입니다. 유권자가 주민발의 안에 관심을 끄게 하려는 반대파의 전술이며, 그들의 말은 사실이 아닙니다.

우리 카운티는 정말로 중요한 사용처, 즉 우리의 과수원, 가정, 소상공인 등을 위해 물을 보호할 권리가 있습니다. 네슬레가 이런 점을 못마땅해한다고 우리의 권리가 불법이 되는 것은 아닙니다. 그리고 우리 카운티는 이 주민발의안을 법적으로 방어하는 데 10원도 지출할 의무가 없습니다.

"후드리버 밸리에서 34년간 영업해온 소상공인으로서, 14-55에 찬성합니다. 병입 생수로 낭비되기엔 우리의 물은 너무 중요하니까요."

—버치 게리그, 오델 세브론 대표

주장 5: "그저 약간의 물일 뿐이다"

팩트 체크: 네슬레는 1년에 2억 3000만 갤런의 물을 후드리버 카운티 밖으로 가지고 나가려 합니다. 이것은 16억 개 이상의 플라스틱병에 담길 물이고, 연간 1인당 거의 1만 갤런에 해당하는 양입니다.

Local Water
ALLIANCE

더 많은 정보를 원하세요? 물을 보호하기 위한 주민발의의 통과를 위해 자원봉사나 기부를 하고 싶으신가요? 다음 웹사이트를 방문해주세요. www.LocalWaterAlliance.org

하려 드는 괴짜 진보주의자들이 하는 짓 아니냐는 거죠. 하지만 더 일반적인 분위기는 '그래, 그건[물 추출] 좋은 생각 같지 않아'였던 것 같아요. 물은 오래도록 이곳이 경제 활동에 크게 의존해온 자원인데, 병에 담아 멀리 가져가는 것은 그 자원을 가장 잘 활용하는 방법으로 보이지 않는 거죠."

퍼킨스는 자신도 주민발의 14-55를 지지하지만 물 가용량 이슈 때문은 아니라고 했다. "이것은 공공 자원의 사유화에 대한 문제입니다. 저는 원칙적으로 그게 문제라고 생각해요. (…) 지역이 소유권을 갖고서 지역의 자원을 통제하는 것이 가장 좋은 방법이라고 생각합니다. (…) 그것이 지역 공동체에 있지 않은 기업의 통제 안으로 넘어가면, 이윤 동기가 우선이 되고 공동체의 필요는 우선순위에서 정말로 한참 아래로 내려가게 됩니다." 이 메시지(지역 수자원에 대한 통제력을 멀리 있는 글로벌 거대 기업이 가져간다는 메시지)는 주민발의 운동이 유권자에게 소구할 수 있었던 또 하나의 프레임이었다. 퍼킨스는 이렇게 말했다. "기업이, 그것도 거대 글로벌 기업이 온다는 점이 중요한 부분 중 하나였던 것 같습니다. 많은 면에서 그 기업이 유일한 수혜자였죠. (…) 그래서 다윗과 골리앗의 싸움 같은 상황이 되었다고 생각합니다."

한편, 캐스케이드락스 자체의 유권자들에게 접근할 때는 다른 주제를 강조했다. 델 발은 이렇게 말했다.

캐스케이드락스 주민에게 이야기할 때는 이 이슈가 지역 상황과 매우 관련 깊은 것이 되도록 했습니다. "트럭 통행이 지금도 나쁘다고 생각하신다면 앞으로 어떻게 될지 생각해보세요." 그리고 정보도 제공했습니다. "썬더아일랜드 양조장이 35명을 고용했다는 것을 알고 계세요?" (…) 우리는 네슬레가 지역민에게 결코 일자리를 창출하지 않을 것이라고 말했습니다. 그리고 캐스케이드락스 주민에게 물 보호라는 주제를 이야기할 때는 어업을 소재로 삼았습니다. 그곳의 많은 분들이 어민이니까요. 가령, "수위가 요 근래 어느 정도 되었나요?"라고 물었죠. 수위가 매우 낮았거든요. 저지대인 허먼크릭은 거의 개펄 같아졌어요. 그런데 여기가 물 교환이니 하는 그것을 위해 캐스케이드락스에서 물을 끌어가게 될 곳이거든요.

델 발은 진정으로 지역적이고 풀뿌리적인 운동을 펼치는 것이 중요하다고 강조했다. "정말로 큰 변화를 가져온 것, 우리의 운동을 성공하게 만든 것은 지역에 천착해 운영되는 우리 운동의 양태와 특징이었습니다. (…) 우리는 캠페인의 전면에 이 카운티에 사는 사람들, 자신이 투표할 지역구에 거주하는 사람들이 나서도록 신중을 기했어요. 사람들은 개소리를 금방 알아채니까요." 또한 드그로는 이렇게 설명했다. "우리는 캐스케이드락스 전단을 따로 만들었습니다. 트럭 통행, 안전 등 이곳만의 이슈를 가지고요. (…) 캐스케이드락스 사람들은 친구와 가족에게 기꺼이 이야기하고자 했어요. 지역 공동체와 이러한 접촉이 이루어지고 다시 그 공동체 안에서 또 다른 사람들과 접촉이 이뤄지는 것은 정말 중요했습니다."[71]

하지만 캐스케이드락스의 주민투표 지지자 모두가 위와 같은 전략적 선택들에 동의한 것은 아니었다. 버스디커는 "캠페인이 후드리버에 초점을 맞춘 것은 대부분의 주민, 대부분의 유권자가 사는 곳이 거기였기 때문이었는데 그것이 약간의 분열을 가져왔다"고 말했다. "여기는 캐스케이드락스이고, 우리 마을, 우리 공동체인데, 우리의 사안을 우리 손에서 떼어갔다고 생각하는 사람들이 많았습니다." 또한 그는 농장과 과수원에 미칠 위험에 초점을 맞추는 데도 동의하지 않았다. "[후드리버 카운티의 농장과 과수원은] 캐스케이드락스의 물을 끌어가지 않기 때문"이다.

또한 이 캠페인은 명백히 포함시켜야 할 선택지로 보였던 몇몇 메시지는 강조하지 않기로 했다. 델 발은 이렇게 회상했다. "메시지 구성에 여론조사 결과가 상당히 중요한 영향을 미쳤습니다. 고전적인 환경주의적 메시지 대신 (…) '경제로 가자'를 택했죠. (…) 여론조사는 병입생수와 플라스틱병 문제로 메시지를 구성하는 게 그리 효과적이지 않으리라는 것을 보여주었습니다. 그것으로는 이길 수 없을 거였어요. **개인적으로 저에게는** 환경 이슈가 동기부여가 되었지만 (…) 개인적인 동기는 옆으로 치워두어야 했습니다. 이길 수 있는 전략이 무엇일지에 관심을 기울여야 했죠."

주민발의 찬반 양측은 캐스케이드락스의 경제 발전에 대해 상반되는 두 가지 모델을 각각 내세웠다. 한쪽은 하나의 큰 기업 고용주를 유치하는 전통적인 모델이었고, 한쪽은 레크리에이션을 위해 이 지역을 찾는 사람들에게 서비스를 제공하는 수많은 소상공인으로 이루어진 고도로 다각화된 지역 경제 모델이었다. 이때는 캐스케이드락스의 인구 집단과 경제 기반이 달라지고 있던 시기였다. 델 발은 이렇게 말했다. "포틀랜드에서 주거 가격이 미친 듯이 올라가고 있었습니다. 그래서 사람들이 감당할 수 있는 가격대의 주거를 찾아서 캐스케이드락스로 눈을 돌리고 있었고 (…) 인구 집단도 달라지고 있었습니다. (…) 20대, 30대의 젊은 사람들이 많았어요." 버스디커가 덧붙였다. "여기에 술 양조장이 생겼습니다. 생긴 지 2-3년 정도 되었어요. 벌써 상도 받고 그랬습니다. (…) 또 지역의 선주민 가족이 운영하는 수산시장도 생겼죠. 그리고 트라우트데일에서 캐스케이드락스까지 자전거 길이 죽 연결되어 있어서 (…) 자전거 관광객이 증가했습니다. 그다음에는 퍼시픽 크레스트 트레일 영화[〈와일드〉]가 나왔어요. (…) 무언가가 벌어지고 있었어요."

2016년 4월에 친네슬레 정치활동위원회는 캠페인 재정보고서를 제출했는데 국제병입생수협회 한 곳에서 받은 3만 5000달러가 기부금의 전부라고 했다. 하지만 얼마 뒤에 로컬물연대 조직가들은 분노했다. 겨우 투표 일주일 전인 5월에 보고서를 수정해, 그 돈이 사실은 네슬레워터스에서 나온 것이고 2개의 다른 기부자도 있어서 후원금이 총 10만 5000달러였다고 다시 발표했기 때문이다. 이것은 주민발의 14-55 찬성 측이 쓴 돈의 4배가 넘었다.[72]

네슬레는 이 돈을 지출해서 무엇을 얻었을까? 2019년에 퍼킨스는 내게 이렇게 말했다. "그들의 캠페인 내용은 기억도 안 납니다. 무언가를 말하긴 했겠지요. (…) 저는 그들이 입장과 프레임 구성을 잘하지 못했다고 생각합니다. (…) 그들은 다른 마을에서 효과가 있었던 것을 그냥 가져다가 후드리버에 곧바로 적용했습니다. 차이를 제대로 이해하지 못하고서요. 여기는 다른 장소이고 다른 관점을 가지고 있고 물에 대해 강한 정서가 있는 곳입니다." 포스터는 이렇게 회상했다. "그들이 한 것 중 가장 확실히 생각나는 것은, 번드르르한 광고예요. (…) 매일 우편함을 열면 3면으로 된 친네슬레 광고가 새로 와 있었어요. 저는 이렇게 생각했어요. 첫째, 사람들은 충분히 똑똑해서 이것을 믿지 않아. (…) 또 하나 중요했던 것은, 저희 캠페인이 사람들에게 '그거 아세요? 네슬레가 당신에게 거짓말을 하려고 해요'라고 알리는 걸 매우 잘한 것 같아요. 그렇죠? 이건 중요하죠."

결승선을 앞두고

캠페인 마지막 달에 캐스케이드락스 거리를 따라 잔디밭에 수십 개의 팻말이 세워졌는데, 주민발의 14-55에 대한 찬성과 반대가 비등비등했다. 캐스케이드락스 사람 중 네슬레 병입안에 반대하는 사람들은 전에는 목소리를 내지 않았지만 이제 자신의 입장을 드러내기로 했다. 한편, 후드리버의 주요 도로에서는 로컬물연대가 여러 차례 피켓 시위를 했고 사람들은 주민발의를 지지하는 의미에서 경적을 울리며 화답했다.[그림 19]

투표 5주 전에 캐스케이드락스 시의회 회의가 열렸다. 캐스케이드락스 시의회가 주민발의 14-55에 반대한다는 결의안도 의제로 올라와 있었다. 주민발의가 "캐스케이드락스 자치 규정을 직접적으로 위협한다"는 것이었다.[73] 웜스프링스와 야카마 선주민을 포함해 주민발의를 지지하는 사람들이 많이 와서 발언했다.[그림 20-22] 회의장에는 팽팽한 긴장감이 돌았다. 칼라마는 이렇게 회상했다.

그들이 회의를 소집했고 그날 밤에 우리가 발언을 했습니다. (…) 밖은 완전히 어두웠어요. 그날 낮에 우리는 계속 밖에 있었습니다. 드럼

그림 19. "주민발의 14-55에 찬성을"시위 참가자 (후드리버, 2016년 봄)

사진: Blue Ackerman

을 치는 사람들이 있었고, 커다란 드럼이 도로에 줄지어 있었어요. 많은 사람이 피켓을 들고 있었습니다. 우리가 가져간 피켓에는 "1855년 조약을 지지하기 위해 14-55에 투표하세요"라고 쓰여 있었죠. (…) 그리고 우리는 "물은 신성하다, 물은 판매되는 상품이 아니다"라고 외쳤습니다. (…) 네슬레가 이곳에 온다면 모두가 일자리를 갖게 될 것이라며 우리를 맹렬히 반박하는 주민도 많았죠. (…) 그들은 이렇게 말했습니다. "아니에요, 그들은 일자리를 가져다줄 거예요." (…) 그러면 우리는

그림 20. 웜스프링스와 야카마 선주민의 주민발의 지지를 위한 시위
(캐스케이드락스. 2016년 4월)
사진: Blue Ackerman

그림 21. 캐스케이드락스 시의회 회의 (2016년 4월)
사진: Auror Del Val

그림 22. 웜스프링스와 야카마 선주민의 시위 (캐스케이드락스. 2016년 4월)
왼쪽에서 두 번째가 휘트니 칼라마다.
사진: Blue Ackerman

이렇게 말했지요. "그것이 미칠 비용은요? 강에 미칠 비용은요? 연어에 미칠 비용은요?"

사람들이 빽빽하게 들어찬 가운데, 웜스프링스 부족 연맹 위원장 오비 단주카는 "1855년 조약은 우리가 사용해온 익숙한 장소들에 접근을 보장하고 있고 이 지역도 그중 하나"라며 "이와 같은 일은 우리의 1차 식량에 심각하게 해로운 영향을 미칠 수 있으며, 우리는 이런 일이 일어나지 않게 확실히 하고자 한다"고 말했다.[74]

캐스케이드락스 시의회는 6대 1로 주민발의 반대 결의안을 통과시켰다. 버스디커만 주민발의에 찬성했다. 격앙된 논쟁에서 양측이 극명하게 대조되었다. 하지만 어쨌거나 시의회의 투표는 [카운티 단위의 주민투표에] 실질적인 효력은 없었다.

주민발의 투표일인 2016년 5월 17일 밤, 로컬물연대 자원봉사자와 지지자들은 후드리버에 모여서 투표 결과 집계를 보았고, 곧 신나게 축하를 했다. 주민발의 14-55는 69% 찬성이라는 압도적 표차로 통과되었다. 히메네스는 이렇게 회상했다. "세상에! 하는 반응이었지요. 우리가 해왔던 일 모두가 효과가 있었어요! 우리가 큰 변화를 만들었어요. 네슬레는 오지 않을 겁니다. 이제 걱정 없어요. 우리는 신이 났습니다." 압도적 승리 만큼이나 놀라운 것은, 상대의 광고 공세가 있었는데도 주민발의에 대한 지지 수준이 몇 달 전 있었던 여론조사 이후에 낮아지지 않았다는 사실이었다. 이는 매우 보기 드문 일이다. 네슬레워터스의 천연자원 담당 매니저는 다음과 같이 성명을 발표했다. "우리는 카운티 프라이머리 주민발의 투표의 결정이 캐스케이드락스 주민의 최선의 이익에 부합하지 않는다고 굳게 믿지만, 민주적 과정을 존중합니다."[75]

투표 결과는 또 다른 면에서도 선례를 만들었다. 이것은 처음으로 생수 병입이 대중의 투표에 의해 아예 금지된 사례였다. 드그로는 내게 이렇게 말했다. "이런 종류로는 최초의 주민투표였습니다. (…) 그리고 주민발의 투표로 카운티 헌장을 개정해 상업용 물 병입을 불법화한 유일한 사례입니다."[76]

하지만 주목할 만하게도, 한 지역구에서는 주민발의가 과반 득표를 하지 못했다. 바로 캐스케이드락스였다. 이곳은 주민발의 반대가 58, 찬성이 42였다. 캐스케이드락스 지역구 자체만의 결과가 전체 카운티 차원의 결과에 영향을 미치지는 않지만, 캐스케이드락스 주민들 사이에서 반대가 더 많았다는 사실은 카운티 주민투표 결과가 나온 다음에도 병입 허가 절차가 중단되지 않고 계속 진행되는 데 일조했다. 델 발은 이렇게 평가했다. "캐스케이드락스에서 이보다 표를 더 받을 수는 없었을 겁니다. 캐스케이드락스에서 42%를 받았다는 것은 꽤 좋은 성과라고 생각합니다. 전체 카운티에서는 69%를 받았고요."

제5막: 허울뿐인 승리?, 2016-2017

주민투표로 이 건이 일단락되리라고 기대했던 지지자들의 희망은 빠르게 부서졌다. 투표에서 압도적으로 이겼지만 투표 이후에 캐스케이드시 당국자와 오리건주 당국자 모두 물 교환과 병입 허가 절차를 계속 진행하겠다고 밝혔다. 네슬레는 캐스케이드락스에 연 사무실을 닫지 않고 계속 운영했다. 버스디커는 2017년에 내게 이렇게 말했다. "캐스케이드락스 지역구에서는 주민발의 투표에서 이기지 못했기 때문에, 저를 제외한 다른 캐스케이드락스 시의원들은 주민의 뜻에 따라야 마땅하다고 생각하고 있었습니다. (…) 물 교환과 병입 허가 절차를 계속 진행하는 것이 자신의 의무라고 말이에요." 후드리버 카운티 당국자들도 주민발의 투표 결과를 굳이 집행하려 하지 않았다. 명시적으로 물 병입을 금지하도록 카운티 헌장이 개정되었는데도 말이다. 버스디커는 이렇게 회상했다. "저는 카운티 위원회 사무총장에게 전화를 했어요. 기본적으로 그는 그들이 투표 결과의 집행을 강제할 생각이 없다고 하더라고요. 그리고 주 내에서 수자원이 있는 모든 지역구가 그 결정을 지지할 거라고 했습니다. 자신들의 수자원에 대해 다른 사람이 무엇을 해도 되니 안 되니 왈가왈부하는 것을 싫어하리라는 것이었어요." 캐스케이드락스 행정관 짐머만은 포틀랜드의 TV 뉴스에 나와서 "우리는 우리 주민과 시의원들이 원하는 바를 따를 것"이라고 말했다.[77] 네슬레의 물 추출에 반대하는 사람들은 옥스보우 스프링이 캐스케이드락스시 경계 내에 있지도 않기 때문에 개정된 카운티 헌장이 적용되어야 함이 명백하다며 반발했다.

주민발의 투표 후에 캐스케이드락스 당국자들이 작성한 한 문서를 보면 주민투표를 무효화하거나 투표 결과에 맞서는 데 사용할 수 있는 법적 전략의 개요가 나온다. 그중 마지막으로 언급된 항목의 제목은 "아무것도 하지 않기"였고 다음과 같은 설명이 이어져 있었다. "아무것도 하지 않는 것은 늘 선택지 중 하나다. 우리는 NWNA[북미 네슬레워터스]와 일단 계약을 체결할 수 있고, [소송이 걸려도] 위에서 말한 모든 이유에서 그 계약을 법정에서 방어할 수 있다. (…) 주민투표에 대해 말하자면, 그것의 집행이 강제되느냐는 사실 카운티가 아니라 주민, 혹은 주민들이 꾸린 단체의 행동에 달려 있다. '그들'이 우리에게 소송을 걸게 하자."[78] 양쪽 모두가 소송을 기대하면서, 병입 계획은 법적인 치킨 게임에 들어간 듯 보였다.

드그로는 이렇게 회상했다. "저는 우리가 주민발의 투표에서 이기면 브라운 주지사가 전체 프로젝트에 대해 '노'를 선포할 것으로 생각했습니다. 브라운 주지사도 샘물 권리 교환에 대해 '노'라고 말할 의사가 있었으니까요."[79] 하지만 캐스케이드시와 오리건주 당국자들의 고집, 네슬레와 주지사의 침묵으로 인해 병입 반대자들은 또다시 오랜 지연을 겪어야 했다. 주민발의 투표에서 압도적으로 승리하고 4개월 뒤인 2016년 9월에 클레어리스 웨슬리는 다시 한번 살렘의 주 의사당 계단에 앉아 5일간 단식 투쟁을 했다. 이번에는 물도 마시지 않았다. 그는 이렇게 회상했다.

그들이나 주지사가 관심을 가지리라는 기대는 하지 않았습니다. 저는 두 번째 단식 투쟁을 위해 의사당 앞에 앉았습니다. 주지사는 와서 들여다보지도 않았어요. 몇몇 주 의원은 찾아와서 내게 말을 걸었지만요. (…) 그들이 처음 한 말은 이것이었습니다. "자, 다 끝났어요. 이제 가셔도 돼요." 깐족대는 어조로요. "네네, 당신이 이겼어요. 뭐하고 계시는 거예요? 네슬레는 끝났어요. 사람들이 후드리버 카운티에서 투표를 했잖아요." 그들 모두 제게 같은 이야기를 했습니다. 맨 마지막 사람까지 전부 다요. 저는 고개를 저었습니다. "아니에요." 그러자 그들이 물었습니다. "아니라니, 뭐가요?" 저는 이렇게 대답했습니다. "그들은 계속 진행하고 있잖아요. 주지사에게 물어보세요. 오리건주 어류 및 야생생물국에 물어보세요. 사람들은 물을 보호하기 위해 투표했지만 그들은 [병입안을] 계속 진행하고 있잖아요. 공식적으로 그렇게 발표했잖아요."[80]

이어서 웨슬리는 이렇게 말했다. "부족위원회가 집회와 단식 투쟁에, 또한 시의회 회의장에 나왔습니다. 조드 가우디(야카마 선주민 의장)

는 주지사에게 물 교환 승인 절차가 진행된다면 야카마 선주민이 법적 행동에 나설 것임을 명확하게 밝혔습니다. (…) 병입안이 확정되고 도장 찍혀서 실행되기 '전에' 멈추는 것이 정말 중요했습니다. 스탠딩록 수 부족민 지역에서 일어나는 일처럼 되기 전에 말이에요."[81]

9월 21일에 수십 명의 부족민과 부족 지도자들이, 일부는 전통 복식을 하고서, 많은 지지자와 함께 의사당 앞 계단에서 열린 큰 집회에 합류했다.[그림 23, 24] 조드 가우디는 강렬한 연설에서 컬럼비아강 부족들이 겪은 박탈의 역사, 조약상의 권리의 중요성, 그리고 물의 의미에 대해 이야기했다.

저는 오늘 이 노력에 연대하러 이 자리에 나왔습니다. (…) '추우시,' 그러니까 물을 대신해서요. 야카마 선주민은 니치와나에 위치한 4개의 조약 부족 중 하나입니다. '니치와나'는 다른 사람들이 컬럼비아강이라고 부르는 강이죠. 저는 아버지 쪽으로는 웨나트차품 사람이고 (…) 어머니 쪽으로는 도그리버 사람입니다. 여러분 대부분이 후드리버라고 부르시는 곳이 도그리버입니다. (…)

우리 조약의 3항과 보호구역이 가진 모든 권리는 (…) 법률의 위계상 오리건주의 법보다 훨씬 우선합니다. 미국 헌법 6조 3항에는 조약이 가장 상위법이라고 되어 있고 모든 국가와 주가 거기에 구속된다고 되어 있습니다.

그리고 이것을 꼭 말씀드리고 싶습니다. 니치와나 선주민은 네슬레 쪽에 서지 않을 것입니다. 그런 일은 없을 것입니다. 그런 일은 일어나지 않을 것입니다. 저는 오늘 야카마 선주민의 의장으로서 브라운 주

그림 23. 컬럼비아강 선주민과 지지자들 (주 의사당에서 열린 집회, 살렘, 2016년 9월)

사진: Blue Ackerman

그림 24. 조드 가우디, 야카마 선주민 위원회 의장 (주 의사당에서 열린 집회, 살렘, 2016년 9월)

사진: Blue Ackerman

지사에게, 캐스케이드락스 시의회에, 네슬레에, 또 네슬레가 여기에 와서 우리의 물에 이런 일을 하는 것을 지지하는 모든 사람에게 말하려고 이 자리에 왔습니다. 그런 일은 일어나지 않게 할 것입니다. (…) 오리건주 어류 및 야생생물국이 그들에게 샘물에 대한 권리를 주면 야카마 선주민은 즉시 소송을 제기할 것입니다.[82]

몇몇 참석자는 이 행사가 특히나 강렬했다고 말했다. 커다란 전개가 임박했다는 느낌이 들었다는 것이다. 하지만 이날 이후 1년 넘게 물 교환 계획 전체가 법적인, 또 행정적인 림보 상태에서 계속 답보했다.

마침내 중단되다

2017년 10월 27일, 유권자가 주민발의를 투표로 승인한 지 17개월이나 지나서 마침내 브라운 주지사가 어류 및 야생생물국에 물 교환 절차를 완전히 중단하도록 명령했다. 그는 "제안된 물 교환안에 대해 오리건주 어류 및 야생생물국의 절차가 상당한 인력 자원과 법적 비용을 유발할 것"이라며 "네슬레 공장에 대한 캐스케이드락스 당국의 계획이 불확실함을 생각할 때 이는 특히 더 우려스럽다"고 언급했다. 또한 주지사는 "2016년에 후드리버 카운티 유권자의 69%가 주민발의를 통과시켰으며 (…) 이는 제안된 물 교환의 궁극적인 목적이 달성될 수 있을지를 불확실하게 만들었다"고 말했다.[83] 어류 및 야생생물국은 주시사의 명령에 따랐다. 네슬레는 캐스케이드락스에 열었던 사무실을 닫았다. 네슬레의 병입을 위한 물 교환안이 처음 나온 지 거의 10년이 지나서, 관에 마지막 못이 박혔다. 선주민 활동가, 부족민, 그리고 반대 활동가들의 주 차원 연대 단위인 로컬물연대로서는 완전한 승리였다.

주지사가 최종적으로 병입안을 중단하게 만든 요인은 무엇이었을까? 내가 만난 당국자나 활동가 중 주지사의 결정을 미리 안 사람은 없었다. 퍼킨스는 이렇게 말했다. "그들은 자신의 카드를 끝까지 주머니 깊숙이 넣어두고 있었습니다. 제 생각에는, 주지사가 후드리버 카운티 유권자 중 거의 70%가 물 사유화에 반대했다는 사실을 직시하게 된 것이 주효하지 않았나 싶습니다. 현실적으로요. 오리건주에서 정말 권력의 중심인 서부로 이 소식을 가지고 간다고 생각해보세요. 주지사로서는 아주 어려운 일이 되었을 겁니다. 후드리버만 해도 꽤 보수적인 곳이에요. 이곳은 포틀랜드나 유진, 살렘처럼 진보적이지 않죠. 그래서 제 생각에는, 아마도 주의 정치 지형을 읽은 결정이 아닌가 합니다." 이 결정의 정치적 함의를 생각해보면 명백하게 설명이 된다. 브라운이 이듬해 재선을 앞두고 있었기 때문이다. 드그로는 "이것은 난데없이 나온 결정이 아니었다"며 "많은 사람들이 브라운 주지사가 공화당 도전자를 위협적인 상대라고 생각했고 (…) 박빙의 선거가 되리라 예상했을 것으로 보고 있다"고 말했다. "그는 재선에 도전하는 브라운 주지사가 [병입안을 진행하는 무리수를 두었을 때] 그 타격을 감당할 수 없으리라고 생각한 것 같다"고 설명했다.[84]

포스터는 브라운의 결정에 두 가지 요인이 영향을 미쳤을 것으로 보았다. "하나는 주민발의 투표입니다. 저는 늦게나마 주민발의가 후드리버가 네슬레에 반대한다는 것을 합당하게 보여주는 신호가 되었다고 생각합니다. 캐스케이드락스 주민 상당수도 포함해서요. 그리고 부족민도 큰 역할을 했습니다. (…) 부분적으로, 이것은 단순히 역사의 어느 편에 서고 싶은가의 문제였기도 합니다. '컬럼비아강 협곡에서 나오는 신성한 부족의 샘물을 거대 기업에 넘기는 쪽에 서고 싶은가?'의 문제요." 케이트 브라운은 2018년 재선에 성공했다.

제6막: 물 사냥이 다시 시작되다, 2017-2020

내가 만난 한 병입생수 회사 관계자는 일반적으로 샘물 병입업체들이 "제도판 위에 각 단계마다 여러 개의 프로젝트를 올려두려 한다"고 말했다. "만일의 경우 하나가 실행 가능한 옵션에서 탈락하더라도 대안이 준비되어 있을 수 있도록" 말이다. 실제로, 2016년 5월에 주민발의 투표에서 압도적으로 패배하기 전부터도 네슬레는 레이더망에 걸리지 않게 조심하면서 워싱턴주의 웨이츠버그를 시작으로 컬럼비아강 협곡의 다른 마을들을 은밀히 탐색하고 있었다. 《월라 월라 유니언 불레틴》 보도에 따르면 "웨이츠버그 시의원들은 시장 월트 고벨과 시 행정관 랜디 힌치리프가 2016년 2월 이래로 시의원들에게 알리지 않고 네슬레 쪽 사람들을 이미 몇 차례 만났으며 네슬레의 계약 담당자가 와서 웨이츠버그가 병입 프로젝트에 적합한지 알아보려고 이곳의 수계를 점검하고 갔다는 사실을 알고서 충격받았고 분노했다"고 언급했다.[85] 드그로는 결국에 "네슬레는 웨이츠버그의 물 병입 입찰에 응찰 의사 타진 대상이 되지 못했을 뿐 아니라 웨이츠버그의 시장은 은밀히 네슬레와 이야기를 나누었다는 사실만으로 사임해야 했다"고 말했다.[86]

2016년 11월에 네슬레는 워싱턴주의 더 큰 도시인 골든데일에서 병입공장 설립을 또다시 시도했다. 이 시점이면 네슬레의 움직임은 주민 발의 투표에서 이긴, 그리고 다른 도시들을 도우려는 후드리버 카운티 활동가와 부족민들에 의해 면밀히 추적되고 있었다. 델 발은 이렇게 회상했다.

> 우리는 골든데일 주민, 인근 마을, 부족민과 조율해서 운동을 전개했고 네슬레가 골든데일 시장과 이야기를 하고 있다는 뉴스가 나오고 나서 매우 성공적으로 150명이 골든데일 시의회 회의에 들어갔습니다. (…) 사람들이 빽빽하게 모인 회의장에서 35명의 연사가 우아하게, 그리고 존중을 담아서, 골든데일 당국자들에게 캐스케이드락스에서 교훈을 얻으라고 요구하면서 물을 보호하기 위해 카운티 주민발의 투표 결과를 얻어낸 경험을 이야기하는 모습을 보는 것은 정말 강력한 효과를 냈습니다. (…) 한 시의원은 원래 네슬레와의 협상을 지지하기로 마음먹고 있었다가 이날 회의에서 '네슬레 반대' 연사들에게 크게 마음이 움직여 바늘이 극적으로 반대 쪽으로 옮겨갔습니다. (…) 또 네슬레 공장을 들여오는 것에 대해 찬성 발언을 하기로 신청했던 어떤 사람이 그날 저녁에 입장을 바꾸기도 했습니다.[87]

야카마 선주민 변호사 이선 존스는 "물에 대한 위협은 야카마의 문화와 삶의 방식을 말살하겠다는 제노사이드의 위협"이라며 "우리는 네슬레 시설이 골든데일에 지어지는 것을 저지하기 위해 필요한 것은 무엇이든 할 것"이라고 말했다.[88] 몇몇 주민이 골든데일 물연대Goldendale Water Coalition를 꾸렸고 도시 당국과 네슬레가 진행한 협상의 세부 내용을 알고자 기록 공개를 요구했다. 이들이 당국자들이 네슬레와의 협상을 우호적으로 진행하기 위해 일해왔다는 사실을 발견해 신문에 폭로하고 나서 시장은 이 계획을 무기한 보류했다.[89]

드그로는 이렇게 말했다. "두 도시 모두에서 도시 당국자들과 시장이 이 프로젝트가 그들이 치러야 할 여러 곤란한 점들을 감수할 만큼의 가치가 있지 않다는 것을 깨달았습니다. (…) 또한 이 도시들 모두가 캐스케이드락스를 예시로 말하고 있었어요. (…) 그러니까 정말로 우리가 네슬레가 컬럼비아강 협곡에 들어오지 못하게 한 거죠."[90]

누출된 가이저

태평양 연안 북서부 지역을 물 추출의 비옥한 토양으로 여긴 회사는 네슬레만이 아니었다. 일본 제약회사 계열인 크리스탈가이저는 캘리포니아주에 몇몇 샘물을 소유하고 있었지만 또 다른 장소를 찾고 있었다. 크리스탈가이저는 지하수가 많은 워싱턴주 랜들 근처 카울리츠강 유역의 땅을 매입했고 2019년에 루이스 카운티 당국에 접촉해 대규모 병입시설 건설 허가를 받고자 했다. 인근 주민은 빠르게 반대운동을 조직했고 카울리츠 부족위원회도 만장일치로 반대 표결을 했다.

오리건주에서 네슬레 투쟁에 참여했던 몇몇 단체와 활동가도 합류했다. 칼라마는 워싱턴주의 선주민 부족들에게 관심을 촉구했다. "웜스프링스, 그리고 야카마 선주민도 카울리츠강에 어업 조업권을 가지고 있습니다. (…) 나는 체할리스 부족, 야카마 선주민, (…) 대여섯 곳의 부족들, 퓨앨럽, 니스퀄리 등에 이메일을 아주 많이 보냈습니다. (…) 이 문제를 당신의 평의회나 부족위원회에 올려줄 수 있겠느냐고 물어보았죠. (…) 수쿼미쉬, 퀴노 등 다른 부족에 최대한 많이 연락을 취하려 노력했습니다."

그런데 크리스탈가이저가 어처구니없는 실수를 저지르는 바람에 이 회사가 이 지역에 어떤 전략으로 접근하려는지가 언론에 유출되었다. 크리스탈가이저의 최고운영책임자 페이지 베이크푸르가 자신의 상사인 모회사 CG록산 회장 로낭 파피요에게 메일을 보낸다는 게, 병입 계획에 비판적이던 지역 신문《더 크로니클》에 보내버린 것이다.[91] 메일의 내용은 다음과 같았다.

로낭 회장님 귀하

《더 크로니클》은 우리가 다른 지역 공동체에 접촉한 것에 대해서는 기사를 쓰지 않을 게 분명합니다.《더 크로니클》이 반대 세력과 꿍꿍이가 맞기는 하지만, 그건 괜찮습니다. (…) 이 프로젝트의 경우, 현재로서는 죽은 것이나 마찬가지입니다.《더 크로니클》이 성공적으로 당국자들과 언론을 설득해 우리에게 맞서도록 했기 때문입니다.

제가 보기에 가능성 있는 유일한 기회는 다음과 같습니다.

1. 오로지 풀뿌리 지지자를 모으는 일만 하는 홍보 회사를 고용하는 것입니다. (…) 일단 사람을 충분히 확보하면, 이들을 반대자들이 하는 것과 비슷한 방식으로 동원할 수 있습니다(카운티 당국자, 언론, 정부기관 등에 이들이 찾아가게 하는 것입니다). 이 맥락에서, 저는 이미 현지 계약 업체 및 그들의 자회사 목록을 만들어두었습니다. 그들의 직원을 동원할 수 있도록요.

2. 관개, 정화조 [관리] 실패 등으로 대수층에 미친 피해에 대해 당국의 사업부를 고소하는 것입니다. 이 경우에 기대되는 바는, 그들이 협상장에 나오게 될 것이고 오프-프로퍼티off property[부지 안에 시설을 두지 않는 방식]로 하되 장거리 파이프로 물을 내보내는 방식에 더 열린 마음으로 소

통할 준비가 되리라는 것입니다. 워싱턴주에 있었을 때 장거리 운송 파이프를 설치하기에 좋은 장소를 보아두었습니다. 단, 시설 자체는 숨긴다 해도, 반대자들로부터 트럭 통행량에 대한 불평이 제기되는 것은 피할 수 없을 것입니다.

3. 1과 2를 결합하는 것입니다.

위에서 언급한 모든 것이 시간이 오래 걸리는 일이지만 제가 보기에는 시행할 가치가 있습니다. 유니콘 같은 장소를 찾아내지 않는 한, 우리는 앞으로도 워싱턴주와 오리건주에서 이 문제에 계속 직면할 테니까요.

이 전략을 취할 때 우리가 잃을 것은 시간과 내부적 자원, 그리고 홍보 회사 고용비와 소송비 등 약간의 비용입니다. 가장 큰 위험은 소송에서 부정적인 보도가 나오는 것입니다. 하지만 내용만 충분히 뒷받침된다면 솔직히 해볼 만하다고 생각합니다.

그렇지 않다면, 이 장소를 포기해야 할 것입니다. 고견 주시기 바랍니다.[92]

이 이메일이 알려지면서 반대자들의 분노에 불이 붙었고 운동이 크게 증폭되었다. 2020년 2월에 루이스 카운티 위원회는 카운티 내에서 모든 물 병입을 금지하는 조례를 승인했다. 후드리버 카운티가 주민 발의 투표로 달성한 것과 같은 결과였다. 하지만 병입 반대자들은 이제 카운티 차원의 금지보다 더 높은 목표를 조준하고 있었다. 2018년에 식품과물감시단을 떠났지만 루이스 카운티의 운동에 자문을 하던 드그로는 이렇게 말했다. "랜들의 조직가들은 이미 워싱턴주 주지사를 만났어요. 그들은 세월아 네월아 하고 있지 않습니다. 저는 그들이 병입업체가 허가를 받기 더 어려워지게 할 주 차원의 입법에 성공할 수도 있을 거라고 생각합니다."[93]

실제로, 워싱턴주 의회에서 바로 그러한 법안이 상정되었다. 2019년까지 소급해서 워싱턴주에서 샘물 병입 허가를 모두 금지하는, 전례 없는 법안이었다(하지만 수돗물 병입은 허용되었다). 이 법안은 2020년 초에 주 상원에서 통과되었다.[94] 어쩌면 워싱턴주는 병입생수 업계의 활동을 금지한, 세계에서 가장 큰 행정 단위가 되었을 수도 있었다. 하지만 국제병입생수협회, 워싱턴주 음료협회, 그 밖의 업계 단체들의 맹렬한 반대에 부딪혀 이 법안은 주 하원에서 부결되었다. 법안을 발의한 민주당 주 상원의원 레우벤 칼라일은 "업계가 고용한 치명적이고 냉혈한인 로비스트들이 상업용 병입을 위한 물 추출에 대해 주정부의 신규 허가를 금지하는 SB 6278 법안을 죽였다"고 말했다.[95] 그렇더라도, 병입 반대자들은 거의 승리 가까이까지 갔다는 사실에 고무되어 워싱턴주에서 같은 목적으로 주 차원의 주민발의를 고려하고 있다.

캐스케이드락스의 교훈

네슬레가 매클라우드에 처음 접촉해온 지 18년이 지난 2021년에, 네슬레는 태평양 연안 북서부 지역 어디에서도 아직 병입공장을 짓지 못하고 있었다. 그리고 샘물 생수 매출이 감소하자 그해에 네슬레는 북미 병입생수 사업부 전체를 블루트라이튼에 매각했다.

주민발의 투표에서 승리한 뒤에 드그로는 이 결과가 "다른 공동체도 물을 보호하겠다는 결심이 있다면 따라 할 수 있는 중요한 선례를 만들었다"고 말했다.[96] 하지만 정확히 무엇이 컬럼비아강 협곡 주민과 활동가들이 10년 동안 꿈쩍 않던 네슬레, 지역 당국자, 주정부를 뒤흔들 수 있게 했을까? 그리고 이곳의 교훈이 다른 곳에는 얼마나 많이 적용될 수 있을까?

몇 가지 요인에서 캐스케이드락스 사례는 독특했거나 적어도 일반적이지는 않았다. 첫째, 네슬레가 접근하고자 했던 샘물은 주정부 소유였다. 이것은 매우 중요했는데, 말 그대로 샘물이 공공의 물이었기 때문이다. 이는 오리건주의 복잡한 물 관련 법에 따라 오랜 승인 과정을 거쳐야 하고 그 과정이 다 공개적으로 드러난다는 의미였다. 또한 이 사실은 병입 반대자들이 네슬레의 병입안을 "공공의 물을 민간이 탈취한다"는 프레임으로 이야기할 수 있게 해주었다. 실제로, 병입 반대자들은 이 가능성을 놓치지 않고 해당 사안을 오리건주 주민 모두에게 관련된 이슈로 만들 수 있었다.

이와 관련해, 네슬레가 샘물에 대한 '권리'를 구매하기보다 (장기간 공급을 보장하기로 되어 있었긴 해도) 캐스케이드락스 수도 당국의 고객으로서 물을 구매하기로 한 결정도 중요했다. 이 전략은 회사 입장에서 몇 가지 리스크를 완화해주었지만 또 다른 리스크를 불러왔다. 네슬레는 매클라우드와 캐스케이드락스에서는 이 접근을 사용했지만 메인주, 미시간주, 온타리오주 등 몇몇 다른 병입 장소에서는 사용하지 않았다. 만약 오리건주나 워싱턴주에서 사적 소유지에 있는 샘물을 획득하려 했다면, 아마 지금쯤 병입공장이 세워져 운영되고 있었을 것이다.

두 번째 독특한 요인은 지역의 정치 구조에서 나온 특유의 기회였다. 로컬물연대 및 지지 세력은 주민발의를 사용할 수 있었다. 주민발의라는 도구를 사용할 수 없는 지역도 많다. 주민발의라는 선택지가 존재했다는 사실과 후드리버 카운티의 많지 않은 인구, 그리고 주민발의 청원에 필요한 최소 서명자 수가 많지 않았다는 점은 자원봉사자 주도의 지역 밀착적인 운동을 크지 않은 비용으로 추진할 수 있게 해주었다. 후드리버 카운티의 '홈 룰' 조항은 카운티가 특정 산업을 금지하는 법을 투표로 정할 수 있게 했고, (주민발의 투표 결과의 효력이 법정에서 다투어진 적은 없지만) 카운티 조례는 캐스케이드락스시 조례보다 법적 구속력에서 앞섰다. 마지막으로, 카운티 단위의 범위가 주민발의 14-55 세력에 유리했다. 물 추출에 반대하는 메시지를 더 잘 받아들일 법한 유권자층이 포함될 수 있었기 때문이다.

이렇듯 이곳만의 고유한 특징이 있었지만, 컬럼비아강 협곡에서 벌어진 병입 반대 투쟁의 교훈 중 많은 점이 다른 곳의 비슷한 투쟁에도 적용될 수 있다. 로컬물연대와 지지 세력은 지역의 물을 보호한다는 목적을 중심으로 정치적, 문화적 양극화를 초월해 공동의 이해관계를 부각함으로써 매우 광범위한 연대를 일구었다. 이들은 지역 공동체에 대한 깊은 이해, 그리고 이곳의 다양한 유권자 집단(농민, 과수원, 소상공인, 레크리에이션 산업 종사자, 부족민, 어민 등)에 물이 갖는 구체적인 의미에 대한 깊은 이해를 바탕으로 운동을 조직했다. 병입생수라는 상품 자체에 초점을 두기보다, 향후 물 가용량에 대한 위협이라는 이슈를 제기하면서 지역 공동체의 지지를 이끌어낸 것이다. 운동의 성과를 되짚어보면서 포스터는 내게 이렇게 말했다.

그러니까 물은 모두를 하나로 묶어주는 이슈예요. 그래서 네슬레처럼 지역의 물 공급을 위협하는 외부 기업의 이해관계에 직면하면, 아니 기업이 지역의 물을 가지고 완전히 멍청한 무언가를 하려 한다는 위협만으로도, 우리는 공동체를 하나로 묶기에 더할 나위 없는 접착제를 갖게 되는 거죠. 제 말은, 69%가 주민발의에 찬성했단 거예요. 세계에서 가장 큰 기업 중 하나가 모든 것을 쏟아부었는데도 멈출 수 없었죠.

환경운동 진영 내에서조차 "어휴, 네슬레를 어떻게 이겨요?"라고 말하는 사람들이 있었던 게 기억나요. 저는 이렇게 말했지요. "어떻게 우리가 네슬레를 이기지 **못할** 수가 있겠어요?" (…) 대체 누가, 어느 지역 공동체에라도 가장 귀한 자원일 물 공급원을 아무것도 받지 않고 내어줘 버리고 싶어 한답니까? (…) 어떻게 된 게 아니고서야, 이게 경제적 이득이나 유의미한 일자리를 제공해주리라고 믿을 수는 없지요.

병입안에 반대해 벌어진 다층적인 운동(오랫동안 이루어진 주 차원의 연대, 로컬물연대, 선주민 활동가의 풀뿌리 운동 등)은 활용 가능한 정치 구조, 도구, 기회, 취약성을 잘 파악하고 사용하는 것이 얼마나 중요한지를 보여준다. 그러한 기회 중에서 주민발의 운동 측은 민주당 주지사가 처해 있었던 현실을 이용했다. 주지사는 물 교환 계획을 중단하고 싶어지 않았지만 재선을 앞두고 친환경 이미지와 부족민과의 관계에 민감한 상황이었고 운동 세력은 이것을 활용했다. 하지만 주지사를 움직이려면 압박을 가할 필요가 있었고, 주나 도시 차원의 입법은 여기서 카드가 될 수 없었다. 바로 이 지점에서, 주민발의 운동은 민주적 변화를 달성하기에 전략적으로도, 유권자 구성에서도, 가장 유리한 곳을 공략했고, 그것은 [주 단위나 도시 단위가 아닌] 카운티 단위의 주민발의였다.

더 중요하게, 로컬물연대와 주민발의 운동은 문화 전쟁으로 말려들어가는 것을 피할 수 있었다. 포스터는 이렇게 말했다. "가장 중요한 것은 물을 정치 스펙트럼 전반에 걸쳐 다양한 사람이 관여할 수 있는 방식으로 이야기할 수 있어야 한다는 것이었습니다. 예를 들어, 물을 상품으로 보는 것만이 이슈라는 주장이나 '이 끔찍한 플라스틱 쓰레기' 운운하는 주장에는 세계의 모든 사람들 사이에 보편적으로 합의가 이루어져 있지 않습니다. (…) 그래서 [모두가 동의할 수 있는] 핵심적인 합의가 가능한 곳에 집중했습니다. 그 합의된 이해는 물이, 물의 존재가, 지역에서 너무나 중요하기 때문에 수억 갤런이 그냥 빠져나가 버리는 것을 두고만 볼 수는 없다는 것이었습니다."

이것은 프레이밍 전략, 메시지 구성 전략의 중요성을 말해준다. 로컬물연대는 메시지를 구성할 때 유권자 구성을 잘 읽어냈고 타이밍을 잘 포착했다. 여러 해 동안의 심각한 가뭄도 이들에게 힘을 실어주었다. 기후 변화에 대해 유권자 개개인이 믿는 바가 무엇이었든 간에 기후 변화가 극적으로 드러낸 현재와 미래의 물 부족 가능성을 모두가 볼 수 있었고, 이것이 물 병입 반대에 대한 지지를 증폭했다. 농업이 경제 기반인 카운티에서 가치 있는 과수를 한 시즌이라도 관개가 되지 않은 채로 방치한다는 것은 있을 수 없는 일이었으므로, 주민발의 운동이 업체의 지하수 추출을 [물이 경내 밖으로 영구히 빠져나가는] '수출'로 이야기한 것은 매우 영리한 선택이었다. '불필요한' 상품을 위해 병입을 하느라 '중요한' 사용처(농업, 지역의 소상공인 사업체, 가정)에 물이 희소해지게 생겼으므로 물을 보호할 필요가 있다고 이야기함으로써, 주민발의 운동은 지역민이 공유하는 가치와 규범을 활용해 풍성한 지지의 샘물을 건드릴 수 있었다.

하지만 이 메시지가 효과를 거두려면 활동가들은 후드리버 유권자에게 서쪽으로 30킬로미터나 떨어진 캐스케이드락스에서 이루어질 병입이 후드리버에도 위협이 된다는 점을 설득해야 했다. [시작은 캐스케이드락스이지만] 네슬레는 후드리버밸리로도 물 추출을 불가피하게 확장하리라는 것, 그 때문에 머지않은 미래에 후드리버 농민의 물 사용 가능성이 위험에 처할 수 있다는 주장이 이 운동에서 핵심이었다. 그리하여 마침내 강한 자유지상주의 성향을 가진 사람들도 포함해 꽤 보수적인 카운티에서도 지역의 물을 글로벌 기업이 통제하려는 것에 대한 반대가 정치적 스펙트럼을 가로질러 유권자를 하나로 묶어줄 수 있다는 것이 명확해졌다. 퍼킨스는 내게 이렇게 말했다. "저는 궁극적으로 이것이 특정한 기업에 대한 거부라는 생각이 들었습니다. [네슬레가 아니라] 현지 기업이었다면, 일을 조금 다르게 하는 기업이었다면, 달랐을지도 모릅니다."

조약상의 권리와 물을 지키기

이 투쟁의 또 다른 주요 요소는 선주민 활동가들과 4개의 부족위원회가 핵심적으로 관여했다는 점이다. 이는 두 가지 방식으로 이루어졌다. 첫째, 독립적으로 활동하는 부족민이 2015년에 생긴 반네슬레 연대에서 핵심적인 역할을 했다. 이들은 처음에 샘물 권리 교환에 반대했고 그다음에는 주민발의 투표를 지지했다.

독립적인 부족민 활동가들은 이러한 협업의 가치를 강조했다. 칼라마는 웜스프링스 부족민이 여러 차례 캐스케이드락스까지 가서 병입 반대 집회에 참석했던 장면을 이렇게 회상했다. "저는, 그러니까 (…) 이런 식이었어요. 자, 동지들, (…) 우리가 가서 우리도 있다는 걸 보여주자고요. 우리 목소리가 들릴 수 있어야 해요. 우리에게는 목소리가 있어요. 부족민으로서, 그리고 비부족민으로서, 함께 일하는 집합적인 목소리가 있습니다, 라고요. 이전에 부족민과 비부족민이 함께했던 때가 언제였는지는 기억도 나지 않습니다." 웨슬리는 선주민이 네슬레의 계획에 반대하며 합류한 타이밍을 언급하며 협업에 대해 이야기했다. "환경단체들은 우리가 이 일을 알기도 전에 8년 동안이나 싸워왔습니다. 이것은 정말로 중요합니다. 그들(식품과물감시단, 로컬물연대, 바크 등)이 없었다면 우리 부족이 어디로 갈 수 있었을지 모르겠어요. 우리가 합류했을 때 그들이 이미 이 모든 일을 하고 있지 않았다면, 그래서 토대를 놓아주지 않았다면 말이에요." 또한 그는 네슬레 투쟁이 컬럼비아강 협곡 선주민과 비선주민의 관계를 기존 패턴과 달라지게 하는 계기가 되었다고도 말했다. "80년대의 물고기 전쟁 때는 모두가 우리에게 반대했습니다. 그때 우리는 혼자였어요. 이곳 협곡에서, 후드리버에서는 예외도 좀 있었지만요, 인종주의와 선주민에 대한 차별이 수세대 동안 깊이 제도화되어 있었죠. 하지만 이번에는 달랐습니다."

컬럼비아강 인근 선주민 부족은 네슬레의 계획에 대해 공식 입장을 내고 주권을 가진 자치 부족으로서의 역할을 하면서 네슬레의 샘물 권리 교환 계획을 물, 연어, 주권, (문화적) 생존의 위협 문제로, 따라서 조약상의 권리에 대한 침해로 프레이밍함으로써 명백히 사건의 진행 경로를 바꾸었다. 패스트트랙으로 올라간 샘물 권리 교환 방식에 대한 이들의 강력한 반대(부분적으로는 선주민 활동가들이 부족 내부에서 벌인 설득 작업의 결과이기도 했다)는 2015년에 네슬레의 계획을 좌초시키는 데 큰 역할을 했다. 오리건주 주정부에 맞서 조약상의 권리를 지키기 위해 법정 싸움까지 불사하겠다는 부족민의 위협은 공갈이 아니라 실질적인 위협이었고, 이는 자신의 이미지와 정치적 미래를 신경 쓰는 주지사가 전체 과정을 철회하기로 결정하는 데 주요한, 아니, 결정적인 요인이었을 것이다.

같은 시기에 다른 곳에서도 널리 알려진 투쟁이 분출했다. 여기에서도 선주민과 그들의 연대 세력이 물 보호 주체로서 얼마나 중요한 역할을 했는지 볼 수 있었다. 웨슬리는 이렇게 말했다. "주목할 것은, 우리의 투쟁과 동시에 스탠딩 록 수 부족의 투쟁이 진행되고 있었다는 사실입니다. 저는 적어도 그것이 우리 주정부가, 케이트 브라운 주지사가 (…) 우리가 유순하게 뒤로 물러나 있지 않으리라는 것을 깨닫게 했으리라고 생각합니다. 우리는 목소리를 내어 이야기할 것이고 주정부는 그런 우리와 직면해야 하리라는 것을요. 우리가 주권을 가진 부족이고 존중받아야 할 부족이라는 것을요. 이제껏 얼마나 많은 조약이 지켜지지 않고 깨어졌습니까?"

책략집을 공유하기

이 운동의 참여자들은 병입업체의 진출에 직면한 다른 공동체에 자신의 경험을 나누는 데도 열심이었다. 2017년에 라센은 내게 이렇게 말했다. "골든데일이 다음번 싸움의 장소였습니다. 그곳 사람들이 우리에게 이메일을 보내왔고 우리는 정보를 제공했지요. (…) 때때로 저는 '우리의 물을 보호하고 싶은데 당신의 전략을 알고 싶습니다'라는 이메일을 받습니다. (…) 그러면 우리는 모두에게 우리의 전략을 공유합니다."[97] 정보를 공유해달라는 요청은 북서부 지역 밖에서도 온다.

델 발은 이렇게 말했다. "계속해서 이런 이야기를 듣습니다. 사람들이 연락을 해와서 이렇게 말하는 거죠. '캐스케이드락스의 이름을 우리 마을로 바꾸고 네슬레를 이 회사로 바꾸면, 그게 바로 여기에서 일어나는 일입니다'라고요. (…) 우리의 운동, 그리고 이 운동을 통해 알게 된 것으로 다른 공동체를 도울 수 있다는 게 너무 기쁩니다."

운동에서 얻은 교훈 중 하나로, 활동가들은 병입회사가 지역 당국에 접촉했다는 사실을 알게 되면 지체 없이 대응하는 것이 꼭 필요하다고 강조했다. 버스디커는 이렇게 말했다. "애초에 그들이 들어오지 못하게 해야 합니다. 일단 들어오고 나면, 그다음에는 물을 뽑아가는 것을 막거나, 아니, 그 양을 줄이려고만 해도 그들은 당신에게 소송을 걸어서 당신을 파산하게 만들 거거든요. 그리고 계속 물을 퍼갈 거예요. 계약을 한 게 있으니까요." 웨슬리도 비슷한 결론을 내렸다. "이곳에서 벌어진 반네슬레 투쟁의 핵심은, 계약이 서명되고 완료되고 실행되기 전에 싸움을 시작했다는 데 있습니다. 우리가 이길 수 있었던 이유를 하나만 꼽으라면 이거라고 생각합니다. 안 그랬으면 지금도 밖에서 투쟁하고 있었을 거예요."[98]

델 발은 이 교훈이 네슬레에만 해당되는 것이 아니라고 강조했다. "문제는 업계입니다. 특정한 하나의 회사가 아니고요. (…) 우리의 물을 보호하는 데 정말로 정신을 바짝 차리고 예의주시하고 있어야 하는 이유입니다." 그는 이어서 이렇게 말했다.

준비되어 있기에 가장 좋은 방법은 이웃과 실제로 만나 이야기를 나누는 것입니다. (…) 네슬레나 석유기업, 화석연료기업 들의 책략집은 늘

'분열시켜 정복하라'인 것 같습니다. 따라서 지역 공동체가 해야 할 일은 서로 이야기하고 연대하는 것입니다. (…) "아, 당신은 우리의 공동체를 싫어하나 봐요? 당신은 경제 발전을 원하지 않네요?"라는 인상을 주는 것이 아니라 (…) 위험을, 그들이 발을 들이게 했을 때 우리 공동체와 우리 환경에 미치게 될 위험을 보아야 합니다.

지역 수준에서 벌어지는 많은 환경 투쟁이 결정적인 결과가 아니라 부분적이고 조건부적인 결과밖에 내지 못하거나 아예 패배하기도 한다. 캐스케이드락스에서와 같은 결정적인 결과는 이 같은 승리의 중요성에 대해 유용한 질문을 제기한다. 포스터는 2015년에 컬럼비아강 협곡에서 시작된 풀뿌리 행동이 결정적인 전환점이 되었다고 말했다.

이것은 커다란 환경단체 몇 군데가 이끈 것이 아니었습니다. 네슬레와 싸우며 5년 동안이나 자금을 모금해온 환경단체들이 있기는 했지요. (…) 하지만 이 일은 그들이 한 것이 아닙니다. 이 일은 캐스케이드락스 사람들이 했고 후드리버 전역으로 확산되었습니다. 그리고 이것은 물에서 공동의 주제를 발견한 사람들이 한 일이었습니다. (…) 부엌 식탁에 앉아서 병입공장 입지 계획에 분노한 사람이면 누구든 이렇게 말할 것입니다. "맙소사. 이 작자들, 우리가 이겨버릴 수 있어. 우리는 할 수 있어"라고요. 그리고 모두가 주민발의 투표를 할 수 있는 것은 아니지만, 투표까지는 아니어도 당국자를 소환할 수는 있습니다. 쓸 수 있는 도구는 많아요.

2019년 말에 나는 웨슬리와 마지막으로 이야기를 나누었다. 그는 주지사가 마침내 네슬레의 병입안을 철회했다는 소식을 들었을 때를 이렇게 회상했다. "믿기지 않았습니다. 거실에서 손주들과 함께 춤을 추었어요. 아이들이 그 결과를 볼 수 있어서 저는 너무 좋았습니다. 그리고 아이들에게 말했어요. '너희는 이길 수 있어. 하지만 목소리를 내야 해. 조직화를 해야 해. 무언가를 해야만 한단다. 그냥 뒤에 물러나 앉아 있어서는 이런 것을 볼 수 없어.' 아이들은 시위에 함께 나갔고 여기에 우리가 들여야 할 노력이 무엇인지를 직접 보았지요."

오늘날 캐스케이드락스에서 이 일은 어떻게 자리매김되고 있을까? 주지사가 병입안을 철회하기로 최종 결정을 내린 뒤에 나는 지역 당국자들을 다시 찾아갔다. 하지만 그들과 시의원들 모두 인터뷰를 거부했다. 델 발은 캐스케이드락스와 이곳의 지도자들에게서 벌어지고 있는 변화에 병입안을 둘러싼 투쟁이 남긴 교훈이 무엇인지를 이렇게 이야기했다.

때때로 (…) 공직에 있는 사람들이나 오랫동안 공직에 있었던 사람들은 더 큰 비전을 갖지 못합니다. (…) 그들은 우리가 마을을 구했다는 사실을 깨닫지 못하고 있어요. 네슬레를 전적으로 지지했고 지금도 지지하는 사람들을 저는 알고 있습니다. (…) 그들에게 이 결과는 힘들고 화나는 일이겠지요. 하지만 이 지역의 목소리나 다름없는 시 행정관조차 2016년에 시의회에 몇 차례 와서 이렇게 말했어요. "우리 마을은 괜찮을 겁니다." (…) 저는 여기에 "자, 이제 다음으로 넘어갑시다"라는 분위기가 있다고 생각합니다.

내가 처음 갔던 2010년에는 캐스케이드락스의 실업률이 18%였는데 이제는 5% 정도다. 웨슬리는 역사상 처음으로 캐스케이드락스가 한 명도 아니고 두 명의 선주민 시의원을 뽑았다며 이렇게 말했다. "희망적입니다."

6장

궬프와 엘로라:
물을 감시하기, 운동을 확장하기

토론토 시내에서 고Go 버스를 타고 오래된 도시에 인접한 교외 지역과 그 바깥으로 더 최근에 들어선 교외 지역을 차례로 가로지르는 동안, 영원 같은 시간이 걸리는 듯했다. 이윽고 401번 고속도로에 진입했다. 북미에서 가장 넓은 고속도로 중 하나로, 16차선이나 되는 구간도 있다. 버스는 계속해서 퍼져가고 있는 광역 토론토 지역의 새로 개발된 서쪽 가장자리의 드넓은 지대를 가로질렀다. 광역 토론토 인구는 이제 700만 명이 넘으며 2040년이면 1300만 명에 달할 것으로 예상된다. 퍼져나가고 있는 지대의 맨 앞단인 초승달 모양 지역은 평평한 대지에 널리 퍼져 있는 신규 주택단지다. 빽빽하지 않게 들어선, 판에 박은 듯 똑같은 모양의 주택들이 농경지 수천 에이커를 잡아먹고 있었다. 약간 농촌 같은 모습이 보이는 듯하더니 이내 번화가, 급수탑, 굴뚝 들이 들어선 마을 밀턴이 나타났다. 밀턴을 지나자 갑자기 개발의 풍경이 사라지고 북쪽에서 남쪽으로 이어지는 초록의 긴 능선이 모습을 드러냈다. 석회암 절벽에 지층이 드러나 있었다. 이곳은 나이아가라 단층대로, 뉴욕주 서쪽에서부터 수백 킬로미터나 뻗어 있는 지질학적 구조물이다. 이 단층대는 뉴욕주에서 나이아가라 폭포를 만들어내고서 온타리오주 남부와 미시간주 북부를 지나 위스콘신주 동부로 이어진다. 이곳 단층대는 약 8100제곱킬로미터나 되는 방대한 그린벨트의 일부이기도 하다. 광역 토론토 지역을 둘러싸고 있는 이 그린벨트는 2004년에 지정되어 이제까지 대체로 개발에서 보호되어왔다.

버스는 오르막길로 단층대의 더 높은 고도로 올라가 밭과 숲이 조각보처럼 펼쳐진 곳으로 들어섰다. 온타리오주 남서쪽 끝단의 평원지대로, 오대호 중 3개의 호수에 에워싸여 있다. 이제 고속도로는 좁아져 있었다. 곧 버스는 두드러질 것 없는 출구로 빠져나와서 북쪽으로 향했다. 2킬로미터쯤 가자 왼쪽으로 2차선 길 안쪽에 커다랗고 낮은 건물이 보였다. 큰 표지판에 〈네슬레워터스 캐나다: 병입공장 및 본사〉라고 쓰여 있었다. 버스는 계속 가서 더 개발된 곳으로 들어섰다. 어질어질한 좌회전과 우회전을 몇 차례 한 뒤에, 마침내 버스는 작은 도시 중심부의 벽돌로 지어진 기차역 앞에 도착했다. 19세기에 지은 4층짜리 벽돌 건물들이 주위를 둘러싸고 있었고 커다란 고딕 양식의 석조 교회 첨탑이 한두 블록 떨어진 언덕에 솟아 있었다. 이곳은 궬프다. 13만 명이 사는 대학도시이고 캐나다에서 제일 잘 싸우는 물 운동 단체들이 있는 곳이기도 하다.

나는 웰링턴물감시단Wellington Water Watchers 사람들과의 약속에 늦기 일보 직전이었다. 하지만 그 블록의 끝에 있는 공정무역 커피 가게로 얼른 들어가 컵에 커피를 채웠다. 활기 넘치는 곳이었다. 학생들과 전문가들이 바삐 이야기를 나누고 신문을 읽고 일을 하고 있었다. 길 건너편에는 현대적인 외관의 시청이 있었고 시청 앞에는 타원형의 얕은 물놀이 풀이 있었다. 2015년의 늦여름, 따뜻하고 습한 날이었다. 나는 카든가 10번지로 향했다. 가게와 식당이 서로서로 연이어 붙어 있는 길에 한 자리를 비집고 좁은 빅토리아 시대풍 건물이 들어서 있었다. 지역의 여러 비영리 사회단체와 환경단체들이 함께 쓰는 헷갈리는 공간 안으로 들어가 좁은 계단을 올라가니 종이 안내판이 한쪽에 쌓여 있고 커다란 헝겊 소파와 짝이 안 맞는 의자 몇 개가 있는 곳이 나왔다. 나는 이 단체의 사무총장 알린 슬로콤과 이사회 의장 마이크 네이기가 있는 곳으로 갔다. 둘 다 40대 초반으로 보였고, 둘 사이에 존재하는 편안함과 동지애가 대번에 느껴졌다. 한 명이 시작한 말을 다른 한 명이 맺어줄 정도로 척 하면 척이었다.

우리는 이 단체의 역사에 대해, 이곳의 물 보호 활동에 대해, 병입생수 관련 활동에 대해, 물 정치와 정책이 미국과 캐나다에서 어떻게 다른지에 대해, 이야기를 나누었다. 네이기가 말했다. "캐나다 사람들의 심리가 정말로 핵심이에요. 우리는 어떤 것도 고갈되지 않을 것이라는, 뭐랄까, 개척자적인 생각이 있어요. 삼림이건 대구이건 말이에요. 물이야 뭐 늘 당연하고요. (…) 이곳에서는 '우리는 물이 풍부합니다'라는 이야기를 노상 듣습니다. 캐나다 사회에 깊이 뿌리박혀 있는 믿음이죠. 이렇게요. 여기는 모든 것이 풍부해요, 그렇죠?" 그는 이 풍부성 신화가 이곳에서 특히 문제라고 말했다. "온타리오주 북부는 물이 많아요. 하지만 여기는 물이 부족한 곳입니다. 궬프는 북미에서 지하수에 100% 의존하고 있는 가장 큰 도시예요." 이 지하수는 세계에서 가장 큰 병입생수 회사가 웰링턴 카운티에 관심을 갖게 된 이유이기도 하다. "그래서 큰 기업이 와서 우리 모두가 사용하는 물을 가져가고 있어요. 그들이 추출해가는 물이 같은 대수층에서 나오는 거거든요. 본질적으로 우리가 도시 당국의 수도 시스템을 통해 쓰는 물과 같은 물이에요. 그리고 이제 사람들은 그 물이 대체로 우리의 수계 밖으로 빠져나가고 있다는 것을 (…) 깨닫기 시작했어요." [1]

• • •

이 장은 캐나다에서 생수업체의 지하수 추출에 맞서 가장 큰 규모로, 가장 오래 이루어진 반대운동을 다룬다. 여기에는 캐나다의 가장 큰 병입생수 공장, 그리고 지하수에 100% 의존하는 지역에서 물을 보호하기 위해 지금도 계속되고 있는 풀뿌리 단체 두 곳 및 이들과 연대하는 사람들의 운동 이야기가 담겨 있다. 캐스케이드락스에서처럼 여기에서도 네슬레워터스(현재는 블루트라이튼)가 저항의 타깃이다. 하지만 공통점에도 불구하고 차이점이 한층 더 중요하다. 캐나다의 투쟁은 병입생수 제조를 위한 상업적 물 추출과 증가하는 도시 인구를 위해 식수원을 확보해야 할 필요성 사이의 긴장을 중심으로 하고 있으며 이 긴장은 '물 희소성'에 대해 서로 경합하는 관점들을 타고 흐른다.

물 활동가들의 노력은 큰 후퇴도 몇 차례 경험했지만 몇몇 중요한 승리도 거두었다. 그들은 온타리오주에서 생수업체의 지하수 추출이 더 어려워지게 만들었다. 병입생수 회사의 비용을 높였고, 확장을 저지했으며, 병입생수에 대한 대중의 태도를 바꾸어 미국과 다른 경로를 가게 했고, 병입생수 상품에 대한 소비자 수요를 잠식하는 데 일조했다. 이에 더해 이들의 운동은 주 당국이 생수업계의 지하수 추출에 대한 정책을 바꾸게 했고 신규 병입시설 허가를 완전히 중단하게 만들었다.

또한 이 장에서는 네슬레워터스가 북미 병입생수 사업부를 매각한 결정이 이 지역 및 북미 전역에서 네슬레의 물 추출에 반대해 싸워온 지역 공동체와 단체의 게임판을 바꾸게 될지, 향후 이들의 활동에 의미하는 바는 무엇인지도 살펴볼 것이다. 한편, 더 최근에 이들 물 활동가들은 이웃한 선주민 활동가들과 연대하면서, 지하수를 지키기 위한 운동, 안전한 식수에 대한 권리를 확보하려는 운동, 도둑맞은 선주민의 땅을 되찾기 위한 운동을 연결하고 있는데, 이 과정에서 물 보호를 '사회정의'라는 핵심적인 이슈로 새로이 이해함으로써 물과 관련된 운동의 폭과 깊이를 확장하고 있다.

물을 따라서

궬프 시내의 시끌벅적한 식당에서 마크 골드버그를 만났다. 말쑥한 차림에 따뜻한 태도를 가진 사람이었다. 환경 컨설턴트이자 독성학자인 그는 물감시단이 만들어진 순간에 대해 이야기해주었다.

어느 날 밤에 (…) 아마도 2006년 11월이었을 거예요. 네슬레 병입공장이 있는 애버포일을 차를 몰고 지나가고 있었어요. (…) 커다란 수송 트럭 두 대가 거기서 나와 도로 쪽으로 들어서더니 401번 고속도로 쪽으로 가는 게 보이더라고요. 온타리오주의 주요 고속도로죠. 이런 생각이 들었어요. '정말 많은 물이 여기서 빠져나가고 있구나.' (…) 그래서 네슬레의 물 병입 허가가 어떻게 되어 있는지 확인해보기로 했죠. 얼마나 많이 가져갈 수 있도록 허락을 받았는지 말이에요. (…) 하루에 360만 리터나 가져갈 수 있다는 사실을 발견하고 저는 경악했습니다.

골드버그는 더 파고들었다.

저는 그들이 전에 애버포일 양식장이었던 곳을 매입했다는 것을 알게 되었습니다. (…) 취수 허가를 받으려고요. 또한 그들이 이 장소에서 가져갈 수 있는 물의 양을 늘리기 위한 허가를 신청하려 한다는 것도 알게 되었습니다. (…) 저는 몇몇 친구들에게 이야기해보기 시작했습니다. 그저 이렇게 물어보았어요. "이게 옳은 일 같아 보여?" (…) 제가 이야기한 사람들 대부분이 이 사실을 알고는 경악하더라고요. 그래서 우리는 모였고, '웰링턴물감시단' (…) 줄여서 WWW라고 불리게 될 단체를 만들게 되었습니다.[2]

알고 보니 네슬레는 힐스버그 마을에 있는 자매 관정에서도 110만 리터를 추출할 수 있는 허가를 가지고 있었고, 이 물도 50킬로미터 떨어진 애버포일로 실어 와서 병입했다. 이 두 장소는 캐나다 병입생수의 중심지다. 애버포일 공장은 캐나다 최대 생수 병입시설로, 고밀도 PET 원료로 플라스틱병을 만들어 물을 병입하고 상자에 담아 퓨어라이프 브랜드로 전국에 판매한다. 1년에 많게는 5600만 박스(13억 4000만 병)를 생산한다.[3] 네슬레는 캐나다 브리티시컬럼비아주의 호프에서 병입시설을 하나 더 운영하고 있었는데, 두 시설 모두 2021년에 블루트라이튼에 매각되었다.

웰링턴 카운티에 있는 두 장소에서 추출하는 물은 하루 총 470만 리터로, 온타리오주 전체에서 병입용으로 추출이 허락된 지하수 하루 760만 리터의 약 3분의 2 정도다.[4] 처음에 네슬레는 이 물에 돈을 한 푼도 내지 않았다. 허가를 받을 때 일회성으로 3000[캐나다]달러를 냈을 뿐이었다.[5] 그러다가 2009년에 온타리오주가 100만 리터당 3.71달러를 부과하기 시작했는데,[6] 이는 갤런당 0.000014달러이고 하루에 가져갈 수 있게 허용된 물의 총량으로 따지면 17달러다. 공공의 소유인 지하수에 거의 무료로 접근할 수 있게 허용함으로써 업체에 막대한 공적 보조금을 주고 있는 격이다.

WWW는 1000명의 회원을 보유한 단체로 빠르게 성장했고 지역민에게 정보를 제공하기 시작했다. 골드버그는 이렇게 설명했다. "우리는 지역 신문에 전면 광고를 실었습니다. 그래픽 아티스트가 병입 생수 그림을 그렸고 이런 문구를 넣었습니다. '이 그림에서 틀린 부분을 찾아보세요.' 그 아래에는 그림에 등장하는 제품의 잘못된 점 열 가지가 적혀 있었습니다. 이것은 공공 자원인데 상품이 되어 휘발유보다 비싼 값에 판매된다는 사실, 물을 다 마시고 나면 플라스틱병 쓰레기가 생기고 그것은 거의 재활용되지 않는다는 사실 등등이요." 신생 단체인 WWW는 대중 모임을 여러 차례 열었고, 사람들의 관심이 빠르게 높아졌다. 첫 모임에는 지역의 경험 많은 환경 활동가와 사회정의 활동가들을 불렀다. 캐나다 연방의회 녹색당 후보였던 네이기와 환경운동에서 잔뼈가 굵은 활동가인 슬로콤(WWW의 초대 사무총장이 되었다)도 있었다.[7] 초창기에 이들이 낸 성명에 따르면 이 단체의 목적은 "지역의 물을 지키고 이곳의 수계가 처해 있는 위험을 사람들에게 알리는 것"이었다.[8]

WWW는 네슬레가 최대 5년간 물 추출 허가를 연장해달라는 갱신 신청을 하려는 것에 저항의 에너지를 집중했다. 골드버그는 이렇게 회상했다. "우리는 네슬레의 갱신 신청이 받아들여져서는 안 된다고 생각하는 사람들 5000명을 모았습니다. 그 엽서들을 다 가지고 (…) 환경부에 가서 제출했어요. 환경부 게시판에 올라온 글 중 가장 반응이 컸습니다. 역대급이었죠." WWW의 엽서와 대중의 의견은 갱신 절차 진행을 1년 넘게 멈추었다. 이렇듯 전례 없는 반대가 있었지만, 결국 정부는 네슬레의 갱신 신청을 승인했다. 하지만 5년이 아니라 2년이었고 지표수를 더 엄격하게 모니터링해야 한다는 것 등 새로운 조건을 덧붙였다. 허가 결과에 실망한 사람도 있었지만 이 운동은 WWW를 지역 수준에서, 심지어는 주 수준에서도, 새로운 정치 세력으로 자리 잡게 하는 데 일조했다.[9] 이 단체는 2008년에 공식적으로 비영리 법인 등록을 했다.

다회용기, 물 마시는 문화를 바꾸기

네슬레의 갱신 허가 건이 일단 끝나고 나서 WWW는 새로운 방향으로 움직였다. WWW는 플라스틱 포장생수의 대안을 제공하고 어린이와 성인을 대상으로 물 보호 및 수돗물 수질 관련 정보를 알리는 프로그램을 시작했다. 골드버그는 WWW 회원이 되면 다회용 금속 물병을 나누어주었다고 말했다.

> 1500명쯤 되었을 겁니다. 하지만 우리는 충분치 않다고 생각했어요. 그
> 래서 자금을 좀 모아서 "병 속의 메시지"라는 캠페인을 시작했죠. 학교
> 마다 다니면서 스테인리스스틸로 된 다회용 물병을 4-6학년 학생 2만
> 5000명에게 나누어주었어요. (…) 그리고 물 보호를 위한 메시지를 전
> 달했습니다. 자신이 마시는 물이 어디에서 오는지 알게 된다는 것은 아
> 이들의 눈을 뜨이게 해주는 일이었습니다. 아이들은 전혀 몰랐거든요.
> 수돗물이 안전하다는 것도 모르고 있었죠. (…) 우리의 이상적인 목표는
> 아주 어린 연령대의 사람부터 시작해 행동을 바꾸게끔 하는 것입니다.

그는 "2만 5000명에게 줄 금속 물병을 구매하기 위해 돈을 빌려야
했기 때문"에 이 프로그램이 "말하자면 좀 논쟁적인 활동이었다"고
말했다. 골드버그는 위험을 감수하고 개인적으로 보증을 서서 대출
을 받았다. 하지만 궁극적으로는 돈을 들일 가치가 있었다. "그 결과
로 (…) 웰링턴 카운티에 3만 개의 웰링턴물감시단 금속 물병이 있게
되었거든요. (…) 인구의 거의 4분의 1이 이 물병을 가지고 있게 되었
다는 의미죠. 우리의 의도는 모든 사람이 물병을 가지고 다니게 하고,
물병을 가지고 다니지 않으면 쿨하지 않아 보이게 만드는 데까지 가
는 것이었어요."

물 마시는 문화를 바꾸려는 노력은 2000년에 인근 도시 워커턴에
서 수돗물 오염 사태가 있었기 때문에 특히나 중요했다. "워커턴에서
있었던 비극적인 일 이후에 사람들은 수돗물을 신뢰하지 않게 되었

습니다. (…) 그래서 행동을 바꾸기가 매우, 매우, 어려웠지요." 골드버
그는 이렇게 설명했다.

또한 네이기는 아동 청소년 프로그램이 "집에 있는 부모들에게 영
향을 미치기에도 매우 영리한 방법이었다"고 말했다. "아이들의 집에
들어가서 부모와 접촉하기는 어렵잖아요." 이어서 그는 이렇게 설명
했다. "아이들은 집에서 많은 저항에 부딪혔습니다. 부모가 작은 플라
스틱병을 도시락에 넣어주니까요." WWW는 또 다른 곳에서도 저항
에 직면했다. 이 프로그램은 주정부의 지원금을 일부 받았는데, [네슬
레가 이것을 어떻게 걸고넘어졌는지를] 슬로콤은 이렇게 설명했다. "이것
은 주정부 기후행동 프로그램의 일환이었습니다. 주정부는 우리를 후
원한다는 이유로 네슬레로부터 곤란을 겪었습니다. 정말로 소송 협박
을 받았어요. (…) 제가 정보공개법으로 받은 자료가 있는데요, 네슬레
는 우리에게 지원금을 준 곳들에 공개서한을 보내서 우리가 나쁜 단
체라고 했습니다. 또 교장과 교사들에게 이메일을 보내서 우리가 하
는 말을 듣지 말라고도 했지요. (…) 교사들더러 우리를 아예 들어오
지도 못하게 하라고 을렀습니다. 그래서 우리는 우리가 영향력이 있
다는 것을 알게 되었습니다."

병입생수 구멍

다량의 물이 밖으로 '수출'될지 모른다는 점을 포함해 담수 공급량에
대한 통제력을 상실할지 모른다는 우려는 수십 년 동안 캐나다에서
민감한 정치적 이슈였고, 심지어 TV 시리즈와 영화의 주제로도 자주
등장했다. 하지만 캐나다의 물은 이미 병입생수의 형태로 아주 먼 거

리를 이동하고 있다. 골드버그는 인근 이리호[오대호 중 하나로 온타리오호와 이어진다]의 수원을 보호하기 위한 위원회에서도 활동하고 있는데, 지하수 추출과 관련해 온타리오주의 환경법이 너무 낡았다고 지적했다. "누구나 물을 가져가는 허가를 신청할 수 있고 물을 일단 퍼내면 그 물을 원하는 곳 어디로든 옮길 수 있다"는 것이다. 그는 물 허가를 주 환경부가 승인하는데, 이제까지 승인 과정에서 그 물의 종착지나 최종 사용처를 고려하지는 않았다고 설명했다. "네슬레가 물을 가져가서 호박색의 [유리]병에 담는다면, 그리고 (…) 그 병과 물이 우리 수계 안에 머물면서 재활용되고 재병입된다면 저는 뭐라고 하지 않겠습니다. 그건 좋아요. 하지만 물을 일회용 플라스틱 용기에 담아서 수계 밖으로 가지고 나간다면, 우리 수계에서는 물이 순손실되는 것이고 생태계에 피해를 주는 것입니다." 나는 그에게 미국과 캐나다가 오대호 유역에서 다량의 물을 밖으로 이전하지 못하게 한 오대호 협약에 대해 물어보았다. 그러자 골드버그는 이렇게 설명했다. "물이 작은 용기에 담기는 한, 다량으로 가지고 나가는 것을 막을 수 있는 방법은 없습니다." 실제로 이 협약에서 '병입생수 구멍'은 너무나 커서 음료수 나르는 트럭도 통과할 정도다. 물이 21.5리터 이하의 용기에 담겨 있으면 이 유역에서 얼마만큼 가지고 나가도 되는지에 제한이 없다.[10]

게다가 골드버그는 네슬레가 애버포일에서 병입하는 퓨어라이프 물이 이곳 수계만 벗어나는 게 아니라고 말했다. 캐나다 밖으로 수출도 되고 있다는 것이다. "퓨어라이프 브랜드로 이 물을 팔기 전에는 애버포일스프링스라는 이름으로 팔았습니다. 플로리다주의 새러소타 같은 곳 사람들이 애버포일 생수를 샀다고 저에게 알려주곤 했어요. 로마에서도, 영국 런던에서도 발견되었습니다. 그러니까 전 세계에 있는 거죠." 네이기도 비슷한 이야기를 했다. "최근에 [네슬레는] 엘로라에서 열린 회의에 나오곤 했는데, '이 중 어느 것도 미국으로 가지 않습니다'라고 계속 이야기했습니다. 그런데 트럭 운전사들은 우리에게 이렇게 말했습니다. '물론 미국으로 갑니다. 제가 직접 미국으로 실어날랐는걸요!'"[11]

가뭄 시기에 지하수를 추출하려는 시도

온타리오주 남서부 내륙인 이곳은 지하수에 전적으로 의존하고 있다는 점에서 특이하다. 이곳에서 지하수는 농업용수, 산업용수, 도시 수도 공급 모두에 사실상 유일한 수원이다.[12] 골드버그는 "우리의 식수가 깊은 대수층에서 나온다는 점에서 (…) 궬프는 특이한 곳입니다. 그물이 매우, 매우, 매우 좋은, 깨끗한 지하수거든요." 그리고 그는 이렇게 덧붙였다. "물론 그래서 네슬레가 여기에 있는 것이기도 하죠. 그들도 같은 대수층에서 물을 뽑아내고 있으니까 그들이 병입하는 물도 바로 이 깨끗한 물입니다."

하지만 이 시원의 지하수는 취약하다. 이 대수층을 덮고 있는 석회석층은 (석재)채굴업을 끌어들이고 있다. 채석업은 이곳에서 꽤 활발하다. 골드버그는 이 지역의 가장 큰 채석장 중 하나인 돌라임 채석장이 암석을 너무 많이 채굴해서 깊은 대수층을 보호하고 있는 암석층인 '반대수층aquitard'에 구멍을 내고 말았다며 그 때문에 오염의 위험이 생겼고 궬프의 식수 공급량도 잠재적으로 위험에 처하게 되었다고 설명했다. 돌라임의 추가적인 채굴 허가에 반대하는 운동은 WWW 의 가장 초창기 활동 중 하나였고 오늘날에도 이곳의 안건 목록에 있다.[13] 며칠 뒤에 나는 현재는 물이 채워진 엘로라 채석장의 깊고 깨끗하고 푸른 물에서 헤엄을 치면서 이에 대해 생각해보았다. 또 다른 채석장인 이곳은 더운 여름날 오후에 수백 명의 지역민이 찾는 곳이다.

습윤한 대륙성 기후지만 온타리오주의 이쪽 지역은 여름에 반복적으로 가뭄을 겪어왔고 특히 지난 20년 동안에는 기후 변화 때문에 가뭄이 더 심해졌다. 이 대수층이 빗물로 채워지기 때문에 단기적으로라도 가뭄이 들면 도시의 수도 공급량을 크게 압박하고, 미국 캘리포니아주 사람이라면 익숙할 물 사용 제한 조치가 내려지곤 한다. 골드버그는 이렇게 설명했다. "궬프는 비가 얼마나 오는지에 따라 물 사용 제한 조치가 발동됩니다. (…) 등급을 0, 1, 2로 나누는데 2등급이 되면 세차를 할 수 없고 집 번지수가 짝수이면 짝숫날에만 텃밭에 물을 줄 수 있고 홀수이면 홀숫날에만 텃밭에 물을 줄 수 있습니다. (…) 2등급이 된 적이 한 해 있었어요."

그해는 2012년이었고 유독 심한 가뭄이 들었다. 이는 사람들이 물 병입에 관심을 갖게 만들었고 분노하게 만들었다. 골드버그는 이렇게 회상했다. "우리는 심한 가뭄을 겪고 있었고 시 당국이 부과한 규제들을 지켜야 했습니다. 그런데 네슬레는 원하는 만큼 물을 퍼 가고 있었습니다. 이런 생각이 들었죠. '안돼, 옳지 않아! 정부는 주거용 물 사용만이 아니라 상업용 물 사용도 제한해야 한다고!' 똑같이 제한되어야 공평하죠."

그해 여름에 네슬레는 애버포일 북동쪽 인근 도시(행정구역으로는 타운십) 에린의 힐스버그에 있는 자매 관정에서 10년간 물 추출 허가를 연장해달라는 갱신 신청을 냈다. 지역민들은 들고일어났고, 임시 조직인 힐스버그 물의 친구들Friends of Hillsburgh Water을 조직해 허가 갱신에 맞서 싸웠다. WWW도 지원에 나섰다. 네이기는 이렇게 회상했다. "힐스버그의 허가 갱신 건을 다루고 있었을 때 (…) 갑자기 그곳 사람들이, 부유한 사람들이(가난한 농민도 있었지만 말을 키우는 사람들도 있었어요) 분노했어요! (…) 노인분들이 서로의 집을 다니면서 모임을 조직하고 위원회에 참석했습니다."

· 에린 타운십 의회는 만장일치로 허가 갱신에 반대하는 결의안을 통과시켰다. 그럼에도 정부는 5년간 연장을 허가했는데, 중요한 조건을 덧붙였다. 가뭄 때는 네슬레가 물 추출량을 줄여야 한다는 것이었다. 네슬레는 이 제한이 불공정한 부담이라며 이의를 제기했고 정부와 합의해 그 조건을 없앴다. WWW와 캐나다시민평의회는 가뭄 시기의 물 추출 제한 조건을 유지하기 위해 법정 싸움을 벌였다. 2013년 말에 네슬레는 마침내 항복하고 이의 제기를 취하했으며 가뭄 시기에 대한 원래의 제약을 받아들이기로 했다. 이 작은 승리는 힐스버그 관정에만 해당하는 것이었지만 유용한 선례가 되었다.[14]

지역의 비영리단체가 많이들 그렇듯이 WWW는 존재해온 대부분의 기간 동안 대체로 자원봉사자에 의해 굴러가고 운영되는, 예산에 쪼들리는 조직이었다. "웰링턴물감시단은 체급보다 큰 벨트를 가지고 있었어요." 네이기가 웃으면서 말했다. "문제는, (…) 다들 우리가 자금이 넉넉한 단체인 줄 알았다는 거예요. 사실 상근자는 우리 몇 명뿐이었는데도요. 아무튼 다들 이렇게 인식하고 있었습니다. "아, 이들은 잘 감당해나가고 있어."

선제적인 반대운동

2015년에 내가 그곳을 찾아가기 겨우 한두 달 전, 네슬레는 또 하나의 관정을 획득할 수 있는 옵션을 확보했다고 발표했다. 궬프 북쪽에 있는 타운십인 엘로라의 지역 병입업체였다. 현재는 운영되지 않고 있었지만 이 병입업체는 물 추출 허가를 여전히 유지하고 있었다. 네슬레는 당국에 관정 테스트 허가를 신청했고 결과가 만족스럽게 나오자 하루에 160만 리터의 지하수를 추출해 애버포일로 가지고 갈 계획을 세웠다. 승인된다면 네슬레가 이 카운티에서 추출을 허가받은 물의 양은 하루에 630만 리터, 연간 23억 리터로 늘어날 것이었다. 웰링턴물감시단 입장에서 네슬레의 이 계획은 운동에 새로운 지평이 열린 셈이었다. 이미 세워져서 운영 중인 업체를 상대하는 힘겨운 싸움이 아니라 추출 승인이 나기 전에 업체가 들어오는 것 자체를 막을 수 있는 기회였던 것이다. 네슬레의 계획은 엘로라 현지에서도 반대운동을 촉발해, 새로운 풀뿌리 단체 세이브아워워터Save Our Water가 설립되었다.

• • •

내가 대학을 다녔던 오하이오주 북동부의 시골 지역처럼 궬프의 북쪽 지형은 팬케이크처럼 평평하다. 수직으로 난 것이라곤 내륙을 지나는 강의 협곡뿐이다. 20킬로미터를 곧장 운전해 농장 지대와 숲 지대를 가로지른 뒤 우회전을 했다. 그러자 갑자기 급경사가 진 내리막이 나타났고 상당히 큰 강 위로 놓인 다리를 지나가게 되었다. 그림 같은 풍

그림 25. 엘로라 협곡의 그랜드강 (온타리오주. 2015년 8월)
사진: Daniel Jaffee

경의 메인 도로 주위에 19세기의 석회암 건물들이 서 있었다. 오랜 역
사를 가진 엘로라였다. 걸어서 강 근처를 돌아다니다 보니 석재 가공
공장이 보였다. 큰 공장이었는데 호텔과 레스토랑으로 개보수하는
중이었다. 하류 쪽에서 강물은 툭 튀어나온 커다란 바위를 휘돌아 급
류를 이루면서 흘러갔다. 한두 블록 더 가서 마을 끝에 도달했다. 초

록의 공원을 지나서 경사진 길을 내려가다가 산속으로 난 오솔길로 들어섰다. 이곳은 보호구역인 엘로라 협곡이었다. 25미터쯤 내려가니 아름답게 층이 진 석회암 지대의 협곡이 보였다. 그랜드강[그림 25]의 초록빛 물이 늦여름의 더위를 식혀주었고, 협곡 위로는 좁은 다리가 걸려 있었다. 나는 신발을 벗고 첨벙첨벙 물에 들어갔다.

다시 올라와서 하류 쪽으로 2킬로미터가 채 안 되는 거리를 내려갔더니 강둑 맞은편에 버려져 있는 듯한 1층짜리 산업용 건물이 보였다. 트럭 적재 구역이 있었고, 사슬로 감긴 울타리가 열린 뜰의 삼면을 둘러싸고 있었다. 버려진 우체국이라고 해도 믿을 것 같았다. 별것 없어 보이는 이 공간 안에 미들브룩 관정이 있다. 109미터 깊이의 지하 대수층(지상에 자분정*으로도 분출한다)으로 이어지는 커다란 구멍이다. 이곳은 으레 상상하는 물 분쟁 지역으로는 전혀 보이지 않을 법한 모습을 한 물 분쟁 지역이다.

• • •

엘로라에서 나는 가로수가 무성한 작은 길가의 널찍하고 오래된 집에서 여성 세 명과 함께 큰 식탁에 둘러앉았다. 세이브아워워터의 공동 창립자 도나 맥카우, 잰 베버리지, 리비 칼로였다. 이곳 지역 공동체에는 어떤 특징이 있는지 묻자 칼로가 대답했다. "150년도 넘은 곳이에요. 마을이 세워졌을 때부터도 다양한 집단의 사람들이 살았어요. (…) 1970년대에 온 사람이 많아요. 많은 전문직 종사자들, 학자

• 지층의 압력에 의하여 지표상으로 솟아 나오는 우물.

들…. 우리는 60년대 말부터도 예술 공동체로 알려져 있었어요. (…)
그리고 관광객이 찾아왔고 비슷한 생각을 가진 사람들이 왔어요. (…)
사람들은 핼리팩스 동쪽으로 나가거나 뉴펀들랜드로 나가거나, 브리
티시컬럼비아, 밴쿠버, 또 여러 섬들로 나가거나, 아니면 엘로라에 머
물죠."[15]

이 마을은 오랫동안 아름다운 강과 협곡(내가 오면서 본 그 강과 협곡)
에 이끌려서 온 지식인과 예술가의 천국이었다. 또한 칼로는 엘로라
가 사회운동의 역사도 깊은 곳이라며 종종 여성이 운동을 이끌었다
고 말했다. "[여성들은] 자신이 원하고 믿는 것에 대한 싸움에서 늘 거
침이 없었어요." 미들브룩 관정과 관련된 더 앞선 운동 때도 그랬다. 이
관정은 2002년에 지역의 한 물 관리 업체가 열었는데, 한때는 그들
의 기관 고객에 대용량 단위로 물을 공급했지만 많은 양을 추출한 적
은 없었다. 하지만 이 회사는 숫자로 된 이름이 붙은 익명의 회사를 통
해서 하루 160만 리터라는 훨씬 더 많은 양의 추출 허가를 신청했다.
많은 주민이 반대했지만 허가는 결국 승인되었고, 이로써 이곳은 대
규모 병입생수 회사들이 구매하려고 눈독을 들이는 매력적인 자산이
되었다.[16]

자원 추출이나 산업 입지 계획에 맞서 조직된 풀뿌리 단체가 많이
들 그렇듯이, 세이브아워워터도 급하게 생겨났고 회원들은 일을 해나
가면서 기법을 배우고 전술을 선택해야 했으며 조직 구조도 여러 차
례 바뀌었다. 이 단체는 네슬레의 계획이 대중에게 알려지고 불과 한
두 주 뒤인 2015년 4월에 세워졌다. 칼로는 당시를 이렇게 회상했다.
"우리는 정보 공유 회의를 가졌고 메일링 리스트와 페이스북 그룹을

꾸렸습니다." 새로 생긴 조직은 몇몇 위원회도 구성했다. "하지만 꾸준히 모임을 여는 곳은 하나였는데, 너드들이 모인 리서치 위원회였어요. (웃음) 우리가 매주 수요일에 그 집에서 모였기 때문에 단체 운영과 관련한 일들을 우리가 맡게 되었습니다. 우리는 늘상 만날 수 있었으니까요."

세이브아워워터의 첫 공개 행동 중 하나는 2015년 7월 1일 도미니언 데이(캐나다 데이로 바뀌기 전 명칭)에 열리는 연례 마을 퍼레이드에서 물을 주제로 반네슬레 행진을 진행한 것이었다. 이 단체의 웹사이트는 이 퍼레이드를 이렇게 묘사했다. "참가자들은 파란색과 초록색 두루마리 천과 환상적인 물고기 모양 작품으로 엘로라의 주요 도로를 따라 강이 흘러가는 것처럼 보이게 만들었습니다. 이는 퍼레이드를 구경 나온 사람들에게 깨끗한 물이 우리 공동체에 얼마나 중요하며 그 물을 왜 지켜야 하는지를 상기시켜주었습니다. 이 메시지는 수돗물을 마시자고 독려하는 팻말들로 한층 더 강조되었습니다. 행진 참가자들이 북, 비트박스, 셰이커를 연주하면서 행진하고 구호를 외치는 동안 구경 나온 사람들도 전염성 있는 리듬에 맞춰 함께 발을 구르고 손뼉을 치고 경적을 울렸습니다."[17]

나는 엘로라 리버페스트에 가보고서 이곳의 예술적인 분위기를 느낄 수 있었다. 엘로라 리버페스트는 토론토에서도, 더 멀리에서도 사람들이 찾아오는 음악 페스티벌이다. 나는 여기에서 세이브아워워터 사람들이 부스를 차리고 문건을 나눠주는 것을 보았다. 옆에는 물을 주제로 한 4미터 높이의 파란 인형이 눈에 띄게 서 있었다. 최근 퍼레이드 때 사용했던 인형이었다. 근처의 큰 천막에서는 웰링턴물감시단

자원봉사자들이 여러 개의 수도꼭지에서 물병과 컵에 물을 채워주며 리필 스테이션을 운영하고 있었다. WWW와 세이브아워워터의 주도로, 페스티벌 전체가 병입생수 없이 치러졌다. 이 두 단체는 네슬레의 엘로라 물 추출안이 대중에게 알려진 이후로 계속 협업해오고 있었다. 칼로는 이렇게 말했다. "물감시단이 와서 맨 처음부터 우리를 도와주었습니다. 물감시단과 연결되지 않았더라면, 그들에게 정말로 많은 멘토링을 받지 못했더라면, 우리는 훨씬 더 엉망이었을 거예요."

내가 처음 방문했을 때는 세이브아워워터가 설립된 지 4개월 뒤였고, 지역 주민, 지역 언론, 선출직 공직자를 조직화하고 교육하는 전술을 다양하게 구사하고 있었다. 나는 활동가들에게 네슬레의 병입안에 대한 지역민의 지지와 반대가 어느 정도인지 물어보았다. 칼로는 이렇게 설명했다. "엘로라에서는 농민도 반대하고 나이 든 사람들도 반대하고 젊은 사람들은 경악합니다. 이들은 병입안에 반대하거나 아니면 이 사실을 잘 모르고 있습니다. (…) 하지만 정보를 듣는 데에는 매우 열려 있습니다." (골드버그는 카운티 전체로 보면 사람들의 견해가 "꽤 양극화되어 있다"고 설명했다. 그는 "어떤 이들은 매우 친네슬레적이고 어떤 이들은 매우 반네슬레적이며, 물론 친네슬레적인 사람들은 네슬레에서 일하는 사람들"이라고 말했다.)

네슬레의 계획에 강하게 반대하는 분위기가 지역민 사이에 있었는데도 세이브아워워터는 처음부터 정치적 어려움에 직면했다. 허가 과정이 주정부로 중앙집중화되어 있어서 지역의 물 사용에 대해 지역 주민이 유의미하게 목소리를 낼 수 없었기 때문이다. 맥카우는 이렇게 말했다. "여기서 쟁점은, 우리가 우리의 자원을 어떻게 통제할 것인가였어요. 채석장과 물에 대해서 말하자면, 온타리오주의 입법과 정책은 매우 매우 빈약합니다. (…) 우리 지역의 이슈인데도 우리는 그에 대해 목소리를 낼 수 없어요. 자문에 참여하는 것 정도가 고작인데, 그것도 문제가 많습니다. 심각하게 문제가 많아요."[18]

엘로라와 인근의 퍼거스 둘 다 전에는 독립된 마을이었는데 현재는 센터 웰링턴이라고 불리는 더 큰 타운십에 속해 있다. 타운십 의회가 [물에 대한 정책 결정에서] 권한을 가지고 있지는 않지만, 세이브아워워터는 지역의 선출된 공직자가 직접적으로 반대 의사를 표시하면 무언가가 달라질 수 있을 것이라고 주장했다. 하지만 잘되지 않았다. 칼로는 이렇게 회상했다. "타운십 의회가 이러더군요. '우리는 그[정책 결정] 과정에 들어가지 못하므로 아무 말도 할 수 없습니다. (…) 우리는 비즈니스 친화적이어야 합니다'라고요."

세이브아워워터는 굴하지 않고 계속 밀어붙였다. 이들은 네슬레가 지역의 대수층에서 물을 추출하는 것이 미칠 영향을 지역정부와 주정부 대표자들에게 알리는 보고서를 작성하기로 하고 이를 위해 컨설턴트를 고용했다. "이곳 타운십 의원들은 (…) 이 문제에 대해 동네 스케이트보드 공원에 대해 아는 것만큼밖에 아는 것이 없습니다." 베버리지가 말했다. "그래서 우리는 한 명씩 해나가기로 했습니다. (…) 우리는 이것(전문적인 내용에 대한 보고서)을 준비해서 의원들을 한 명씩 만나 이야기했습니다. '제가 찾아뵈어도 될까요? 커피 한잔하실 시간 있으세요?' (…) 그리고 그들에게 이것을 (…) 매우 긍정적인 방식으로 이야기했습니다. '우리는 이곳에서 정말로 모두 함께다, 우리는 그들이 필요하고 그들도 우리가 필요하다'라는 접근이었죠. 이 접근이 효과가 있었다고 생각합니다."[19]

• • •

다음 날 엘로라에 다시 가서 네슬레워터스가 정기적으로 여는 지역 주민 간담회에 가보았다. 빨간 벽돌로 된 엘로라 공공 도서관 계단을 올라가서 카펫이 깔린 길을 따라 지하로 내려갔다. 회의실에는 빈자리가 많았고 참석자는 몇 되지 않았다. 네슬레워터스 캐나다 관계자 한명, 그들이 고용한 컨설팅 회사 사람 한 명, 그리고 세이브아워워터의 맥카우가 있었다. 앞쪽에는 근사한 판넬이 올려진 이젤이 서 있었다. 맥카우는 네슬레 천연자원 매니저이자 이 지역에서 홍보를 맡고 있는 안드레안 시마르에게 네슬레가 제안한 펌프 테스트에 대해 질문하고 있었다. "네슬레가 물을 추출하려는 지역에 오염된 관정이 하나 더 있습니다. 펌프 테스트가 오염을 일으킨다면 누가 법적으로 책임을 지나요?" 회의실 분위기는 두서없고 어수선했다. 양측 모두 여러 차례 겪어본 듯 '으레 이렇지 뭐' 하는 분위기였고, 그래도 여기에 와 있기는 해야 한다고 느끼는 것 같았다.

나도 시마르에게 몇 가지를 물어보았다. 네슬레 입장에서 이 관정이 매력적인 이유는 무엇인가? 그가 대답했다. "애버포일에 있는 저희 공장에 300명의 노동자가 있습니다. 우리는 그곳을 닫을 수 없습니다. 우리는 애버포일을 보충해주는 자원으로서 이 관정이 필요합니다. 이것이 꼭 수요가 증가해서는 아닙니다." 애버포일처럼 미들브룩 관정도 네슬레의 퓨어라이프 제품에 물을 공급하게 될 것이었다. 시마르는 미국에서는 퓨어라이프 생수가 정수한 수돗물이지만 캐나다에서

368

는 퓨어라이프에도 샘물만 쓴다고 말했다. 내가 애버포일에서 병입된 물의 일부가 국경을 넘어 수출된다는 이야기를 들었다고 하자 그는 빠르게 대답했다. "어떤 물도 미국으로 갈 수는 없습니다." 그러자 맥카우가 끼어들었다. "어 잠깐만요, 존 살리노(네슬레워터스 캐나다의 전 기업 사안 담당자)는 공개회의에서 당신들이 미국의 월마트로 늘 제품을 보낸다고 말했는데요?"

나는 대중의 감수성이라는 요소가 네슬레의 입지 결정에 어떻게 영향을 미치는지도 물어보았다. 가령 90%의 지역 주민이 네슬레가 미들브룩 관정에서 물을 추출하는 것에 반대한다면, 그래도 물을 계속 퍼낼 것인가? 시마르가 대답했다. "여론은 중요한 역할을 합니다. 우리가 어디를 가든 반대는 있습니다. 우리는 아무것도 숨기지 않아요. 우리는 반대가 있다는 것을 알고 있습니다. 우리는 우리가 들어가는 지역 공동체와 함께 일하고자 합니다."

• • •

이듬해인 2016년 여름에 내가 엘로라에 다시 왔을 때는 네슬레의 미들브룩 관정 계획을 둘러싼 논쟁이 지역적으로도 전국적으로도 커다란 뉴스로 분출해 있었다. 캐스케이드락스에서처럼 촉매는 또 한번의 심각한 가뭄이었다. 주민에게는 수돗물 사용이 제한되었는데 기업은 계속해서 물을 병입하는 모순이 드러난 것이다. CBC의 한 보도는 이 긴장을 이렇게 요약했다. "네슬레가 지역의 대수층에서 날마다 수백만 리터를 계속해서 취수하고 있다는 사실이 몇몇 집단을 매우 분노하게 했다. 지난 10년 사이에 가장 건조한 여름, 가장 더운 이 시기에 말이다. (…) 인근 도시인 온타리오주 궬프에서는 주택 소유자가 잔디에 물을 주면 130달러의 벌금을 물어야 한다. 주민은 작물이 말라비틀어지고 잔디가 누렇게 되는 걸 두고만 보아야 하는데도, 네슬레는 계속해서 물을 뽑아내 병입하고 있다. (…) 웰링턴물감시단, 캐나다시민평의회, 세이브아워워터 등 몇몇 단체는 네슬레의 애버포일 공장이 지역의 대수층 수위를 많게는 1.5미터나 낮아지게 만들었다고 주장한다."[20]

내가 세이브아워워터에 다시 연락을 취했을 때 그들의 운동은 범위와 수완 면에서 확연히 크게 도약해 있었다. 그들은 주민에게 네슬레에 대한 반대 의사를 집 앞의 나무에 파란 리본을 달아 표명해달라고 했다. 엘로라로 차를 몰고 가는 동안 커다란 리본들이 눈에 띄지 않을 수 없었다. 맥카우는 이렇게 설명했다. "우리의 운동에는 기본적으로 함께 돌아가는 세 가지 분야가 있습니다. 하나는 주정부 수준에서 정치에 관여하는 것입니다. 그들이 의사 결정자니까요. 그리고 카운티 수준에서 약간의 정치 활동이 있습니다. 타운십 시장 및 시의원들과도요. (…) 그다음으로는 (…) 단체 모임, 대규모 집회 등의 활동이 있었습니다. (…) 가가호호 방문도 하고 있고요. 파란 리본 캠페인이 바로 그렇게 사람들을 한 명 한 명 만나려는 노력이었지요. 그러면 대화가 시작될 수 있습니다. '이 파란 리본들은 뭔가요?' 이렇게 말이죠."[21]

지역민에게 가장 잘 공명하는 메시지가 무엇이냐고 물어보자 맥카우는 이렇게 설명했다. "어떤 사람은 '네슬레가 물을 퍼가고 있고 물을 추출하고 있고 물을 훔쳐가고 있고 그로부터 이윤을 올리고 있는데 이는 명백히 잘못된 것이다'라는 메시지에 반응합니다. 매우 반네슬레적이 되지요. 어떤 사람은 그저 이러한 상황이 지속되는 것에 대한 분노를 함께 이야기하고 싶어 합니다. 그들은 분노를 표출할 통로, 말할 통로를 원하죠. 또 어떤 사람은 전략적인 부분에 매우 관심이 많습니다. 정치적인 전략에요. '캐슬린 윈 [온타리오주] 행정부와 이야기할 건가요? 당국과 이야기하실 건가요?' 이렇게 묻는 사람들이지요. (…) 그리고 어떤 사람은 단순히 플라스틱 물병에 분노합니다."

활동가들은 1년 사이에 센터 웰링턴에서 사람들의 인식이 크게 달라졌다고 말했다. 맥카우는 이렇게 설명했다. "지역 신문을 보면 알 수 있습니다. 지난해에 행진을 했을 때 그 신문은 우리를 퍼레이드에 난입한 폭도처럼 그린 만평을 실었습니다. 애국적이지 않은 폭도처럼요. 하지만 올해는 사설에서 물을 모니터링하고 보호하는 것의 중요성을 이야기하고 있습니다." 베버리지는 더 중요한 변화는 지역 당국자들이 이제 확고하게 이쪽 편이 된 것이라고 덧붙였다. "시의원들은 완전히 이쪽으로 넘어왔어요. 몇몇 시의원은 지난해에도 우리 쪽에 있긴 했습니다만, 입장을 밝히지 않은 사람이 많았고, 시장도 우리 쪽이 아니었어요. 하지만 이제는, 저희가 알기로는요, 시장과 모든 시의원이 우리를 지지하고 있습니다."[22]

무엇이 이러한 변화를 가져왔을까? 세이브아워워터가 전개한 활동의 압박과 로비도 중요한 역할을 했지만, 결정적인 이슈는 인구 증가였다. 주와 카운티 정부의 성장 계획으로 엘로라와 퍼거스에서 새로운 주거지 개발이 대거 계획되었고 일부는 벌써 개발이 시작되고 있었다. 그린벨트는 개발할 수 없었으므로 광역 토론토 지역의 확장은 그린벨트를 건너뛰고 센터 웰링턴으로 넘어왔다. 현재 이곳 인구는 약 3만 명이다.

나는 센터 웰링턴 타운십의 선출직 시의원인 돈 피셔와 인구 급증이 물 병입 이슈, 그리고 미들브룩 관정과 어떤 관련이 있는지에 대해 이야기를 나누었다. 그는 이렇게 말했다. "바로 지난해에 주와 카운티에서 (…) 새로운 성장 목표가 나왔습니다. (…) '모두가 하는 것처럼 점진적으로 성장할 것'이라던 데서 (…) 갑자기 '이 카운티 전체 성장 중 50%가 여기에서, 다른 곳이 아니라 이 타운십에서 일어날 것'이라는 거예요. (…) 어느 개발업자에게라도 물어보면, 그들이 개발하기를 원하는 곳은 여기였어요. 부분적으로는, 우리가 가진 것들, 역사, 관광, 경제, 위치, 시설, 이곳의 비즈니스 방식 때문이었지요. 그들이 원하는 곳은 여기였습니다."[23] 새로 개발될 주거지의 모든 주택에 수돗물이 필요할 터였다. 센터 웰링턴 타운십은 성장의 파도가 밀려오는 상황에 직면해서 갑자기 이 모든 주택들에 공급할 물이 실제로 충분한지를 다시 평가해보아야 하게 되었다.

어떤 종류의 희소성인가

이는 물의 희소성과 관련해 핵심적인 질문을 제기한다. 물 희소성은 무엇을 의미하며 누가 그것을 규정하는가?[24] 온타리오주의 이 지역에서 물 투쟁은 각자가 희소성을 어떻게 이해하고 있는지를 중심으로 펼쳐지고 있지만, 종종 암묵적이고 말해지지 않는 방식으로 그렇다. '물 희소성'의 의미는 자명해 보일지 모르지만, 사실 매우 논쟁적인 개념이고 일반적으로 받아들여지는 학계의 정의도 없다. 물 희소성이라는 용어는 많은 저자와 기관이 "영구적이거나 일시적으로, 자연적이거나 인간이 일으킨 현상을 모두 아울러 낮은 수준의 물 가용성을 언급할 때" 쓰이는데, 여기에는 모호한 점이 많다.[25] 공공 정책 논쟁에서 가장 일반적으로 사용되는 물 희소성 프레임은 불평등과 권력이라는 중요한 문제를 무시하고 순전히 양적인 측정에만 우선순위를 둔다는 비판을 받아왔다.

더 비판적인 사회과학 관점은, 물 희소성이 물리적인 사실이 아니라 사회적으로 만들어지는 개념이라고 말한다. 활동가이자 학자인 K. J. 조이와 공저자들은 물 희소성이 "종종 분배나 사회적 권력 관계의 문제보다는 자연의 문제인 것처럼 이야기되지만" 그것은 또한 "언제나 인간에 의해 매개되고 권력 관계에 의해 중층적으로 결정된다"고 주장했다.[26] 지리학자이자 정치생태학자인 알렉스 로프터스는 "물의 분배에 대한 사람들의 이해를 정치적인 차원과 연결시켜야 한다"며 이는 "물과 사회적 권력이 서로를 구성한다는 사실"을 인식하는 데 토대를 두어야 한다는 의미라고 강조했다.[27] 이러한 이해의 한 버전은 "물은 돈을 향해 위로도 흐른다"는 것이다. 그리고 권력을 향해서도 그렇다.[28] 다른 말로, "충분한 물이 있는가"라는 질문을 할 때는 "무엇을 위해, 또 누구를 위해 충분한 물인가"와 "누가 그 물에 접근할 수 있는가"라는 딸림 질문을 반드시 함께 물어야 한다.

물 희소성이 사회적, 정치적으로 구성되듯이 물 희소성을 묘사하고 희소성에 저항할 때 언급되는 지리적 규모도 마찬가지다. 어느 규모에서 볼 때 물이 희소한 것인가? 물 거버넌스 학자인 마르흐레이트 즈바르테베인과 룻허르트 불런스는 물을 어떻게 분배하는 것이 공정하고 평등한가에 대한 투쟁에서는 '어느 규모의 지리적 단위에서 볼 때 물이 희소한가'에 대한 논쟁이 종종 벌어진다며, '규모 점핑'(더 큰 수계나 더 작은 수계로 초점을 이동시키는 것)이 물의 부정의 문제를 흩어 없애버리는 데 효과적인 전략이 되곤 한다고 설명했다.[29]

이러한 개념들이 온타리오주에서 벌어진 생수 병입에 대한 투쟁에는 구체적으로 어떻게 적용될까? 이 지역의 잦은 가뭄은 지하수의 유한성을 극적으로 보여준다. 가뭄은 '상업적 물 병입' 대 '주민을 위한 생활용수 공급'과 같이 경합하는 사용처들 사이의 갈등과 암묵적으로 무엇이 우선순위가 되고 있는지를 드러낸다. 하지만 여기에서 정확히 '어떤 희소성'이 이야기되고 있는 것인가? 현재의 희소성인가, 미래의 잠재적 희소성인가? 생물리학적 희소성인가, '양적인 측정'으로서의 희소성(문자 그대로 특정한 대수층이나 강이나 습지의 고갈)인가, 아니면 경제적 희소성(물을 구하기가 너무 어렵거나 비싼 경우)인가? 온타리오주에서 네슬레의 물 병입을 둘러싼 싸움은 각기 다른 시점에 이 모든 형태의 희소성을 불러일으켰거나 이 모든 형태의 희소성과 관련이 있었다.

일례로, 앞에서 언급했듯이 네슬레의 힐스버그 관정 허가 갱신을 둘러싼 운동과 소송에서 WWW는 네슬레는 제한 없이 물을 퍼가는데 주민은 물 사용에 제한을 받는 모순적인 상황을 이용했다. 가뭄의 지리학적 규모(광역 지역 단위), 물 사용 제한이 내려진 지역 범위(도시 당국 단위와 그랜드강 수계 단위 둘 다), 지하수 추출의 지역 범위(특정 대수층과 관련된 지역 단위)가 정확히 일치하지는 않았지만, WWW는 가뭄 시기에 주민의 물 사용과 산업의 물 사용 간 불평등이 어떻게 전개되었는가가 대중의 분노를 조직하는 데 매우 강력한 이슈임을 알 수 있었다. 세이브아워워터도 이러한 '인식된 부정의'를 초기 전단 중 하나에 다음과 같은 비교 표를 제시했다.

센터 웰링턴 타운십 전체는 하루에 170만 리터만 사용하도록 허락되고 있습니다.	거대 생수기업은 하루에 160만 리터를 가져갈 수 있습니다.
우리는 100만 리터당 2140달러를 냅니다.	거대 생수기업은 100만 리터당 3.71달러를 냅니다.
우리는 **하루건너 한 번씩** 새벽 5-7시와 밤 7-10시 사이에만 뜰에 물을 줄 수 있습니다.	거대 생수기업은 가뭄 시기 동안 물 사용을 줄이도록 요구받지 **않습니다.**

하지만 센터 웰링턴 사람들 중에는 가뭄 시기에 부과된 제약이 가혹했다거나 그것이 장기적인 물 부족 또는 물 희소성을 의미한다고 생각하지 않는 사람도 있었다. 시의원인 피셔는 "주민 사용 제약은 (…) 크지 않고 미미했다"며 "물을 마실 수 없었거나 샤워를 할 수 없었거나 수도에서 물이 나오지 않았거나 하는 이슈는 없었고 (…) 그럴 가능성이 예상되는 상황도 아니었는데, 이 네슬레 이슈가 그런 개념 전체를 전면에 가져다 놓았다"고 말했다.

그럼에도 많은 물 활동가와 지역 주민이 지역의 지하수 수량이 유한하며 상업용 병입이 지역의 대수층이나 수계에서 물을 추출함으로써 장기적으로 물의 가용량 감소와 고갈을 가져온다고 강하게 확신하고 있었다. WWW와 세이브아워워터 모두 담수 공급에 대한 통제력을 상실할 가능성과 관련한 캐나다의 오랜 우려를 불러일으키면서 병입용 지하수 추출이 지역 수계에서 영구적으로 물을 고갈시키는 것이라고 이야기했다. 네이기는 엘로라의 운동에서 가장 강력한 메시지는 "이 물은 영원히 이곳을 떠나게 될 텐데 우리에게는 그 물이 필요하다"였다며 이렇게 설명했다. "그것이 사람들에게 정말로 의미심장한 메시지였어요. 불과 돈 몇 푼에 이 물이 트럭에 실려 영원히 이곳에서 떠나는 것을 그들이 직접 보고 있었으니까요. (…) 물탱크 차량들이 나타나 땅속에서 물을 퍼내서는 멀리 가져가버리는 거죠. 그 물은 지역 내에서 쓰이지도 않을 거고 일자리도 창출하지 않을 거였어요. (…) 어떤 사람들은 플라스틱 문제엔 그리 관심이 없지만 이 메시지는 이곳 사람들의 심장을 파고들었어요."

물 병입을 '수출'로, 지역 수계에서 영구적으로 물이 고갈되는 (그럼으로써 지역의 물 희소성을 악화하는) 것으로 이야기한 프레이밍은 상당히 효과가 있었다. 물론 수계에는 몇 단계의 크고 작은 규모가 있고 온타리오주 남서부의 이 특정한 관정에서 추출된 물의 일부는 거대한 오대호 수계 안에 여전히 존재할 것이다. 하지만 이 물의 상당량은 캐나다의 다른 지역들도 함께 사용하는 수계마저 벗어날 것이고, WWW에 따르면, 일부는 말 그대로 국가의 경계를 넘어 수출될 것이다.

엘로라로 다시 돌아와 보면, 활동가들은 병입을 위한 지하수 추출과 인구 증가가 일으킬 물 수요 사이에 빚어질 충돌을 이야기했다. "수문학자에게 의뢰해서 이곳 타운십의 수계를 평가해달라고 했습니다." 맥카우가 말했다. "그런데 그가 정말 우려스러운 점을 발견했어요. (…) 기본적으로, 네슬레에 물을 내어주면서 동시에 인구가 증가세에 있는 타운십이 성장하기에는 물이 충분치 않다는 거였습니다. (…) 사실상 그 관정 근처는 미래의 물 공급을 위해 우리가 접근할 수 있는 몇 안 되는 장소입니다. 그러니까 우리는 그곳을 계속해서 우리가 쓸 수 있게 확보해두어야 하는 거죠."[30]

내가 이야기를 나눠본 모든 사람이 인구 증가로 인한 물 수요 증가가 지역의 지하수 공급량을 과도하게 압박하리라는 데 동의한 것은 아니었다. 타운십 의원 피셔는 센터 웰링턴 타운십의 물 공급량은 충분할 것이라고 했다. "아는 사람은 알지만, 이곳엔 현재의 사용처 및 합리적으로 예측 가능한 미래의 사용처에서 쓰기에 충분할 만큼 풍부한 물이 있습니다. (…) 가뭄은 오고 갑니다. 사람들은 가뭄이 오면 놀라지만 다음 해에 비가 오면 또 잊어버리죠."

하지만 또 다른 타운십 의원인 커크 맥얼웨인은 이보다 덜 낙관적이었다. "이곳의 생수 병입공장은 (…) 그저 말이 되지 않습니다. 제가 환경주의자인지는 잘 모르겠지만 기후 변화를 더 일으키는 쪽으로 가거나 우리가 어디로 가고 있는지, 무엇이 일어날지 모르고 있는 것은 문제라고 생각합니다. 우리는 이전의 물 연구를 통해 이 지역에서 미래에 물이 문제가 될 수 있다는 사실을 알고 있습니다. 이미 그 정보를 가지고 있어요. 그러니까, 제가 보기에는요, 하루에 160만 리터를 퍼 올려 대수층에서 없애는 것은 말이 되지 않습니다."[31]

이 말에 담긴 전제에 주목할 필요가 있다. 추출된 물은 영구적으로 이곳의 대수층을 떠나게 될 것이고 대수층의 물을 (자연적으로 채워지는 것보다 빠르게 추출함으로써) 장기적으로 고갈시키므로 현재의 병입용 물 사용이 미래에 주민들의 물 사용과 상충할 수밖에 없다는 것이다.

추출량 증가가 지역 수계에 미치는 영향

활동가와 몇몇 당국자들은 현재의 지하수 추출이 미래의 물 희소성에 일조한다고 보지만 병입업체들은 프레임을 현재로 좁히고 '물 풍부성 내러티브'를 강화하면서 이에 반대했다. 생수업계는 병입용으로 추출되는 물의 총량이 다른 용도에 쓰이는 물의 양에 비해 작으며 인근의 물 사용자나 대수층에 부정적인 영향을 주지 않는다고 반복적으로 주장해왔다. 예를 들어, 웰링턴 카운티에서 진행 중인 병입과 계획이 제출된 병입안에 대해 비판이 일자 네슬레워터스 캐나다는 이 지역에서 네슬레가 진행하는 추출이 양적으로 미미하다고 주장했다. 회사의 한 문서는 "캐나다의 병입생수 업계는 그랜드강 수계에서 가져갈 수 있는 물 허용량의 0.6%만 사용하고 있으며 캐나다에서 허용된 물의 0.2%만 추출하고 있다"고 언급했다.[32] 마찬가지로, 2015년 캘리포니아주 가뭄 때 네슬레는 비판자들에게 자사가 캘리포니아주에서 추출하는 물의 총량이 연간 7억 500만 갤런[약 26억 7000만 리터]뿐이며 골프장 2개에 물을 댈 정도밖에 안 된다고 말했다.[33]

하지만 [업계의 주장이] 사실관계에서는 맞을지 몰라도 '총계'는 실제 이슈와 관련이 없다. 퍼시픽 연구소의 명예소장 피터 글릭은 미국의 경우를 이야기하면서 내게 이렇게 말했다.

생수업계의 주장은 (…) 병입생수가 미국에서 추출되는 지하수 총량 중 아주 작은 부분만 차지한다는 것인데, 완전히 개소리입니다. 그들은 총 병입량을 미국에서 추출되는 물의 총량, 또는 미국에서 추출되는 지하수의 총량으로 나눕니다. 분모가 어마어마하게 클 수밖에 없지요. 따라서 계산상 숫자는 맞을지 몰라도 의미 없는 숫자입니다. 정말로 중요한 것은 지역의 수계에서 병입생수용으로 얼만큼을 가져가는지, 지역의 지하수에서 얼만큼을 가져가는지니까요. 지역 활동가들의 운동은 바로 이렇게 지역 단위에 초점을 두고 있습니다. 그들은 미국 전체의 지하수 총량에는 관심이 없어요. 병입생수 공장이 자기 지역의 수자원에 미치는 영향에 관심이 있지요. (…) 궁극적으로 이것은 지역의 이슈입니다. (…) 그리고 저는 이러한 지역 공동체들이 연대해서 지역적인 영향에 대해 이야기하고 파악하려고 하는 것이 완벽하게 적절하다고 생각합니다.[34]

다른 말로, 업계의 주장은 병입이 지역의 물에 미치는 영향을 가리기 위한, 앞에서 언급한 '규모 점핑' 전략을 보여준다.[35]

핵심적인 질문은, 하나의 장소에서 추출되는 물의 양이 그 지역의 지하수가 다시 채워지는 속도보다 빠른가이다. 인근 그랜드리버 호디노쇼니[이로쿼이] 선주민 지역의 식스네이션스[이로쿼이 계열 언어를 사용하는 여섯 선주민 부족의 연합] 출신 물 연구가 로드 휘틀로에 따르면, 모든 지하수 사용자가 다 같지는 않다. "병입생수 회사, 그러니까 네슬레 같은 회사는 (…) '우리는 물의 약간만 가져가는 것이고 모든 사용자가 가져가는 물 중 아주 일부만 사용하는 것'이라며 물의 가장 큰 사용자는 도시 당국이라고 말하지만, 이것은 프로파간다입니다. 네슬레는 상업적 목적으로 물을 추출합니다. 네슬레는 3차 유역에 물이 다시 채워질 수 있는 속도보다 빠른 속도로 물을 추출합니다. 그리고 그것을 수출하기 때문에 그 물은 이 수계로 돌아오지 않습니다. 도시 당국의 사용, 그리고 농민들의 관개용수 사용에 들어가는 물은 이곳의 3차 유역 안에 머뭅니다. 이건 사람들의 식수원이고 관개와 농업을 위한 물이죠. (…) 그래서 중간 단계에서 순손실이 있지만 얼마 후에는 지역 수계로 돌아옵니다."[36]

그렇다면, 네슬레의 병입생수 추출이 웰링턴 카운티 지역의 물에 미치는 영향은 무엇일까? 네이기는 2016년에 한 수문학자가 애버포일에 있는 네슬레의 모니터링용 관정에서 나온 데이터를 면밀히 분석한 결과 "그들이 추출량을 33% 늘렸을 뿐인데도 지역 지하수면이 1.5미터 낮아졌다"고 내게 말했다. "허용량 최대치까지 퍼 올리지 않았는데도" 수위가 낮아졌다는 것이다. "애버포일은 서서히 물이 고갈되고 있습니다. 곧 이 물은 오염될 것입니다. 펌프들이 차차로 오염을 일으키기 때문입니다. 이건 펌프로 물을 퍼 올릴 때 발생할 수밖에 없는 일입니다."[37] 하지만 네슬레워터스 캐나다의 홍보 담당 시마르는 그보다 한두 달 전에 "15년간의 데이터를 우리가 가지고 있는데, 우리의 영업이 대수층의 장기적인 지속가능성에 영향을 주지 않는 것으로 나타났다"고 밝혔다.[38] 과학적 주장의 결투장에서 풀뿌리 단체들은 매우 불리하다. "우리는 기술적, 전문적 관점에서 이기기에는 돈이 충분하지 않습니다." 네이기가 말했다. "1100억 달러 기업을 상대하고 있으니까요. (…) 그건 무의미한 대결로 들어가게 되는 것일 뿐입니다."

이득은 어디로 가는가

엘로라의 활동가들은 미들브룩 관정 문제를 중심으로 지역 당국자들과 더 큰 단위의 공동체를 끌어들이려 노력하는 과정에서 전술과 메시지 구성상의 중요한 고려 사항에 봉착했다. 그들이 강조한 주제 중 하나는 상업적 병입이 초래하는 비용은 지역 공동체에 부과되는 반면 지역 공동체가 얻는 이득은 없거나 미미하다는 것이었다. 카운티 의원인 피셔는 내게 세이브아워워터가 이러한 접근을 하는 데서 진화해온 것 같다고 말했다. "처음에는 이런 식이었습니다. '우리는 이 기업적이고 억압적인 사람들이 여기에 발을 들이게 할 수 없다. 우리는 그들이 이곳에 오는 것을 원하지 않는다. 이 물은 우리 것이다'라고요." 이어서 그는 이렇게 말했다.

시간이 가면서 [메시지가] 훨씬 더 나아졌습니다. (…) "저들이 얼마나 끔찍하고 사악한가"라는 감정적 대응에서 빠져나와서 실제 이슈에 천착하기 시작했지요. 차차 전문가의 조언을 받았고 (…) 기반을 확대했습니다. 즉 이 운동은 단순히 화들짝 놀란 엘로라 사람들의 호들갑이 아니었습니다. 모든 부류의 사람들을 아우르는 것으로 발전해갔어요. (…) 이 운동은 더 일반적인 사람들로 구성되었습니다. 그리고 다른 이슈들, 더 현실적인 이슈들을 제기했습니다. (…) "네슬레는 제3세계에서 노동자를 착취하는 끔찍한 기업이다" 말고요. 이제 이 운동은 "[네슬레가] 인프라 및 성장에 미치는 영향에 대해 센터 웰링턴은 무엇을 할 것인가"를 묻습니다. 그리고 여기에 논리적으로 따라오는 질문은 "그것이 우리에게 주는 이득은 무엇인가"가 됩니다. 네슬레는 이곳에 들어오더라도 큰 공장을 운영하지도 않을 것이고 많은 사람을 고용하지도 않을 것이며 많은 세금을 내지도 않을 것입니다. 네슬레는 단지 물을 뽑아내 트럭에 실어 멀리 보낼 테고, 우리는 그 물을 다시 볼 수 없을 것입니다. 이렇게 해서, 모든 부류의 사람들에게 이 운동이 설득력을 갖게 되었습니다.

WWW의 네이기는 희소성 문제도 제기했다. "우리는 당신이 원하는 모든 기술적, 전문적 주장을 제시할 수 있습니다. 그리고 그것은 늘 물이 희소하다는 것을 보여주는 쪽일 것입니다. (…) 이것[추출과 병입]이 우리가 우리의 물을 취급하고 싶은 방식인가요? (…) 많은 사람이 기본적으로 '노No'라고 말합니다. 이것[추출과 병입]은 물 사용이나 허가를 내어주기에 용인할 수 있는 방식이 아니라고 말이에요."[39] 엘로라의 또 다른 사람들은 기업의 지하수 병입이 **경제적으로** 물 희소성을 초래할지 모른다고 우려한다. 앞으로 사람들이 사용하는 데 감당할 수 없을 정도로 가격이 높아지거나 접근하기 어려워질지 모른다는 것이다. 카운티 의원 맥얼웨인은 이렇게 말했다. "각종 위험을 그들[네슬레]이 어떻게 다뤄야 하는지 이런저런 조건을 많이 붙일 수 있겠죠. 하지만 다룰 수 없는 한 가지 위험은 이 타운십의 미래 식수원이 전에는 민간의 손에 있지 않았는데 이제 민간의 손에 들어간다는 것입니다. 그 때문에 물에 대한 접근이 불가능해지거나 접근하기 위해 막대한 돈을 내야 할지도 모르는 상황이 되는 것입니다." 다른 말로, 네이기와 맥얼웨인은 지역의 물을 시장 논리가 통제하도록 하면 물 희소성이 심화된다고 보았다. 유한한 지하수를 미래에 정작 지역 주민이 사용하지 못하게 하기 때문이다. 또한 이들은 물 추출을 정당화하려면 사회적 이득에 대한 평가를 거쳐야 한다고 주장했다.

센터 웰링턴 의회가 지역 수도 공급 시설을 운영하기 때문에, 나는 피셔에게 병입생수의 성장이 공공 수도 시스템을 유지하고 적절한 재정을 지원하는 데 필요한 대중의 지지를 갉아먹는다고 생각하는지 물어보았다. 3장에서 말한 정치적 의지의 문제 말이다. 그의 답은 전혀 모호하지 않았다.

이곳 사람들은 식수가 공공 수도로 제공되는 것이 당연하다고 생각합니다. 도시 당국이 운영하는 수돗물의 존재가 여기에서는 당연합니다. 이곳에서는 도시 당국이 공급하는 수돗물이 이슈가 됐던 적이 없습니다. 우리는 수돗물을 좋아합니다. (…) 병입생수는 수돗물이 없을 때에만 편리한 상품일 뿐이에요. (…) 기본 설정은 늘 수돗물이었습니다. 여기서는 플린트에서와 같은 문제가 없었습니다. 만약 제가 디트로이트에 사는 미국인이라면 당국이 수돗물을 어떻게 공급할지 걱정하기 시작할 것 같습니다. 공급할 수 있을지 여부 자체를요. 하지만 여기에서는 수돗물 공급이 가능합니다. 제 생각에, 이곳엔 디트로이트에서와 같은 태도가 존재하지 않습니다. 사람들은 정부가 수돗물을 공급하리라 기대하고 정부가 하는 일에 만족합니다. (…) 우리는 우리의 시민에게 식수용 수돗물을 공급할 수 있어야 합니다. 우리는 우리의 정부가 그렇게 하기를 기대합니다. 정부의 의무로서요.

하지만 캐나다 정부는 캐나다 인구 중 중요한 하나의 집단[선주민]에 대해서는 이 핵심 서비스를 제공하는 데 실패하고 있다(뒤에서 살펴볼 것이다).

"왜 물을 병에 담긴 것으로 마셔야 합니까?"

다시 궬프로 돌아와보면, 물감시단이 오래 기다려온 게임판이 2016년 여름에 마침내 펼쳐지고 있었다. 슬로콤은 당국이 네슬레의 미들브룩 관정 테스트를 승인하면 곧바로 시작할 수 있게 물감시단과 세이브 아워워터가 대대적인 공동 캠페인을 준비하고 있었다고 했다.

째깍째깍 시간이 다가오고 있었습니다. (…) 네슬레가 가지고 있는 [애버포일 추출] 허가는 7월 31일이 만료였어요. 우리는 그들이 전체 과정을 처음부터 밟아야 할 것이고 그러려면 입찰 신청부터 해서 시간이 오래 걸릴 것이라고 예상했어요. 그런데 그 과정이 일어나지 않은 거예요. 당국은 입찰을 공지하지 않았어요. 공지도 없었고, 의견 수렴 기간도 없었고, 이유도 없었고, 설명도 없었어요. 그리고 며칠 전에 그들의 허가가 만료되었습니다. 물론 그들은 여전히 물을 퍼내고 있어요. (…) 우리 모두 어안이 벙벙했습니다. (…) 왜 이 과정은 이렇게 투명하지가 않을까? (…) 정보 공개를 수차례 요구했지만 아무런 답도 없었어요. 침묵뿐이었습니다. 알 수 없는 침묵이요.[40]

당국의 긴 침묵과 절차의 지연에 대해, 네이기는 병입생수에 대한 대중의 우려가 빠르게 높아지고 있었던 것이 한 가지 이유가 아닐까 추측했다.

그들은 온타리오주 차원의 승인이 마우스 클릭만 하면 되는 일상적인 갱신 신청 같은 것이라고 생각했다가 (…) 더 이상 그렇지 않음을 깨달은 것 같습니다. 이제 그들은 무엇을 하건 (…) 그 과정을, 그 결정을, 전에 했던 것보다 훨씬 더 많이 정당화해야 합니다. 지켜보는 대중의 눈은 이제 지역 차원, 주 차원, 전국 차원만이 아니라 국제적인 차원이기도 합니다. 그 이래로 중요한 일들이 많이 있었으니까요. 캐스케이드락스 상황도 여기에서 보도가 많이 되었어요. 펜실베이니아의 결정도 있었고, 온라인 청원도 많았습니다. (…) 포장생수와 그것의 영향에 대한 인식이 극적으로 높아졌죠. (…) 저는 여기에 우리의 운동이 크게 일조했다고 생각합니다.[41]

이어서 2016년 8월, 내가 온타리오주를 떠난 지 일주일도 되지 않아서 네슬레는 갑자기 미들브룩 관정 자산을 아예 매입하는 옵션을 행사했다고 발표했다. 더 많은 돈으로 입찰한 익명의 입찰자를 막기 위해서였는데, 나중에 밝혀진 바에 따르면 그 입찰자는 센터 웰링턴 타운십이었다. 그 시점이면 센터 웰링턴은 증가하는 인구에 수돗물을 공급하려면 미들브룩 관정 접근권을 유지하는 것이 꼭 필요하다고 보고 있었다.[42] 지역의 물 활동가들이 선출직 공직자들을 설득해 결정적인 행동에 나서도록 하는 데 성공한 것이다. 하지만 때가 너무 늦었다.

한두 주 뒤, 2016년의 뜨겁고 건조한 여름이 끝나가던 시점에, 당국이 오래 침묵했던 이유가 마침내 분명해졌다. 그 무렵이면 병입용 지하수 추출에 반대하는 단체들의 목소리가 높아지고 견고하게 지속되면서 주의 최고위 당국자들도 이 이슈에 관심을 갖게 되었고, WWW와 세이브아워워터는 토론토에서 열린 환경부 고위 관료와의 회의에 초청을 받기도 했다. 9월에 온타리오주 주지사 캐슬린 윈은 온타리오주의 지하수 사용 허가 시스템이, 특히 병입생수와 관련해서, 현행 기준에 맞지 않고 변화가 필요하다며, 언론 브리핑에서 이렇게 말했다.

저는 병입생수 회사의 물 추출 규정에 변화가 있어야 한다고 생각합니다. 그 기업들이 무엇에 대해 돈을 내고 있는지, 무엇을 가져가도록 허용되고 있는지를 우리가 면밀히 보아야 한다고 생각합니다. (…) 물론 병입생수가 필요한 상황도 있을 것입니다. 하지만 우리가 그 기업들에 무엇을 기대하는지, 그리고 어떻게 [다른 산업과] 다른 제약을 부과할지 살펴보아야 한다고 생각합니다. "많은 산업이 물을 필요로 합니다"라고 말하는 것은 충분하지 않습니다. 물 병입은 종류가 다른 산업이며, 우리는 그것을 다른 종류로서 취급해야 합니다.[43]

원은 심지어 병입생수라는 상품의 필요성 자체에도 문제를 제기했다. 《토론토 스타》와의 인터뷰에서 그는 이렇게 말했다. "저는 정말로 우리가 병입생수를 둘러싼 문화를 살펴보아야 한다고 생각합니다. 왜 우리는 물을 병에 담긴 것으로 마십니까? 대부분은 그럴 필요가 없는데도요."[44] 그는 기후 변화와 인구 증가를 이러한 정책 기조 변화의 핵심 이유로 들면서 자신의 환경부가 "온타리오주의 공공 소유 장소와 민간이 소유한 공간에서 리필 스테이션을 개선할 것이고 온타리오주 수도 시스템이 식수로 사용하기에 충분히 안전하도록 엄격한 수질 기준을 적용하고 있음을 사람들에게 더 잘 알릴 것"이라고 말했다.[45] 이는 병입생수 반대 운동가들의 비판과 요구를 상당 부분 직접적으로 받아들인 입장으로, 주지사로서는 전례 없는 일이었다.

12월에 윈 정부는 한발 더 나아가서 온타리오주의 지하수원에 대해 완전한 평가를 실시하고 물 추출과 관련된 규제 과정을 종합적으로 검토하기 위해 온타리오주에서 병입용 물 추출의 모든 신규 허가와 확장 허가에 대한 승인을 2년간 중지하기로 했다.[46] 이 중지 선언은 지역 물 활동가들의 중대한 승리였으며, 네슬레로서는 미들브룩 관정의 물을 테스트하거나 퍼 올리는 것을 빨라도 2019년 1월까지는 할 수 없다는 의미였다. 하지만 WWW와 그 밖의 운동단체들에는 실망스럽게도, 애버포일과 힐스버그에서의 기존 물 추출은 계속하도록 허가되었다. 한편 윈은 병입용 물 추출 수수료를 2017년 8월부터 100만 리터당 3.71달러에서 503.71달러로 크게 올릴 것이라고도 발표했다. 그렇게 되면 온타리오주의 수수료가 캐나다에서 가장 비싸지고 네슬레가 애버포일과 힐스버그에서 최대 허용치까지 추출할 경우 내야 할 돈이 하루 17달러에서 2637달러(1리터당으로는 약 0.5센트)로 높아지게 된다.[47]

이 변화에 병입생수 업계의 반응은 거의 발작적이었다. 캐나다병입생수협회 사무총장 엘리자베스 그리스월드는 2017년 4월에 칼럼에서 이렇게 언급했다. "2016년 말에 온타리오주 정부는 병입생수 업계에 대한 규제적 공격이라고밖에 표현할 수 없는 일련의 조치를 도입했다. (…) 작지만 언론 수완이 좋은 병입생수 반대 단체들의 압력 때문에 정치적으로 도입된 조치라고 볼 수밖에 없다. (…) [진보성향인] 자유당의 캐슬린 윈 정부는 정부의 전통적인 역할인 중재자이자 조정자로서의 역할을 저버렸고 병입생수 업계의 반대편에 섰다."[48] 이 놀라운 언명은 병입생수 업계가 그전까지 주정부의 물 추출 관련 정책입안을 성공적으로 막고 있었음을 말해주며, 또한 센터 웰링턴 카운티의 환경운동가와 물 운동가들이 캐나다에서 인구가 가장 많은 온타리오주 전역에서 병입생수 업계에 더 엄격한 규제가 이루어지도록 성공적으로 압력을 가했음을 말해준다. 그뿐 아니라, 윈의 말이 보여주듯이, 핵심 정치인들도 지역의 물 활동가들이 발전시킨 물 희소성 프레임과 담론을 일부 받아들이고 있었다.

윈의 자유당 정부가 2018년 중반에 있을 선거를 신경 써야 할 시점에(선거가 2년도 남지 않았을 때였다), 가뭄으로 추동된 센터 웰링턴 카운티의 병입생수용 물 추출에 대한 갈등, 그리고 WWW와 세이브아워워터, 기타 연대 단체들의 노력은 주정부 수준의 환경 정책에 분명히 굵직한 영향을 미쳤다. 하지만 WWW와 캐나다시민평의회는 주정부의 정책 변화가 지하수를 보호하기에는 여전히 불충분하다며 10년 안에 단계적으로 온타리오주에서 병입생수 업계를 완전히 내몰아야 한다고 요구했다.[49]

위태로운 승리

3년 뒤, 궬프에 왔던 첫날 들른 커피숍에서 마이크 볼크월을 만났다. 오후 4시에 커피숍은 믿을 수 없을 만큼 시끄러웠다. 하지만 서로의 말을 알아들을 수는 있었다. 볼크월은 웰링턴물감시단의 상근 캠페인 디렉터로, 2016년부터 여기에서 일하고 있다. 비영리기구와 노조의 캠페인 컨설턴트로 수십 년간 일한 그는 꾸준하고 인내심 있게 이야기하는 사람이었고 복잡한 개념을 서로 다른 청중에 맞게 갈래를 잘 다듬어 이야기하는 데 익숙한 사람이었다. "저는 환경주의자로 시작한 사람이 전혀 아니었습니다. 환경운동 쪽으로 가는 길을 찾아보고 싶다는 생각이 든 건 기후 변화 때문이었어요. 그리고 그것이 꽤 어렵다는 것을 알게 되었습니다." 나는 볼크월에게 WWW 운동의 현 상황과 이 운동이 병입생수 업계에 미친 영향을 물어보았다. "직접적인 인과관계의 선을 그리기는 어렵습니다. 하지만 자유당 정부가 3년 전에 부과한 신규 허가 및 갱신 중지는 이 모든 운동이 만들어낸 직접적인 결과입니다. 우리만 이 운동을 하는 것은 아닙니다. 제 말을 오해하실까 봐서요. 다른 사람들도 많습니다. 하지만 우리가 프레이밍을 주도하고 있죠. 우리가 현장에 있기 때문입니다. (…) 우리가 원하는 승리를 하기에는 아직 충분히 강력하지 못하지만 우리는 대화를 바꾸어냈습니다."[50]

신규 병입 허가 중지는 WWW가 미들브룩 관정의 물 추출을 중단시키려는 활동에서 일단 한숨을 돌릴 수 있게 해주었다. 하지만 네슬레는 애버포일과 힐스버그에서 허가 기간이 만료되었는데도 물을 계속 퍼냈고, 주 당국이 주의 지하수원에 대해 대대적인 검토와 평가를 시작한 시점에도 그랬다.

2016년 12월에 물 보호단체들은 네슬레와 센터 웰링턴 카운티가 미들브룩 관정에서 나오는 물의 일부를 나누기로 협상 중이라는 사실을 알고 경악했다. 이들은 이것이 물 사유화를 위한 뒷문 협상이라고 비판했다. 한편 네슬레의 시마르는 CBC에 출연해서 네슬레가 "지속가능한 공동 번영에 기여할 수 있는 잠재적 수입 흐름"에 대해 논의하기를 원한다고 말했다.[51] 볼크월은 이렇게 회상했다. "시장은 처음에 네슬레와 민관 파트너십을 준비했습니다. 우리는 완전히 분노했고 그들은 물러섰습니다. 시의회에 우리가 미친 압박이 굉장히 강력해서, 최근 있었던 시 선거에서는 그 시장도 포함해 모든 후보가 '네슬레에 반대한다'고 했어요. 그리고 그에 따른 조치를 통과시켰습니다."

2018년 6월 주정부 선거가 다가오면서 WWW는 병입생수 업계에 대한 사람들의 태도를 알아보기 위해 공동으로 여론조사를 의뢰했다. 결과는 반네슬레 캠페인이 효과가 있었고 대중이 WWW 등 물 활동가들을 강력하게 지지한다는 것을 보여주었다. 온타리오주 사람 중 64%가 단계적으로 10년 안에 온타리오주에서 병입용 물 추출을 **완전히** 중단해야 한다고 생각했고 52%는 **2년 안에** 그렇게 해야 한다고 생각했다. 중단에 동의하지 않는 사람은 14%뿐이었다.[52] 선거와 가장 관련 깊은 항목인 지지 정당별 입장을 보면, 우파인 진보보수당 지지자 사이에서는 60%가 중단을 지지했고 녹색당 지지자 중에서는 77%가 중단을 지지했다. 10년 전만 해도 '온타리오주에는 병입용 지하수 추출이 설 자리가 없다'는 입장은 급진적이라고 여겨졌지만 이제는 다수 의견이 되어 있었다.

하지만 선거 결과가 집계되었을 때 물 보호 활동가들은 충격을 받았다. 여당인 [온건 진보 성향의] 자유당에 대한 지지가 겨우 19%로 쪼그라들었고 논란이 크게 일었던 전직 토론토 시장 롭 포드의 형제인 비호감 인사 더그 포드의 진보보수당이 승리한 것이다. 개표 결과를 보여주는 지도에서 온타리오주 남부는 진보보수당을 나타내는 파란색 일색이었고 자유당을 지지하는 아주 작은 전초기지는 토론토, 궬프, 그리고 소수의 몇몇 도시뿐이었다. 도널드 트럼프가 당선된 선거에서 2년이 채 안 지난 시점이었는데, 많은 논평가가 둘 사이에서 강한 유사점을 발견했다. 나는 볼크월에게 포드 주지사의 온타리오주 행정부가 1년 반 동안 WWW의 활동에 미친 영향이 무엇이었는지 물어보았다. "음, 그들은 환경을 개발에 열어놓으려고 합니다. 그래서 모든 종류의 환경 규제 완화를 종합한 법안을 제안했습니다. (…) 흥미롭죠. 포드는 미니 트럼프예요. 그리고 시작부터 정말 정신없이 첫 단추를 잘못 끼웠는데, 결국에는 그에게 타격이 되었습니다." 포드는 개발을 위해 그린벨트를 해제하고 토지계획법에서 토지 용도 규제를 완화해 큰 논쟁을 불러일으키기도 했다.

WWW와 세이브아워워터의 활동가 및 자원봉사자들은 전임 자유당 주지사 때 도입되었던 신규 병입 허가 중지가 2019년 초에 만료되면 어떻게 될지 우려했다. 두 단체는 추동력을 유지하고 언론의 관심을 계속 붙잡으면서 이슈의 가시성을 높이기 위해 일련의 저항, 행진, 시위, 언론 회견 등을 열었다. 미들브룩 관정에서도 진행[그림 26]했고, 네슬레 애버포일 본사 정문에서도 진행했다. 세이브아워워터는 엘로라 곳곳에 커다란 포스터도 붙였다. 눈에 띄는 흑백 사진 속에 지역 주민들이 포즈를 취하고 있고, 사진 설명에는 "나는 물 보호가입니다"라고 쓰여 있었다.[그림 27] WWW는 주정부의 규제 과정에 초점을 맞춘 전단을 제작했다.[그림 28]

물 추출 허가 중지 만료 시한이 다가오면서 환경부는 난감한 입장이 됐다. 《시에라》 매거진은 이렇게 보도했다. "네슬레에 허가를 해주지 않는 것은 집권당의 아젠다와 반대되는 일이 될 터였다. 하지만 허가를 승인하는 것은 정치적 자살이 될 수 있었다."[53] 결국 포드 행정부는 최소 저항의 경로를 선택했다. 전문가, 업계, 수도 당국, 선주민 공동

그림 26. 세이브아워워터 회원들 (엘로라, 미들브룩 관정, 2018년 11월)

사진제공: Laura Amendola Photography

그림 27. 세이브아워워터 대표단. 도미니언 데이 퍼레이드 (2019년 7월)
[참가자들이 자신의 사진과 함께 '나는 물 보호가입니다 I AM WATER PROTECTOR'라는
문구가 적힌 포스터를 들고 행진하고 있다.]

사진: Paul Dimock/Artography Elora

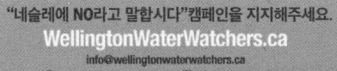

공공의 물 보호를 위한 4대 강령

웰링턴물감시단은 온타리오주 정부에 식수 보호를 요구하며, 다음과 같은 조치를 취하기를 촉구합니다.

1. 온타리오주에서의 모든 물 병입 허가를 5년 이내에 단계적으로 폐지하라. (2017, 2018년 세계 물의 날에 진행한 설문 조사 결과 온타리오주 주민 대다수가 이를 지지하는 것으로 나타났다)

2. 유엔 선주민권리선언을 존중하라. 특히, 물 추출 허가 관련 의사 결정에서 선주민의 '동의'를 존중하라.

3. 물 관리 시스템을 공적으로 소유하고 관리하라.

4. 병입생수 업계 노동자가 그와 동등하거나 더 나은 일자리로 옮겨갈 수 있게 지원하라.

"네슬레에 NO라고 말합시다"캠페인을 지지해주세요.
WellingtonWaterWatchers.ca
info@wellingtonwaterwatchers.ca
thewellingtonwaterwatchers / wellingtonwaterwatchers
@wwaterwatchers #SayNoToNestle #SayNoToBottledWater
Please donate to the campaign. Visit the website or send cheque* to:
Say No to Nestlé Campaign c/o Wellington Water Watchers
42 Carden St, Guelph, Ontario N1H 3A2
*Make cheque payable to Wellington Water Watchers

wellington Waterwatchers.ca

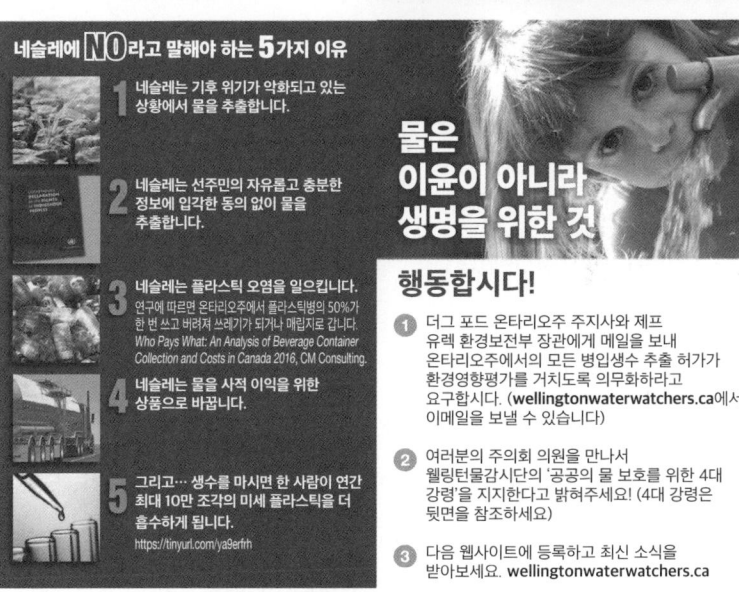

그림 28. 웰링턴물감시단 전단 (2019)
디자인: Tony Biddle, Perfect World Design

체 등 관련 당사자들이 참여한 상태로 온타리오주의 지하수원에 대해 중요한 평가 작업을 진행하겠다며 물 추출 허가 중지를 9개월 더 연장한 것이다.[54]

이러한 전개는 물 이슈가 얼마나 민감하고 정치적으로 복잡한 사안이 되었는지를 단적으로 보여준다. 그럼에도, 2019년 말에 《토론토 스타》는 "엘로라와 관련해 궁극적으로 판돈은 주지사가 추출 확대를 허용하고" 미들브룩 관정에서도 네슬레의 추출을 허가하리라는 쪽에 놓여 있다고 보도했다.[55]

'버블' 밖에서 언어를 재구성하기

운동이 과학적 정보와 관료제적 행정 절차의 영역으로 넘어가면서 물 보호단체는 전략 전술뿐 아니라 전반적인 변화의 비전과 관련해서도 큰 질문에 봉착했다. 네슬레의 물 추출 허가 신청에 맞서면서 WWW와 세이브아워워터는 주정부의 관료제적 절차에 거의 전문가가 되어야 했고, 적어도 부분적으로라도, 물 추출이 지역의 대수층과 도시의 물 공급에 미치는 영향에 대한 기술적, 전문적 주장에 기반한 프레임에서 공식 입장을 구성해야 했다. 세이브아워워터의 몇몇 사람은 지역 공직자를 교육할 수도 있을 정도로 수문학 전문가가 되었다.

하지만 기술적, 전문적 영역에 초점이 맞춰지는 것은 물 보호단체들 사이에서 논쟁이 되기도 했다. WWW의 슬로콤은 WWW가 네슬레의 애버포일 관정 물 추출 때문에 지역의 대수층이 낮아지고 있다는 사실을 증명할 수 있다면 "기술적, 전문적 수준에서 허가 절차에 대응하는 데 정말 좋은 실증 근거가 될 것"이라면서도 "이 접근에는

394

한계가 있다"고 덧붙였다.

우리가 엘로라에서 배운, 그리고 계속해서 배우고 있는 큰 교훈 하나
는 사람들이 '진리가 우리를 자유롭게 하리라'고 믿고 싶어 한다는 점
입니다. 한때는 저도 그렇게 생각했거든요. 충분히 많은 사람이 정보를
알게 되면, 모든 것이 달라지게 만들기에 충분하리라고 말이에요. (…)
물론 그건 좋아요. 도움이 되고 가치 있는 일입니다. 하지만 우리는 가
장 효과적인 것은 이와는 또 다른 종류의 영역에 있다는 사실도 알게
되었습니다. 바로 도덕과 가치의 영역입니다. 집집마다 방문해서 사람
들과 이야기할 수 있는 시간이 2분밖에 없는데 그 시간에 숫자와 데이
터를 들먹인다면, 시간을 효과적으로 사용하는 방법이라고 할 수 없을
것입니다.

기술적, 과학적 영역에 우선순위를 두는 것이 옳으냐에 대한 논쟁
은 그것이 대중의 지지를 얻기에 효과적인 방법이냐 아니냐의 질문
을 넘어선다. 볼크월은 그것이 활동가 단체에 덫이 되기도 한다고 생
각한다. "웰링턴물감시단은 다른 많은 단체처럼 기술적이고 전문적인
지식을 바탕으로 한 근거를 들어 물 추출에 반대하는 데 깊이 투자해
왔습니다. (…) 우리는 '버블'이라는 은유를 사용합니다. 우리를 정치
적 과정에서 멀어지게 하고 우리의 에너지를 흩어버리기 위해 정부가
고안한 의사 결정 과정을 말하죠. 의도적으로 우리를 좌절시키면서,
이것이 합리적이고 사실관계에 토대를 둔 증거 기반의 과정이라는 믿
음을 만들어냅니다. 충분한 실증 근거가 있다면 이길 것이고 당신이

진다면 실증 근거가 충분치 않아서라고 생각하게 하는 것입니다." 볼크월은 이어서 이렇게 설명했다.

그런데 말이죠, (…) 이러한 버블은 바로 우리가 지금 같은 방식으로 느끼게 하기 위해 고안된 것입니다. 바로 그런 결과들을 산출하기 위해 고안된 것이죠. 우리는 버블에서 나와야 합니다. 중요한 건, 버블 안에 있을 때는 공동체의 지도력을 공동체에서 멀어지게 하면서 매우 시간 소모적인 곳으로 가져가게 되고 공동체를 공직자나 정치인과의 끝나지 않는 공방으로 바빠지게 만든다는 것입니다. 그러므로 가장 먼저 해야 할 일은 버블에서 나오는 것입니다. 기술적 절차를 무시해서도 안 된다는 말이기도 하죠. 물론 거기에 참여해야 합니다. (…) 하지만 훨씬 더 많은 에너지를 버블 밖에 쏟아야 하고 언어를 재구성해야 합니다.

지역의 몇몇 선출직 공직자 중에도 이렇게 생각하는 사람들이 있었다. 시의원 맥얼웨인은 내게 이렇게 말했다. "우리의 초점 전체를 과학에만 둔다면, 가령, 전문가에게 의뢰해 3단계 지하수 평가연구를 했는데 그들이 '오, 여기는 물이 많아요'라고 해버리면, 우리는 더 주장할 게 없어지게 되죠. 이런 이유에서, 우리는 훨씬 더 큰 우산이 필요합니다."

하지만 세이브아워워터의 가장 저명한 기술 전문가라 할 수 있는 베버리지는 두 영역의 구분이 가짜 이분법이라고 생각한다. 그는 이렇게 말했다.

과학이 완전히 다르게 말한다 해도, 이 타운십은 여전히 모든 종류의 가치 있는 이유로 이것[물 추출]에 반대할 것입니다. 제 말은, 이 공동체 사람들, "나는 물 보호가입니다"라고 쓰인 팻말을 들고 여기 나온 사람들은 과학을 위해 나온 것이 아닙니다. (…) 그들은 이것을 도덕적이고 윤리적인 이유에서 반대하는 것입니다. 이것이 그저 옳지 않은 일이니까요. 우리 공동체 전체에 이러한 인식이 깊이 뿌리내리고 있습니다. (…) 사람들이 물 추출에 반대하는 것은 그저 윤리적인 이유에서입니다. 물은 추출되어서 병에 담기지 말아야 한다는 것이지요. 그리고 사람들은 생태계와 수계를 걱정하고 있습니다. 따라서 과학자들이 뭐라고 하건 우리 공동체 사람들은 여전히 그에 맞서 거리로 나와 행진할 것입니다.[56]

어느 쪽이든, 기술적이고 행정 절차적인 면에서의 활동은 계속되었다. 2019년 11월에 당국은 온타리오주 지하수에 대해 3단계 평가연구를 마쳤다고 발표했다. 세이브아워워터 활동가들은 특히 이 연구에서 센터 웰링턴이 인구 증가로 인해 향후 물 공급 관련 '중대한 위기'에 직면할 수 있다는 결론이 나온 것에 안도했다. 이 연구는 이르게는 2031년이면 수요가 용량을 초과하게 될지 모른다고 밝히고 있었다. 센터 웰링턴 타운십이 진행한 별도의 공학적 연구도 미들브룩 관정에서 네슬레가 제안한 추출이 이루어지면 인근 우물의 수위를 2.5-3.5미터가량 낮출 수 있다며 이는 "받아들여질 수 없는" 수준이라고 언급했다.[57]

식스네이션스: 병입과 물 정의를 연결하기

한편, WWW는 인근의 선주민 공동체 및 활동가들과 협업을 시작하고 있었다. 그랜드리버 호디노쇼니의 식스네이션스는 캐나다에서 인구가 가장 많고 땅도 가장 넓은 선주민 지역으로, 호디노쇼니 연맹[이로쿼이 연맹]의 6개 선주민 부족 모두가 거주하는 유일한 곳이다.[58] 이 보호구역은 애버포일에서 남쪽으로 60킬로미터 떨어져 있는데, 오늘날에는 미국혁명 당시 모호크족과 여타 호디노쇼니 부족이 영국 쪽에서 싸우는 대가로 1784년 조약을 통해 받은 원래의 3800제곱킬로미터, 폭 20킬로미터의 그랜드리버(할디맨드 구역) 면적 중 5%밖에 되지 않는다.[59] 1970년대 이래로 식스네이션스는 대대적인 토지 박탈을 되돌리기 위해 토지권을 주장해오고 있다.[60] 최근에는 조약상의 권리에 기반한 랜드 백Land Back[땅을 되찾자] 운동으로 목소리를 높이면서, 구역 전체에 대해 개발 중지를 요구하는 것을 포함해 캐나다 정부가 부정의를 바로잡도록 압박의 수위를 높이고 있다.[61]

하지만 이 투쟁은 땅뿐 아니라 물에 대한 것이기도 하다. 할디맨드 구역에는 엘로라의 미들브룩 관정이 포함되어 있고 바로 바깥에 있는 네슬레(현재는 블루트라이튼)의 애버포일 공장은 1701년 난판조약에 의거해 식스네이션스가 전통적인 권리를 보유하고 있는 땅에 위치해 있다. 한편, 식스네이션스 보호구역에서는 주민 10명 중 1명도 안되는 사람만이 가정에서 파이프로 안전한 수돗물을 공급받는다. 이는 캐나다 선주민 보호구역이 겪는 물 안전성 문제와 수돗물 공급 부족이라는 오랜 인권 위기를 상징적으로 보여준다. 캐나다가 물뿐 아니라 물질적 부도 풍부한 나라임을 생각하면 더욱 기가 찬 일이다.[62]

선주민 땅은 물 부정의를 겪고 있는데 주변에 형성된 백인 정착민 지역에는 깨끗한 물이 광범위하게 공급되고 있는 극단적인 대조는 전국적으로, 나아가 국제적으로 언론의 관심을 끌었다. 또한 이는 WWW와 식스네이션스 부족 지도자, 학자, 활동가 사이에 상업적 물병입 반대 이슈를 중심으로 협업이 이루어지는 토대가 되었다. 맥마스터대학의 인류학자이자 식스네이션스에 살고 있는 돈 마틴 힐은 "토론토, 해밀턴, 브랜트퍼드, 칼레도니아, 해거스빌에 둘러싸여 있는데도 우리 인구의 90%는 깨끗한 물에 접근하지 못하고 있다"며 이렇게 설명했다. "그래서 보호구역인 이쪽에 살면 물에 접근할 수 없습니다. 저쪽, 선주민 땅이 아닌 곳에는 깨끗한 물이 있고요. (⋯) 제 학생 중 한 명은 어린 아이가 다섯인데 (⋯) 수돗물을 못 씁니다. 여기에는 많은 이유가 있습니다. (⋯) 식민화가 하는 일이 바로 이겁니다. 기본적인 인권을 허락하지 않는 것이죠."[63]

현실에서 안전한 식수의 부족은 어떤 모습일까? 전직 주정부와 연방정부 공직자였고 현재는 식스네이션스에서 방대한 물 연구와 옹호 활동을 하고 있는 로드 휘틀로는 보호구역 사람들이 물을 구하는 데는 네 가지 방법이 있다고 했다. 첫째는 2013년에 4100만 달러짜리 수처리 공장이 완공되면서 공급되는 수돗물인데, 주민의 겨우 9%에게만 도달하고 대체로 오스웨켄 마을로 간다.[64] "그 수처리 공장은 (⋯) 이론적으로는 깨끗한 물을 인구와 가구 상당수에 공급할 수 있습니다. 다만, 분배 인프라에 들어가는 비용이 천문학적이어서 어떤 정부도 건드리지 못할 겁니다. 그래서 점진적으로 해나가야 하죠. 예상하기로는 한두 세대는 더 지나야 모든 가구에 깨끗한 수돗물이 파이프로 공급될 것으로 보입니다."

둘째는 가정의 우물인데 여기에는 두 종류가 있다. 어떤 집은 대수층까지 깊이 우물을 뚫지만 더 일반적으로는 얕게 파는데, 한 연구에 따르면 쉽사리 오염이 발생해서 선주민 보호구역의 여러 건강 문제와 관련이 있는 것으로 나타났다.[65] 셋째는 물 트럭으로 들어오는 물이다. 그는 이렇게 설명했다.

어떤 집은 수도관이 연결되어 있지 않아서 (…) 집에 설치된 저수조에만 의존합니다. 그런데 지역 운송회사가 몇 개뿐이라 물 배달에 문제가 생기면 식구가 많은 집은 종종 오래 기다릴 수밖에 없어요. (…) 제가 그런 집에서 자랐지요. 물 배급이 오는 곳이요. (…) 날씨에 따라 물 없이 지내는 날이 하루나 이틀, 아니면 사흘이 되기도 했어요. 더 오래 걸릴 수도 있고요. 그래서 (…) 일부 가구는 홈통을 저수조와 마른 우물에 연결했습니다. 빗물을 채우려고요. 마실 수 없는 물이라는 걸 알지만, 적어도 수조에 물이 충분히 있게는 하는 거죠. 펌프로 그 물을 집으로 끌어와서 화장실 물로 쓰는 거예요. 하지만 그것으로 설거지를 하거나 조리를 하거나 몸을 씻어야 할 일은 없길 바라야지요. 끓여서 사용하면 모를까.

마지막으로, 식스네이션스 주민 중 적어도 65%에게는 다양한 형태의 포장생수가 빈틈을 메운다.[66] 휘틀로는 이렇게 설명했다.

3분의 2 이상의 인구가 (…) 여전히 모종의 플라스틱병이나 플라스틱 용기에 담긴 물에 의존하고 있습니다. 그들은 관정에서 나오는 수돗물을 신뢰하지 않습니다. 모든 가구가 수많은 일회용 생수나 18.8리터들이 대용량 플라스틱 생수를 씁니다. (…) 그리고 여기저기에 그들의 리필 스테이션이 있습니다. 그들[네슬레]은 이제 모든 곳을 상업화하고 있습니다. 홈디포에도, 세차장에도 있어요. (…) 셀프서비스인데, 1달러를 넣고 물을 채웁니다. 그리고 그걸로 최대한 오래 버티는 거지요. 우리 집은 음용수와 조리수를 구매해야 하는 집입니다. (…) 하지만 이 통들이 일회용보다는 나아요. 재사용 가능하거든요. 헹궈서 염소 처리하고 살균합니다.

이것은 캐나다판 플린트와 웝스프링스다. 수천 명이 안전한 상수도로 식수에 접근하지 못한다. 세상에서 가장 부유한 나라, 대부분의 사람이 상수도를 당연하게 생각하는 나라에서 말이다. 휘틀로는 이러한 물 부정의 상황에서는 플라스틱 포장생수를 거부하는 것이 많은 사람에게 선택지가 되지 못한다고 말했다. "식스네이션스에서 우리는 스펙트럼의 다른 지점에 있습니다. (…) 이론적으로야 우리도 모든 일회용 플라스틱 물병을 없애야 한다는 데 동의하죠. 하지만 우리는 아직 거기까지 가지 못했어요. 플라스틱 병입생수가 아니면 우리가 어떻게 동네로 물을 가져오고 물을 마실 수 있겠어요? 미시간주 플린트에서 온 사람들과 이야기를 해봤어요. 그들은 물 안정성 스펙트럼에서 다른 쪽에 있는 사람들이죠. 하지만 그들의 물이 납으로 오염되었을 때는 그들도 네슬레의 병입생수를 마실 수밖에 없었어요."

2015년에 쥐스탱 트뤼도가 총리로 당선된 선거 이후 캐나다 정부는 선주민 지역에 안전한 식수가 부족하다는 문제를 다루기 위해 추가적인 자원을 할당했다. 선주민 보호구역에서 장기적으로 발효 중인 100개 이상의 끓인 물 마시기 권고를 끝내겠다고 말이다. 2021년 말 현재 68%의 끓인 물 마시기 권고가 없어졌다. 남아 있는 것은 거의 모두 온타리오주에서 발효 중이다. 하지만 공식적인 경고는 문제의 심각성 전체를 드러내지는 못한다. "식스네이션스는 이 목록에 올라와 있지 않습니다. 아마 앞으로도 올라오지 않을 것입니다. 그래서 우리가, 웰링턴물감시단의 도움을 받아서, 여기에 가장 큰 선주민 보호구역이 있다는 사실을, 그리고 계속해서 물 안정성을 위해 싸울 것이라는 사실을 사람들에게 널리 알리고자 하는 것입니다." 휘틀로가 말했다. 2021년에 연방정부는 물 위기를 다루기 위해 몇몇 선주민 부족과 80억 달러 규모의 합의를 했다. 하지만 식스네이션스는 당사자가 아니었다.[67] 식스네이션스 내의 모든 가정과 사업체를 수처리된 상수원에 연결하는 비용은 1억 2000만 달러로 추산된다.[68]

상업적으로 병입되는 물과 선주민 보호구역 물 위기 사이의 관계를 강조하기 위해 휘틀로는 네슬레가 주정부에 100만 리터당 503.71달러라는 인상된 수수료 기준으로 얼마를 내는지 계산해보았다. 허가된 용량만큼 모두 퍼 올린다면 수수료는 연간 100만 달러가 된다. "이 돈은 어디로 가나요? 이 물은 할디맨드 구역에서 나옵니다. 이 물은 선주민이 권리를 주장하는 토지에서 나옵니다. UNDRIP 제28조에 의해 보호가 보장되어야 마땅합니다. 유엔 선주민권리선언을 말하는데요, 기본적으로 자원을 착취하고 훔치고 있는 곳에서 그곳 주민에게 보상하고 피해를 복구해야 한다는 것입니다. 그런데 그들은 이 선언을 그냥 무시하고 있습니다." 네슬레의 물 수수료를 주정부가 아니라 식스네이션스가 직접 받을 수 있다면 무엇을 할 수 있을까? 휘틀로는 이렇게 말했다. "답은 어렵지 않습니다. 우리가 앞으로 수세대 동안 우물을 이용할 수 있으려면 (…) 우물을 개선해야 합니다. 편리하고 구매 가능한 펌프 장비도 필요하겠죠. (…) 몇 가정이라도 더 [파이프 시스템에] 연결되게 하는 데서 시작합시다. 우물을 개선합시다. 각자 알아서 임시 장치로 물을 끌어다 쓰고 있는 사람들을 위해 위생시설을 마련합시다."

식스네이션스에는 두 종류의 지도부가 있다. 하나는 선출직인 부족위원회로, 공식적으로 캐나다 정부에 의해 프로그램과 서비스를 실행하는 주체로 인정받는다. 다른 하나는 전통적인 호디노쇼니 연맹 족장위원회로, 부족 어머니들 사이에서 선택된다. 식스네이션스의 역동적인 젊은 활동가로 유엔의 청소년 기후정상회담에서 연설도 한 적이 있는 마카샤 루킹 호스는 자신의 부족 지도자들이 물 병입 이슈에 공개적으로 목소리를 내게 하는 데 주요한 역할을 했다. 그는 네슬레 애버포일 병입공장에서 진행한 그들의 활동에 대해 이야기해주었다.[그림 29] "우리는 웰링턴물감시단과 여러 차례 저항을 조직했고 이것[물 추출]에 동의하지 않는다는 것을 네슬레가 분명히 알게 했습니다. 우리는 그들이 우리의 물을 가져다가 우리 땅으로부터 멀리 가져가는 것을 멈추게 하고 싶습니다. 이곳은 우리가 조약상의 권리를 가지고 있는 땅이고 우리 선주민의 땅입니다. 합당하게 우리 것입니다. 그들은 그들이 훔친 모든 물에 대해 식스네이션스 공동체에 모종의 방식과 형태로 돈을 내야 합니다. 다시 식스네이션스 영토로 돌려주어야 합니다. 그리고 그것으로 무엇을 할지는 우리가 스스로 결정할 수 있어야 합니다."[69]

그림 29. 네슬레 애버포일 공장으로 가는 시위 행진
식스네이션스의 젊은 활동가들이 이끌었다. (2018년 11월)
사진: Federico Olivieri

이러한 저항의 일환으로, 식스네이션스의 전통 지도자들은 네슬레에 공식 선언문을 전달했다.

호디노쇼니 연맹은 네슬레에 대수층의 물 추출을 즉각 멈추라는 정지 명령 서한을 보냈습니다. (…) 이렇게 말했죠. "네슬레, 이것은 당신에게 보내는 메시지입니다. 우리 호디노쇼니 연맹은 이 영토의 선주민으로서 우리가 가진 권리를 계속해서 행사할 것입니다. 우리는 셀 수 없이 많은 세대에 걸쳐 우리의 영토에서 살아온 이들의 권리를 계속해서 행사할 것입니다. 우리는 이곳 주민의 권리를 위해 계속해서 봉기할 것입니다. 우리 땅과 영토와 물 안에서의 삶의 권리를 위해, 그리고 미래 세대의

그림 30. 식스네이션스 공동체 일원들이 호디노쇼니 연맹 위원회가 작성한 정지명령 서한을 들고 애버포일 블루트라이튼 본사 앞에 서 있다. (2021년 9월) 왼쪽부터 콜린 마틴, 컬린 휘틀로, 마카샤 루킹 호스

사진: Troy Bridegeman (멀티미디어 저널리스트)

존재들이 가져야 할 권리를 위해 계속 봉기할 것입니다." (⋯) 우리는 부족의 어머니들과 함께 (⋯) 이 서한을 네슬레 CEO에게 전달했습니다.[70]

루킹 호스와 그 지지자들은 블루트라이튼이 네슬레의 북미 병입 사업부를 인수한 뒤인 2021년에도 다시 한번 정지명령 서한[그림 30]을 보냈다.

휘틀로는 이제까지 "선출직인 부족위원회는 나서서 네슬레에 대한 입장을 밝히지 않았지만 전통 부족장과 연맹 족장들, 부족 어머니들은 목소리를 냈다"고 말했다. 부족위원회는 왜 공식적으로 일어서지 않았을까? 이에 대해 그는 이렇게 말했다.

저희 부족만이 아니었습니다. 말하자면, 이러지도 저러지도 못하는 처지였달까요. 무언가를 연방정부로부터 얻으려 할 때, 조약을 존중하라는 요구도 포함해서요, 우리는 연방정부에 좋게좋게 접촉했습니다. 제가 보기에, 개인적인 생각입니다만, [부족위원회는] 이 의제를 밀어붙이고 있지 않습니다. 우리가 연방정부에서 나오는 일상적인 운영 서비스 수입에 의존하고 있으니까요. 우리는 과세 기반이 없어서 연방정부가 주는 자금 지원에 의존할 수밖에 없습니다. 그래서 배를 너무 세게 흔들지는 않으려 하는 것입니다. 그래서 지역의 선주민 정치 지도자 중 일부는 두드러지게 나서는 것을 꺼릴 것입니다. 그리고 물 분배 시스템 확장에 쓸 돈을 더 가져올 수 있게 매년 바짝 정신을 차리고 있어야 합니다.

그럼에도, 물을 둘러싸고 이루어진 선주민-정착민 연대는 성과를 남긴 것으로 보인다. "같은 생각을 가진 사람들, 그리고 웰링턴물감시단과의 연대는 우리가 할 수 있었던 가장 멋진 일이었습니다." 휘틀로가 말했다. "그들은 우리가 공동체 청원을 진행할 때 도와주었고 (…) 물 안전성을 위한 협상 전략을 세우는 것도 도와주었습니다. 네슬레와 모든 병입생수 회사에 당신들이 우리의 수계에서 물을 뽑아가는 것을 원하지 않는다고 밝히면서 최후통첩을 했을 때도요." 슬로콤은 이러한 연합이 역으로 WWW 활동의 강조점을 이동시키는 데도 도움을 주었다고 말했다. "우리는 애버포일 관정을 돌려달라는 식스네이션스의 목소리를 지원하는 활동을 하고 있습니다. 그리고 조약으로 보호되는 땅에서 조약 당사자인 많은 선주민 공동체는 여전히 깨끗한 식수에 접근할 수 없는데 반해 다국적 기업은 이윤을 위해 물을 뽑아가는 것과 관련한 사회정의 사안에 대해서도 활동하고 있습니다. (…) 이것은 더 중산층, 상류층 기반이고 백인 중심인 우리 운동이 풀어야 할 우리의 숙제입니다. 그들의 목소리가 더 크게 들리도록, 뒤에서 그들을 지원하는 것 말이에요."

대화를 마치면서, 휘틀로는 주정부와 연방정부가 아직은 물 활동가들과 전통적인 식스네이션스 지도자들이 행동을 촉구하는 것으로부터 충분히 압박을 느끼고 있는 것 같지 않지만 "이 동력이 지속되게 해야 한다"고 말했다.

그러려면 학술 연구도 필요할 것이고 (물을 보호하는) 전통적인 여성의 역할도 필요할 것이고, 전사들도 필요할 거예요. (…) 모호크족인 우리 언어로 '전사'를 '로티스켄라케흐테'라고 부르는데, 평화의 부담을 지는 자라는 뜻입니다. 우리는 평화로운 해결책을 원합니다. 흔히들 우리에 대해 부정적인 연상을 하곤 하지요. '저 사람들은 저항하고 시민 불복종을 하는 전사들이야. 급진주의자인가 뭔가 하는 사람들이지'라고요. 하지만 저희 공동체의 남성들은 정말로 떨쳐 일어나야 해요. 젊은이들은 자신의 몫을 하고 있습니다. 여성들도요. 하지만 남성들은, 정말로 일어나서 나서야 합니다. 그리고 그것은 저 한 명으로부터 시작되지 않습니다. 그것은 공동체의 수많은 사람들로부터 나옵니다.

새로운 연장, 새로운 규제, 새로운 양보

그러는 동안 사안은 다시 주정부 수준으로 올라갔다. 2020년 10월에 주 환경부는 대규모 지하수 평가연구를 바탕으로 병입안에 대해 제기된 수천 건의 의견을 검토하기 위해 물 추출 허가 중지를 6개월간 한 번 더 연장한다고 발표했다. 이번이 세 번째였다. 그리고 2021년 3월에 마침내 주정부는 평가연구 결과와 새로운 규제를 발표했다. 중요한 결론 중 하나는 네슬레에 좋은 소식이었다. "병입을 위한 지하수 추출은 온타리오주의 물 사용을 위해 지속가능하게 관리되고 있다"고 명시한 것이다.[71] 하지만 새 규제의 대부분은 물 보호단체 및 그들과 연대하는 사람들에게 더 좋은 소식이었다. 주정부는 서로 다른 물 사용처에 대해 공식적인 위계를 설정했다. 식수, 환경, 축산이 최우선 순위였고 일반 농업은 두 번째, 그리고 물 병입을 포함한 산업 및 상업용은 세 번째였다. 이는 그랜드강 수계처럼 제한된 지하수를 가진 지역에서 서로 경합하는 사용처를 두고 벌어질 미래의 의사 결정에 중요한 함의를 가진다.

WWW와 세이브아워워터 입장에서 가장 중요한 부분은, 주정부가 대규모 상업적 병입을 위한 물 추출을 허가해도 '도시 당국이 거부권'을 행사할 수 있다고 선언한 것이었다. 이는 신규 허가와 확장 허가 모두에 적용되며, 따라서 병입회사가 하루 37만 9000리터 이상 추출 허가를 받고자 한다면 [주 정부의 허가 외에도] 도시 당국의 지지가 필요하게 되었다.

이것은 매우 큰 변화다. 전에는 해당 도시 당국이 물 추출에 아무 목소리도 낼 수 없었다. 또한 새 조치는 엘로라의 미들브룩 관정에 대한 허가 가능성이 사실상 사라지게 만들었다. 센터 웰링턴 의회가 이미 반대를 표명했기 때문이다. 이곳에서 거부권 행사의 기준으로 삼는 물 추출량은 네슬레가 미들브룩 관정에서 추출하고자 한 양의 25%

도 되지 않았다.

물 활동가들은 이러한 변화를 어떻게 생각할까? 세이브아워워터의 맥카우는 "도시 당국의 거부권은 엄청나게 도움이 되는 일이고 근본적인 변화"라고 말했다. 그는 "하지만 여전히 업체는 물 추출을 시도할 수 있고 더 적은 양에 대해서라면 시의회의 승인 없이 허가를 받을수 있다"며 "그렇게 되면 우리는 허가를 저지하기 위해 다시 싸워야 한다"고 말했다.[72] 슬로콤은 이보다 덜 낙관적인 평가를 내놓았다.

솔직히 상당히 작은 승리라고 생각합니다. (…) '뼈다귀 몇 개 던져준' 것에 불과하달까요. 새 규제에는 몇 가지 중요한 점이 빠져 있습니다. (…) 도시 당국이 거부권을 갖게 된 승리는 정말 좋지만, (…) 이러한 관정이 있는 곳 대부분은 여러 개의 도시와 타운이 인접해 있는 곳입니다. 따라서 센터 웰링턴은 물 추출에 [거부권을] 행사할 수 있지만, 센터 웰링턴만 그렇고요, (…) 인근의 궬프나 퍼슬린치 타운십은 꽤 인접해 있어서 동일한 관정의 수원을 사용하는데도 (…) 목소리를 낼 수 없습니다.

휘틀로는 주정부의 새 규제에 중대한 누락이 하나 있다고 했다. 이제 도시 당국으로부터는 의무적으로 허가를 받아야 하게 되긴 했지만, "업체가 물을 추출하고 있는 곳에 전통적으로 조약상의 권리로서 영토권을 가진 선주민 공동체를 빼놓았다"는 것이다. 그는 이것이 "캐나다 연방정부가 국제사회에 동의한 바와도 일치하지 않는다"고 지적했다.

이 모두를 고려할 때, 정말 오래 걸렸던 이 과정은 정치적으로 어떤 의미를 가질까? 볼크월은 2021년에 내게 이렇게 말했다. "온타리오주에서 물 추출 허가 중지는 4년간이나 이어졌고 그러한 중지가 처음 도입되고 2년 뒤에 들어선 보수 정부도 세 차례 더 연장했습니다. (…) 이들은 우리가 예상했던 것보다 훨씬 더 여론의 관심에 민감하고 취약했습니다. 그러니까, 이것이 급소이지요. 제가 여기에서 알게 된 것이 바로 이겁니다. (…) 그들은 고속도로를 통해 밀어붙이려 합니다. 주택부와 산업개발부 승인을 얻기 위해 계획의 원칙들을 건너뛰려 합니다. 그런 원칙들에는 신경도 쓰지 않는 것 같아 보이죠. 하지만 바로 이 부분[여론의 관심]에는 그들이 신경을 썼습니다. 매우 흥미롭죠."[73] 물 활동가들과 연대 단체들의 합동 노력은 상업적 물 병입에 대한 여론을 움직이고, 그에 따라 정치를 움직이는 데 성공한 것으로 보인다. 그 덕분에, 탈규제 아젠다를 가지고 있는 보수 정당마저 주정부 수준에서 이 문제에 실질적으로 관심을 가질 수밖에 없게 되었고 물 보호를 진지하게 생각하지 않을 수 없게 되었다. 그리고 (제한적이기는 해도) 유의미한 개혁을 법제화하지 않을 수 없었다.

줄어드는 매출

온타리오주에서 병입을 위한 상업용 물 추출을 금지하는 데 대중의 광범위한 지지가 있음을 보여준 여론조사 결과도 있었듯이, 실제로 캐나다 전역에서 병입생수 자체가 수요 증가의 둔화를 겪고 있다. 미국과 달리 캐나다에서는 향후 1인당 병입생수 소비가 연간 73리터 이하에서 정체될 것으로 보인다. 이는 미국 소비량의 절반 이하다.[74] 더 극적인 것은 전날 생수를 소비했다고 답한 캐나다 사람의 비중인데,

2012년 29%에서 2018년 53%로 급증했다가 2020년까지 2년 연속 감소해 44%가 되었다.[75] 캐나다에서 병입생수라는 상품은 점점 더 낙인이 찍히고 있으며 적어도 부분적으로는 온타리오주에서 (또한 브리티시컬럼비아주에서) 벌어진, 그리고 언론에 잘 알려진 지하수 추출 반대 투쟁 덕분이었다.

네슬레의 시설들도 이러한 쇠락의 징후를 보이고 있었다. 2018년에 지역 신문은 네슬레가 애버포일 병입공장과 본부에서 상당한 인력을 감축했다고 보도했다. 네슬레의 기업 홍보 디렉터는 "전례 없는 비용 증가를 포함해 지난해에 몇 가지 사업상의 어려움이 있었다"며 "그 결과로 인력을 영구적으로 감축하기로 결정해야 했다"고 밝혔다.[76] 여기에서 '비용 증가'는 2017년에 물 추출 수수료가 크게 인상된 것을 뜻하는 말로 보인다.

네슬레의 모니터링 보고서에 따르면 그들이 두 곳의 관정에서 추출한 물의 양도 크게 줄었다. 볼크월은 "힐스버그 관정에서 [네슬레가] 가져간 물은 이제까지의 추출량 중 최저 수준이었다"고 말했다. 2020년에 네슬레는 힐스버그에서 허용된 물 추출량 중 6%만 추출했고 2개의 관정을 통틀어 허용된 양의 35%만 추출했다. 두 곳 합쳐 2016년 이래 대략 30%나 줄어든 것이다.[77]

네슬레, 발을 빼다

2020년 7월에 네슬레는 놀라운 발표를 했다. 캐나다 병입생수 사업부 전체를 훨씬 더 작은 온타리오주 기반 병입업체 아이스리버 스프링스에 매각할 의향이 있다고 밝힌 것이다.[78] 슬로콤은 이 매각 계획을 네슬레의 '전략적 후퇴'라고 표현하면서, 이것이 "우리가 이 이슈에 대해 함께 일궈낸 추동력, 네슬레의 미들브룩 관정 확장 계획을 교란해 낸 추동력의 결과"이자 캐나다시민평의회와 식스네이션스 활동가들이 네슬레의 생수 상품에 맞서 전개한 보이콧의 결과였다고 설명했다.[79] 하지만 몇 개월 뒤에 이 매각 계획은 캐나다경쟁국[반독점법 집행기관]에 의해 반독점법에 저촉된다는 이유로 가로막혔다.

그럼에도, 네슬레는 병입생수 사업의 큰 부분에서 빠져나오기를 명백히 원했고 캐나다와 미국의 네슬레 물 브랜드를 인수할 구매자를 찾고 있다고 발표했다. 하지만 코로나19 팬데믹이 글로벌 경제를 혼란으로 밀어 넣으면서 몇 달이 진전 없이 지나갔다.

마침내 2021년 2월에 네슬레는 북미 병입생수 사업부 전체를 매각한다고 발표해 글로벌 뉴스의 헤드라인을 장식했다. 27개의 병입시설, 42개의 샘, 6개의 샘물 브랜드, 그리고 미국과 캐나다의 퓨어라이프 브랜드 모두 말이다. 인수자는 사모펀드 회사들의 컨소시엄인 원록캐피탈파트너스와 메트로폴로스앤드컴퍼니, 인수 가격은 43억 달러였고, 3월 31일자로 효력이 발생하면 새 인수자의 이름은 블루트라이튼브랜즈가 될 것이라고 했다. 범블비와 호스티스 등 고전하는 기업을 매수한 뒤 재빨리 재매각(플리핑flipping)하는 것으로 유명한 수십억 달러 규모의 투자자 딘 메트로폴로스가 블루트라이튼의 이사회 의장이 될 예정이었다.[80]

네슬레는 페리에, 산펠레그리노, 아쿠아피나 등 "고가의 트렌디한 브랜드만으로 생수 사업을 좁힐 것"이라고 발표했다.[81] 또한 매출이 계속 증가하고 있는 유럽과 글로벌 남부에서는 병입생수 브랜드와 병입생수 시설을 유지할 것이었다. 네슬레는 여전히 병입생수 빅4 기업 중 하나이지만 글로벌 순위가 1위에서 3위로 내려왔다.[82] 그렇더라도 네슬레는 여전히 세계에서 가장 큰 식음료업체이고 '2030수자원그룹' 이사회 자리도 유지하고 있다.

무엇이 네슬레가 매각을 결정하도록 했을까? 불과 몇 년 전만 해도 생수 사업부의 수익은 높았고 매출도 탄탄했다. 하지만 《뉴욕타임스》는 네슬레의 결정이 "미미한 매출 및 환경단체들의 비판"과 관련이 있다며 네슬레 CEO인 마크 슈나이더와의 인터뷰를 다음과 같이 소개했다. "슈나이더는 네슬레가 미국 생수 시장에서 철수를 고려하고 있다고 밝혔다. 한 가지 이유는 기대만큼 매출이 나오지 않기 때문이다. 미국 소비자는 유럽 사람에 비해 병에 든 물에 기꺼이 돈을 내려 하지 않는다. 또한 슈나이더는 환경에 대한 우려가 매출에 해를 끼친다고 인정하면서, 더 높은 가격대인 수입 제품은 그러한 우려를 다루기가 상대적으로 쉽다고 말했다."[83] 또 다른 보도는 여기에 추가적인 맥락을 보태준다. 스위스의 TV 채널 SRF는 네슬레의 "물 사업부가 약해지고 있고, 그것도 크게 약해지고 있다"며 "매출이 상반기에 10% 이상 줄었는데, 다른 어느 사업부보다 많이 준 것"이라고 보도했다. 또한 이 매체는 "플라스틱 용기에 물을 담는 것은 제조업체에 점점 더 큰 평판 위험 요인이 되고 있다"고 언급했다.[84]

물건이야기 프로젝트의 마이클 오히니도 기업의 평판에 대한 위협과 대중의 감시가 근본적으로 중요했다고 말했다. "대중의 브랜드 평판에 대한 압력이 있었다고 생각합니다. (…) 궁극적으로 플라스틱 이슈가 네슬레의 매각 결정에서 미미한 부분은 아니었을 것입니다. 공개적으로 밝힌 플라스틱 사용 저감 약속을 지키기 위해 (…) 그들의 포트폴리오에서 플라스틱을 가장 많이 쓰는 부분 하나를 줄인 것입니다. (…) 그들이 유지하려는 브랜드는 알루미늄과 유리병을 사용할 가능성이 큽니다. 아쿠아피나와 산펠레그리노는 프리미엄 브랜드인데요, 더 싼 브랜드들을 없애고 프리미엄 브랜드를 유지하는 것이지요." 오히니는 병입시설 입지를 둘러싼 싸움의 영향도 주효했을 것으로 보았다. 새 수원에 접근하려 하거나 기존의 추출 장소에서 추출량을 확대하려 했을 때 네슬레가 직면해야 했던 여러 투쟁들 말이다.

네슬레의 부서지기 쉬운 평판은 수십 년 전으로 거슬러 올라갑니다. (…) 이러한 종류의 평판 손상, 즉 지역, 주, 전국에서 네슬레가 공동체를 망가뜨린다는 보도가 자주 나오는 것이 좋지는 않았겠지요. 또한 저는 그들이 수원에 접근하는 것을 우리가 더 어려워지게 만들었다고 생각합니다. 병입시설 입지에 대해 싸움을 하기로 한 결정은 "왜 우리는 이미 물이 병에 담겨 진열대에 올라가 있을 때 싸움을 하는가?"라는 질문과 어느 정도 관련이 있을 겁니다. "왜 우리는 이 싸움을 원천에서 하지 않는가? 그곳으로 가서 그들이 애초에 물에 접근하는 것을 어렵게 만들자"라고요. 새 수원을 찾는 것은 그들에게 빵과 버터니까 말이에요. 그래서 캐스케이드락스에서, 다음에는 태평양 연안 북서부 지역에서, 그들이 새 수원을 찾는 것을 어렵게 만든 운동이 벌어진 것입니다. 저는 이것이 그들을 정말로 힘들게 했을 거라고 생각합니다.

네슬레가 매각을 발표한 뒤, 그리고 아직 블루트라이튼이 완전히 운영을 넘겨받기는 전에, 물 활동가들은 새 소유주가 현지의 물 운동에 의미하는 바가 무엇일지 가늠해야 했다. 네슬레와 달리 블루트라이튼은 사모펀드 벤처회사다. 수십억 달러 규모의 이번 매입은 대체로 '정크 본드junk bond'** 32억 달러로 자금이 조달되었다. 일반적으로 이 전략은 인수한 기업의 자산을 벗겨내고 비용을 공격적으로 잘라내려는 강력한 인센티브를 만들어낸다. 그렇게 한 다음에 되팔아 단기적으로 큰 이익을 내는 것이다.[85] WWW를 포함해 미국과 캐나다에서 활동하는 반네슬레 단체 연대인 트러블드워터스Troubled Waters는 공개서한에서 이 매각에 대해 우려를 제기했다. "이 매각은 (…) '물 자산'을 대대적으로 민간에 이전하는 것이다. 월가가 '물 파생상품' 거래에 관심이 높아지고 있는 상황에서 이는 특히 불길한 전개다. (…) 수십 년간의 오염, 대수층 고갈, 기후 변화의 결합으로 깨끗한 물은 점점 희소해지고 있다. (…) 또한 사모펀드 회사는, 네슬레가 신경 써야 했던 평판 압박을 신경 쓰지 않으면서, 또 네슬레가 환경적 지속가능성과 공동체의 이익에 대해 그나마 내걸었던 약속조차 이행하지 않으면서, 비용을 줄이려고 할 것이 틀림없다.[86]

그렇다 보니, 이 단체들은 '아는 악마가 낫다'고 주장해야 하는 아이러니한 상황에 처했다. 전에는 네슬레가 브랜드 이미지에 민감하다는 점을 이들이 어느 정도 유리하게 이용할 수 있었기 때문이다. 블루트라이튼의 인수가 향후 물 거래의 향방에 정말로 변화를 의미하는 것

• 신용도가 낮은 기업이 발행하는 채권으로, 높은 채무 불이행 위험을 상쇄하기 위해 일반적인 채권보다 높은 수익률을 제공하는 고위험 고수익 채권.

인지(담수가 더 희소해지고 가치 있어지는 상황에서 장기적으로 담수를 대량 상품으로 만들려는 투기의 일환인지)는 지금으로서는 답하기 어렵다. 하지만 물 활동가들은 우려하고 있다. 볼크월은 이렇게 말했다. "적어도 네슬레는 **병입**회사였습니다. 적어도 그들은 물을 병에 담는 사업을 하고 있었습니다. 그렇죠? 하지만 이 회사[블루트라이튼]는 [물 추출을 통해서 이윤을 내는 것이 아니라] 이윤 자체를 직접 추출합니다. 우리는 기후 위기를 근거로 이용해 물이 민간의 손에 넘어가지 않게 하는 게 한층 더 중요해졌다고 말했고, 병입생수도 우리가 정말로 무엇을 해야 할지 알아내기 전까지 임시적으로 쓸 수단으로 이해할 수 있다고 말해볼 수 있었습니다. (⋯) 임시적으로 50년을 썼고, 이제 위기가 왔습니다. 그랬더니 이제 병입업체는 이렇게 말하고 있습니다. '우리한테 물이 있는데 가장 비싸게 부르는 데다 팔려고 합니다'라고요."[87]

네슬레 이후의 세계

매각이 발표되었을 때 물 보호단체들은 네슬레 생수 사업부를 인수한 블루트라이튼이 새 회사로서 네슬레가 전에 획득했던 물 추출 허가에 대해 새로 허가를 신청해야 하리라고 기대했다. 하지만 블루트라이튼은 애버포일과 힐스버그도 포함해서 네슬레가 가지고 있었던 기존의 허가를 모두 승계했다. 2021년에 블루트라이튼은 애버포일과 힐스버그에서 추가로 5년간 허가를 연장했다.[88]

플로리다주부터 브리티시컬럼비아주까지, 캘리포니아주부터 온타리오주까지, 네슬레가 10년, 20년 동안 병입생수 문제의 **얼굴**이었던 지역 공동체에서(네슬레는 반복적으로 저항의 타깃이었고 계속해서 언론에 등장했으며 소송도 많이 걸렸다), 그 맹렬한 싸움의 대상이었던 물의 원천이 갑자기 이름도 모르는 기업에 넘어가는 상황이 되었다. 네슬레 이후의 세계가 지역의 풀뿌리 물 운동에 의미하는 바는 무엇일까? 매우 유명하고 크게 비난받던 타깃으로서 네슬레가 존재하지 않게 된 상황이 병입용 물 추출을 둘러싼 투쟁에 의미하는 바는 무엇일까? 슬로콤은 이렇게 말했다. "명백히 큰 영향이 있습니다. 사람들은 네슬레를 싫어했기 때문에 우리에게 왔습니다. 따라서 현재로서는 항해를 하던 중에 바람이 빠져버린 효과가 나고 있습니다. 저는 이것이 그들의 매우 전략적인 행동이라고 생각합니다. 그들이 추구한 바가 바로 이것이었습니다."[89] 오히니도 트러블드워터스 연대에 속한 지역단체의 입장에서 "이것은 사소한 변화가 아니"라고 말했다. "파트너 단체들과 대화를 해보면 잘 알 수 있어요. (…) 지역 활동가, 기자, 선출직 공직자 등 사람들은 네슬레를 알고 네슬레의 이름을 알고 네슬레라는 회사를 압니다. (…) 하지만 블루트라이튼은 누구에게도 아무런 연상을 일으키지 않습니다. 그래도 이것이 극복 불가능한 문제라고는 생각하지 않습니다. 궁극적으로 둘은 같은 회사니까요. 같은 사람들입니다. 가장 윗선만 다를 뿐이지요."

문제적인 기업 활동의 오랜 역사로 잘 알려져 있던 타깃이 없어진 상황은 활동가들의 싸움을 더 어려워지게 만들었지만 여전히 이들은 북미 전역에서 하나의 공통된 기업에 맞서고 있다. 네슬레가 자산을 여러 인수자에게 나누어 팔았을 경우보다는 나은 상황이다. 다른 한편으로, 이 매각은 북미의 [물 운동] 단체들이 세계의 여러 다른 지역에서 활동하는 단체들과 협업하는 것을 제한할 수 있다. 세계의 다른 곳들은 여전히 네슬레에 초점을 맞추고 있기 때문이다. 이 매각이 네슬레의 물 사업 전반에 대한 공공의 감시에서 힘을 빼게 될지는 아직 결론 나지 않은 질문이다.

운동의 성과

네슬레가 물 사업부를 매각하고 난 지금, 15년간의 운동이 무엇을 달성했는지 가늠해볼 필요가 있을 것이다. WWW와 세이브아워워터는 웰링턴 카운티에서, 따라서 온타리오주에서 병입생수 업계의 물 추출을 상당히 늦추고 어쩌면 멈추는 데 성공했다. 네슬레와 그 뒤를 이어받은 블루트라이튼에 맞서 벌어진 운동을 평가하면서 WWW의 볼크윌은 광범위한 지역에서 '폭포수 효과'를 볼 수 있었다고 말했다.

긍정적인 파급 효과는 우리가 그들을 늦추었다는 것입니다. 그렇죠? 우리는 네슬레의 일이 진행되지 못하게 했고 우리 공동체에서 네슬레가 확장을 멈추게 했습니다. (…) 여기에서는 도시 단위의 거부권이 행사되고 있기 때문에 블루트라이튼이 [미들브룩 관정에] 허가를 신청할 수 없습니다. 적어도 현재 상황에서는 신청한다 해도 거부될 것입니다. (…) 우리가 이 과정을 거치며 알게 된 것은 그들의 비즈니스 모델이 작동하려면 그들에게는 미들브룩 관정이 꼭 필요하다는 것입니다. (…) 그들이 병입 입지를 확대해서 세 번째 관정을 가지게 된다면 우리는 그들을 멈추지 못할 것입니다. (…) 이것이 첫 번째 승리입니다.[90]

또한 물 활동가들은 주 전역에 걸쳐 이 이슈에 대해 정치적 계산을 바꾸어내는 데 성공한 것으로 보인다. 진보 성향이던 이전 정부에 대해서뿐 아니라 현재의 보수 성향 정부에 대해서도 말이다. 현 정부는 자신의 정치적 이데올로기에는 반대되지만 물 정책을 개혁하고 법제화했다. 볼크월은 내게 이렇게 말했다. "두 번째 승리는 하나의 정부가 물 추출 허가 중지를 도입했고 그다음 정부가 그것을 지속했다는 것입니다. 세 번째 승리는 온타리오주에 선출직 의원을 배출한 정당이 4개 있는데 그중 둘이 온타리오주에서 병입생수 허가를 단계적으로 없애겠다고 공개적으로 천명했다는 점입니다. 신민주당과 녹색당이지요. 자유당과도 이야기하고 있습니다. 우리는 사회운동의 요구를 정치 공약으로 바꾸어냈습니다. 진전이죠."

엘로라에서 세이브아워워터 회원들은 적어도 주정부 수준에서 거둔 승리를 기뻐한다. 맥카우는 이렇게 말했다. "우리는 온타리오주의 물 추출에 대해 주정부 차원의 규제를 바꾸는 데 긍정적으로 영향을 미쳤습니다." 하지만 그는 "센터 웰링턴의 물은 아직 안전하지 않다"며 이렇게 덧붙였다. "미들브룩은 여전히 2개의 미국 회사가 소유하고 있습니다. (…) 지난 6년간 어떤 회사도 미들브룩의 지하수에서 1센트도 이득을 가져가지 않았습니다. 이제 블루트라이튼도 이곳에선 1센트도 이득을 올릴 수 없으리라는 메시지를 알아듣게 해야 합니다. (…) 아직 우리는 싸움을 끝내지 못했습니다."[91]

WWW와 세이브아워워터는 (적어도 깨끗한 수돗물을 즉시 이용할 수 있는 상황에서는) 병입생수라는 상품에 효과적으로 낙인을 찍었으며, 온타리오주 전역에서 플라스틱 포장생수와 그것의 환경적, 수문학적 영향에 대한 강력한 비판뿐 아니라 업계의 지하수 추출을 완전히 끝내는 것에도 다수 대중의 지지 기반을 확보하는 데 성공했다.

식스네이션스의 부족장과 활동가들이 연대에 동참한 것은 이 이슈의 범위를 참여자들이 새롭게 이해하는 데 결정적으로 중요했다. 식스네이션스 사람 대부분이 안전한 식수에 접근하지 못한다는 사실(다른 수십 곳의 캐나다 선주민 부족도 그렇다)은 식스네이션스가 조약상의 권리를 가지고 있는 토지에서 업체가 대수층의 깨끗한 물을 계속해서 대량으로 추출해가는 현실과 극명한 대조를 이루었고, 상업적 물병입이 주로 환경 문제로 여겨지던 데서 처음으로 사회정의 문제로 여겨지게 되었다. 슬로콤은 이것 역시 주정부의 물 정책을 변화시키는 데 결정적이었을 수 있다고 생각한다.

제 생각에는 식스네이션스가 여기에 참여한 것이 이슈를 위로 밀어 올리는 데 중요했던 것 같습니다. 그리고 앞으로도 다양한 이슈 영역을 가로질러 이 이슈를 위로 밀어 올리는 데 중요할 것입니다. 이것은 수도관과 관련해서도 벌어지는 일이고, 주요 인프라 개발과 관련해서도 벌어지는 일입니다. 선주민 토지에 대해 선주민이 가지고 있는 조약상의 권리는 다국적 기업이 정말 달가워하지 않는 것입니다. (…) 저는 우리가 이들[선주민]의 목소리를 지원할 때 훨씬 더 강력해질 수 있다고, 그것이 기업을 겁에 질리게 한다고 생각합니다. (…) 물 사용 허가의 행정적 관할권은 주정부 단위이지만, 선주민이 가진 조약상의 권리를 강조하면서 사안의 관할이 국가 단위로 확장되기 시작했습니다. (…) 저는 기업이 이런 문제를 많이 다뤄야 하는 상황을 원하지 않으리라고 생각합니다.

미국과 캐나다 사례의 비교

한 걸음 물러서서, 6장과 7장에서 살펴본 두 사례의 공통점과 차이점을 생각해보면 좋을 것 같다. 정치, 문화, 사회적으로 서로 다른 맥락을 가진 두 나라에서 동일한 글로벌 병입생수 회사에 맞서 운동을 벌인 지역민과 활동가들의 사례에서 첫 번째 주요 차이점은, 캐스케이드락스에서는 새로운 병입시설 계획이 제출되었을 때 이를 막으려 했지만 웰링턴 카운티에서는 물감시단이 생기기 훨씬 전부터 네슬레가 이미 확고히 자리를 잡고 있었다는 점이다. WWW의 첫 8년간, 이곳의 운동은 네슬레가 이미 허가를 가지고 있는 물 추출을 멈추거나 늦추려는 데 초점을 맞추었다. 사실 네슬레가 기존의 관정에서 물을 추출하는 것을 멈추거나 줄이려던 이 노력은 미미하게만 성공했으며, 허가 기간을 단축하고 가뭄 시기에 추출량을 제한하며 모니터링을 강화하는 등의 작은 양보를 얻어내는 데 그쳤다. 이것은 대체로 방어적인 노력이었다고 말할 수 있다. WWW와 새로 설립된 세이브아워워터는 네슬레가 엘로라에 새 관정 허가를 신청했을 때에야 공세로 전환할 수 있었다.

미들브룩 관정과 관련된 주정부의 정책 변화(추출 수수료 인상, 신규 추출 허가에 대한 뜻밖에도 오래 이어진 중지, 그리고 도시 당국이 병입용 물 추출 허가에 거부권을 행사할 수 있게 된 것)는 물 보호단체 및 그와 연대하는 단체들의 직접적인 승리였다고 볼 수 있다. 이러한 전개가 가장 곧바로 가져올 실질적인 결과는 무엇일까? 미들브룩 관정은 상업적 물 병입을 위해서는 개발되지 못할 것이다. 지역정부가 수돗물용으로 이것을 매입할 것이냐는 다른 문제다. 6년간의 싸움 끝에 미들브룩 관정 개발을 금지한 것은 온타리오주 물 활동가들의 가장 명백한 승리다. 블루트라이튼은 온타리오주에서 계속 물을 추출하고 있지만 그 발자국이 확대될 가능성은 훨씬 적어 보인다.

앞에서 인용한 몇몇 오리건주 활동가들이 경고했듯이, 미국의 지역 공동체들이 경험한 것에 비추어보면 병입시설이 일단 들어서고 기업이 샘이나 지하수에 대해 권리나 접근성을 획득하고 난 뒤에는 기업을 내보내기가 극도로 어려워진다. 오리건주과 온타리오주 모두에서 운동의 성공은 병입시설이 실제로 지어지기 전, **계획이 제안된 단계**에서 그것의 진행을 막는 방식으로 이루어졌다. 진입을 막는 것이 이미 진입해 수원을 확보하고 있는 기업의 장악력을 느슨하게 만드는 것보다 쉽다.

두 사례는 전략과 전술에서도 차이점이 있다. 캐스케이드락스에서는 로컬물연대와 소속 단체들이 굵직한 주민발의 운동으로 지역[카운티] 수준의 법을 개정해 물 병입을 전체적으로 금지하려 했다. 이와 달리 온타리오주와 캐나다의 정치 구조에서 WWW와 세이브아워워터는 그와 비슷하게 게임의 판도를 바꾸는 '굵직한 조치'를 [지역 차원에서] 할 기회가 없었다. 따라서 온타리오주의 단체들은 주정부가 결정하는 물 정책에 초점을 맞추었다. 여기에는 주요 시점마다 '버블'[기술적, 전문적 지식을 다투는 대결의 장]에 관여하는 것이 필요했지만 이들은 더 장기적인 공동체 교육, 캠페인, 그리고 연대를 만들고 정치적 권력을 일구는 것도 자신의 의무로 삼았다.

이러한 차이점은 단체의 속성 및 운동의 지속성과 관련한 함의도 갖는다. 오리건주에서는 10년에 걸친 물 운동이 기존의 환경, 노동,

시민사회단체와 연대했지만 주민발의 운동을 추진한 핵심 단체인 로컬물연대는 네슬레의 병입공장 계획을 무산시킨다는 특정한 이슈를 위해 설립되었고 이 목적이 달성된 뒤에는 활동하지 않았다. 이 연대에 결합한 단체들은 각기 다른 이슈로 흩어졌다. 대조적으로, 온타리오주의 WWW는 훨씬 더 영구적으로 폭넓은 기반의 조직 수단을 가지고 있었다. 주된 초점은 상업용 물 병입이었지만, 그린벨트처럼 개발로부터 보호되어야 할 수계에서의 광산과 도시 개발 등 지역 및 주 단위에서 벌어지는 물에 대한 여러 위협에 대응하는 활동으로, 더 최근에는 선주민의 물과 땅에 대한 주권을 지지하는 활동으로 확대되었다.

프레이밍과 메시지 구성이라는 한 가지 면에서는 두 운동이 겹치기도 하고 차이를 보이기도 한다. 두 사례 모두에서 활동가들은 지역 주민의 반대를 조직하기 위해 물 희소성 내러티브를 사용했고 두 경우 모두 때마침 닥친 심각한 가뭄의 덕을 보았다. 가뭄 자체가 어떤 말로도 표현할 수 없을 만큼 생생하게 물 희소성을 극적으로 보여주었기 때문이다. 가뭄은 지역의 물에 대한 통제력 상실과 관련해 대중의 우려를 증폭했고 미국과 캐나다 모두에서 결과에 큰 변화를 가져왔다. 온타리오주에서는 2016년에 선포된 병입 허가 중지와 수수료 인상, 2021년에 도입된 도시 당국의 거부권, 추출량의 하향 조정, 여러 물 사용처 간 우선순위의 법제화 등이, 오리건주에서는 네슬레의 병입 계획을 저지하고 물 교환 계획을 중단시킨 주민발의 투표에서의 압도적 '찬성'과 그에 따른 정부의 결정이 그러한 결과다.

하지만 '상업적 병입이 물 가용량에 제기하는 위협'과 '물 희소성'이라는 폭넓은 프레임은 같았어도 구체적으로는 이 주제가 두 지역에서 각기 다르게 펼쳐졌다. 오리건주에서 로컬물연대에 유리하게 작용했던 프레임은 후드리버 밸리의 농업용수에 대한 잠재적 위험이었다. 이와 달리 웰링턴 카운티에서는 가까운 미래에 도시의 식수 공급이 위협에 처할지 모른다는 우려, 즉 인구는 증가하는데 이들에게 지역 정부가 수돗물 공급을 확대할 수 있는 역량이 물 병입 때문에 저해될 것이라는 예상이 네슬레의 미들브룩 관정 추출을 저지하는 결정적인 프레임이었다. 이곳이 유한한 지하수에 거의 전적으로 의존하는 지역이었기 때문에 이 메시지는 특히 더 두드러질 수 있었다.

한편, 두 곳의 투쟁이 보여주는 유사점도 많은 교훈을 준다. 오리건주과 온타리오주에서 활동가들은 글로벌 기업의 병입용 물 추출을 미래의 충분한 물 공급에 대한 위협으로 묘사하는 데 성공했다. 물 추출을 '수익을 위해 희소한 물을 수계에서 영구히 없애는 것'으로 보는 프레임은 두 운동의 핵심적인 유사점이다. 둘 다 물 '수출'이라는 개념을 효과적으로 사용해 물의 유한성을 극적으로 제시했고 물 보호의 필요성에 대한 지지를 이끌어냈다.

둘째, 오리건주과 온타리오주에서의 운동 둘 다 물 보호라는 사안이 적절하게만 다루어진다면 정치적 경계를 초월할 수 있음을 보여주었다. 캐스케이드락스의 로컬물연대와 웰링턴 카운티의 물 보호 운동가들은 전통적인 도시-농촌, 진보-보수-자유지상주의의 구분을 가로질러 다양한 참여자를 연합해냈다. 이로써 글로벌 기업이 널리 불필요하다고 여겨지는 상품을 생산하기 위해 지역의 물을 추출해 없애는 데 맞서 물을 보호하자는 대의를 따르는 압도적 다수의 지지층을 형성할 수 있었다. 두 곳 모두에서 인터뷰에 응한 많은 사람이 물에는 사람들을 연대하게 하는 고유하고 강력한 무언가가 있다고 말했다. 후드리버 카운티에서는 투표자의 69%가 물 병입 금지를 지지했고 온타리오주에서는 주민의 64%가 모든 병입용 물 추출을 단계적으로 금지하는 데 찬성했으므로, 이것은 과장된 언명이 아니다. 기후 위기와 극단적인 정치적 양극화의 시대에, 이러한 사례는 지역의 자연 세계를 보호할 수 있는 효과적인 모델 하나를 보여준다.

마지막으로, 두 경우 모두 주인공 격인 단체가 있었지만 다양한 지역, 주, 전국단체와의 전략적 연대가 없었다면 성공하지 못했을 것이다. 가장 중요한 것은, 두 운동 모두에서 주인공 격인 단체가 독립적인 선주민 활동가 및 그 영토에서 땅과 물의 권리를 보유, 행사하고 있는 선주민 공동체 지도자와 핵심적인 연대를 일구었다는 점이다. 이는 오리건주에서, 그리고 아마 온타리오주에서도, 결과에 결정적인 영향을 미쳤다. 두 투쟁은 선주민 공동체가 땅과 물에 대한 조약상의 권리를 확대하거나 행사하려는 움직임(현재의 움직임과 미래의 잠재적인 움직임 모두)이 가지는 위력을 보여준다. 미국과 캐나다 모두에서, 조약상의 권리를 주장한 것은 선주민 공동체가 해당 지역과 주정부 차원을 넘어서는 '규모 점핑'을 해서 연방정부 및 연방법원 단위에서 직접 행동하겠다는 움직임이었다. 연방 수준에서 행동에 나서겠다는 위협만으로도 주의 정치적 결과에 영향을 미칠 수 있다. 화석연료 인프라 건설 계획에 대해 북미 전역에서 벌어지고 있는 투쟁은 선주민 활동가와 선주민이 아닌 물 보호 운동가가 핵심적인 전략적 동지가 될 수 있음을 보여주는 또 하나의 증거다.

온타리오주의 교훈

캐스케이드락스 이야기가 지역 공동체 집단이 지역적, 전국적 단체 및 선주민 공동체와 협업하는 것의 중요성, 그리고 메시지 프레이밍에서 물의 핵심적인 지역적 의미를 부각시키는 것의 중요성을 잘 보여주었듯이, 온타리오주 이야기도 병입업계가 물을 추출하고 있거나 새로 들어와 물을 추출하려는 상황에 처한 곳들에 귀중한 교훈을 준다. 웰링턴물감시단과 세이브아워워터 둘 다 운동의 궤적은 다층적이었지만 몇 가지 핵심 교훈을 두드러지게 보여준다.

첫 번째는 공공 정책 결정 과정의 기반이 되는 과학기술 영역에 현실적으로 물 보호 운동 세력이 어떻게 관여해야 하는가의 문제와 관련이 있다. 볼크월은 WWW와 세이브아워워터 활동가 및 지도자들과의 첫 회의를 이렇게 회상했다.

저는 과학은 중요하지 않다고 말했습니다. (…) 과학 영역에서는 우리가 절대로 이길 수 없을 거예요. (…) 그들이 정말로 원하는 것은 이것이 합리적인 과정이라고 믿게 하는 것이었기 때문에 (…) [우리가] 가장 먼저 해야 할 일은 그 버블을 깨고 나오는 것이었습니다. 우리는 논쟁의 프레임을 바꾸어야 했습니다. 우리가 **정말로** 물 추출에 반대하는 이유는 무엇입니까? 이것에 정말로 반대하는 이유는 가치 때문입니다. 물이 상품이 되어서는 안 된다고 생각하기 때문이죠. 이것이 첫 번째입니다. 이것은 매우 높은 도덕적 차원입니다. (…) 과학으로 그들과 싸우려 하지 마세요. 과학도 충분히 하긴 해야죠. 그들의 기술적인 보고서에 맞설 기술적인 보고서가 필요합니다. 하지만 그다음에는 정치적인 싸움

426

이 필요합니다. 그렇죠? (…) 바로 그 싸움을 할 수 있는 장을 찾아내고 만들어야 합니다.[92]

두 번째 교훈은 전략의 중요성이다. 오리건주의 로컬물연대처럼(이 곳은 경험 있는 정치 조직가와 함께 일하면서 주민발의 투표운동을 일으켰다) WWW도 조직가를 고용했다. 슬로콤은 이것이 정말로 변혁적인 결정이었다고 말했다. "우리는 환경운동 영역에 있는 많은 풀뿌리 단체처럼 시작했습니다. (…) 중산층, 상류층 백인 정착민이 자기 뒤뜰의 문제를 우려하는 데서 출발해, 그 우려를 중심으로 활동을 시작하고, 운동을 해나가는 과정에서 차차로 효과적인 조직화 방법을 알게 되는 식으로요. 그다음에 조직화 경험이 있는 볼크윌이 합류했습니다. 그의 합류가 운동의 효과 면에서 우리의 역량을 정말로 키워주었습니다. 그래서 저는 무엇보다 캠페인 조직가와 연결되어야 한다고 말하겠습니다."

WWW의 온타리오주 물 투쟁이 주는 세 번째 교훈은 물 보호를 사회정의의 문제로 받아들이는 것이 중요하다는 점이다. 식스네이션스 부족과의 연대를 통해 WWW는 사회정의에 더 초점을 두는 조직화 모델을 받아들였고 물 운동만이 아니라 다른 운동들과도 연결되었다. 슬로콤은 이렇게 말했다. "앞으로의 우리 경로를 상상해보자면, 우리가 다루고 있는 이슈가 가진 교차성을 인식하고 우리 이슈에만 매몰되지 않는 것입니다. 나의 이슈를, 기후정의 같은 여타 사회정의 이슈들과 연결하는 것이지요. 그렇게 해서, 정말로 굵직한 압력을 가할 수 있도록 조각들을 연합하고 연대하는 것입니다."

네 번째 교훈은 '실현 가능성의 압제'로부터 벗어나야 한다는 것이다. 운동의 참가자들이 진정으로 달성하기를 원하는 세상을 대담하게 상상하고 그 비전을 향해 활동해야 하는 것이다. 볼크월은 이러한 방식으로 생각하도록 물 보호단체들을 독려했던 초창기 노력에 대해 이야기를 이어갔다.

그들[WWW 이사회와 활동가, 세이브아워워터 활동가 등]을 처음 만났을 때 (…) 무엇을 원하는지 물어보았습니다. 그들은 네슬레의 관정 허가에 조건을 더 달기를 원한다고 했습니다. (…) 허가 기간을 줄이는 것 등등이요. 저는 "그게 **정말로** 여러분이 원하시는 건가요?"라고 물었습니다. 그들은 사실은 아니라고 했습니다. 네슬레가 이곳에 아예 있지 않기를 원한다고 했어요! 저는 그렇다면 그것을 목표로 삼자고 했습니다. 그들에게 이것은 근본적인 해방의 순간이었습니다. (…) 그들은 자신이 바랄 수 있는 최대한은 작은 변화 정도라고 생각하는 식으로 조건화되어 있었습니다. 그런데 그날 제 이야기가 그들에게서 그 제약을 풀어주었지요. 우리는 이렇게 말했어요. 우리는 네슬레가 여기서 나가게 하고 싶어요. 자, 좋아요, 그렇다면 그것을 우리의 요구 사항으로 삼읍시다.

마지막으로, 물 활동가 및 그들의 연대 세력은 온타리오주에서 적어도 네 가지 방식으로 물을 탈상품화했다. 병입업체의 확장을 저지하고, 비용을 높이고, 운영의 자유를 제약하고, 수요를 줄였다. 미들브룩 관정에서 물 추출을 확대하려던 시도(네슬레의 사업 계획에서 매우 중요한 부분이었다)는 새로 도입된 지하수 규제와 도시 당국의 거부권으로 저지되었다. 물 활동가들은 여러 방식으로 업체의 비용도 높였다. WWW는 이 운동의 초창기에 가뭄 시기 물 추출량 제한과 모니터링 의무화가 성공적으로 도입되게 했다. 캐슬린 윈 주지사 시절 주정부는 물 추출 수수료를 인상했고 물 추출 허가를 오랫동안 중지했다. 이는 기업이 구매는 했지만 사용할 수 없는 관정을 계속 유지하는 동안 자원을 소모할 수밖에 없게 만들었다. 블루트라이튼은 온타리오주에서 아직도 새 추출 장소 개발 계획을 내놓지 않았고, 대용량 물 추출에 대한 신규 허가에 지역 당국의 거부권이 행사되면 물을 추출할 수 있는(따라서 병입할 수 있는) 여지가 크게 제약될 것이다. 끝으로, 활동가들은 업계에 대한 대중의 지지를 잠식함으로써 병입생수(특히 네슬레, 지금은 블루트라이튼이 판매하는 샘물 제품)의 소비자 수요를 줄이는 데 일조했다. 이 모든 요인이 기업 입장에서는 더 낮은 수익을 의미했고, 이는 네슬레가 매각을 결정하는 데 중요한 역할을 했다.

하지만 세부 사항들을 넘어 캐나다에서 물 보호를 위한 연대 운동에 참여한 사람들이 헌신한 동기는 단지 물 상품화 및 물을 인클로즈해서 이윤을 취하는 행위에 대한 근본적인 반대였다. 대화를 마치면서 볼크윌은 "궁극적으로 물을 지키기 위한 싸움은 '생명의 원천을 둘러싸고 자본가 및 민간 이해관계 집단에 맞서 벌이는 싸움'으로 귀결된다"고 말했다.

7장

빈 병: 물 정의와 물 인권

저는 완전하게 자금이 지원되는 공공 수도 시스템이 사람들에게 민주적으로 책무를 지면서 모든 이에게 안전하고 깨끗한 물을 감당 가능한 가격으로 평등하게 제공하는 일이 전적으로 가능하다고 생각하고, 그것만이 유일한 선택지라고 생각합니다.

— 로렌 드루샤, 기업감시단

2019년 11월 중순에 렐프를 다시 방문했을 때는 계절답지 않게 추위가 일찍 찾아와서 영하의 날씨에 눈이 몇 센티나 쌓여 있었다. 교회 주차장엔 쌓인 눈이 반짝였고 밟을 때마다 뽀드득 소리가 났다. 주거지에 위치한 교회 강당에 추위를 무릅쓰고 온 사람들이 빼곡히 들어차 있었다. 적어도 200명은 되어 보였다. '네슬레를 감시하는 모든 눈'이라는 이름의 흔치 않은 포럼이 열리려는 참이었다. 인근 지역에서 열린 비슷한 행사 4개 중 마지막이었다. 장식 없이 밋밋한 강당 한쪽에 탁자가 한 줄로 놓여 있었고 그 위에 커피 주전자와 케이크 접시가 있었다. 강당 뒤쪽에는 탁자가 더 많이 있었는데, 세이브아워워터, 식스네이션스의 젊은이Youth from Six Nations 같은 지역단체들이 만든 전시물, 전단, 지도 등이 잔뜩 놓여 있었다. 음향 시스템 문제가 해결되었을 즈음에는 행사 시작이 예정보다 늦어져 있었다. 좌석은 거의 다 차 있었다.

마이크 볼크윌이 마이크를 잡고 청중에게 말했다.

2018년에 우리는 네슬레에 맞서서 싸우는 전 세계의 공동체를 찾아다녔습니다. 그들의 경험, 그들이 다루고 있는 문제, 그들에게서 배울 만한 것들을 알아보려고요. 그리고 1년 전에 브라질 사람인 (…) 프랭클린 프레더릭을 소개받았습니다. 그는 브라질에서 네슬레를 성공적으로 저지한 운동에 참여했고 그가 이끄는 운동의 일부가 [네슬레 본사가 있는] 스위스로 가서 스위스 교회들과의 관계를 활성화시키고 네슬레에 압력을 가했습니다. 이것은 그들의 승리에 매우 중요했습니다. (…) 프랭클린이 저에게 이렇게 말했습니다. 2월에 프랑스 비텔에서 회의가 열리는데 (…) 웰링턴물감시단에서 누군가가 꼭 참석해야 할 것 같다고요. 그래서 우리는 한 명을 비텔에 보냈습니다.

그날 일찍, 나는 눈이 쌓인 막다른 골목 끝에 있는 WWW 이사 중 한 명의 널찍한 집에서 이 국제적인 활동가들을 만났다. 프레더릭은 50대 초반의 열정적인 브라질 작가로, 온천 마을인 브라질 미나스제라이스주 상로렌수에서 네슬레의 물 추출 계획에 맞서는 운동을 어떻게 이끌고 있는지 이야기해주었다. "프랑스 기업 페리에가 그 수원지의 소유주였고 샘 하나에서 물을 병입해 팔고 있었습니다. 하지만 사람들과 갈등을 빚지는 않았습니다. (…) 페리에는 자연적으로 올라오는 용천수만 담았고 물을 퍼 올리지는 않았거든요. 물론 수익은 올리고 있었지요." 이어서 프레더릭은 네슬레가 이 샘을 인수한 뒤 달라진 변화를 이렇게 설명했다.

90년대에 네슬레가 페리에를 인수했는데 (…) 네슬레로서는 수익이 충분하지 않았습니다. 그래서 수원지의 병입시설을 확장하기로 했죠. 광천수 제품 외에 새로 만들게 된 생수 제품은 '퓨어라이프'라고 불렸습니다. 이 제품은 광천수가 아닙니다. (…) 이것은 물맛이 늘 같아요. (…) 즉 코카콜라 만드는 물과 같은 물입니다. (…) 네슬레가 퓨어라이프 생산을 시작하고 얼마 지나지 않아 (…) 다른 용천들에서 물이 줄기 시작했습니다. 물맛도 달라졌고요. 왜냐고요? 광천수는 지각층 안에 머무는 시간이 어느 정도 필요하기 때문입니다.

프레더릭은 "이러한 상황에 직면한 상로렌수 사람들이 다른 사람들의 도움을 구하러 나섰고 여기에도 왔다"고 말했다. 프레더릭은 그들에게 "이 사안을 스위스로 가져가자"고 제안했다. 네슬레가 스위스 회사이니 "스위스 여론을 우리 편으로 만들어보자"는 것이었다. 프레더릭은 스위스로 가서 다양한 이슈로 네슬레에 맞서고 있던 그곳의 시민단체들과 연대했다. 프레더릭은 이 다양한 반대운동이 차차 브라질에도 결실을 가져다주었다고 설명했다. "2006년 초에 마침내 네슬레가 우리 정부와 협상을 했습니다. (…) 우리의 승리였어요. 그들이 물 추출을 그만두고 상로렌수에서 나갔거든요. 퓨어라이프는 상로렌수에서 더 이상 생산되지 않습니다. 우리가 이긴 거죠."[1]

하지만 프레더릭은 그 과정에서 자신이 기업 스파이의 타깃이 되었다고 했다. 스위스 일간지 《르 쿠리에》에 따르면 2003-2004년 사이에(어쩌면 더 오랫동안일 수도 있다) 네슬레가 보안회사 시큐리타스AG를 고용해서 금융거래과세 및 시민보조연합ATTAC이라는 단체의 이 지역 지부를 감시하도록 했다. ATTAC는 프레더릭과 협업한 단체 중 하나로, 네슬레의 기업 활동에 대한 책을 준비하고 있었다.[2] 2008년에 TV 프로그램 〈현재의 시간Temps Présent〉은 시큐리타스 직원 한 명이 이 단체에 가짜 이름으로 침투해 정보를 빼내었고 이를 네슬레의 보안 및 커뮤니케이션 팀에 넘겼다고 폭로했다.[3] 형사 기소는 각하되었지만 ATTAC는 언론의 폭로에 기반해 네슬레와 시큐리타스를 상대로 민사소송을 제기했고 2013년에 스위스의 민사 법정에서 두 회사 모두에 대해 승소했다. 두 회사는 불법적인 침투로 "인권을 위법하게 침해"했음이 인정되어 각 원고에게 3000스위스프랑을 지급하라는 판결을 받았다.[4]

나는 프랑스 북동부 보주 지역 산악 마을 비텔의 풀뿌리 단체 88 물 연대Collectif Eau 88에서 온 베르나르 슈미트와 르네 리즈 로티오도 만났다. 네슬레는 그곳에 있는 비텔-콩트렉스-헤파르 병입공장에서 1000명 가까이 고용하고 있었고 일자리 덕분에, 그리고 슈미트가 '가부장적 경영 스타일'이라고 부른 방식 덕분에 사람들에게 상당히 지지를 받고 있었다. 부부인 이들은 가뭄이 잦아지는 상황에서 네슬레가 비텔의 주요 대수층 중 하나를 고갈시키고 있는 것에 책임을 지게 하기 위해 자신들이 벌이고 있는 활동을 이야기해주었다. 지하수 수위가 낮아지자, 프랑스 정부는 네슬레의 물 추출을 제한하기보다 인근 마을에 파이프라인을 연결해 비텔에 수돗물을 공급하기로 했다.[5]

슈미트는 캐나다의 물 활동가들과 연결된 것이 프랑스에서 활동하는 자신의 단체에 큰 영향을 주었다고 말했다. 그는 특히 "이 이야기 전체를 국제화할 수 있었다는 점이 크게 도움이 되었다"고 했다.

2018년 말에 [웰링턴물감시단과] 만났습니다. 저는 그들에게 2월에 캐나다 사람들도 [비텔에] 가보는 게 어떻겠냐고 제안했습니다. 그렇게 해서, 올해 우리 모두 그곳에 갔지요. 언론은 이 이슈에 매우 관심이 많았고 캐나다 사람들과 프랭클린의 방문이 프랑스 언론에 많이 보도되었습니다. 그리고 우리는 새로운 담론을 발견했습니다. 플라스틱 물병, 환경 학살 등등이요. 중요한 점은, 이것이 우리의 태도만이 아니라 비텔 지역 주민의 태도도 바꾸었다는 점입니다. 전에는 그들이 이렇게 생각했었어요. 자신들의 문제는 여기에만 있는 문제이고, 프랑스 당국자들이 일반적인 해법을 제시해주리라고요. 말하자면, '우리를 믿으세요'와 같이요. 그런데 애버포일에서도 정확히 같은 일이 벌어졌다는 사실을 알게 되고서, 정확히 같은 일이 말이에요, 그들은 당국자들을 다른 관점에서 보게 되었습니다.[6]

비텔을 방문한 WWW 사람들도 네슬레가 캐나다와 프랑스에서 사업을 운영하는 방식에 상당한 유사점이 있다는 사실을 짚어냈다. 지역민은 수돗물에 훨씬 더 많은 돈을 내는데 네슬레는 매우 적은 돈만 내면서 물을 추출하고 있었다. 지하수 수위를 낮춘다고 활동가들이 우려하는 대용량 추출에 대해서도 말이다. 캐나다 단체인 WWW는 이러한 유사점을 자신의 운동에서 커뮤니케이션에 이용했다. WWW

는 블로그에 올린 한 글에서 이렇게 물었다. "네슬레가 비텔에서 이런 식으로 행동할 수 있다면, 엘로라의 미들브룩 관정에 대해 그들이 하는 제안을 우리가 어떻게 믿을 수 있겠습니까? 온타리오주 정부가 네슬레 같은 기업의 사업적 이익을 보호하기보다 물을 보호해주리라고 우리가 어떻게 믿을 수 있겠습니까?"[7]

• • •

병입생수 업계 때문에 피해를 입은 지역 공동체들의 국경을 넘나드는 교류(교훈을 공유하고 유사점을 알아내고 운동 전략을 조언하고 서로를 방문하는 것)는 점점 더 확대되고 있으며 글로벌 북부와 남부의 활동가들을 연결하고 있다. 떠오르는 초국적 연대와 다양한 지역운동이 단순한 네트워크가 아니라 포장생수에 반대하는 더 큰 사회운동의 일부로서 이해될 수 있을까? 만약 그렇다면, 이 운동은 더 일찍 성립된 글로벌 물 정의 운동과는 어떤 관계일까?

경계를 가로질러 통합된 운동을 일구기

그날 저녁 궬프의 교회 강당에서 열렸던 공개 포럼으로 돌아와보자. 플린트라이징의 지나 러스터가 연설을 했고 그의 역동적인 에너지가 청중을 사로잡았다. 러스터는 플린트와 미시간에서 가장 큰 물 투쟁이 어떻게 전개되었는지 설명했고 최근에 기업감시단 등 국제 물 정의 단체들이 조직한 회의에 연사로 참석하기 위해 나이지리아의 라고스에 갔던 경험도 이야기했다.[8]

2019년 1월이었고요, 정말이지, 세계 전역에서 활동하는 물 전사들의 가장 큰 모임이었어요. (…) 서로의 언어를 알아들을 수도 없을 지경이었어요. 하지만 네슬레는 그곳에 모인 수천 명의 공통 주제였습니다. 그래서 우리는 거기에 있는 동안 네슬레를 찾아가기로 했어요. (…) 마을 한가운데에 있는 네슬레 공장에 가서 아이들과 함께 앉았죠. (…) TV에 나오는, 영양실조 때문에 불룩한 배를 하고, 헛간 같은 데 살고, 물도 없는 아이들이요. 걸어갈 수 있는 가까운 거리에서 네슬레 공장이 그 마을의 강물을 뽑아내고 있었어요. (…) 여자들이 양동이를 들고 10-15킬로미터를 걸어서 물을 길으러 가고 있었습니다. 네슬레가 이 마을에 꿈을 팔면서 우물을 몇 개 지어주겠다고 했거든요. 음수대 몇 개하고요. 그래서 거기에 가보니, 음수대는 있었는데 다 말라 있었어요.[9]

그날 켈프에서 열린 모임은 북미 내에서 새로운 연대를 일구는 것이기도 했다. WWW는 메인주를 시작으로 미국 전역의 풀뿌리 단체들을 찾아다녔다. 메인주에서는 지난 20년 동안 네슬레가 포틀랜드스 프링스 제품 생산에 쓰일 물을 방대하게 추출하고 있었고 공동체 물 정의Community Water Justice라는 단체가 네슬레에 맞서서 힘겹게 법적, 규제적 전투를 치르고 있었다. 볼크월은 이렇게 회상했다.

메인주의 니키 세케라에게 전화해서 우리 연구자가 그곳을 찾아가도 되겠느냐고 물었습니다. (…) 니키에게서 이야기가 자분정처럼 뿜어져 나오더라고요. (…) 우리는 메인주로 갔고 주말을 니키와, 또 그곳의 여러 사람들과 함께 보냈습니다. 그리고 이렇게 생각했지요. 연구자를 한

번에 하나의 마을에 보내기보다 한 곳에 모든 사람이 모이게 하는 데 우리 돈을 쓰면 어떨까? 한데 모이면 온갖 종류의 분석이 나올 테고, 이 프로젝트를 진전시키는 데 모든 사람의 동의를 얻는 기회가 되지 않을까?

2019년 11월에 궬프에서 모임이 열렸을 시점이면 프랑스와 브라질 뿐 아니라 네슬레가 병입 사업을 하고 있는 미국 내 3개 주의 단체(플로리다주의 '우리의 산타페강', 미시간주의 '미시간 물 보존을 위한 시민 연대', 메인주의 '공동체 물 정의'), 캐나다의 식스네이션스, 캐나다시민평의회, 종교단체와 환경단체, 연구자, 학생, 그리고 WWW와 세이브아워워터의 많은 사람이 참여하고 있었다. 이들 중 일부는 이미 2년 전에 플린트에서 열린 '물은 생명이다 연대' 모임에서 만난 적이 있었다.

사람들이 가득했던 포럼 다음 날, 이들 단체 대표자들은 WWW의 꼭대기 층에 있는 좁은 사무실에 모여 종일 일정으로 자신의 지역 운동으로부터 얻은 경험과 전략을 나누는 세션을 가졌다.[그림 31] 프레더릭은 활동가들의 모임에 대한 희망을 내게 이렇게 말했다. "경험을 교환하기 시작하면 모든 공통점을 깨닫게 됩니다. (…) 자신의 눈앞에 있는 모든 공통점을 깨달으면, 더 이상 그것은 지역의 이슈가 아니게 됩니다. 그것은 패턴이죠. 그리고 패턴을 보게 되면, 패턴에 맞서 싸워야 합니다. 제 바람은요, 우리가 더 연결된다면 그다음의 운동은 공공 수도 서비스를 지키기 위해 싸우는 사람들과도 연결될 것입니다."

이 모임 이후, 조직가들은 국제적인 노력을 더 밀고 나가기로 했고 2020년 3월 세계 물의 날에 스위스에 모여 네슬레와 스위스 국제개발

그림 31. 88물연대의 르네 리즈 로티오와 베르나르 슈미트 (2019년 11월)

사진: Daniel Jaffee

처와의 관계를 알리기로 했다. 코로나19 팬데믹으로 이 계획은 무산되었지만, 여느 일회성 모임과 달리 궬프 모임에서 생겨난 동력은 사라지지 않았다. 궬프에서 열린 국제적 모임은 참가자들이 북미에서 더 폭넓은 네트워크를 만들어 상업용 물 추출에 맞설 수 있겠다는 가능성을 맛보게 해주었다. 그리고 2020년에 네슬레가 북미에서 물 병입 사업부를 인수할 구매자를 찾고 있었을 때, 그 비전을 구체적으로 펼칠 기회가 왔다. 물건이야기 프로젝트의 마이클 오히니는 이렇게 회상했다.

기본적으로, 네슬레는 북미 생수 사업부를 구매해줄 누군가를 찾고 있다고 했습니다. 우리는 생각했어요. 좋아, 단체들을 정말로 더 단단하게 하나의 네트워크로 묶을 기회야. 늘 보아왔듯이, 그러니까, 다른 많은 사안에서도 보면 지역 활동가들이 대개 그런 면이 있는데요, 너무나 멋진 지역 활동가들이 다른 지역과의 연대나 전국 차원의 연대 혹은 국제적인 연대와는 다소 단절되어 있잖아요. 그래서 네슬레가 매각 계획을 발표했을 때 우리는 단체들을 한데 모아서 이렇게 이야기했습니다. "네슬레가 '트러블드 워터스troubled waters'*를 그냥 돌려주게 만들면 어떻겠습니까?"라고요. 물론 네슬레는 거부했죠. 하지만 우리는 네슬레의 매각 건에 새로이 관심을 불러일으킬 수 있었고, 그다음에 블루트라이튼이 링에 들어왔을 때도 싸울 태세를 갖추고 있을 수 있었습니다.[10]

이것이 트러블드워터스 네트워크와 캠페인의 기원이다. 볼크윌은 WWW가 2019년 11월 모임 때 단체들 간의 연대를 일구는 역할을 했으므로 이러한 노력을 조율할 이상적인 위치에 있었다고 말했다. "궬프에 모였을 때보다 더 강한 비공식 네트워크가 생겨났습니다. (…) 모임을 만들기 위해 직접 여기저기 가서 사람들을 만난 것이 좋았어요. 저는 이것이 존중과 신뢰 관계의 기초를 만들었다고 생각합니다. 이어서 물건이야기도 합류했어요. (…) 그리고 저는 한층 더 밀고 나

• '험한 세상'이라는 뜻도 있고 '험한 세상에 다리가 되어'라는 노래 제목을 패러디한 것이기도 하지만, 문자 그대로는 '문제를 겪고 있는 물'이라는 뜻이다.

가야겠다고 생각했습니다."[11]

트러블드워터스의 노력은 궬프 모임에 왔던 단체들을 넘어 캘리포니아 남부와 콜로라도주 채피 카운티에서 네슬레/블루트라이튼의 물 추출에 맞서 싸우던 활동가들까지 포함하게 되었다. WWW는 이 과정에서 가교 역할을 하면서 온타리오주에서 벌이는 운동을 넘어 북미 전역에서 상업적 병입용 물 추출에 맞서 싸우는 공동체들의 네트워크를 일구는 데 일조했다(2022년에 WWW는 전국적, 나아가 국제적 활동 범위를 반영하기 위해 '웰링턴'을 떼고 공식 명칭을 '물감시단Water Watchers'으로 바꾸었다). 오히니는 광범위하게 퍼져 있는 풀뿌리 단체들이 각자의 지역 활동을 조율하고 네트워크를 일구어 정보와 교훈을 서로 나눈 방법을 다음과 같이 설명했다.

이들 지역단체들과 외부 연대단체인 섬오브어스Sum of Us, 커리지캠페인Courage Campaign, 그리고 우리(물건이야기), 식품과물감시단, 기업감시단은 (…) 진정한 협업과 공유의 기회를 열었습니다. 우리가 지원해 온 (…) 콜로라도주의 단체가 있는데요, 콜로라도주 채피 카운티 의원들이 2대 1로 [블루트라이튼의] 허가를 승인한 일이 있었죠. (…) 지역 활동가들은 이에 대해 법적 대응을 고려하면서 우리에게 이렇게 물었습니다. "법을 도구로 사용하는 게 좋을지 아닐지를 여러분은 어떻게 아셨나요?" 샌버너디노, 플로리다주, 미시간주에서 온 사람들이 있었고 모든 종류의 고려 사항을 따져본 뒤 이렇게 말했죠. "이게 당신이 고려하셔야 할 일이에요. 여기 플러스와 마이너스가 있어요. 이런 것들을 생각하셔야 해요." 이런 식이었습니다.

이 네트워크와 물건이야기는 2021년 초에 가시적인 승리를 거두었다. 캘리포니아주가 네슬레/블루트라이튼의 샌버너디노 국유림에서의 물 추출을 중단시킨 것이다. 네슬레/블루트라이튼이 계약이 오래전에 만료되었는데도 계속해서 물을 추출하고 있었던 곳이다.[12]

네트워크에서 운동으로

각지에서 벌어지는 병입생수 반대 투쟁들 간의 연대와 대화는 트러블드워터스의 노력이 있기 한참 전에도 있었다. 오히니는 이렇게 말했다. "이들이 서로를 발견하는 비공식 네트워크는 늘 있었습니다. 특히 캐스케이드락스 사람들은 (…) 카운티 조례를 통과시키고서 너그럽게도 1년 동안이나 함께해주었어요. '이분께 말씀드려볼게요, 여기를 소개해드릴게요' 하면서요. 그들은 정말로 자신을 조직가라고 생각했어요." 비슷하게, 플린트와 디트로이트에서 오염된 물, 그리고 단수와 싸우는 도시 활동가들과 미시간주 서부에서 상업적 병입용 물 추출에 반대하는 단체들의 연결은 두 싸움 모두의 구성원 기반을 강화했다. 이 네트워크는 민중의 물 위원회 연대(이전의 물은 생명이다 연대)의 일환이며, 양국의 트러블드워터스 운동과 일부 겹친다. 이는 상업적 물 추출과 병입에 반대하는 활동을 물 정의 활동과 연결하는, 더큰 북미 차원의 운동을 보여준다. 오히니는 내게 이렇게 말했다. "저는 여기에 운동이 있다고 생각합니다. 지난 15년여에 걸쳐 약간씩 다른 형태를 띤 운동이 있었습니다. 매사추세츠주의 타운들에서 병입생수 판매 금지 요구가 나오는 형태이기도 했고요, 대학 캠퍼스 운동의 형태이기도 했습니다. 기업감시단 같은 단체가 정말 열심히 밀어붙여서 도시 당국이 정부 조달 구매 시 병입생수를 없애기로 하는 형태도 있었고요. (…) 저는 이 운동이 전반적으로 물 정의를 위한 싸움에 기여했다고 생각합니다. 아마도 이것은 물 정의 운동의 한 줄기일 것입니다. 하지만 중요한 줄기라고 생각합니다."

이러한 운동은 얼마만큼 조직화되고 응집성 있으며 상호 보완적인 방식으로 병입생수에 도전하고 있을까? 이 책에서 소개한 노력 전체를 아울러서 살펴보면 흥미로운 패턴이 드러난다. 지하수 추출에 반대하는 현지 농촌 공동체의 운동 다수가, 그리고 도시 당국의 소유지나 대학 캠퍼스에서 병입생수를 없애기 위한 운동들도, 뜻있는 지역민이나 학생을 중심으로 풀뿌리에서 자생적으로 등장했지만, 이들 사이에는 이르게는 2000년대 초부터도 어느 정도 조율과 네트워킹을 위한 노력이 있었다. 폴라리스 연구소가 캐나다의 도시와 대학을 병입생수 금지 네트워크로 모아내었을 때, 이는 '포스트 시애틀'의 순간이라 할 만했다. 국제기업감시단, 나중에는 식품과물감시단이 미국에서 비슷한 노력을 지원했을 때도 그렇다. 2000년대의 첫 10년이 끝났을 무렵에는 캐나다시민평의회가 블루 커뮤니티 운동을 진행 중이었고, 뒤이어 병입생수를 비판하는, 널리 바이럴된 동영상(〈물건 이야기〉 애니메이션)과 함께 물건이야기 프로젝트가 이 운동에 합류해 상업적 물 추출에 반대하는 지역민의 싸움을 지원했다.

이 책에서 살펴본 북미 단체 5곳의 중심적인 역할과 오늘날까지 이어지고 있는 이들의(한 군데만 빼고) 병입생수 관련 활동은 병입생수 운동 연대가 오랜 지속력을 가질 수 있음을 말해준다. 이 단체들의 핵심 역할은 이 운동의 두 측면인 물 추출단에서 병입시설 입지를 막으려는 싸움과 물 소비단(및 병 폐기단)에서 수돗물을 되찾고 일회용 플라스틱 사용을 근절하려는 싸움이 그보다 더 큰 동일한 운동의 상호 보완적인 부분들임을 말해준다. 그 '더 큰 운동'은 병입생수라는 상품의 가치사슬 전체에 걸쳐 업계에 도전하는 운동이다.

이 핵심 단체 중 적어도 4곳은 병입생수 활동에 참여하게 된 계기가 더 이전의 반기업 및 글로벌 정의 활동이었다. 당시에 그들은 신자유주의 정책과 신자유주의적 국제기구들이 환경, 인권, 민주주의에 미치는 영향에 초점을 두어 활동했다. 정도의 차이는 있지만 모두 병입생수 업계가 물 상품화의 전 세계적인 그림과 어떻게 관련이 있는지, 그리고 병입생수에 도전하는 것이 물 사유화에 맞서는 싸움 및 공공 수도 시스템을 지키려는 노력과 어떻게 연결되는지를 명시적으로 이야기했다. 마지막으로, 병입 및 포장생수에 반대하는 운동, 특히 물 소비단에서의 운동은 이제 글로벌 기후정의 운동 및 일회용 플라스틱에 반대하는 국제적인 운동과 점점 더 많이 연결되고 있거나 그러한 운동으로부터 생겨나고 있다.

병입용 지하수 '추출'에 맞서는 '지역적인' 투쟁도 기후 변화 등 여러 원인이 담수 가용량을 더 심각하게 위협한 데서 강력한 추동력을 얻었다. 오리건주의 캐스케이드락스와 온타리오주의 웰링턴 카운티 사례가 보여주듯이, '물 희소성'은 유한하고 귀하며 지역의 중요한 사용처와 생태계에 꼭 필요한 담수를 추출해 고갈시키고 있는 것에 대한 지역민의 우려를 강하게 촉발하는 공통된 주제다. 가뭄은 무시하기 어려운 방식으로 희소성을 극적으로 보여주기 때문에 이러한 우려를 한층 더 강화한다. 하지만 (물 부족의 영향 자체는 실질적이어도) 궁극적으로 물 희소성은 자연적, 물리적인 사실이기만 한 게 아니라 사회적, 정치적으로 만들어지는 것이기도 하다. 이는 "자원 부족과 생태계 파괴가 주로 강력한 이해관계 집단이 그들의 경제적, 정치적 이득을 위해 '희소성을 만들어내는 불평등한 사회적 조치'를 전 세계적으로 실행했기 때문에 생긴다는 사실"[13]을 사회운동이 강조할 필요가 있음을 말해준다.

문화적, 경제적, 정치적으로 차이가 있는 두 나라와 지역의 두 가지 사례는 중요한 유사점도 보여준다. 한 가지 유사점은 글로벌 음료업체의 물 추출 계획이 인종, 민족, 계급을 가로질러 지역민을 연대하게 했고 농촌과 도시 주민을 연결시켰으며 오랫동안 뿌리박혀 있던 정치적 분열 사이에 다리를 놓았다는 점이다. 또 다른 공통점은 두 이야기 모두, 지리학자 졸탄 그로스만의 표현을 빌리면, 선주민과 비선주민 활동가 사이에 생겨난 '뜻밖의 연대'를 보여주었다는 사실이다. 이러한 연대는 물 보호 운동이 빼앗긴 땅을 회복하고 조약상의 권리를 지키려는 노력과 연결되었을 때 발휘될 수 있는 위력을 보여주었다.[14] 물은 어떤 것과도 다르다. 모두가 물에 연결되어 있다. 물에 대한 위협은 사람들을 여러 분절선을 초월해 연대하게 하는 특별한 힘을 지닌 것 같다.

원천으로 돌아가기

이 책에서 소개한 방대한 이슈와 운동을 한데 엮어보기 위해, 처음으로 돌아가서 전체를 아우르는 질문과 '서론'에서 이야기한 주제를 구체적인 사례와 엮어보자. 이를 통해 나는 다섯 가지 주장을 개진하려 한다.

첫 번째 주장은 병입생수가 물을 상품화하는 특수한 방식과 관련이 있다. 우선, 포장생수는 민간업체가 복잡한 도시 수도 네트워크를 운영할 때보다 수익을 얻는 데 장애물이 훨씬 적다. 이는 어떻게 해서 병입생수가 불과 몇십 년 만에 이렇게 모든 곳에 존재하게 되었는지를 부분적으로 설명해준다. 병입생수는 '더 완벽한 상품'이다. 자본 축적 과정에서 어떤 종류의 의무에도 구속되지 않고 제약이나 장벽도 없기 때문이다. 수도 시스템은 그렇지가 못해서, 전 세계에서 일던 민영화의 파도가 이후에는 둔화되었다. 포장생수의 핵심 특징인 훨씬 큰 이동성과 수익성은 수돗물과 포장생수가 서로 구분되는 별개의 범주임을 의미한다. PET 플라스틱이라는 기술 발달과 신자유주의가 일구어놓은 문화적, 정치적 변화는 안전한 식수가 수도망을 통해 널리 접근 가능한 곳과 그렇지 못한 곳 모두에서 병입생수의 빠른 확산을 촉진했다. 병입생수는 지난 한 세기에 걸쳐 정부 당국이 구축한 방대한 수처리 인프라와 파이프로 연결된 분배 시스템을 비켜 간다. 그와 동시에, 수처리 인프라와 분배 네트워크가 작동하지 않는 곳에 냉큼 들어가 빈자리를 파고든다. 병입생수는 민간 영역이 수도 인프라를 건너뛰고 소량씩 식수를 공급하는 방식인데, 그 식수에 매우 높은 값을 매긴다. 수도 민영화에 비해 병입생수 형태의 상품화는 어떤 종류의 공유된 사회적 노력으로부터도 더 완전하게 식수를 단절시킨다.

병입생수는 칼 폴라니가 '허구적 상품'의 위험성에 대해 통렬하게 주장한 바를 상징적으로 보여주는 상품이기도 하다. 자연에서 떼어낼 수 없는 물은 시장 판매를 위해 생산된 무언가가 아니지만, 점점 더 막대하고 큰 규모로 수익을 위한 상품으로서 판매되고 있다. 하지만 이것을 '진정한 상품'처럼 취급하면 인간과 생태계에 매우 파괴적인 영향을 일으킨다. 한편, 병입생수가 물 상품화의 주된 사례이며 '강탈을 통한 축적'을 명백하게 보여주기는 해도 대부분의 경우에 좁은 의미의 '민영화'와는 다르다. 공공이 소유한 재화나 자산을 민간 자본이 인수하거나 전용하는 것을 꼭 포함하지는 않기 때문이다. 데이비드 하비는 민영화가 강탈을 통한 축적의 최첨단을 보여준다고 주장했는데, 좁은 의미에서의 민영화는 자본이 물을 인클로즈하는 여러 경로 중 하나일 뿐이다. 그리고 많은 물 활동가가 **privatization**이라는 단어를 '민영화'만이 아니라 '모든 형태의 상품화'를 포함하는 포괄적인 의미로 쓴다는 점도 기억할 필요가 있다.

포장생수 영역 안에서도 어떤 부분은 다른 부분보다 상품화되기가 더 쉽다. 미시간주, 온타리오주 등지에서 샘물이나 지하수를 상업적으로 추출하는 것과 비교해보면, 이미 처리된 공공 수돗물을 병입하는 것은 강탈을 통한 축적의 특허나 곤란한 사례. 이는 하비가 "약탈적일 뿐 아니라 카니발적인 행위"라고 묘사한 것을 포함하는 과정이다.[15] 도시의 물 공급 시스템에 업혀 감으로써 병입생수 업체는 납세자와 수도요금 납부자가 한 세기 넘게 투자한 수도 인프라에 기생해 수익을 내고 있다. 병입생수 업계는 "공공 수돗물의 정당성을 훼손해 없애면서"[16] 동시에 바로 그 공공 수돗물을 수천 배나 비싸게 팔고 이를 통해 공공 영역을 한층 더 공동화시킨다.

하지만 더 비싸게 팔리고 기업에 더 큰 이윤을 주는 것은 수돗물 병입 제품이 아니라 샘물 병입 제품이다. 북미와 세계의 다른 지역 모두에서 병입생수 업계에 가장 강력하게 저항한 세력은 지역의 샘물과 지하수에 크게 애착을 가지고 있는 지역 공동체였다. 2019년에 피터 글릭은 내게 이렇게 말했다. "네슬레가 내부적으로 '우리는 많은 물을 추출하는 것이 아니다. 그리고 우리는 공동체에 일자리를 가져다준다'라고 믿었다는데요. (…) 진실이든 아니든, 그것이 10년에 걸친 운동으로 무산된 것은 그들에게 말할 수 없이 좌절감을 주는 일이었을 것입니다. 하지만 그들을 전혀 동정하게 되지는 않네요. 그들은 샘물을 병입하겠다고 결정했었으니까요." 이어서 그는 이렇게 말했다.

코카콜라와 펩시는 이 문제가 없습니다. 네슬레에 이 문제가 있는 이유는 계속해서 샘물 원수를 찾으려 하고 있기 때문입니다. 그들에게 경제적으로 가치가 있는 게 틀림없습니다. (…) 그들이 여기에 있는 이유는 돈 말고는 다른 어떤 것도 아닐 테니까요. (…) 그리고 이 물이 어딘가 시원의 장소에서 온 샘물이라고 말할 수 있다면, 브랜딩과 광고에서 보았듯이요, 매우 유리한 이점이 됩니다. 그래서 저가 제품인 수돗물 생수보다 높은 프리미엄 가격에 팔립니다. 그러니까 여기에 돈이 있는 거죠. 그리고 그들은 돈을 따라갑니다.

내가 글릭과 이 이야기를 나누고 2년 뒤, 최근 들어 병입생수 매출의 정체나 감소에 직면해 있던 네슬레가 백기를 들었다. 네슬레는 미국과 캐나다의 샘물 생수 사업부와 브랜드를 블루트라이튼에 매각하고 북미에서는 소수의 수입 생수 제품만 유지하기로 했다. 매출 감소에는 소비자가 더 저렴한 유통매장 자체 브랜드 제품으로 옮겨간 것 외에 플라스틱 병입생수에 대한 저항도 영향을 미쳤고 여러 물 추출 장소에서 벌어진 투쟁의 영향도 있었다. 양쪽에서의 압박(물 추출단과 소비단 모두에서의 만만찮은 도전)은 네슬레가 글로벌 물 사업의 큰 부분을 매각하기로 결정하는 데 핵심적인 역할을 했을 것이다.

오리건주와 온타리오주 사례 모두의 결과가 말해주는 한 가지 교훈은, 새로운 샘물 수원을 찾아내 추출 및 병입시설을 지으려는 계획으로 농촌 공동체와 수년에 걸쳐 싸움이 벌어지면, 이미지에 민감한 글로벌 음료업체로서는 큰 비용이 되고 브랜드 이미지가 훼손되어 수익성에도 위협이 된다는 것이다. 지역의 운동은 병입업체가 새로운 추출 장소를 찾는 것을 더 어렵게 만들었다. 하지만 이미 추출 허가를 받은 곳에서 그것을 유지하기는 더 쉽다. 블루트라이튼이 네슬레가 가지고 있던 기존 허가를 바로 그렇게 승계했다.

캐나다와 달리 미국에서는 샘물 추출과 관련한 싸움이 전체 병입생수 시장의 3분의 1하고만 관련이 있다. 시장의 더 큰 비중은 수돗물을 병입한 제품이기 때문이다. 재정수한 수돗물은 추출단에서 저항을 거의 일으키지 않는다. 소위 '정제 수돗물' 생수는 샘물 생수보다 가격이 낮지만 업체는 핵심 원료인 수돗물을 매우 낮은 비용으로, 그리고 종종 할인가로 확보할 수 있다. 이들이 도시 당국의 저렴한 수돗물에 접근할 수 있게 하는 것은 공공 영역이 민간 자본에 보조금을 주는 격이다. 또한 앞단에서 드는 비용과 노력도 더 적다. 시설 입지에 대한 법적 싸움도 적고 공적인 절차나 과정도 거의 필요하지 않으며 '추출' 자체가 기존의 음료수 병입공장에서 이루어지고 유통도 병입회사가 이미 가지고 있는 유통망을 통해 이루어지기 때문이다. 요컨대, 수돗물 생수는 샘물 생수보다 훨씬 덜 가시적이며 추출단에서 저항을 일구기가 더 어렵다. 하지만 수돗물 생수도 수도에 대한 신뢰의 전반적인 상실, 그리고 병입생수라는 상품이 사회적 불평등에 미치는 부정적 영향에 마찬가지로 일조한다.

수돗물 병입에 대한 저항이 아예 없는 것은 아니다. 지역의 다양한 정책, 병입생수 금지 조치, 그리고 공공 수돗물 사용과 접근성을 높이고자 하는 노력은 대체로 특정 수원이나 브랜드에 국한되지 않고 **모든 형태의** 포장생수에 도전하는 방식의 '수돗물을 되찾자' 운동을 구성한다. 병입생수라는 상품 범주 일반을 문제시함으로써 병입생수 시장 중 일부가 아니라 전체와 맞서는 것이다.

궁극적으로, 농촌의 샘물이 원천이건 이미 처리된 도시의 수돗물이 원천이건 병입 및 포장생수는 담수 전체가 글로벌한 규모로 상품화되는 과정을 가속화한다. 모드 발로는 병입생수가 "사람들이 물을 상품으로 보게 만들고 한 병 한 병마다 기업이 물을 완전하게 장악하는 길을 닦는다"고 말했다.[17]

공공 수돗물에 대한 위협

이는 나의 두 번째 주장으로 이어진다. 이미 많은 사람들이 식수의 적어도 일부를 병입 및 포장생수에 의존하고 있다는 점을 생각할 때, 병입생수의 지속적인 성장은 안전한 공공 식수를 모두에게 공급한다는 비전에 중대한 위협이 된다. 아마도 수도 민영화가 제기했던 위협보다도 더 심각할 것이다.[18] 포장생수는 공공 인프라를 건설·확장·유지하고 충분한 자금을 대는 데 필요한 정치적 합의를 약화시킴으로써 이러한 위협을 일으킨다. 현재 안정적으로 깨끗한 수돗물을 접할 수 있는 특권적인 곳과 그렇지 않은 글로벌 남부의 많은 지역 모두에서 마찬가지다. 어느 쪽이든, 이러한 동학은 민간 자본이 정부의 역할을 전용하면서 깨끗한 물의 부족이나 부재에서 이윤을 얻을 수 있는 공간을 연다. 글릭은 이렇게 말했다. "병입생수 업계는 부유한 나라에서도 양질의 종합적인 식수 시스템이 훼손된 곳에서, 그리고 종합적인 식수 시스템이 아예 존재하지 않는 가난한 나라에서, 그 공백을 성공적으로 이용해 자본화하고 수익을 얻는다."[19]

글로벌 북부 안에서 [지역]정부들이 안전하고 깨끗한 식수를 보장하는 역할을 하지 못하고 있거나 방기하고 있는, 소위 '구조조정'을 겪은 지역들에서도 같은 패턴을 볼 수 있다. 이러한 곳들은 (종종 인종화된) 긴축과 물 부정의의 상호 작용을 드러낸다.

대조적으로, 깨끗한 수돗물에 중단 없이 접근할 수 있는 부유한 나라의 대다수 인구에는 병입생수가 널리 받아들여지는 과정이 다소 다른 방식으로 공공 수도 시스템을 약화한다. 불신의 증가, 역격리, 공공 수도에 대한 대중의 지지 상실 사이에 악순환이 벌어지는 것이다.[20] 엘리자베스 로이트는 이렇게 언급했다. "식수 보호는 돈만의 문제가 아니다. 공공 수도를 유지하고 여기에 돈을 지출하는 데는 정치적 의지가 필요하다. 그런데 더 많은 사람이 (…) 수돗물을 마시지 않기로 할수록 공공 수도를 관리하는 것에 대한 대중의 지지가 줄어들게 된다. (…) 병입생수만 마시기로 한 사람은 채권 발행이나 요금 인상 등으로 자금을 조달해 도시의 수처리 시스템을 개선하는 것을 지지할 동기가 별로 없다. (…) 이것은 '자기실현적 예언'이다. 수돗물을 덜 마실수록 수돗물의 수질은 더 나빠질 것이고, 그러면 다시 사람들은 더 많은 병입생수를 필요로 하게 될 것이다."[21]

하지만 병입생수가 공공 수돗물에 제기하는 위협의 속성은 사실 이보다 더 복잡하고 미묘하다. 식수(음용수와 조리수)는 일반적으로 전체 가구의 물 소비량에서 매우 작은 비중밖에 되지 않는다. 유독한 물이 나오는 심각한 경우를 제외하면 대부분의 사람은 샤워, 세차, 빨래, 설거지, 정원에 물주기, 심지어는 조리에도 수돗물을 계속 사용할 것이다. 공공 수도 시스템은 가구의 식수 소비가 병입생수로 완전히 넘어가도 **경제적으로는** 유의미한 위협을 당하지 않았다.[22] 따라서 대부분의 수도 당국은 맞서 싸울 필요가 없었다. 적어도 지금까지는 그랬다.

하지만 수백만 가구가 병입생수로 넘어가는 역격리 대응을 할 때 망가지는 것은 수돗물을 계속해서 음용할 수 있도록 수질을 높은 기준으로 처리하겠다는 정치적 의지다. 로이트는 이렇게 설명한다. "수도 당국은 주민들이 가정에 들어오는 물의 단 1-2%만 음용수나 조리수로 사용한다는 것을 잘 알고 있다. 실제로 소비되는 양이 그토록 적은데 수질을 높은 기준으로 끌어올리려고 수백만 달러를 쏟아부을 이유가 있겠는가?"[23] 다른 말로, 대부분의 부유한 나라에서 투자 축소가 계속될 경우에 발생할 위험은, 언젠가 공공 수돗물이 나오지 않게 되는 것이 아니라 점점 더 많은 곳에서 수돗물이 안전한 식수로 믿을 만하지 못하게 되리라는 점이다. 토니 클라크는 천연자원보호위원회가 병입생수에 대해 작성한 1999년의 선구적인 보고서를 언급하면서 그 함의를 다음과 같이 설명했다. "사회에서 식수의 주 원천이 병입생수로 옮겨가고 그에 따라 공공 시스템이 낙후되게 두면 사람들은 수돗물을 샤워, 목욕, 설거지, 조리에 쓸 때도 오염 물질에 노출된다. 즉 수돗물은 결코 음용수 수질 기준 이하로 떨어지도록 허용되어서는 안 된다. 그렇게 허용되면 대중이 위험에 처하게 될 것이다."[24] 15년 전에 디스토피아적 미래 전망 차원에서 언급된 이 경고가 플린트 사건을 겪고 난 현재는 매우 실질적인 우려가 되었다.

병입생수와 불평등

나의 세 번째 주장은 병입 및 포장생수와 사회적 불평등과의 관계에 대한 것이다. 여기에는 두 가지의 중요한 측면이 있다. 첫 번째 측면은 플린트, 식스네이션스, 웜스프링스 사례가 보여주듯이 병입생수 의존의 광범위한 확산은 물 부정의를 **반영하는** 핵심 징후라는 점이다. 물 인권이 축소되었거나 위반되었음을 보여주는 지표인 것이다. 이 같은 상황에서 병입생수는 위기나 재앙 직후에 단기적인 긴급 조치로서 들어오는 것이 아니라 수돗물에 대해 종종 무기한의, 심지어는 영구적인 대체재의 위치를 차지하며 들어온다. 플린트의 여러 활동가가 말했듯이 병입생수는 물 안전성 위기라는 커다란 상처를 일회용 밴드로 덮으려는 것에 불과할 뿐, 실제로 상처를 치료하지는 못한다. 오히니는 이렇게 말했다.

해답은 공공 식수에, 안전하고 깨끗한 물에 투자하는 것입니다. 공공 식수에 대한 접근성이 보장되지 않는 공동체에서 그 빈틈을 병입생수 회사들이 안정적이거나 지속가능하게 메워주리라는 개념은 우스꽝스럽습니다. 말이 안 되는 소리죠. 플린트 사람들에게 "깨끗한 수돗물을 원하세요? 아니면 일주일에 한 번씩 차를 몰고 주차장으로 가서 업체가 나눠주는 생수를 네 상자씩 받아다가 그것으로 요리하고 씻고 그 밖의 모든 종류의 일을 하고 싶으세요?"라고 물어보십시오. 사람들은 병입생수가 아니라 공적으로 제공되는 안전한 식수를 원한다고 할 겁니다.

두 번째 측면은 병입생수 소비가 기존의 계급적, 인종적, 민족적 불평등을 어떤 방식으로 **더 악화시키는지**다. 2008년에 미국에 대해 쓴 글에서 로이트는 이렇게 말했다. "이중화된 물 시스템(부자들을 위한 병입생수와 가난한 사람들을 위한 안전하지 못한 물)이 생기리라는 예측은 그렇게 과한 전망이 아니다."[25] 하지만 그 이후로 아이러니하게도 그의 예측은 거꾸로 되었다. 오늘날 중위 소득이나 상위 소득자는 대개 안전한 공공 수돗물에 식수를 의존하고 병입생수를 점점 덜 마시는 반면, 저소득층, 유색인종, 최근에 미국으로 들어온 이민자는 (긴축, 투자 축소, 체계적인 인종주의, 환경 부정의, 약탈적 마케팅 등의 영향으로) 자기 집 수돗물을 평균보다 더 많이 불신하고 병입생수에 절대 액수와 소득 대비 비중 둘 다에서 가장 많은 돈을 지출하고 있다. 또한 이들은 수도요금도 계속 내야 하는데, 미국 전역에서 급격하게 오른 수도요금은 이미 많은 이들에게 감당할 수 있는 수준을 벗어나 있다.

포장생수 의존이 사회적 부정의를 반영하는 동시에 강화한다는 이중의 진실은 미시시피주 잭슨,[26] 캘리포니아주 이스트포터빌,[27] 식스네이션스, 플린트 같은 글로벌 북부의 지역 공동체를 이들과 마찬가지로 수돗물에 안정적으로 접근할 수 없는 글로벌 남부 지역과 연결시킨다. 양쪽 모두에서 사람들은 무거운 물통을 가게나 리필 스테이션에서 집까지 날라야 한다. 또한 많은 이들이 자기 집 수도꼭지에서 적어도 이따금 나오는, 하지만 마실 수는 없는 물에도 돈을 내야 한다. 공통점은 또 있다. 정부가 안전한 물을 안정적으로 공급할 의무를 이행할 능력이 없거나 그 의무를 방기했고, 그 때문에 사람들이 식수를 포장생수에 의지해야만 하게 되었으며, 그에 따른 과도한 지출로 인해 경제적으로 큰 부담을 겪고 있다는 점 말이다. 그뿐 아니라, 가장 가난한 사람들에게는 저렴한 정수물 리필 점포에서 판매하는 물도 감당 가능한 가격대가 아닐 수 있다.

프레더릭은 이러한 포장생수 패러다임은 어디에서도 지속가능하지 않다고 말했다. "명백한 사실은, 가난한 사람들이 병입생수를 구매할 금전적 여력이 사실상 없다는 점입니다. 그들은 이것이 해법이라고 말하지만 해법이 아니에요. 가난한 사람들은 포장생수 구매를 감당할 돈이 없습니다, 끝. (…) 사람들이 병입생수에 쓰는 돈은 사실 세계 어디에서라도 공공 수도 시스템을 수리하기에 충분한 돈입니다. 그러니까, 우리에게는 공공 수도를 개선하는 데 필요한 자금이 있는 겁니다."

그런데 바로 그 지속 불가능한 패러다임을 국제기구와 정부들이 글로벌 남부에서 적극적으로 추구하고 있다. 2장에서 살펴보았듯이 최근 유엔 지속가능발전목표에서 '개선된 수원'의 정의가 바뀌어서 처음으로 포장생수를 포함하게 되었다. 조슈아 그린은 "병입생수 접근성을 개선된 수원에 대한 접근성으로 간주하는 것이 게임의 규칙을 바꾸었다"며 이렇게 설명했다. "이 모델은 물 인프라에 국가 지출을 늘리지 않으면서 지속가능발전목표를 달성하고자 하는 정책 결정자들에게 명백하게 이득을 주었다. (…) 병입생수 패러다임은 가난한 사람들에게 물을 제공하는 데 비용이 덜 드는 해법을 정부에 제공했다. (…) 부유한 사람들은 훨씬 더 양질의 공공 서비스를 받고 있는데 말이다."[28]

북미로 돌아와보면, 병입생수, 사회적 불평등, 물 부정의의 관계는 플린트, 식스네이션즈, 그리고 그 밖의 많은 지역에서 너무나 가시적으로 드러났고 병입생수 운동가들의 상황 분석과 전략에 점점 더 많이 영향을 주고 있다. 트러블드워터스 네트워크나 미시간 연대(3장 참고)와 같은 노력은 인종화된 긴축, 안전하지 않은 수돗물, 민영화, 병입용 지하수 추출 등을 연결하면서, 병입생수 반대운동을 하는 지역 단체들이 더 폭넓은 사회정의의 개념을 받아들여 전략을 수정하도록 이끌었다. 볼크윌은 내게 이렇게 말했다. "솔직히, 과거의 병입생수 반대 투쟁이 가졌던 문제 중 하나는 대체로 백인 중산층의 친환경 상품 촉진 비슷한 운동이었다는 점이었습니다. 당시에는 이것이 꼭 정의의 문제로 다루어지지는 않았죠. 하지만 지금은 이러한 투쟁이 정의 개념에 뿌리를 둔 근본적인 싸움이 되어가고 있고, 다양한 인구 집단에 걸쳐 수많은 사람을 모아낼 수 있는 역량을 가진 싸움이 되어가고 있습니다."

탈상품화 운동

나의 네 번째 주장은 병입생수 반대운동이 포장생수 업계에 제기하는 도전의 본질과 관련이 있다. 포장생수와 관련해 겉보기에는 별개로 보이는 다양한 반대운동이 상품 사슬의 추출단과 소비단 모두에서 벌어지고 있는데, (지역적, 국제적 수도 민영화 반대운동이 그랬듯이) 이 두 운동은 점점 더 응집력 있고 효과적인 물 탈상품화 운동을 구성하고 있다.

몇몇 학자들은 [덴마크] 사회학자 예스타 에스핑 안데르센이 노동력의 상품화에 대한 대응을 설명하기 위해 사용했던 탈상품화 개념을 가져와 이러한 운동을 묘사했다.[29] 존 바일은 탈상품화가 "시장의 침투로부터 비시장 영역을 보호하는 과정, 공공재의 제공을 늘리고 사회적 보호를 확대하는 과정, (…) 그리고 시장의 진정한 사회적 비용과 영향을 드러냄으로써 그것의 헤게모니를 약화하는 과정"을 포함하는 광범위한 과정이라고 설명했다.[30]

도시 특유의 수돗물 되찾기 운동부터 도시의 오염된 수돗물을 상업용 지하수 추출 문제와 연결하는 농촌-도시 연대까지, 포장생수에 도전하는 다양한 운동은 물을 탈상품화하고 업계가 자본 축적 전략을 바꿀 수밖에 없게 만드는 데 일정 정도 성공을 거두었다. 이러한 탈상품화는 다음의 몇 가지 경로로 이루어졌다. 1) 병입생수의 이미지에 낙인을 찍고 공공장소에서 수돗물 접근성을 확대하며 그 대안으로 리필을 촉진함으로써 병입생수라는 물 상품의 수요를 줄였다. 2) 매클라우드, 캐스케이드락스, 엘로라에서처럼 기존의 물 추출 지역에서 추출을 한층 더 확대하려는 병입생수 업체의 계획을 저지했다. 3) 오리건주, 캘리포니아주, 온타리오주 등에서처럼 업계가 새로운 입지에 추출 시설을 세우려 했을 때 장기간의 투쟁을 조직해 업계 뜻대로 좌지우지할 수 있는 여지를 줄이고 업계의 비용을 올렸으며 온타리오주에서처럼 물 추출에 더 엄격한 규제를 도입했다. 4) 높은 값이 매겨지던 글로벌 브랜드의 평판을 훼손했다. 이러한 과정 모두가 기업의 이윤을 위협함으로써 기업이 전략을 바꾸도록 압력을 가할 수 있다.

북미 병입생수 시장에서 네슬레가 철수하기로 한 결정이 이를 잘 보여주는 사례다. 네슬레 CEO는 이윤 감소와 환경운동 진영의 반대가 철수 결정의 주된 동기라고 인정했다.

20세기 초중반에 글을 쓴 칼 폴라니는 물이 병에 담기는 형태를 통해 대중시장 상품으로 변환되리라고 예상하지 못했겠지만, '허구적 상품'에 대해 시장 권력을 다시 축소시켜야 한다는 그의 통렬한 주장은 병입생수의 맥락에도 적용된다. 폴라니는 자연과 노동의 상품화가 초래한 사회적, 환경적 악영향이 강력한 '자기 보호 운동movements of self-protection'을 생성할 수밖에 없음을 생생하게 묘사했고, 이를 상품화에 대한 '반反운동countermovement'이라고 불렀다.[31] 병입생수에 저항하는 지역 단위의, 그리고 지역을 넘어선 운동은 물이라는 허구적 상품의 확장에 맞서 벌어진, '탈상품화를 위한 반운동'의 대표적인 사례다.

함께하면 더 강해진다

나의 마지막 주장은 물 사유화에 맞서는 운동의 전략과 분석에서 병입 및 포장생수가 차지하는 중요성이다. 글로벌 수준의 물 상품화 과정에서 포장생수의 중요성이 높아짐에 따라 병입생수 업계와 병입생수라는 상품은 물 정의 운동에서 부차적인 것으로만 머물 수 없게 되었다. 곧 5000억 달러 규모가 될 글로벌 산업으로서, 4개의 가장 큰 다국적 식품 및 음료기업이 주도하는 병입 및 포장생수 업계는 더 이상 수도 민영화라는 '주류' 이야기에 덧붙는 '부차적인' 이야기로만 볼 수 없다. 전 세계에서 포장생수의 급속한 성장은 물을 상품으로 만드는 전반적인 전환을 가속화하고 있으며, 전체 인구가 안전한 식수란 으레 비싼 플라스틱 용기에 담겨 온다는 개념에 익숙해지게 만들었다. 이동성과 수익성이 높기 때문에 글로벌 병입생수 시장은 예상보다 빠르게 성장하고 있을 뿐 아니라 민간 수도업계보다도 빠르게 성장하고 있고, 10-20년 안에 민간 수도업계의 규모를 분명히 능가하게 될 것이다.

이러한 사실을 생각할 때, 왜 이제까지 포장생수 업계와 제품이 글로벌 물 정의 운동의 요구와 정책 제언에서 중심이 아니었는지 생각해보아야 한다. 이제까지 글로벌 물 정의 운동은 수도 민영화 이슈에 방점을 두었다. 나는 오래 활동해온 물 운동가들과 이야기를 나누면서 여러 가지 답을 들을 수 있었다. 폴라리스 연구소의 리처드 지라드는 이렇게 말했다. "글로벌 물 정의 운동에서 활동했을 당시에는 (…) 병입생수 이슈가 그 운동에 정말로 핵심 이슈로 들어오지는 않았었습니다. (…) 하지만 상품화, 사유화, 그리고 세계에서 가장 큰 기업들이 이 상품을 판매해서 엄청난 돈을 벌고 있다는 점이 핵심이라고 생각합니다."[32] [브라질의 활동가] 프레더릭은 역사적으로 이 두 운동의 구성원이 서로 달랐기 때문에 서로를 자신의 핵심 이슈로 받아들이지 않았다고 설명했다. "적어도 글로벌 남부 국가들에서는 공공 수도 서비스에 대한 싸움에 노조, 좌파 정당 등이 나섰지만, (…) 병입생수 싸움은 매우 소규모의 지역단체나 비영리기구에 의해 이루어져왔습니다. 이 두 세계는 그다지 함께 잘 가지 않았죠. 이제 우리는 두 운동을 연결해야 합니다."[33] 마지막으로, 유엔의 물 인권 선언 채택을 위해 성공적인 투쟁을 주도한 모드 발로에게 이 질문을 하자 그는 이렇게 말했다. "물 정의 운동이 병입생수 운동을 자신의 아젠다로 가져오는 것은 중요합니다. 이것은 저희 블루 커뮤니티 운동의 핵심 요소입니다. 수십억 명이 안전한 식수 접근권을 거부당하고 있다는 사실과 여기에 '물 사냥꾼'들이 병입생수를 '해법'이라며 가지고 들어오는 것 사이의 관계를 이 운동의 많은 사람이 알지 못하고 있습니다."[34]

캐나다시민평의회, 식품과물감시단, 기업감시단 등 핵심 단체들이 지난 20년간 해온 활동이 보여주듯이 병입생수 반대운동과 더 폭넓은 글로벌 물 정의 운동 사이에 부분적으로는 이미 연결이 이루어지고 있다. 이 단체들은 포장생수 업계와 글로벌 수도 민영화 둘 다에 초점을 맞추어 운동을 벌여왔다. 하지만 아직은 이 연결이 수도 민영화에 반대하고 물 인권을 옹호하는 여타의 국제 및 국내 운동으로 완전히 통합되지는 않았다. 부분적으로는 민간 수도업계가 병입생수 기업과는 구별되는 또 다른 다국적 기업들이 지배하는 영역이어서 두 운동이 타깃으로 삼는 기업이 서로 달랐기 때문일 것이다. 또한 수도 민영화에 맞서는 싸움은 일반적으로 특정 도시와 국가에 초점을 맞추었고 민간 수도업계가 주창하는 '민-관 파트너십' 아젠다도 세계은행이나 세계물포럼 등 [포장생수 업계와는 다른] 별도의 장에서 실행되어왔다. 하지만 글로벌 포장생수 시장이 극적으로 성장하고 빅4 기업이 글로벌 수준에서 생수 사업에 박차를 가하면서 이 구분은 점차 흐릿해지고 있다. 프레더릭은 2018년에 브라질리아에서 열린 세계물포럼이 "병입생수 기업인 암베브, 코카콜라, 네슬레가 전적으로 후원한 최초의 세계물포럼이었다"고 말했다.

두 운동에 참여하는 단체들의 연결은 매우 강화될 수 있고 더 명시적으로 서로의 이슈를 자신의 것으로 받아들일 수 있다. 이 두 운동은 병입 및 포장생수가 물 정의, 공공 수도 시스템, 물 인권 실현에 제기하는 특유의 위협에 대해 두 운동이 공히 제기하는 비판을 중심으로 연대할 수 있을 것이다. 글로벌 물 정의 운동은 병입 및 포장생수를 글로벌 물 상품화 과정의 핵심으로, 물 인권 실현의 큰 장애물이자 막대한 환경 위협으로, 더 폭넓게 인식해야 한다. 소비단과 추출단에서 병입생수에 도전하는 운동도 목적과 비전을 재평가해야 한다. 병입업계의 물 추출에 반대하는 지역단체들은 자신의 활동이 더 큰 글로벌 물 정의 운동의 일부이고 글로벌 북부와 남부 모두에서 유색인종 공동체와 저소득층이 주도하고 있는 여타의 인종정의 및 경제정의 운동과 교차하고 있음을 인식해야 한다. 또한 병입업계에 반대하는 지역단체들은 민영화 반대 운동과 물 정의 운동 및 이를 구성하고 있는 사람들(공공 노조, 도시 수도 운동, 선주민 공동체 등)과 연결고리를 찾고 이러한 영역과 가장 잘 연대할 수 있는 방법을 찾아야 한다. 물 상품화에 반대하는 두 운동은 물 상품화에 대한 서로의 비판을 자신의 운동 안에 포함하면서 더 단단하게 연대해야 한다. 이들의 활동은 함께 하면 더 강해질 것이다.

맺는 글

이것은 모두의 이슈입니다. 일각에서만의 이슈가 아니에요. 병입생수는 화석연료를 사용합니다. 병입생수는 부서지기 쉬운 우리 지구에 엄청난 양의 플라스틱을 내놓습니다. 병입생수는 물을 사유화하고 사람을 자연으로부터 단절시킵니다. 병입생수는 안전한 수돗물의 대체재를 자처하고, 그럼으로써 수십억 명이 물 인권을 거부당하게 만듭니다.
— 모드 발로

꽤 최근에 등장한 상품인 병입생수와 훨씬 오래된 (그리고 여전히 대부분 공적으로 제공되는) 재화인 수돗물의 관계를 다시 생각해보자. 마실 물을 제공하는 이 두 가지 양식의 운명은 긴밀하게 연결되어 있다. 물을 마시는 방식으로서 포장생수를 받아들이고 심지어 선호하는 태도가 확산될수록 모든 사람에게 식수를 공적으로 제공하기 위해 한 세기에 걸쳐 실행되었던 각 국가의 프로젝트에도, 안전한 식수를 인권으로서 보장한다는 글로벌 목표의 실현 가능성에도, 우려스러운 함의가 커진다. 병입생수의 성장은 수도 인프라에 대한 투자 축소의 결과이자 동시에 투자 축소를 촉진하는 원인이기 때문에, 이 상품은 공공 수도망을 통한 물 공급에 특수한 위험을 제기한다. 다른 모든 음료와 달리, 포장생수는 전 세계적으로 물의 사유화와 인클로저를 더욱 심화시킨다. 같은 물질(물)을 적게 담아 훨씬 높은 가격으로, 그리고 훨씬 큰 환경적 악영향을 끼치면서 제공하기 때문이다. 또한 그 과정에서 양질의 식수를 공적으로 제공하려는 정치적 의지도 약화시킨다.

글로벌 북부의 시민-소비자 다수는 병입생수와 수돗물 **둘 다** 마시고 있지만, 병입생수를 마시기로 선택하면 수돗물 사용의 감소에 일조하게 된다. 마찬가지로, 글로벌 차원에서 안전한 공공 식수 공급에 대한 투자 철회나 축소는 업계가 물을 포장해 상품으로 만들기는 더 쉬워지게 만들고 인류 대다수가 생존에 필수적인 물에 접근하기는 더 어려워지게 만든다. 하지만 그 역도 참이다. 피터 글릭이 말했듯이, "지구상의 모든 사람이 감당 가능한 가격대로 안전한 수돗물에 접근할 수 있다면 병입생수는 불필요하다고 여겨질 것"이다.[1]

변화를 위한 제언

그렇다면 우리는 무엇을 해야 할까? 이제 분석 영역을 벗어나 실천 영역으로 들어가보자. 아래에서 나는 병입 및 포장생수가 미치는 사회적, 경제적, 환경적 악영향을 제한하고 병입생수의 확산이 공공 수도 시스템에 제기하는 위협에 대응하기 위한 제언을 개괄하고자 한다. 점진적인 수정부터 급진적인 개혁까지, 쉽게 실행할 수 있는 것부터 야심찬 것까지, 지역적인 것부터 전국적이거나 국제적인 것까지 모두 일별할 것이다. 어떤 것은 대다수가 깨끗한 수돗물을 접하는 곳에서만 적합하고, 어떤 것은 더 폭넓게 적용할 수 있다. 많은 것이 지역의 활동가와 소비자단체, 환경단체 등이 개발하고 촉진해온 것이며 상당수가 세계 각지의 공동체에서 이미 실행에 옮겨지고 있다. 나의 목표는 내적으로 일관된 하나의 포괄적 아젠다를 제시하기보다는 잠재적 변화의 선택지를 폭넓게 개괄하는 것이다. 소비자, 활동가, 연구자, 지역 당국자, 정책 결정자, 그 밖에 많은 사람 사이에서 병입생수가 우리 사회에 뻗친 장악력을 느슨하게 하는 데 필요한 여러 활동에 대해 고민과 논쟁을 촉발하는 재료가 되기를 바란다.

수돗물을 되찾고 확장하자

첫 번째 제언은 4장에서 묘사한 것처럼 지역정부, 비영리기구, 심지어는 민간 행위자까지 수돗물을 되찾기 위해 기울이고 있는 역동적인 노력에 착안한 제언이다. 이 모델의 많은 요소가 이미 널리 실행되고 있으며 쉽게 적용 가능하다. 따라서 이것은 가장 낮은 가지에 열려 있는 과일이라고 볼 수 있다. 이러한 운동 대부분은 안전한 수돗물이 이미 널리 보급되고 있는 곳에 적합하다.

무엇보다, 지역정부와 주정부(그리고 공공기관, 공적 자금을 지원받는 기관, 비영리기구, 대학도)는 자신의 시설이나 소유지에서 일회용 병입 및 포장생수의 구매와 판매를 금지할 수 있고, 이미 금지하고 있다면 금지 범위를 더욱 확대할 수 있다. 수돗물과 공공 수도 시스템에 대한 신뢰를 훼손하는 제품을 공공 소유지에서 판매한다는 것은 허용되어서는 안 될 일이다. 이제까지는 병입생수 금지 사례가 대체로 단건 단건의 지역적 노력에서 나왔지만, 이 운동은 점점 더 국제적인 운동으로 조율되어가고 있으며 블루 커뮤니티가 이를 보여주는 좋은 사례다. 그럼으로써, 새로이 병입생수 금지를 도입하려는 많은 곳들에 표준적인 틀을 제공하고 있다. 하지만 이 수준보다 한발 더 나아갈 수도 있다. 매사추세츠주의 타운들과 몇몇 다른 곳의 선례를 따라, 지역 정부는 가장 낮게 열려 있는 과일보다 조금 더 높은 단계로 가서 모든 공공 및 민간 시설에서 일회용 플라스틱 포장생수 판매를 금지할 수 있다. 불가피하게 소송이 뒤따르겠지만, 법정에서의 싸움은 깨끗한 수돗물을 이용할 수 있는 곳에서 포장생수의 필요성이 무엇인지 논쟁을 벌일 귀중한 장이 될 것이다. 이에 더해, 현재 존재하거나 도입될 예정인 일회용 플라스틱 제품 금지는 생수병(과 기타 모든 음료용기)도 포함하도록 확대되어야 한다. 일회용 물병과 음료수병은 전 지구적으로 플라스틱 쓰레기 문제의 큰 부분을 차지한다. 이것을 없애지 않고는 일회용 플라스틱 위기를 결코 해결할 수 없을 것이다. 업계로부터 정치적 반발이 있겠지만, 이 필수적인 개혁을 업계가 무력화하게 두어서는 안 된다.[2]

공공장소에서 병입생수를 제한하려 할 때 병행되어야 할 짝꿍 정책은 그 동일한 공공장소에 무료 식수 인프라를 확대하는 것이다. 샌프란시스코, 뉴욕, 시드니, 베를린, 파리, 런던 등 많은 도시에서 수돗물 접근성을 높이기 위한 혁신이 이루어지고 있고, 이는 전망 있는 청사진을 제공한다. 하지만 이러한 노력은 일각이 아니라 주류가 되어야 하고 어디서나 볼 수 있어야 한다. 게이 호킨스는 "공중 보건을 지키려는 데 정말 진지하다면, 주정부와 중앙정부가 해야 할 일은 공공장소에서 무료로 식수에 접근할 수 있게 인프라를 강화하는 것"이라며 "모든 곳에서 더 많은 음수대를 볼 수 있어야 하고 음수대는 깨끗해야 하며 모두 즉각적으로 이용 가능해야 한다"고 말했다.[3] 앞을 내다보는 도시 당국, 주정부, 연방정부는 공공 식수 접근성 확대를 정책으로 삼고 법제화해야 하며 조세를 통해 지원해야 한다.

더 폭넓게는, 공공장소에서 정수한 수돗물을 무료로 마실 수 있는 권리를 법으로 의무화해야 한다. 고무적이게도 유럽연합의 새 음용수 지침은 회원국이 그렇게 하도록 요구하고 있다. 하지만 이 지침은 대중이 사용하는 민간 소유의 장소, 가령 음식점 같은 곳은 포함하지 않고 있다. 음식점에서 수돗물을 공짜로 주는 나라도 있지만 그렇지 않은 나라도 있다. 브라질에서 열린 세계물포럼에서 전 유엔 물·위생 인권 특별보고관 카타리나 드 알부케르크는 자신이 겪은 일 한 토막을 소개했다.

저는 수돗물 수질이 좋은 지역에서는 음식점에 갈 때 수돗물을 달라고 합니다. 그런데 2주 전에 스위스 제네바에서 (…) 물 한 잔 달라고 했더니 웨이터가 안 된다고 하더라고요. 스위스 법에서는 음식점에서 수돗물을 줄 수 없게 되어 있으니 병입생수를 마셔야 한다는 거예요. 그래서 저는 이렇게 말했습니다. "그럼 수돗물을 저에게 돈 받고 파세요. 물컵을 씻을 때 음식점에 비용이 발생한다는 것을 저도 압니다. 음식점이 수도요금도 내야겠지요. 그러니 수돗물 값을 제가 낼게요." 그러자 그가 이렇게 말했습니다. "그게 아니고요, 법이 음식점 손님은 병입생수만 드실 수 있게 하고 있어요."

물 활동가들의 요구에도 불구하고 최종적으로 유럽연합의 지침은 식당이 수돗물을 제공하도록 의무화하지 않았다. 회원국마다 전통이 매우 다르다는 이유에서였다.[4] 잃어버린 커다란 기회. 식당은 소비

규범이 달라질 수 있는 핵심 장소 중 하나이므로 이러한 변화를 법적으로 의무화하는 것은 중요하다.

사회적 표준과 규범을 재구성하기에 식당보다도 더 중요한 장소는 학교일 것이다. 미국 등 많은 나라의 공립학교에서 설탕이 많이 든 청량음료를 퇴출시키는 캠페인이 성공을 거두고 나서 음료업계의 수익, 그리고 어린 소비자에게 '브랜드'를 인식시키려는 노력은 학교 자판기에 청량음료 대신 병입생수를 넣음으로써 어느 정도 유지되었다.[5] 또 납관으로 인한 물 오염과 재정 긴축으로 발생한 수돗물 공급 문제의 대안으로 병입생수가 물 공급의 빈틈을 메우고 있는 도시들에서는 매년 학생들에게 병입생수를 제공하기 위해 학교 예산을 (그리고 세금을) 쓴다. 그러는 동안, 물이 나오지 않는 음수대는 녹이 슬고 있다. 학교가 아동과 청소년에게 플라스틱에 든 일회용 물을 제공하는 것은 용인되어서는 안 될 일이다. 아이들에게 마실 물이란 '병에 담긴 형태'를 하고 있다고 가르치는 격이기 때문이다. 수돗물이 마시기에 안전하거나 납관을 교체하고 납 제거 필터를 설치하면 안전해질 수 있는데도 말이다. 따라서 이 싸움의 논리적인 다음 단계는 **모든** 학교에 안전한 공공 수돗물 공급을 재개하고 학교에서 병입생수를 없애는 것이다. 정부가 학교 자금을 식수 인프라 개선에 우선 배분할 수 있도록 학부모와 가족이 이 요구를 주도적으로 이끌어야 한다.

낡은 건물의 파이프를 수리하는 것에 더해, 새 건물은 무료로 수돗물을 마실 수 있는 접근성을 확보하지 않은 채로는 지어지지 말아야 한다. 건축법을 개정해 모든 새 건물과 기존 건물에 충분한 음수대와 리필 코너를 두도록 하는 것이 중요하다. 경기장, 공항, 기차역, 도서관, 학교, 대학뿐 아니라 사무실, 가게, 아파트 건물에도 말이다. 무료로 식수에 접근할 수 있게 법적으로 보장하지 않으면 우리의 건물과 시설에 병입생수 의존성을 뿌리 깊이 심어놓게 된다. 그러다 보면 어느덧 되돌리기에는 너무 어렵고 돈이 많이 드는 상태가 되어버린다.

다음으로, 공공 수도 운영 주체, 그리고 그 수도 운영 주체가 속해 있는 해당 도시정부는 수돗물의 질을 알리는 캠페인을 대대적으로 확대하고 리필을 촉진해 사람들이 일회용 플라스틱 생수를 사용하지 않도록 독려해야 한다. 여기에는 광고(소셜 마케팅 포함), 홍보, 브랜딩(도시 로고를 다회용 물병에 부착해 무료로 제공) 등 자본주의적 기업이 사용하는 도구를 사용할 필요가 있고, 이를 효과적으로 진행하기 위해 써야 할 돈은 써야 한다. 또한 도시 당국은 수돗물의 물맛과 수질에 대한 우려를 불식시키기 위해 모든 주민에게 수도꼭지에 부착하는 필터를 무료로 제공하거나 필터 설치 보조금을 주어야 한다. 간단히 말해서, 도시정부와 수도 당국은 이제까지 일방적으로 수세에 몰려 있었던 '수돗물에 대한 전쟁'에서 공세적 태도로 전환해야 한다. 이 싸움에 걸려 있는 것이 무엇인지 인식하고 업계의 공격에 맞설 수 있는 정치적 의지를 끌어내야 한다. 또한 이 싸움의 결과에 많은 것이 걸려 있는 비영리 환경단체, 공중보건단체, 지역 공동체와 연대해야 한다.

이와 관련해서, 물 권리를 보장하기 위한 핵심적인 개혁이 필요하다. 단수는 전체적으로 불법이 되어야 한다. 단수는 물 인권에 대한 끔찍한 침해일 뿐 아니라, 유색인종이 많은 곳에서 압도적으로 단수 조치가 많고 다시 이는 유색인종이 많은 곳에서 비극적으로 병입생수 소비를 늘린다. 물은 안 나오고 생수 외에는 다른 선택지가 거의 없기 때문이다. 적어도 음용수, 조리수, 목욕, 빨래 등의 용도에 쓸 최소한의 물은 지불 능력에 상관없이 모두가 접근할 수 있어야 한다. 필라델피아와 볼티모어에서 시행 중인 '소득 기반 상하수도요금제'를 모든 수도 당국이 도입해야 하고 전국적으로 의무화되어서 상하수도 요금이 각 가구의 감당 가능한 비용 수준(도합 가구 소득의 4.5% 이하)을 넘지 않게 해야 한다.[6] 저소득층 가구가 연체한 수도요금은 탕감되어야 하며 현재 수도가 끊긴 집에는 수도 공급이 재개되어야 한다. 간단히 말해서, 깨끗한 식수에 대한 접근성이 지불 능력에 달려 있어서는 안 된다.

자금을 조달하고 파이프를 고치기

위에서 말한 제안의 대부분에는 돈이 필요하다. 수십 년간 신자유주의적 긴축을 겪고서 재정이 쪼들리게 된 지역정부는 어디에서 돈을 구할 것인가? 미국 연방의회는 2021년에 역사적인 물 인프라 투자법을 통과시켰고 그중 일부 자금은 지역정부와 주정부로도 흘러 들어갈 것이다. 하지만 물 정의 활동가들은 이것도 문제의 전체 규모에 상응하기에는 턱없이 부족하다고 말한다. 많은 단체들이 절박하게 필요한 물 인프라 개선을 위해 영구적으로 자금을 조달하는 비전을 제시하고 있다. 식품과물감시단의 메리 그랜트는 "연방 수준에서 우리의 큰 비전은 상하수도와 가정의 우물, 정화조 시스템을 모두 아울러 전국의 물 시스템에 쓸 신탁 기금을 만드는 것"이라며, "자금을 전적으로 전국 단위에 걸쳐 지원하면서 연방정부가 모두에게 안전한 식수 공급을 책임지는 모델을 복원해야 한다"고 주장했다.[7] 중앙정부는 지역의 물 인프라 개선과 전체 납관 교체도 포함해서 밀려 있는 유지 보수 비용 전체에 자금을 대야 한다. 또 도시 수도 당국의 운영비를 보조해서 그들이 부족한 연방 지원금을 메우려 수도요금을 올릴 필요가 없게 해야 한다. 미국의 경우에는, 적어도 연방 자금 지원 수준(인플레와 인구 증가율로 조정)이 가장 높았던 1970년대 말 선까지는 회복해야 한다. 그리고 이 돈의 상당한 비중을 부채가 아니라 지원금 형태로 지역 당국에 제공해야 한다. 자금 배분을 결정할 때 가장 높은 우선순위는 구조적으로 불리한 처지에 있는 지역 공동체의 물 시스템을 복원하는 것이어야 한다. 특히 선주민, 흑인, 라틴계 주민 비중이 높은 곳, 그리고 소규모의 수도 시스템을 가진 지역 공동체가 그러한 곳인데, 이들 모두 물 시스템이 문제를 일으키는 빈도가 평균보다 훨씬 많다. 수도 인프라에 투자하면 물 시스템이 극단적인 기후에 훼손되는 일이 줄고 회복력은 높아질 것이다. 그러면 물과 관련한 중대한 안전사고가 줄어들 것이고 따라서 병입생수에 대한 의존도 줄어들 것이다. WATER 법안[물의 가용성, 투명성, 형평성, 신뢰성에 대한 법안]이나 그와 비슷한 법안의 통과는 이 같은 폭넓은 비전을 실현하는 데 중요한 하나의 단계가 될 것이다.

연방 지출에 의존하지 않는 자금 조달 방법도 있다. 주정부와 지역정부는 공공 수도 시스템을 복원하고 일회용 생수의 부정적 영향을 해소하며 그것의 소비를 줄이기 위해 일회용 병입 및 포장생수에 과세해야 한다. 미국에서 가장 명료한 사례는 병입생수에 5센트의 세금을 물리는 시카고다. 2008년에 도입되고 첫 5년 동안 걷힌 세수가 3600만 달러나 된다.[8] 최근에 온라인 판매로까지 과세가 확대되었기 때문에 세수는 더 늘어날 것이다. 도시 당국보다 큰 규모를 보면, 2010년에 워싱턴주가 병입생수에 판매세를 '부과'했다(사실은 '부과'된 것이 아니라 그전까지 판매세에서 면제되던 혜택을 없앤 것이다). 이는 6개월 뒤에 다시 철회되었지만 그 사이에 병입생수 매출이 6% 이상 떨어졌다.[9] 지역정부나 주정부가 담배 및 설탕이 많이 든 청량음료에 세금을 부과해 이러한 제품이 건강에 일으키는 유해성을 줄이는 프로그램에 자금을 대듯이, 병입생수에 부과된 세금으로 걷힌 세수도 학교나 공원의 음수대, 리필 코너 등 식수 인프라를 확대하고 수리하는 데 사용할 수 있을 것이고, 지역정부가 수십억 개의 일회용 플라스틱 물병을 수거하고 재활용하는 데 지출하는 폐기물 관리비용을 보전하는 데 사용할 수도 있을 것이다. 저널리스트 로라 블리스는 "병입생수에 과세해서 그 돈을 수도 시스템 개선과 전국적으로 사람들의 생각을 바꾸는 데 사용해야 한다"고 주장했다.[10] 최종 사용처가 무엇이든 원칙은 명료하다. 우리에게 필요하지 않은 것에 세금을 물려서 그 돈으로 우리에게 필요한 것에 자금을 대는 것이다.

플라스틱 쓰나미를 멈추기

다음으로, 플라스틱병 쓰레기가 물, 대기, 기후, 생태계, 인간의 건강, 그리고 지역정부의 폐기물 관리에 미치는 해로운 영향을 다루어야 한다. 이 영역의 많은 아이디어가 일회용 음료수 용기 사용을 줄이거나 없애려는 더 큰 운동과 부합하며, 생수병은 그중 가장 큰 비중을 차지한다. 이러한 접근 중 일부는 '생산자 책임 재활용extended producer responsibility'이라고 불린다. [제품 판매에서 생산자의 책임이 끝나는 것이 아니라 소비 이후까지 전 과정으로 생산자의 책임을 확대한다는 개념으로,] 소비 이후에 빈 병을 수거하고 재활용하는 부담을 생산자인 기업이 지도록 함으로써, 애초에 제품 디자인을 재활용이 더 쉬워지게 바꿀 유인을 만드는 것이다.

다소 저어되기는 하지만, 나는 여기에 재생원료 함유율과 재활용률을 크게 높이도록 강제하는 법도 포함시키고자 한다. 캘리포니아주가 2030년까지 재생 플라스틱을 50% 이상 포함하게 한 것이나 유럽연합이 2029년까지 재활용률 90% 달성을 요구한 것이 그런 사례다. 음료업계는 반복적으로 약속만 했을 뿐 오랫동안 재생원료 함유율과 재활용률을 그리 높이지 않았다. 새 원료가 아니라 재생원료로 병을 만들도록 법으로 강제하면 탄소 배출을 약간이나마 줄일 수 있고 매립지 공간을 아낄 수 있으며 재활용 프로그램을 확대할 수 있다. 하지만 이것은 일회용품 사용의 파괴적인 구조를 연장하는 결과를 낳을 수 있다. 더 폭넓게 도입한다 해도, 이러한 정책은 더 야심찬 변화로 가기 위한 임시 조치로서만 고려되어야 한다.

위에서 언급한 것과 함께, 정부는 용기 보증금법, 병 보증금법을 크게 확대하거나 없다면 새로 만들어야 한다. 용기 보증금 제도는 재활용률과 회수율을 높이는 가장 효과적인 방법이다. 이 제도는 모든 종류의 병입 및 포장생수를 포함해야 하고 모든 음료용기도 포함해야 한다. 그리고 보증금 액수는 높은 용기 회수율을 이끌어낼 수 있을 만큼 높게 책정되어야 한다. 독일, 오리건주, 미시간주가 그렇게 하고 있다. 업계는 병 보증금 제도를 새로 도입하거나 기존의 병 보증금 법을 확대하는 데 반대하겠지만, 이러한 반대는 분쇄되어야 한다. 물건

이야기 프로젝트의 마이클 오히니는 "병 보증금은 정말 중요하다"며 "기업이 싫어하는 이유는 소비자에게 부정적인 가격 신호를 주기 때문"이라고 설명했다. "병 보증금은 1병당 가격에 5센트나 10센트 정도를 추가하게 되는데, 업계는 이것을 싫어한다. 나중에 돌려받을 수 있지만 소비자가 일단 구매할 때 그 돈을 내야 하기 때문이다."[11] 또한 병 보증금은 소비자가 일회용 용기를 모아 반납하는 귀찮음을 감수해야 하고, 도시 당국이 재활용 시스템 운영비용을 치러야 하며, 생산자도 적어도 어느 정도의 비용을 부담해야 한다. 요컨대, 이 접근은 중요하긴 하지만 임시방편이기도 하다.

　다른 음료수들까지 음료수 전체적으로 보면, 진정한 해법은 모든 일회용 플라스틱을 없애기 위한 종합적인 운동의 일환으로서 일회용 플라스틱 음료용기를 단계적으로 완전히 없애는 것이다. '보증금 없음, 반환 불가No deposit, No return* 시대'를 영구적으로 끝내는 것이다. 이를 위해 중요한 한 가지 조치는, 음료업체가 분명한 중간 목표치와 함께 궁극적으로는 100% 재사용 가능한 다회용기로 바꾸도록 법을 만드는 것이다. 독일의 2017년 포장재법은 2022년까지 다회용 음료 및 식품용기 비중을 70%까지 올리도록 했다.[12] 보증금을 환급해주는 음료용기 반납 및 리필 시스템은 백일몽이 아니다. 10-20년 전만 해도 많은 곳에서 이렇게 하고 있었고, 많은 나라에서 줄어들고 있거나 존

• 2차 세계 대전 이후, 특히 1950년대 이후 일회용 용기의 등장과 함께 사용된 표현. 그전까지 소비자는 유리병에 든 음료(우유, 청량음료, 맥주 등)를 살 때 병에 대한 보증금을 내고 반환할 때 돌려받았다. 일회용 용기에 붙게 된 이 문구는 '보증금을 낼 필요도 없고 반환도 안 되니 그냥 버리라'는 뜻으로, 플라스틱 오염 시대의 시작을 나타낸다.

재하지 않게 되긴 했지만 지금도 전 세계적으로 음료용기의 거의 4분의 1이 그렇다.[13] 다회용기에는 플라스틱세나 플라스틱 요금, 포장생수세 등을 면제해 인센티브를 제공할 수 있을 것이다. 하지만 다른 음료수들과 달리 생수는 리필과 관련해 이야기가 좀 더 복잡하다. 글로벌 남부의 많은 곳에서는 20리터들이 물통과 정수물 리필 점포가 이미 보증금 기반의 리필 시스템으로 운영되고 있다. 하지만 리필 가능한 포장생수는 수도 시스템을 수리하고 확장하는 동안의 임시 조치로서만이어야지 영구적인 해법으로 여겨져서는 안 된다. 글로벌 북부지역 중 오염이나 투자 축소로 수돗물이 안전하지 않은 곳들도 마찬가지다. 이와 달리 안전한 수돗물이 널리 보급된 곳에서는 돈과 노력을 포장생수에서 리필 가능한 생수로 옮겨가는 데 투자하기보다 공공장소에서의 식수 접근성을 확대하고 수돗물의 수질을 높이는 데 투자해야 한다. 이런 곳들에서까지 단순히 업계가 생수를 리필 가능한 다회용기에 바꿔 담도록 하는 데 그친다면, 본질적으로 이것은 그린워싱이 될 것이다.

업계를 제약하기

병입생수 업계의 활동은 훨씬 더 엄격하게 감시되고 규제되어야 한다. 우선, 병입 및 포장생수 광고 중 수돗물보다 안전하다고 말하거나 암시하는 것, 수돗물의 질을 폄훼하는 것은 금지되어야 한다. 비슷하게, 생수 제품이 수분 섭취를 포함해 건강과 몸 관리상의 이득을 주장할 수 없게 해야 한다. 유럽연합은 2011년부터 병입생수 회사가 수분 섭취와 관련해 어떤 주장도 하지 못하도록 하고 있다.[14]

둘째, 병입생수의 안전성에 대한 규제를 급진적으로 개혁해야 한다. 적어도 일반적으로 병입생수에 적용되는 더 약한 규제와 수돗물에 적용되는 더 강한 규제로 기울어진 운동장이 평평해져야 한다. 미국의 경우, 몇 가지 구체적인 개혁이 특히 빠르게 이뤄져야 한다. 주 경계를 넘어 이동하지 않을 경우 병입생수가 연방 규제에서 벗어나는 구멍은 즉시 막아야 한다. 병입생수 규제기관은 식품의약국에서 현재 수돗물을 규제하고 있는 환경보호청으로 바뀌어야 한다. 수돗물 안전에 투입되는 인력에 상응하는 수준으로 생수 안전에 투입되는 인력도 늘려야 한다. 병입생수 수질 검사의 엄정성과 빈도도 수돗물 수준으로 높아져야 하고 검사 결과는 대중에게 빠르게 공개되어야 한다. 오염이 발견되었을 경우에는 즉시 자동 리콜되어야 하고 대중에게 알려져야 한다. 반복적으로 위반하는 곳은 벌금을 물리거나 면허를 취소해야 한다. 수도 당국이나 수도사업자처럼, 병입생수 회사도 (미세 플라스틱을 포함해) 여러 오염 물질에 대한 상세 수치를 온라인에 수시로 공개해야 하고, 리콜이나 벌금 등의 사례를 포함해 규제가 발동되었던 경우도 모두 공개해야 한다. 병입생수를 없애지는 못한다 해도, 병입생수가 더 약한 규제를 받고 안전 감시의 레이더를 벗어남으로써 수돗물을 훼손하도록 두어서는 안 된다.

셋째, 업계의 물 추출에 대한 규제도 더 엄격해지도록 개혁해야 한다. 미국과 캐나다에서는 규제의 틀이 주마다 차이가 크다. 많은 경우 병입업체가 무료로, 혹은 거의 무료로 물을 추출할 수 있고, 기존에 추출 허가가 나 있는 관정이나 용천이 거의 검토나 감시 없이 농업용이나 소상공인용으로부터 대규모 상업적 병입용으로 넘어갈 수 있으며, 새로운 추출 허가는 대수층, 수생 생태계, 인근 어획 자원, 인근 주민의 생활용수나 농업용수에 미칠 영향에 대한 고려를 거의 하지 않은 채 승인된다. 새로운 관정을 설치하는 것이든 기존의 관정에서 추출량을 늘리는 것이든 간에 기업이 제출하는 물 추출 계획은 엄격한 환경영향평가를 거쳐야 하고, 허용 기간은 짧아야 하며(최대 3년이나 5년을 넘지 말아야 한다), 엄격한 모니터링 의무와 추출량 상한을 두어야 하고, 기간 만료 후에 갱신은 그 사이에 달라진 기후나 수문학적 조건, 그리고 갱신 신청 기업의 법 준수 이력을 고려해 결정되어야 한다. 또한 지하수 추출을 규제할 때 물을 소모해 없애버리게 되는 상업적 물 추출(지역 수계에서 물을 고갈시키는 '물 채굴')은 물을 지역 수계 안에서 다시 순환시키는 경우와 다르게 취급해야 한다. 규제 지역에서 포장생수의 대규모 수출이나 반출을 허용하는 예외 조항들(예를 들어 오대호 협약이 보여준 [작은 용기에 담긴 물은 무제한 반출 가능하게 한] '병입생수 구멍' 같은 것들)은 반드시 없어져야 한다.

상업용 지하수 병입을 허용하는 경우에는 가파른 로열티를 부과해 규제 및 행정비용뿐 아니라 사회적, 생태적 비용까지 지불하도록 해야 한다. 미시간 물 보존을 위한 시민 연대의 폐기 케이스는 2020년에 미시간주에서 민주당 주 의원들이 발의한 법안에 대해 이렇게 설명했다. "무엇보다 이 모델은 네슬레 같은 기업이 물을 추출하고 싶다면 로열티를 내도록 하고 있습니다. (…) 석유와 가스기업이 하는 것과 마찬가지입니다. 우리는 그들에게 로열티를 받아야 하고, 그 돈은 공공 신탁으로 들어가서 인프라와 평등에 초점을 맞추어 사용되어야 합니다."[15]

하지만 궁극적으로 각급 정부는 2020년에 워싱턴주 의회가 시도하려 했던 것처럼 기존의 상업용 샘물 병입과 지하수 병입을 단계적으로 모두 중지하고 앞으로의 새로운 물 추출 허가도 모두 금지해야 한다.

이렇게 해도, 수돗물을 재정수해 병입하는 곳의 문제가 남는다. 미국의 병입생수 시장에서는 수돗물 생수 제품이 차지하는 비중이 크다. 몇몇 도시의 수도 당국은, 특히 탈산업화된 도시와 습윤한 지역 도시의 수도 당국은 수처리 용량이 필요량보다 넉넉한 경우가 있고, 요금 급등을 완화하거나 재정 균형을 맞추기 위해 병입회사가 수돗물을 취수하면서 내는 요금에 의존한다. 그랜트는 이렇게 설명했다. "많은 도시가 실제로 위기에 직면해 있습니다. 그런 곳에서는 (…) 수도 공급의 효율성 기준이 높아져 1인당 물 사용량 감소에 기여했는데, 이건 좋은 일입니다. 하지만 수도 당국으로서는 수입이 줄어든다는 의미가 됩니다. 그러면 수도 당국은 대용량으로 구매해가는 곳들에 대한 의존성이 한층 더 높아집니다." 하지만 수도 당국이 병입업체가 공공 수돗물을 병입해서 생수 제품으로 판매하도록 허용하면 대중에게 포장생수는 믿을 만하고 수돗물은 그렇지 못하다는 메시지를 전달하게 되어서 제 발등 찍는 격이 된다. 이를 막기 위해 도시 당국은 몇 가지 조치를 취해야 한다. 우선, 현재 수돗물을 병입업체에 판매해서 얻는 재정 수입을 일부라도 대체할 수 있도록 병입생수 판매에 과세해야 한다. 그러면 병입업체에 수돗물을 판매하는 계약을 종결할 수 있을 것이다. 또한 병입생수 회사는 그들의 핵심 원료인 수돗물에 대해 할인 협상을 할 수 없어야 한다. 오히려 도시 당국은 병입생수 제조를 위한 상업용 물 가격을 병입생수가 일으키는 사회적, 환경적 비용을 반영해 주거용이나 사업체용 물 가격보다 높게 책정해야 한다. 글릭은 "만약 내가 수도 당국이고 병입공장이 수십만, 수백만 갤런의 물을 가져가고 있다면 거기에 더 높은 특별 요금을 부과할 것"이라며 "병입공장이 물에 대한 수요를 밀어 올리고 있기 때문"이라고 설명했다.[16] 재정수한 수돗물로 만든 생수 제품은 생수 시장에서 저가 제품군이므로, 이 조치만으로도 몇몇 병입업체가 시장에서 나가게 할 수 있을 것이다. 이에 더해, 가뭄 빈발 지역이나 물 부족 지역에서는 수돗물을 병입이 허용되지 말아야 한다.

하지만 궁극적으로는, 이미 수처리를 거친 도시의 수돗물을 영리를 목적으로 병입하는 행위를 모두 금지해야 한다. 물 병입 사업을 군이 하고자 하는 도시는 공공기관과 비영리기구들만 생수를 판매, 분배할 수 있게 하고 반드시 다회용기로만 분배하도록 제한해야 한다. 이에 반대하는 사람들은 맥주, 청량음료, 주스 제조업체도 재정수한 수돗물을 사용하지 않느냐고 말할 것이다. 물론 펩시나 코카콜라가 수돗물을 사용해 다사니와 아쿠아피나 외에도 다양한 음료수를 만드는 것은 사실이다(현재 병입생수 판매가 청량음료 판매를 훨씬 넘어서고 있지만 말이다). 하지만 이 책의 앞부분에서 주장했듯이, 물은 여타의 음료와 다르다. 병입생수는 수돗물을 대체하는데, 수돗물을 제공하는 것은 도시 당국의 근본적인 임무다. 병입생수는 수돗물이 안전하지 못하고 믿을 만하지 못하다고 암묵적으로 사람들을 설득한다. 음료회사들이 공공 수도 시스템을 사용하면서 그 공공 수돗물을 훼손하도록 두어서는 안 된다.

'비상시'에는 병입생수를 쓸 수 있다는 단서를 없애기

앞에서 보았듯, 이윤을 위해 물을 병입 또는 포장한 형태의 제품은 궁극적으로 모두 제거되어야 한다. 안전한 수돗물이 널리 보급된 곳에서는 생수 제조와 판매를 완전히 끝내야 하고 현재로서 안전한 수돗물이 널리 보급되어 있지 않은 곳에서도 공공 수도 시스템을 수리, 확대하면서 단계적으로 생수 제조와 판매를 중지해야 한다. 그런데 이렇게 주장하는 병입생수 비판자들도 '비상시에는 예외로 한다'는 단서를 붙이곤 한다. 하지만 자연재해는 예측 불가능할지 몰라도 플린트 같은 물 위기는 (피해는 실질적이지만) 사회적, 정치적으로 만들어진 위기이며, '비상 상황'은 끝나는 시점이 언제인지가 대부분 명확하지 않다. 또 설령 재난이 닥쳐 수돗물이 오염되고 수도망이 손상된 상태라 해도 안전한 물 접근성을 보장하는 데는 병입생수 외에 다른 방법도 있다. 오히니는 이렇게 설명했다. "비상시라 해도, 물탱크를 가져오면 됩니다. 이 회사들이 자사 브랜드 로고가 찍힌 트럭을 몰고 와서 생수 상자를 나눠주는 것을 보면 저는 끝도 없이 화가 납니다. 연방재난관리청에 물탱크가 없다고 말씀하시려는 건가요?" 하지만 현재로서 물탱크 인프라는 전혀 널리 보급되어 있지 않다. 전국 차원에서, 중앙정부는 재난 대응 계획에 대용량 물탱크와 물 보급 스테이션을 필수적으로 포함시켜야 하고 공공 영역의 필수 역량인 식수 공급을 주정부와 지역정부가 잘 갖추도록 필요한 자금을 지원해야 한다. 플라스틱생수에 의존할 수 있는 가능성이 없었다면 대용량 물 공급용 물류와 장비는 진즉에 잘 갖추어졌을 것이다. 비상사태가 발생했을 때 안전한 대용량 물 공급원을 사용할 수 있는 곳에서는, 일회용 병입생수가 맨 처음에 쓰는 수단이 아니라 맨 마지막에 쓰는 수단이 되어야 한다.

글로벌 물 인권 목표 달성 수단에서 포장생수를 제외하자

마지막으로, 국제기구들은 포장생수를 '개선된 식수원'으로 간주하지 말아야 한다. 현재 세계의 많은 곳에서 포장생수 외에는 안전한 식수원이 거의 없는 채로 살아가고 있는 사람이 많은 것은 사실이다. 하지만 현실을 인식하는 것과 그 현실을 정당화하는 것은 다른 이야기다. 포장생수 의존성의 광범위한 확산은 글로벌 물 부정의의 징후다. 이는 국가와 국제기구가 공공에 의해 관리되는 깨끗한 식수 접근권을 모두에게 보장하는 데 실패했다는 강력한 고발이다. 유엔 지속가능발전목표 6번SDG-6의 달성 수단에 병입생수를 포함하는 것은 단순한 항복이 아니라 담수에 대한 기업의 통제력이 커지는 상황을 승인하는 것이나 다름없다. 조슈아 그린은 "현재 포장생수 업계는 확장세를 타고 있는데, 개선된 물 접근성에 포장생수를 포함하자는 국제기구에서의 새로운 담론은 포장생수 업계의 확장세를 인정하고 승인하는 격"이라고 지적했다.[17] 인간의 본질적인 욕구가 '상품'이 되면 그것에 대한 접근성이 지불 능력에 달려 있게 되며, 이는 수천만, 수억 명의 사람이 접근성을 잃도록 내몰리게 된다는 의미다. 모두에게 물 인권을 보장하는 것은 정부의 중요한 의무이고 포장생수를 글로벌 목표 달성 수단에 포함하는 것은 정부가 그 의무를 방기하라고 허락하는 것과 다름없다. 따라서 이는 철회되어야 한다.

• • •

기념비적인 저서 《어둠 속의 희망》에서 리베카 솔닛은 "우리가 꿈꾸는 것은 세상에 이미 존재한다"고 말했다.[18] 우리 사회와 지구에서 병입생수의 장악력을 느슨하게 하는 것은 어마어마하게 어려운 일로 보이지만, 초기의 청사진은 이미 존재한다. 위에서 언급한 아이디어 거의 모두가 현재 세계 곳곳의 국가와 공동체에서 시도되고 있고 그럼으로써 실험의 비옥한 묘판을 제공하고 있다. 이 모델들은 공유되고 조정되고 도입되고 있으며, 지역 주민과 활동가들은 이것이 더 널리 법제화되도록 당국자들을 압박할 수 있다. 모두 합해서 이러한 모델들은 우리가 더 지속가능하고 더 정의로운, 지금과는 다른 식수 시스템을 상상할 수 있게 해주는 틀을 제시한다.

공공 당국이 관리하는 수도 시스템에 대한 비전을 회복하자

이 부분에서, 큰 기조에 동의하는 사람 중에서도 지니를 병 속에 다시 넣을 수는 없으리라는 회의적인 견해를 갖는 사람이 있을 수 있다. 수십억 명이 식수를 포장생수에 의존해 살아가지 않는 세계로 돌아가는 것은 현실적으로 가능하지 않다고, 그리고 전후 시기 글로벌 케인스주의 프로젝트의 특징이었던 "수도 인프라에 대한 국가의 대규모 지출"을 다시 실행하기는 어려울 거라고 말이다. 그들은 많은 사회가 손상되어가는 식수 시스템을 고치는 데 수조 달러나 되는 예산을 할당할 능력도 의지도 없으며, 식수 시스템이 없는 곳에 식수 시스템을 만드는 것에는 더더욱 그러하리라고 말한다. 혹은, 부유한 나라에서는 그러한 대규모 지출을 생각해볼 수 있을지 몰라도 대부분의 글로벌 남부 국가에서는 중앙집중화된 수도 시스템을 새로 지을 수 있으리라는 기대가, 아니 현재의 안전하지 못한 수돗물을 마시기에 안전할 만큼 개선할 수 있으리라는 기대조차 너무 순진한 생각이라고 말한다. 그러므로 좋든 싫든 포장생수는 필요악이고 유감스러운 현 상황에 대해 불완전하나마 해법의 일부가 되어야 한다고 말이다.

하지만 이러한 주장에 되묻고 싶다. 어떤 토대에서 물 접근성에 대해 사람들의 등급을 나눌 수 있는가? 어떤 도덕적, 윤리적 토대에서 세계 각지의 많은 사람을 안전하고 믿을 수 있는 수돗물 접근성에서 배제하는 것이, 부유한 나라에서는 다수가 누리고 있는 그 접근성에서 배제하는 것이, 그리고 그 때문에 영구적으로 비싼 포장생수의 세계에 살도록 내모는 것이 정당화되는가?

물론 대규모 공공 식수 시스템을 확대하고 되살리는 프로젝트는 거대하고 비용이 많이 드는 일이다. 공공이나 국가의 식수 관리를 낭만화할 필요도 없다. 어느 경우에는 공공 또는 국가의 관리가 불충분한 투자, 역진적인 요금 구조, 일관성 없는 물 공급, 사람들의 필요에 부응하지 않거나 부패한 경영, 수질 저하 등의 문제를 갖기도 한다. 지역 공동체(공공 당국이 아니라)의 물 공급이 잘 돌아가는 곳(대개 농촌 공동체이거나 공공 수도망이 들어가지 않는 동네에 많다)에서는 이러한 방식이 견고하게 지켜져야 하고 지원되어야 한다. 또한 빗물 관개 등 더 탈중심적인 방식도 촉진되고 확대되어야 한다. 그렇긴 하되, 전 세계의 도시 인구 대부분에게는 공공 당국에 의해 잘 관리되는 대규모 상수도 네트워크가 다수의 인구에 가장 효율적이고 경제적이고 지속가능하게 깨끗한 물을 공급할 수 있는 시스템이다. 그랜트는 "**그래서 수도가 존재하는 것**"이라며 "사람들에게 비용 효과적으로 안전한 물에 대한 접근성을 보장하기 때문에 수도가 존재하는 것"이라고 말했다.

이 같은 대규모 공적 노력을 확대하고 복원할 가능성을 상상할 수 없게 된 우리의 집합적 무능력은 익숙한 원인에서 비롯한다. 글로벌 북부와 남부 모두에서 40년간 벌어진 신자유주의와 긴축, 천문학적으로 심화한 글로벌 불평등, 불평등 교환, 부채 등의 형태로 글로벌 남부에서 계속해서 빠져나간 막대한 부, 부자들의 대담한 조세 회피, 기업의 정부 포획, 그리고 부유한 국가의 상당수 인구(주로 가난하거나 비백인이거나 둘 다인 사람들)가 수도꼭지만 틀면 깨끗한 식수가 나오는 것을 당연한 권리로서 누리지 못하는 이등 시민 처지로 전락한 것 등이 그러한 요인이다.

이에 대해 가능한 해법들도 새로운 것이 아니다. 글로벌 경제정의를 위해 싸워온 운동이 수십 년 동안 요구했던 바와 동일한 것들이 여기에 포함된다. 글로벌 남부 국가에 대해서는 조건 없는 대외 채무 탕감, 불공정한 교역 조건과 부정의한 투자 규칙에 의해 체계적으로 부를 강탈당하는 상황의 종식, 소위 '구조조정'이 부과되어 일어난 피해에 대한 배상, 부유한 나라들을 더 부유하게 만들고 가장 가난한 나라들을 폐허로 만들어온 온실가스 배출에 대해 부유한 나라들의 기후 부채 상환 등이 이루어져야 한다. 또한 모든 나라에서 부, 기업의 수익, 금융 거래, 환경에 유해한 산업과 제품 등에 더 무겁게 과세해야 한다. 우리는 돈이 없는 게 아니다. 그리고 우리가 가진 돈이 꼭 쓰여야 할 여러 사용처 중에는 유엔이 2010년에 선포한 근본적인 권리를 온전히 실현하는 것, 즉 사회운동의 압력과 지켜보는 눈을 통해 '모든 사람에게 감당 가능한 가격대에서 깨끗한 식수를 제공할 책임'

을 다시 갖기로 한 공공 영역이 이를 실현할 수 있게 하는 것도 포함되어야 한다. 그렇게 하지 못하면 전 세계에서 점점 더 많은 사람이 민간 영역에서 생산, 판매하는 포장생수에 더 의존하게 될 텐데, 이는 그들의 물 인권을 거부하는 것이다. 기업감시단의 로렌 드루샤는 이렇게 말했다.

우리는 우리의 수도 시스템에 투자해야 합니다. (…) 우리는 이야기를 시작해야 합니다. 그러지 않으면 우리의 선택지에 남는 것은 두 손 들고 앞으로 남은 평생 이 착취적인 기업들이 공급하는 물에 의존하는 것뿐일 테니까요. 이 기업들이 돈을 가장 많이 낼 사람들에게만 물을 공급하리라는 것은 불 보듯 뻔합니다. (…) 병입생수 업계는 우리가 디스토피아적인 미래에 살고 있고 다른 선택지는 없다고 믿게 하고 싶어 하지만, 우리 모두 그 내러티브에 희생되지 말고 비전을 가져야 한다고 생각합니다.

• • •

자본은 과거부터 현재까지 그치지 않고 자연을, 아니, 사실 모든 것을 상품화하고 있으며, 이 지속적인 움직임에서 물의 상품화는 매우 중요한 부분이다. 병입 및 포장생수는 강력한 이해관계 집단이 물을 민간 영역으로 포섭하는 과정의 핵심이며 전 세계에서 담수의 탈취를 가속화하는 주요 요인이다. 포장생수는 점점 더 귀해지고 희소해지는 자원인 담수를 인클로즈하는 과정에서 부수적인 이야기가 아니다. 오히려, 더 완전한 형태의 인클로저이며 이 과정은 가속화되고 있다. 마찬가지로, 병입생수 업계의 물 추출과 병입생수 소비에 반대하는 운동도 멀게는 16세기 잉글랜드까지 거슬러 올라가는, 부유하고 강력한 자들이 공공재를 인클로즈하는 데 맞섰던 오랜 투쟁의 계보를 잇는다.[19] 또한 이러한 운동은 특히 지난 몇십 년간 공공재와 자연에 대한 탈취가 전 세계적으로 확산된 데 맞서, '강탈에 의한 축적'에 반대하며 활발히 일고 있는 저항의 일부이기도 하다.

따라서 물 상품화에 반대하는 운동의 두 측면, 즉 수도 민영화를 멈추거나 되돌리고 공공 수도 시스템의 훼손을 막으려는 싸움, 그리고 원수 추출단과 생수 소비단 모두에서 병입생수 업계에 도전하는 싸움은 먼 친척 정도가 아니라 형제라고 보아야 한다. 이러한 운동에 참여하는 사람들은 같은 목적을 위해 활동하고 있고 같은 것에 대해 말하고 있다. 두 운동의 차이는 크지 않으며 두 운동은 함께할 때 더 강해질 것이다.

자본이 전 세계에서 (지역마다 편차는 있으되) 상당한 정도로 물에 대한 통제력을 장악해왔지만, 진정한 물 정의를 달성할 수 있는 희망은 존재하며, 그 희망은 궁극적으로 국가, 지역 공동체, 시민사회, 사회운동의 손에 달려 있다. 생명 유지에 필수적이고 대체 불가능하다는 물의 고유한 속성은 포장생수의 세계적인 성장과 수도 운영에 대한 민간 부문의 장악력 확대에 반대하는 물 정의 운동이 그토록 강렬하고 활발하게 전개된 이유를 말해준다. 이러한 물 정의 운동은, 담수는 마땅히 공공재여야 하며 시장에 맡기기에는 너무나 소중한 재화라고 주장한다. 이들은 공공 수도의 민영화와 병입생수 형태의 물 상품화 둘 다를 되돌리고 막고 늦추는 데 부분적으로 성공했으며, '허구적 상품'인 동시에 실질적 상품인 병입생수를 다소나마 [자본 축적에] 덜 완벽한 상품이 되게 만드는 집합적인 세력을 구성한다.

끝으로, 내가 이 책의 서두에서 제기했던 질문으로 돌아가보자. 모든 사람이 감당 가능한 가격으로 깨끗한 물에 접근할 수 있는 것이 기본적인 인권이자 사회계약의 핵심에 속한다는 데 동의하는가, 아닌가? 우리의 답이 '동의한다'라면, 식수에 접할 수 있는 권리는 결코 시장에서 실현될 수 없을 것이고 플라스틱병에 담긴 채로는 더더욱 실현될 수 없을 것이다.

감사의 글

일일이 감사의 말을 전하기가 불가능할 정도로 오랜 기간 너무나 많은 분들의 도움을 받았고 그분들 덕분에 이 책이 나올 수 있었다. 초기에 집필한 장들의 초고뿐 아니라 나중에는 원고 전체를 읽어준 제인 콜린스와 게이 사이드만, 그리고 몇몇 장을 읽고 의견을 내어준 루시 재로즈에게 큰 빚을 졌다. 모두의 귀중한 제안 덕분에 내용이 더 탄탄해질 수 있었다. 뛰어난 실력으로 문장이 훨씬 더 간결하고 좋아지게 도와준 리사 콜린 무어에게도 큰 감사를 전한다. 또한 개별 장들에 대해 귀중한 조언을 해준 로버트 케이스, 벤저민 파울리, 마이클 오히니에게도 감사드린다.

이 프로젝트가 원활히 진행되도록 수많은 방식으로 경험을 너그럽게 나누어준 지역 공동체의 많은 분들, 자원봉사자, 풀뿌리 활동가, 지역 당국자, 그 밖에 많은 분들께 깊은 감사드린다. 온타리오주에서는 웰링턴물감시단과 세이브아워워터 회원들, 특히 알린 슬로콤, 마이크 네이기, 마이크 볼크월, 도나 맥카우, 잰 베버리지, 로드 휘틀로에게 감사드린다. 오리건주에서는 로컬물연대의 자원봉사자와 활동가, 그리고 클레어리스 웨슬리, 휘트니 칼라마, 줄리아 드그로에게 감사를 전한다. 또한 훌륭한 작품을 이 책에 실을 수 있게 허락해준 사진작가와 디자이너 블루 애커먼, 윌 두리틀, 오로라 델 발, 로라 아멘돌라, 트로이 브리지먼, 폴 디목, 페데리코 올리비에리, 캣산디자인, 토니 비들, 그리고 영어판 표지 일러스트를 작업해준 글리니스 코이크에게도 감사를 전한다.

팬데믹으로 예기치 못하게 길어진 연구년 동안 귀중한 학문 공동체와 이 책의 상당 부분을 집필하는 데 필요한 사무실 공간을 제공해준 뉴질랜드 오타고대학 지속가능성센터의 모든 분께 깊이 감사드린다. 특히 휴 캠벨, 매리언 패밀턴, 칼리 버치의 날카로운 통찰과 따뜻한 환영, 그리고 동료애에 감사를 전한다.

내 이전 연구 중 일부를 사용할 수 있게 허락해준 다음의 출판사 및 저널에 감사드린다(대부분은 개고한 형태로 사용했다).

"A Bottle Half Empty: Bottled Water, Commodification, and Contestation," *Organization and Environment* (© 2013 Sage); "A More Perect Commodity: Bottled Water, Global Accumulation, and Local Contestation," *Rural Sociology* (© 2013 John Wiley and Sons): 두 논문 모두 소렌 뉴먼과 공저했으며 이 책의 1장과 5장에 일부를 사용했다.

"Draining Us Dray: Scarcity Discourses in Contention over Bottled

Water Extraction," *Local Environment* (© 2018 Taylor & Francis): 로버트 A. 케이스와 공저했으며 6장에 일부를 발췌해 사용했다.

"Enclosing Water: Privatizatioon, Commoddification, and Access," *The Cambridge Handbook of Environmental Sociology* (© 2020 Cambridge University Press): 일부를 '서론', 1장, '맺는 글'에 사용했다.

이 저술들에 대한 전체 참고 자료는 '참고문헌'을 참고하기 바란다.

이 책을 위한 연구의 일부는 포틀랜드 주립대학에서 2개의 교수 발전 지원금을 받아 이루어졌다.

캘리포니아대학 출판부의 뛰어난 분들께 감사를 전한다. 특히 알린 돌린, 서머 파라, 에밀리 그랜스태프, 르케이샤 휴스, 테레사 아이아폴라, 케트라이스 래슬, 에밀리 파크, 그리고 교열을 맡아준 엘리자베스 매그너스와 색인을 담당해준 신시아 새비지에게 감사드린다. 많은 지연이 있었는데도 처음부터 끝까지 이 프로젝트에 지치지 않고 믿음을 보여준 담당 편집자 내오미 슈나이더에게 가장 큰 고마움을 전한다. 두 권의 책과 거의 20년에 걸친 연구 및 집필 작업 동안 내오미의 지원과 지침을 얻을 수 있어서 너무나 행운이었다. 저자로서 내오미보다 더 좋은 편집자와 더 든든한 지원자를 찾을 수는 없을 것이다.

평생 무조건적인 지원과 유쾌한 유머를 나누어준 누이 리사 재피에게 진심으로 감사를 전한다. 나의 파트너이자 최초의 독자이며 최고의 비평가인 돈 네이퍼스는 매 장의 초고를 꼼꼼히 읽고서 놀랍도록 효과적으로 기운을 북돋워주었으며 생각 못 해본 점들을 제안해주었다. 책 제목[Unbottled]도 돈의 아이디어다. 늘 감사드린다. 이 책을 나의 어머니이자 오랫동안 시애틀 수자원부에서 일한 미생물학자 이리스 재피께 바친다. 지금 여기에서 이 책을 함께 보시지 못한다는 사실이 한스러울 뿐이다. 어머니는 사회정의에 대한 관심과 안전한 공공 식수의 핵심적인 역할에 대한 믿음을 가지고 계셨고, 이는 나의 가치관과 이 책 둘 다의 모양을 잡는 데 크게 영향을 미쳤다.

주

서문

1. 지나 러스터, 인터뷰, 2019년 11월.
2. Ellison 2019.
3. WEYI TV 2022. 2021년에 네슬레는 6장의 사례 연구 장소인 캐나다 온타리오 주를 포함해 북미 병입생수 사업부와 브랜드를 '블루트라이튼브랜즈'라는 이름 의 사모펀드 컨소시엄에 매각했다. 그리고 2024년에 블루트라이튼도 온타리오 주에서 철수했다.
4. MST 2018; de Mora e Souza 2018.
5. Frederick 2018; Dawson 2018.
6. Watts 2018.
7. Browdie 2018.
8. Kretzman and Joseph 2020.
9. Oaten and Patidar 2020; Sunder 2021; R. Brown 2022.
10. IBWA 2020b; Shoup 2017b; Felton 2019b.
11. Statista 2022b.
12. Statista 2022b; Grand View Research 2022.
13. Szasz 2007; Gleick 2010.
14. Food and Water Watch 2018a.

15. Laville and Taylor 2017.

16. Laville 2020; PET Planet 2022.

17. **물 정의**라는 개념은 기관, 연구자, 행위자마다 각기 다양하게 의미를 규정해왔다. 물 거버넌스 학자인 마르흐레이트 즈바르테베인Margreet Zwarteveen과 륏허르트 불런스Rutgerd Boelens(2014: 154)는 '물 정의'를 물질적, 경제적 차원만이 아니라 문화적, 정치적 차원까지 포함하는 관계적 개념으로 규정해야 한다고 주장한다.

서론

이 장의 제사는 다음에 인용되어 있다. Wagenhofer 2005.

1. IBWA 2022.

2. Drewnowski, Rehm, and Constant 2013.

3. Statista 2022b; IBWA 2022.

4. Rodwan 2019, 2021; Statista 2022b.

5. Euromonitor International 2022b. 유럽과 캐나다에서 판매되는 병입생수는 대부분 용천수와 지하수를 병입한 것이다.

6. 몇몇 병입업체들은 물 사냥꾼[수원 탐사인]을 고용한다. 대개 수문학자나 수문지질학자로, 깨끗하고 접근 가능한 수원을 찾아다닌다. Conlin 2008b.

7. Barlow 2019; 2030 Water Resources Group n.d.

8. 예를 들어 다음을 참고하라. Rodwan 2019.

9. '다수 세계'라는 용어는 전에 식민화되었던 나라들이 세계 인구 중 다수를 포괄함을 의미하며, 방글라데시 사진작가 샤히둘 알람Shahidul Alam이 쓴 말이다. '소수 세계'는 전에 제1세계였던 부유한 나라들을 의미한다(Masalai Blog 2009). 하지만 이 책에서 인용한 압도적 다수의 문헌이 '글로벌 남부Global South'와 '글로벌 북부Global North'라는 용어를 사용하고 있음을 고려해, 완벽한 용어는 아니지만 이 책에서도 '글로벌 남부'와 '글로벌 북부'라는 용어를 사용했다.

10. Hawkins 2017.

11. Girard 2009; J. Greene 2018; Prasetiawan, Nastiti, and Muntalif 2017.

12. Gleick 2010; Parag and Roberts 2009.

13. 2000년 5월에 워커튼의 수돗물이 대장균에 오염됐다. 폭우 이후 물이 제대로 처리되지 못해 소 분뇨의 대장균으로 관정이 오염되었기 때문이다. 이는 6명이 사망하고 2000명이 병에 걸리는 집단 발병 사태로 이어졌다.

14. Readfearn 2018; Gleick 2010; Felton 2019b; Tyree and Morrison 2019.

15. 2017년 현재, 미국에서 판매되는 병입생수의 62%가 도시 당국이 공급하는 수돗물을 원수로 사용한 제품이다. Antea Group 2018.

16. Gleick and Cooley 2009; Laville and Taylor 2017.

17. Schnell 2012; Prasetiawan, Nastiti, and Muntalif 2017; Raman 2010.

18. 학자들은 식수가 '공공재'로 간주되어야 하는지에 대해 의견이 서로 다르다. 바커(Bakker 2010)는 물은 공공재와도 구별되고 사적 재화와도 구별되는 공유재common-pool resource라고 본다. 대조적으로 바일(Vail 2010)은 도시 당국이 공급하는 물이 공공재의 명백한 사례라고 본다. 둘 다 잘 알려진 입장이다. 수돗물은 경제학에서 공식적으로 정의하는 의미인 공공재public good(한 사람이 쓰는 것이 다른 사람이 쓸 수 있는 양을 줄이지 않는다는 의미에서 비경합성nonrivalry을 갖고, 다른 사람의 사용을 막는 것이 불가능하거나 어렵다는 의미에서 비배재성unexcludability을 가져야 한다)에는 부합하지 않지만 깨끗한 수돗물에 누구나 접근 가능한 것은 명백히 사회적으로 큰 이득을 주므로 '공공선에 효용을 주는 공동의 재화common good'라고 말할 수 있을 것이다.

1장

1. Barlow and Clarke 2002; Abrams 2014.

2. Fergusson 2015.

3. Zwarteveen and Boelens 2014.

4. Goff and Crow 2014.

5. 유엔 지속가능발전목표Sustainable Development Goals, SDGs는 '개선된 수원improved water source'을 '필요할 때 오염 걱정 없이 거주지에서 접근 가능한 물'로 정의하고 있다(United Nations 2018). 하지만 이것은 '안전한 식수'가 공급된다는 것과 동의어가 아니다. 거의 10억 명이 '개선된' 수원에는 접근할 수 있지만 안전한 식수에는 접근할 수 없다. Walter, Kooy, and Prabaharyaka 2017: 642.

6. WHO and UNICEF 2021; UN News 2020.

7. UNDP 2006.

8. Zwarteveen and Boelens 2014: 143.

9. Mehta 2016.

10. Bakker 2010.

11. Malkin 2012.

12. Narain 2014.

13. Jasechko and Perrone 2021; Chelsea Harvey, https://www.scientificamerican.com/article/millions-of-groundwater-wells-could-run-dry

14. UN Convention to Combat Desertification 2022.

15. Bond 2008.

16. Subramaniam and Williford 2012.

17. Bakker 2005.

18. United Nations 1992.

19. Goldman 2007.

20. Castro 2007.

21. 2010년 현재 전 세계적으로 민간 물 시장의 연매출은 5750억 달러였고 그중 3956억 달러가 민간 수도사업이었다. 이 3956억 달러가 이 단락의 논의와 가장 관련성이 큰 숫자일 것이다(Arup 2015). 2018년 민간 물 시장 규모는 7700억 달러로 추산되었는데, 하수 서비스와 수처리 및 하수 처리 산업에 지출되는 금액도 포함한 숫자다. 이 글을 쓰는 현재, 전 세계 민간 '수도' 사업 시장만의 규모는 추산치를 구하기 어렵지만 대략 5000-6000억 달러라고 보면 무난할 것이다.

22. Arup 2015.

23. Harris 2013.

24. Goldman 2007; Conca 2008.

25. Bakker 2005. 스코틀랜드와 북아일랜드의 수도는 민영화되지 않았다.

26. Goldman 2005.

27. Bakker 2014: 474-75.

28. Arup 2015.

29. McDonald 2016: 109.

30. Bakker 2014; Castro 2007.

31. Bakker 2014.

32. Bakker 2005: 559.

33. Harvey 2003.

34. Jaffee and Newman 2013b.

35. 클라우디아 캄페로 아레나, 블루 플래닛 프로젝트의 물 활동가, 인터뷰, 2016년 1월, 멕시코시티.

36. Bakker 2007.

37. Castro 2008; Swyngedouw 2005.

38. World Bank 2005.

39. Ruiters 2007; Whiteford and Whiteford 2005.

40. Kurland and Zell 2011: 329.

41. O'Reilly 2011.

42. Ahlers 2005: 57.

43. Thara 2017: 265.

44. Castro 2008; Spronk 2015.

45. Olivera and Lewis 2004; Driessen 2008; Spronk and Webber 2007.

46. Spronk 2015.

47. Barlow 2014; Lobina, Terhorst, and Popov 2011; Nelson 2017.

48. Snitow, Kaufman, and Fox 2007; Barlow 2007.

49. United Nations 1948.

50. Barlow 2019: 48.

51. Barlow 2019; Lederer 2010.

52. United Nations 2010.

53. Bakker 2010; Sultana and Loftus 2012.

54. UN-Water 2018; Karunananthan and Tellatin 2016.

55. Hall, Lobina, and Corral 2011; Vidal 2006.

56. Esterl 2006.

57. Loftus 2009.

58. Loftus 2009: 957.

59. Bakker 2010.

60. Arup 2015: 5.

61. Kishimoto, Steinfort, and Petrovic 2020.

62. Hall, Lobina, and De la Motte 2009; Harris 2013.

63. Driessen 2008; Spronk 2015.

64. Food and Water Watch 2012b.

65. Snitow, Kaufman, and Fox 2007: 5.

66. Cutler and Miller 2005: 3.

67. Varghese 2007.

68. Esterl 2006; Snitow, Kaufman, and Fox 2007; J. Robinson 2013.

69. American Water Works Association 2012; Food and Water Watch 2022.

70. Barlow 2019: 75.

71. Peck 2015.

72. Sloan 2016; Gurley 2021.

73. Food and Water Watch 2012a. 사모펀드는 인수 또는 투자한 회사를 [주식 시장에 기업 공개를 하지 않고 투자자들이] 사적으로 소유하고서 비용을 크게 줄인 뒤 되팔아 단기에 고수익을 올릴 목적으로, 종종 차입 금융을 통해 상장기업이나 사기업 인수에 참여하는 투자 회사다.

74. Klein 2007.

75. Food and Water Watch 2016c, 2017; Wait and Petrie 2017.

76. Mack and Wrase 2017.

77. Lakhani 2020.

78. Teodoro and Saywitz 2020.

79. Kornberg 2016; Rushe 2014; Food and Water Watch 2016a.

80. Zhang et al. 2022. 저소득층 가구 중 민간 수도사업자가 수도를 공급하는 경우 연소득의 4.39%를 수도요금으로 지출하는 반면(하수 서비스 요금은 포함하지 않은 숫자다) 공공 당국이 수도를 공급하는 경우에는 연소득의 2.84%를 지출하는 것으로 나타났다.

81. 예를 들어 다음을 참고하라. Pempetzoglou and Patergiannaki 2017; Mercille and Murphy 2015.

82. Melo Zurita et al. 2015.

83. Arup 2015.

84. 멕시코, 콜롬비아, 브라질은 이 추세에서 예외였다.

85. Pierce 2015.

86. Bakker 2013: 257.

87. Arup 2015.

88. Polanyi 1944.

89. Polanyi 1944: 72.

90. Polanyi 1944: 73.

91. Polanyi 1944: 76.

92. Laxer and Soron 2006.

93. Marx 1867; Roberts 2008; Glassman 2006.

94. Luxemburg [1913] 2003.

95. Harvey 2003: 149.

96. Harvey 2003: 149.

97. Harvey 2003: 148.

98. Harvey 2003: 166.

99. 예를 들어 다음을 참고하라. Ahlers 2010; Spronk and Webber 2007.

100. Swyngedouw 2005: 87.

101. S. Ball 2004; Gilbert 2008.

102. Vail 2010: 313.

103. Laxer and Soron 2006: 28.

104. 예를 들어 다음을 참고하라. Bond 2005.

105. Kloppenburg 2010.

106. Mascarenhas and Busch 2006: 125.

107. Kloppenburg 2010: 370.

108. Bonny 2017.

109. Pechlaner and Otero 2010: 185.

110. 예를 들어 다음을 참고하라. Kinchy, Kleinman, and Autry 2008.

111. Shiva 2016; Bezner Kerr 2013; Kloppenburg 2010.

112. Snitow, Kaufman, and Fox 2007: 197.

113. Bakker 2005: 559.

114. Jaffee and Newman 2013a.

115. J. Greene 2018: 11.

116. Boreal Water News 2010.

117. Salzman 2012: 177.

118. J. Greene 2018.

119. Felton 2020b.

120. Bakker 2010: 200.

121. Barlow 2007: 84.

122. Clarke 2007; NRDC 1999; Castro 2007; Spronk and Webber 2007; Bond 2005.

123. Bakker 2010; Driessen 2008.

124. Girard 2009.

125. Arup 2015; Bond 2005; Bakker 2010; Kishimoto, Steinfort, and Petrovic 2020.

126. Harvey 2003.

2장

이 장의 제사는 다음에서 가져왔다. Shoup 2017a.

1. Salzman 2012.

2. Chapelle 2005: 15.

3. Chapelle 2005: 3.

4. Salzman 2012: 174.

5. Holt 2012: 245.

6. Szasz 2007.

7. Nestlé 2020.

8. Szasz 2007: 129. 2002년 이래로 코카콜라가 다논 생수 브랜드의 미국과 캐나다 총판을 담당하고 있다. 멕시코에서는 다논이 최대 병입생수 업체다.

9. Holt 2012: 248.

10. Nestlé Waters Canada 2017.

11. CBS News 2007.

12. Beverage Marketing Corporation 2010: 253.

13. Felton 2020b.

14. Holt 2012: 245.

15. Overstreet 2021. 금속 용기는 전체 판매량 중 41%, 유리 용기는 10%를 차지했다.

16. Hemphill 2018.

17. Rodwan 2011.

18. Hawkins 2017: 5; Race 2012.

19. Jaeger 2018.

20. Loria 2020.

21. Felton 2019b.

22. Royte 2008: 167.

23. Royte 2008: 169.

24. Szasz 2007: 127.

25. Race 2012: 86.

26. Holt 2012: 247.

27. Race 2012: 72.

28. Race 2012: 85.

29. Race 2012; Szasz 2007: 127.

30. Sparrow 2015.

31. Harvey 2005.

32. Hawkins 2017: 5.

33. Szasz 2007: 126.

34. Hawkins 2017: 3.

35. Holt 2012: 251.

36. Gleick 2010.

37. Radonic and Jacob 2021.

38. 다음을 참고하라. Gleick 2010: 2-3.

39. Girard and Shaker 2008.

40. Pierre-Louis 2015.

41. Sparrow 2015.

42. Pierre-Louis 2015.

43. Rodwan 2019.

44. Girard 2009, n.p.

45. Rodwan 2021.

46. Clarke 2007; Girard 2009.

47. WHO and UNICEF 2017.

48. J. Greene 2018. 또 다른 종류로는 '물 ATM'이 있다. 돈을 넣고 물을 받아가는 자동화 기기 스테이션이나 매대를 두어서 선불카드로 돈을 내고 물을 구매할 수

있게 한 것이다.

49. Prasetiawan, Nastiti, and Muntalif 2017: 1.
50. Prasetiawan, Nastiti, and Muntalif 2017: 2.
51. Prasetiawan, Nastiti, and Muntalif 2017: 4.
52. Bakker 2010: 108-9.
53. Walter, Kooy, and Prabaharyaka 2017: 643.
54. Euromonitor International 2020a; Prasetiawan, Nastiti, and Muntalif 2017.
55. Walter, Kooy, and Prabaharyaka 2017: 646.
56. Heller 2017.
57. Montero Contreras 2019; IDB 2011.
58. J. Greene 2018.
59. Montero Contreras 2019.
60. 멕시코를 포함해 여러 라틴아메리카 국가에서 영업하는 코카콜라의 파트너사.
61. Euromonitor International 2020b; Mestre Rodriguez 2019.
62. Lemus 2019: 260.
63. Malkin 2012.
64. Heller 2017.
65. J. Greene 2018.
66. J. Greene 2018: 8.
67. Montero Contreras 2019.
68. Montero Contreras 2016.
69. Heller 2017: 11.
70. Montero Contreras 2016.
71. J. Greene 2018: 11.
72. Pacheco-Vega 2019.
73. Agua Para Todos n.d.
74. 엘레나 번스, 인터뷰, 2019년 11월.
75. WHO and UNICEF 2017: 12.
76. WHO and UNICEF 2017: 12.
77. J. Greene 2018: 11.
78. Heller 2017: 9.
79. IBWA 2022a.
80. Euromonitor International 2019, 2022a.
81. Euromonitor International 2022a.
82. Mintel 2021.

83. Rodwan 2019; Beverage Marketing Corporation 2020.

84. Statista 2021b.

85. Oreskes and Conway 2010.

86. 예를 들어 다음을 참고하라. Gleick 2010.

87. Gleick 2010: 6.

88. Gleick 2010: 6.

89. Primo Water n.d.

90. Opel 1999: 68.

91. 병입생수 업체 대변인, 인터뷰, 2010년 5월.

92. Gleick 2010: 8.

93. Rodwan 2019: 13.

94. Mintel 2021: 62.

95. J. Kaplan 2016.

96. Pierre-Louis 2015.

97. Szasz 2007: 127; Gallup 2017.

98. Pierre-Louis 2015.

99. Holt 2012: 246.

100. 예를 들어 다음을 참고하라. McSpirit and Reid 2009.

101. Javidi and Pierce 2018: 6109.

102. Szasz 2007: 127-8.

103. Szasz 2007: 202.

104. Jaffee and Newman 2013b.

105. 이 과정은 사회과학자 앨버트 O. 허시먼이 《떠날 것인가 남을 것인가》(Herschman 1970)[원제는 "이탈, 발언, 충성심Exit, Voice, Royalty"]에서 밝힌 바이기도 하다. 서비스 품질이 낮아지면 사람들은 경쟁 서비스 업체로 옮겨가는 '이탈'을 선택할 수도 있고 남아서 목소리를 내는 '발언'을 선택할 수도 있다. 후자는 서비스 품질을 개선하도록 정치적 행동이나 항의를 하는 것을 말한다. '이탈, 발언, 충성심' 이론 틀은 학교, 교통 등 공공 서비스 분석에도 많이 적용되었다. 여기에서 이탈은 더 비용이 높은 민간 서비스로 가는 것인데, 그러면 공공 서비스 투자가 한층 더 줄 어들게 된다.

106. Rodwan 2019: 13.

107. Statista 2021a.

108. Beverage Marketing Corporation 2021.

109. Mintel 2020.

110. IBWA 2020c.

111. Gleick 2010: 12-13.

112. Hemphill 2018.

113. 다음에 인용됨. Gleick 2010.

114. Mintel 2020, 2018.

115. IBWA 2022b, 2020c.

116. Rosinger et al. 2018.

117. Hawkins 2017: 5.

118. Hawkins 2017: 8.

119. 다음에 인용됨. Erbentraut 2016.

120. Snitow, Kaufman, and Fox 2007: 14. 인용된 구절은 민간 수도사업자 이야기지만 이 통찰은 병입생수 업계와 공공 수도 시스템 사이의 갈등에도 마찬가지로 잘 적용된다.

121. Gleick 2010: 160.

122. Food and Water Watch 2011.

123. Elliott 2003.

124. IBWA 2001.

125. Pierce and Gonzalez 2017: 9.

126. Salzman 2012: 183.

127. Cournoyer 2012.

128. Royte 2008: 143-144.

129. Felton 2019a.

130. Felton 2019a.

131. NRDC 1999: vii.

132. NRDC 1999.

133. Stephenson 2009.

134. Felton 2019a.

135. Felton 2020a.

136. IBWA 2020a.

137. Royte 2008: 145.

138. Salzman 2012: 185.

139. Gleick 2010: 91.

140. Montuori et al. 2008.

141. Westerhoff et al. 2008.

142. Sax 2010.

143. Royte 2008: 151.

144. Bittner, Yang, and Stoner 2014: 1.

145. Mason, Welch, and Neratko 2018.

146. WHO 2019.

147. Heid 2019.

148. Readfearn 2018.

149. Cox et al. 2019.

150. Sherri Mason, 다음에 인용됨. Heid 2019.

151. 미국수도협회American Water Works Association가 사용자가 내는 평균 수도 비용으로 제시하는 숫자다.

152. Food and Water Watch 2018a: 8.

153. Szasz 2007: 131.

154. Ross 2020: 17.

155. Ross 2020: 9.

156. Felton 2019b.

157. Gorelick et al. 2011.

158. Rosinger et al. 2018.

159. Vieux et al. 2020: 11.

160. Javidi and Pierce 2018: 6108.

161. Rehm et al. 2020.

162. Rosinger et al. 2018.

163. Mintel 2020: 43.

164. Food and Water Watch 2018: 5-6.

165. McSpirit and Reid 2009; Food and Water Watch 2018b.

166. Javidi and Pierce 2018: 6108.

167. Teodoro and Saywitz 2020.

168. Felton 2019b; Pulido 2016.

169. Felton 2020b.

170. Gleick and Cooley 2009.

171. Villanueva et al. 2021.

172. Antea Group 2018.

173. Royte 2008: 140.

174. Gleick 2010; Barlow 2014.

175. Geyer, Jambeck, and Law 2017.

176. Schroeer, Littlejohn, and Wilts 2020; Pew Charitable Trusts and Systemiq Ltd. 2020.

177. S. Kaplan 2016.
178. Parker 2014; Five Gyres 2017.
179. Laville and Taylor 2017.
180. Young 2019.
181. Laville and Taylor 2017.
182. Rodwan 2021.
183. PET Planet 2022.
184. Geyer, Jambeck, and Law 2017; Volcovici 2022.
185. Schlosberg 2019.
186. Parker 2019.
187. NCSL 2020.
188. TOMRA 2021.
189. Wilkins 2018.
190. Royte 2008.
191. Chaudhuri 2020.
192. Wong 2017.
193. Schroeer, Littlejohn, and Wilts 2020. 이 정도의 물질적, 기후적 영향도 수도가 미치는 영향보다는 여전히 훨씬 높다.
194. Cabernard et al. 2022.
195. Carpenter 2019.
196. Laville and Taylor 2017; American Chemistry Council 2018; World Economic Forum 2016.
197. CIEL 2019.
198. Mintel 2022: 23.
199. Marini Higgs 2019.
200. Mosbergen 2019.
201. Mosbergen 2019.
202. Schlosberg 2019.
203. Leonard 2020.
204. Rankin 2019.
205. 캘리포니아주의 기념비적인 2022 플라스틱 저감법 AB54는 플라스틱 재활용 증가와 일회용 포장재 저감을 요구하고 있지만, 음료수병에는 이 법의 재활용 의무 규정이 적용되지 않는다.
206. Bloomberg News 2020.
207. Parker 2019.

208. Loria 2019.

209. D. Thomas 2020.

210. 피터 글릭, 인터뷰, 2019년 12월.

211. Royte 2008: 165-6.

212. Mintel 2019.

213. Mintel 2020.

214. Mintel 2020.

215. Koltrowitz and Thomassen 2020.

216. Nestlé 2020.

217. Statista 2020.

218. Mintel 2019.

219. Rodwan 2021.

220. Euromonitor International 2019: 1.

221. Mintel 2020: 27.

222. Mintel 2020: 18.

223. Maloney 2019.

224. Mintel 2020: 34.

3장

이 장의 제사는 다음에서 가져왔다. Felton 2019b.

1. 지나 러스터, 인터뷰, 2019년 11월.

2. 다음에 인용됨. Felton 2019b.

3. 플린트 사례와 이것이 미국 사회에 의미하는 바를 해석하는 데는 여러 접근 방식이 있을 것이다. 플린트 위기에 대해 훌륭한 연구들이 많이 출판되었고 일부는 이 책에도 인용했다. 이 장은 주로 플린트 재앙이 펼쳐지던 동안 병입생수가 수행한 역할에 초점을 맞추었다.

4. Hawkins 2017.

5. U.S. Census Bureau n.d.

6. Pauli 2020a: 3.

7. Rector 2016; Klein 2007.

8. Fasenfest 2016.

9. Fonger 2015.

10. 나중에 얼리는 이 결정이 플린트 시의회에서 승인되었다고 주장했다. 하지만 그러한 승인이 있었다는 기록은 존재하지 않으며 도시 당국자들은 얼리의 주장을 부인했다.

주　　　　　　　　　　　　　　　　**503**

11. Pauli 2020a.

12. Lynch 2016.

13. L. Butler, Scammell, and Benson 2016; Ingraham 2016.

14. Pauli 2019, 2020a.

15. Davey 2015.

16. Fonger 2015; Pauli 2020a, 2019.

17. Hanna-Attisha et al. 2016; Pauli 2020a.

18. Pauli 2020a: 3.

19. Council on Environmental Health 2016.

20. Bellinger 2016; Pauli 2020a.

21. Pulido 2016; Ranganathan 2014.

22. Radonic and Jacob 2021.

23. Zdanowicz 2016.

24. 물건이야기 프로젝트 2018.

25. 벤저민 파울리, 인터뷰, 2019년 12월.

26. 페기 케이스, 인터뷰, 2019년 12월.

27. WEYI TV 2022.

28. Pauli 2019: 23.

29. 이 소송은 사회적 행동을 위한 목회자 연합, 천연자원보호위원회, 미시간의 미국
    시민자유연맹, 그리고 멜리사 메이스가 제기했다.

30. 하지만 플린트의 수도 인프라를 완전히 수리하는 데는 10억 달러가 넘게 들 것
    으로 보인다. 벤저민 파울리, 나와의 개인적인 연락, 2021년 10월.

31. City of Flint, Michigan 2020.

32. 다음에 인용됨. Chariton and Dize 2021.

33. Robertson 2020.

34. Chariton and Dize 2021; Fonger 2022.

35. Fonger 2021; Murdock, Murray, and Simpson-Mersha 2020.

36. Pauli 2020b.

37. Rushe 2014; Rector 2016.

38. Associated Press 2020.

39. UN Human Rights Office of the High Commissioner 2014.

40. 로렌 드루샤, 인터뷰, 2019년 12월.

41. Food and Water Watch 2016a.

42. 다음에 인용됨. Felton 2020b.

43. Food and Water Watch 2016a.

44. Colton 2020; Lakhani 2020.
45. Pauli 2020b.
46. Pauli 2019.
47. 지나 러스터, 다음 포럼에서 한 발표. "All Eyes on Nestlé," Guelph, Ontario, November 14, 2019.
48. 나중에 변호사 짐 올슨Jim Olson이 이끄는 플로우FLOW도 소송을 제기했다.
49. 메리 그랜트, 인터뷰, 2019년 12월.
50. Nestlé Waters North America 2018.
51. Matheny and Egan 2016.
52. Ellison 2020.
53. Rouda and Tlaib 2020.
54. Ellison 2020.
55. 2021년 현재 물은 생명이다 연대에는 암진눈Aamjiwnaang 퍼스트 네이션, US이콜로지US Ecology 확대 반대 위원회, 기업감시단, 캐나다시민평의회, 플린트 민주주의 보호 연맹, 플린트라이징, 식품과물감시단, 플로우, 그랜드래피드 물 보호단, 오대호 커먼즈, 물 보호를 위한 미시간 시민회의, 미시간 후생 권리 기구, 민중의 물 위원회, 당신이 지키고자 싸우는 물, 웰링턴물감시단 등이 참여하고 있었다.
56. 페기 케이스, 나와의 개인적인 연락, 2022년 12월.
57. American Society of Civil Engineers 2020.
58. Felton 2019b.
59. Facundo 2022.
60. Izundu, Madi, and Bailey 2022.
61. Milman 2016.
62. Rose 2019; London et al. 2018. 이 글을 쓰는 현재, 식품의약국과 환경보호청은 병입생수나 수돗물에 허용 가능한 과불화화합물PFAS 수치 기준을 정하고 있지 않다. PFAS는 고도로 독성 있는 화학 물질로, 소화 포말, 방수 의류, 눌어붙지 않는 코팅 등에 사용된다. 이것이 지표수, 일부 수도 시스템, 그리고 인체에서도 발견되어 경종을 울렸다. 몇몇 과학자들은 1ppt 이상이면 건강에 위험을 일으킨다고 본다. 동료 평가를 거친 한 연구는 테스트한 101개의 병입생수 중 39개에서 PFAS를 발견했는데 19개에서 수치가 1ppt가 넘었다. 샘물에서 발견된 것 중 가장 높은 수치였다. Felton 2021.
63. 피터 글릭, 인터뷰, 2019년 12월.
64. 모드 발로, 인터뷰, 2019년 12월.
65. Gallup 2017.
66. Holden et al. 2021.

67. Switzer and Teodoro 2017.
68. NRDC 2019.
69. Viscusi, Huber, and Bel 2015: 450.
70. Pierce and Gonzalez 2017: 9.
71. Felton 2019b.
72. Peck 2015: 6-7, 2.
73. Meehan et al. 2020: 28700.
74. Pulido 2016: 1.
75. London et al. 2018.
76. Szasz 2007.
77. Pulido 2016: 11.
78. Vieux et al. 2020; Mintel 2021.
79. 예를 들어 다음을 참고하라. Swanson 2016.
80. J. Kaplan 2016.
81. J. Kaplan 2016.
82. Jeffrey 2009.
83. Hawkins 2017: 6-7.
84. Glenza and Milman 2019. 2017년에 포틀랜드 유권자는 학교의 오염된 납 수도 관 교체, 납 제거 필터 설치, 음수대 운영 재개를 위한 자금을 포함해 1억 5000만 달러의 학교 채권 발행 조례안을 승인했다.
85. Gleick 2010: 177.
86. Story of Stuff Project 2018.
87. Pacheco-Vega 2019: 2.
88. Herr 2021.
89. Snider 2021; Grant 2022.
90. Lakhani 2021.
91. Zhang and Warner 2021.
92. Pauli 2020b: 324; 311.
93. IBWA 2020d.
94. Felton 2020b.
95. Mintel 2021.
96. Royte 2008: 140.
97. 모드 발로, 인터뷰, 2019년 12월.
98. Swanson 2016.
99. Pulido 2016: 4-5.

100. Fedinick, Taylor, and Roberts 2019.

4장

이 장의 제사는 2019년 플라스틱 재활용 컨퍼런스 및 박람회의 '국가검 이후의 삶' 패널에서 존 카투라노John Caturano가 한 말이다. 2019년 3월 11-13일. 다음에 인용됨. Joyce 2019.

1. 리처드 지라드, 인터뷰, 2015년 8월, 오타와.
2. Clarke 2007. 2007년에 출간된 제2판.
3. Hawkins, Potter, and Race 2015: 155.
4. Hawkins, Potter, and Race 2015: 159.
5. Clarke 2008.
6. NRDC 1999.
7. Holt 2012: 249.
8. 예를 들어 다음을 참고하라. Ferrier 2001.
9. Polaris Institute 2014.
10. 이 협정은 1988년에 발효되었으며 1994년에 북미자유무역협정NAFTA으로 대체되었다.
11. Council of Canadians n.d. -b.
12. 모드 발로, 다음에서 한 발표. World Water Day panel, "Whose Water Is It, Anyway? Taking Water Protection into Public Hands," March 21, 2021.
13. Barlow 2019: 76.
14. 이 글을 쓰는 현재, 블루 커뮤니티에는 8개 국가의 77개 도시, 그리고 대학, 교육구, 교회, 그 밖의 단체들이 참여하고 있다. Council of Canadians 2022.
15. Maude Barlow, interview, December 2019.
16. Van Esterik 2013: 513.
17. 페니 반 에스테리크, 다음 포럼에서 한 발표. "All Eyes on Nestlé" forum, Guelph, Ontario, November 14, 2019.
18. Lee 2008.
19. CNN 2007.
20. 로렌 드루샤, 인터뷰, 2019년 12월.
21. Corporate Accountability n.d.
22. Food and Water Watch 2009, 2010, 2011, 2018a.
23. 메리 그랜트, 인터뷰, 2019년 12월.
24. Fox 2007.
25. Fox 2010.

26. 마이클 오히니, 인터뷰, 2021년 8월.
27. Hawkins 2017: 7.
28. Gleick 2010.
29. Gleick 2010: 151.
30. DeCalma 2020.
31. Davis 2017.
32. Pierre-Louis 2015.
33. NYC Mayor's Office of Sustainability 2020.
34. Davis 2018.
35. Sydney Water n.d.
36. The Greens/EFA 유럽의회 2019.
37. 샌프란시스코 환경부 직원, 인터뷰, 2019년 12월.
38. 다음에 인용됨. Lagos 2014.
39. Levin 2017.
40. G. Thomas and Medina 2019.
41. 윌 리즈먼, 샌프란시스코 공공유틸리티위원회, 나와의 개인적인 연락, 2021년 6월.
42. 존 스카풀라, 샌프란시스코 공공유틸리티위원회, 인터뷰, 2019년 12월.
43. Foley 2009.
44. Sustainable Practices n.d.
45. Cain Miller 2016.
46. FindTap.com n.d.
47. Council of Canadians n.d.-a.
48. 사실 이 숫자는 작게 잡은 것이다. 주, 지역, 카운티 정부에서 이러한 정책을 도입한 경우를 포함하지 않은 것이기 때문이다. 주, 지역, 카운티 정부가 도입한 병입생수 판매 금지는 270만 명을 포괄한다. 단, 몇몇 도시 당국의 병입생수 판매 금지와 겹치는 부분이 있을 것이다.
49. Upadhyay 2019.
50. Scroll.in 2017; DNA India 2017.
51. Haydock 2009.
52. Food and Water Watch 2016b.
53. Vasquez, Carter, and Valko 2015.
54. Kingkade 2015.
55. UCLA Sustainability n.d; California State University 2022; UCLA 2020.
56. Industry Week 2013.
57. Toner 2021: 52.

58. A. Peters 2015.

59. IBWA 2015.

60. IBWA 2020c: 5.

61. Milman 2022.

62. Refill n.d.

63. 에반 필킹튼, 인터뷰, 2015년 8월, 궬프.

64. O'Mahoney 2020: 50-52.

65. Mintel 2019.

66. Holt 2012: 249.

67. Mintel 2021; Ross 2020.

68. Hawkins, Potter, and Race 2015: 146.

69. 카타리나 드 알부케르크, 다음에서 한 발표. World Water Forum Panel, "Public or Private Provision: Human Rights and Social Risks," Brasilia, March 22, 2018.

70. Johnson 2019.

71. Barlow 2019.

72. DNA India 2017.

5장

1. 애나 매 레너드(클레어리스 웨슬리), 인터뷰, 2017년 8월, 캐스케이드락스.

2. Conlin 2008a.

3. Conlin 2008b: n.p.

4. Conlin 2008a.

5. 매클라우드 거주자, 인터뷰, 2011년 6월, 매클라우드.

6. Martin 2008.

7. 매클라우드 유역 위원회 회원, 인터뷰, 2011년 6월, 매클라우드.

8. Conlin 2008a.

9. Conlin 2008b: n.p.

10. 캘리포니아 트라우트 활동가, 인터뷰, 2011년 6월, 매클라우드.

11. Nestlé Waters North America 2009.

12. 댄 배처, 인터뷰, 2015년 9월, 새크라멘토.

13. Hecht 2015.

14. Hecht 2015.

15. Associated Press 2015a.

16. James 2015.

17. Dangelantonio 2015.

18. 크런치 네슬레 연대 활동가, 인터뷰, 2015년 9월, 새크라멘토.

19. Powers 2015.

20. Gleick 2010.

21. Confluence Project n.d.

22. Mapes 2020.

23. D. Ball 2010.

24. 2010년의 이 인터뷰는 소렌 뉴먼Soren Newman과 공동으로 진행했다. 이 장에 일부가 담긴 초기 연구에 기여해준 소렌에게 깊은 감사를 드린다.

25. 본명이 아니다. 이 장에 등장한 몇몇 인터뷰 대상자는 가명을 사용했다(아래에 가명임을 표시했다).

26. 제리 로저스[가명], 인터뷰, 2010년 4월, 캐스케이드락스.

27. 에밀리 케이플스[가명], 인터뷰, 2010년 4월, 캐스케이드락스.

28. 디애나 버스디커, 인터뷰, 2017년 8월, 캐스케이드락스.

29. 로버트 핸포드[가명], 인터뷰, 2010년 3월, 캐스케이드락스.

30. 케일럽 타운센드[가명], 인터뷰, 2010년 4월, 캐스케이드락스.

31. 레스 퍼킨스, 인터뷰, 2019년 8월, 후드리버.

32. 낸시 마쿼트[가명], 인터뷰, 2017년 8월, 캐스케이드락스.

33. 브렌트 포스터, 인터뷰, 2018년 5월, 후드리버.

34. 줄리아 드그로, 인터뷰, 2010년 5월, 포틀랜드.

35. 생수 회사 직원, 인터뷰, 2010년 7월.

36. Mirk 2009.

37. 더그 보슐러, 인터뷰, 2010년 5월.

38. 카를라 뉴튼[가명], 인터뷰, 2010년 3월, 캐스케이드락스.

39. 디어드리 제퍼슨[가명], 인터뷰, 2010년 4월, 캐스케이드락스.

40. 로레인 하먼[가명], 인터뷰, 2010년 3월, 캐스케이드락스.

41. 케빈 카도조[가명], 인터뷰, 2010년 3월, 캐스케이드락스.

42. 시에라클럽 자원봉사자, 인터뷰, 2010년 5월, 포틀랜드.

43. House and Graves 2016.

44. Food and Water Watch et al. 2011.

45. 줄리아 드그로, 인터뷰, 2019년 9월, 포틀랜드.

46. House 2015a.

47. Gordon Zimmerman, 다음에 인용됨. House 2015c.

48. 드그로, 인터뷰, 2019난 9월.

49. E. Greene 2015.

50. 샘스는 2021년에 미국 국립공원관리청 청장이 되었다. 이 직위에 오른 최초의

원주민이다.

51. House 2015b.
52. 패멀라 라센, 인터뷰, 2017년 7월, 후드리버.
53. 패멀라 라센, 인터뷰 2019년 5월.
54. 예를 들어 다음을 참고하라. House 2015d.
55. Cureton 2021.
56. 휘트니 칼라마, 인터뷰, 2019년 9월, 웜스프링스.
57. Cureton 2020; McCurdy 2020.
58. 웜스프링스의 물 위기를 다루기 위해 새로이 자원이 할당되었다. 여기에는 주정부 자금 360만 달러, 그리고 웜스프링스 부족 연맹과 정의의 씨앗Seeding Justice 재단의 파트너십으로 꾸려진 추우시 펀드 자금도 포함되어 있다. 2022년에는 연방 인프라 법에 따라 웜스프링스 수도 시스템 교체에 2400만 달러를 지원받았다.
59. 포스터, 인터뷰, 2018년 5월.
60. 드그로, 인터뷰, 2019년 9월.
61. Hood River County Elections Office 2016.
62. Associated Press 2015b.
63. House 2015b.
64. 오로라 델 발, 인터뷰, 2017년 8월, 포틀랜드.
65. 하이디 히메네스, 인터뷰, 2019년 8월, 포틀랜드.
66. 라센, 인터뷰, 2019년 5월.
67. Tweed Strategies n.d.; Gumbel 2016.
68. 줄리아 드그로, 인터뷰, 2017년 8월.
69. Local Water Alliance 2016.
70. 퍼킨스, 인터뷰, 2019년 8월.
71. 드그로, 인터뷰, 2016년 8월.
72. Parks 2016.
73. Mulvihill 2016.
74. Godowa-Tufti 2016.
75. 다음에 인용됨. Carlton 2016.
76. 드그로, 인터뷰, 2019년 9월.
77. KPTV Fox 12 News 2016.
78. City of Cascade Locks 2016.
79. 드그로, 인터뷰, 2019년 9월.
80. 웨슬리, 인터뷰, 2017년 8월.
81. 2016-17년에 노스다코타주와 사우스다코타주의 스탠딩 록 수 인디언 보호구역

근처에 다코타 액세스 파이프라인Dakota Access Pipeline, DAPL이 건설되는 것에 반대해 선주민의 주도로 저항운동이 일었다.

82. Goudy 2016.
83. K. Brown 2017.
84. 드그로, 인터뷰, 2019년 9월.
85. Ver Valen 2016.
86. 드그로, 인터뷰, 2019년 9월.
87. 델 발, 나와의 개인적인 연락, 2019년 8월.
88. Nichols 2016.
89. Condon 2017.
90. 드그로, 인터뷰, 2019년 9월.
91. Chronicle Editorial Board 2019.
92. A. Brown 2019.
93. 드그로, 인터뷰, 2019년 9월.
94. Cagle 2020.
95. A. Brown 2020.
96. DeGraw 2016.
98. 라센, 인터뷰, 2017년 7월.
99. 웨슬리, 인터뷰, 2019년 6월, 포틀랜드.

6장

1. 마이크 네이기와 알린 슬로콤, 인터뷰, 2015년 8월, 궬프.
2. 마크 골드버그, 인터뷰, 2015년 8월, 궬프.
3. C. Butler 2016.
4. Kalmusky 2018.
5. 이 장에서 사용된 모든 금액은 캐나다 달러다.
6. 브리티시컬럼비아주는 병입업체들이 무료로 물을 가져가게 허용했다가 2015년에 100만 리터당 2.25달러를 부과하는 법을 통과시켰다. 퀘벡은 병입업체에 100만 리터당 70달러를 물린다. Leslie 2016a.
7. Case and Connor 2019: 9-10.
8. Wellington Water Watchers n.d.-a.
9. Case and Connor 2019: 4.
10. Lydersen 2008.
11. 캐나다시민평의회(2019)에 따르면, 2008-2018년 캐나다에서 연간 병입생수 수출은 1460% 증가해 1억 2290만 리터가 되었다.

12. GRCA n.d.
13. Case and Connor 2019.
14. Wellington Water Watchers n.d.-b.
15. 리비 칼로, 인터뷰, 2015년 8월, 엘로라.
16. Ballantyne 2017.
17. 다음에 인용됨. Ballantyne 2017.
18. 도나 맥카우, 인터뷰, 2015년 8월, 엘로라.
19. 잰 베버리지, 인터뷰, 2015년 8월, 엘로라.
20. C. Butler 2016.
21. 도나 맥카우, 인터뷰, 2016년 8월.
22. 잰 베버리지, 인터뷰, 2016년 8월.
23. 돈 피셔, 인터뷰, 2016년 8월, 엘로라.
24. 이 중의 일부, 그리고 뒤에 나오는 절의 일부는 허가를 받아 다음 저술을 바탕으로 했다. Jeffee and Case 2018. 이 연구에 기여한 로버트 A. 케이스에게 진심으로 감사를 전한다.
25. Spiliotis and Garrote 2015: 522.
26. Joy et al. 2014: 960.
27. Loftus 2009: 953, 959.
28. Reisner 1986.
29. Zwarteveen and Boelens 2014: 151.
30. 맥카우, 인터뷰, 2016년 8월.
31. 커크 맥얼웨인, 인터뷰, 2016년 8월, 엘로라.
32. Nestlé Waters Canada 2016.
33. James 2015.
34. 피터 글릭, 인터뷰, 2019년 12월.
35. Zwarteveen and Boelens 2014.
36. 로드 휘틀로, 인터뷰, 2021년 9월.
37. 마이크 네이기, 인터뷰, 2016년 8월, 궬프.
38. CTV News 2016.
39. 네이기, 인터뷰 2016년 8월.
40. 알린 슬로콤, 인터뷰, 2016년 8월, 궬프.
41. 네이기, 인터뷰, 2016년 8월.
42. Bueckert 2016b.
43. Wynne 2016.
44. Leslie 2016b.

45. Wynne 2016.
46. Leslie 2016.
47. Benzie 2017.
48. Griswold 2017.
49. Nagy and Barlow 2017.
50. 마이크 볼크월, 인터뷰, 2019년 11월, 켈프.
51. Bueckert 2016a.
52. Mainstreet Research et al. 2018.
53. Davidson 2020.
54. Cribb and Marotta 2019.
55. Cribb and Marotta 2019.
56. 베버리지, 인터뷰, 2016년 8월.
57. Cribb and Marotta 2019.
58. 이 여섯 부족은 다음과 같다. 오논다가, 오네이다, 세네카, 모호크, 카유가, 투스카로라. Ho and Miller 2021.
59. Six Nations of the Grand River n.d.
60. Six Nations of the Grand River 2020.
61. Taekema 2021.
62. Human Rights Watch 2016.
63. Public forum, "All Eyes on Nestlé," Wellington Water Watchers, Guelph, November 14, 2019.
64. Shimo 2018.
65. Duignan, Moffat, and Martin-Hill 2022.
66. Duignan, Moffat, and Martin-Hill 2022.
67. Canadian Press 2021.
68. 휘틀로, 나와의 개인적인 소통, 2021년 9월.
69. 물건이야기 프로젝트, 2021a.
70. Forum, "All Eyes on Nestlé," November 14, 2019. 다음도 참고하라. M. Robinson 2019.
71. Environmental Registry of Ontario 2021.
72. Save Our Water 2021.
73. 볼크월, 인터뷰, 2021년 8월.
74. Statista 2021b.
75. Statista 2021c.
76. *Guelph Mercury Tribune* 2018.

77. Golder Associates 2021a, 2021b.
78. Rubin 2020.
79. Wellington Water Watchers 2020.
80. Chaudhuri 2021.
81. Chaudhuri 2021.
82. Euromonitor International 2022b.
83. Ewing 2020.
84. M. Peters 2020.
85. Wellington Water Watchers 2021; S&P Global Market Intelligence 2021.
86. 물건이야기 프로젝트, 2021b.
87. 볼크윌, 인터뷰, 2021년 8월.
88. Gerber 2021.
89. 슬로콤, 인터뷰 2021년 8월.
90. 볼크윌, 인터뷰, 2021년 8월
91. Save Our Water 2021.
92. 볼크윌, 인터뷰, 2021년 8월.

7장

이 장의 제사는 2019년 12월 로렌 드루샤와의 인터뷰에서 가져왔다.

1. 프랭클린 프레더릭, 인터뷰, 2019년 11월 렐프.
2. Crevoisier 2013.
3. Chatterjee 2013.
4. Crevoisier 2013.
5. Chazan 2018; L'Eau Qui Mord n.d.
6. 베르나르 슈미트, 인터뷰, 2019년 11월, 렐프.
7. Balkwill 2018.
8. 다음도 참고하라. Schroering 2021.
9. 다음도 참고하라. '물을 거래하다Troubled Water', 넷플릭스 다큐 시리즈 〈로튼〉의 한 화.
10. 마이클 오히니, 인터뷰 2021년 8월.
11. 마이크 볼크윌, 인터뷰, 2021년 8월.
12. Singh 2021.
13. Mehta 2007: 662.
14. Grossman 2017.
15. Harvey 2003: 148.

16. Parag and Roberts 2009: 633.

17. Barlow 2007: 100-101.

18. Jaffee and Newman 2013b.

19. Gleick 2010: 176.

20. Szasz 2007.

21. Royte 2008: 206.

22. Parag and Roberts 2009: 627.

23. Royte 2008: 207.

24. Clarke 2007: 135-36.

25. Royte 2008: 207.

26. Themba 2022.

27. London et al. 2018.

28. J. Greene 2018: 11.

29. Bond 2005; Laxer and Soron 2006.

30. Vail 2010: 310.

31. Polanyi 1944.

32. 리처드 지라드, 인터뷰, 오타와, 2015년 8월.

33. 프레더릭, 인터뷰, 2019년 11월.

34. 모드 발로, 인터뷰, 2019년 12월.

결론

이 장의 제사는 2019년 2월 모드 발로와의 인터뷰에서 가져왔다.

1. Gleick 2010: 175.

2. Barlow 2020.

3. 다음에 인용됨. Erbentraut 2016.

4. Greens/EFA in the European Parliament 2019: 3.

5. Burros and Warner 2006.

6. Mack and Wrase 2017.

7. 메리 그랜트, 인터뷰, 2019년 12월.

8. Gleick 2013.

9. Berck et al. 2013.

10. Bliss 2015.

11. 마이클 오히니, 인터뷰, 2021년 8월.

12. Metz 2019.

13. Schroeer, Littlejohn, and Wilts 2020: 6.

14. Arumugam 2011.
15. 페기 케이스, 인터뷰, 2019년 12월
16. 피터 글릭, 인터뷰, 2019년 12월.
17. J. Greene 2018: 11.
18. Solnit 2019: xvii.
19. Linebaugh 2014.

참고문헌

Abrams, Lindsay. 2014. "Water Is the New Oil: How Corporations Took Over a Basic Human Right." *Salon*, October 5.

Agua para Todos. n.d. "Agua para Todos, Agua para la Vida." 2021년 12월에 접속함. https://aguaparatodos.org.mx/.

Ahlers, Rhodante. 2005. "Gender Dimensions of Neoliberal Water Policy in Mexico and Bolivia: Empowering or Disempowering?" 다음에 수록됨. *Opposing Currents: The Politics of Water and Gender in Latin America*, edited by Vivienne Bennett, Sonia Davila-Poblete, and Maria Nieves Rico, 53-71. Pittsburgh, PA: University of Pittsburgh Press.

_____. 2010. "Fixing and Nixing: The Politics of Water Privatization." *Review of Radical Political Economics* 42 (2): 213-30.

American Chemistry Council. 2018. "U.S. Chemical Industry Investment Linked to Shale Gas Reaches $200 Billion." 보도자료, 9월 11일. www.americanchemistry.com/chemistry-in-america/news-trends/press-release/2018/us-chemical-industry-investment-linked-to-shale-gas-reaches-200-billion.

American Water Works Association. 2012. *Buried No Longer: Confronting America's Water Infrastructure Challenge*. Denver, CO: American Water Works Association.

Antea Group. 2018. *Water and Energy Use Benchmarking Study*. St. Paul, MN: Antea Group.

Arumugam, Nadia. 2011. "EU Bans Bottled Water Claim That Water Prevents Dehydration:

Ludicrous or Just?" *Forbes*, December 1.

Arup. 2015. *In-Depth Water Yearbook, 2014-2015*. London: Arup.

ASCE (American Society of Civil Engineers). 2020. *The Economic Benefits of Investing in Water Infrastructure*. Washington, DC: American Society of Civil Engineers.

Associated Press. 2015a. "California Governor Orders Mandatory Water Restrictions." April 1.

———. 2015b. "Hot Water Kills Half of Columbia River Sockeye Salmon." July 27.

———. 2020. "Water Shutoffs Problematic for Many in Detroit." March 28.

Bakker, Karen. 2005. "Neoliberalizing Nature? Market Environmentalism in Water Supply in England and Wales." *Annals of the Association of American Geographers* 95 (3): 542-65.

———. 2007. "Trickle Down? Private Sector Participation and the Pro-poor Water Supply Debate in Jakarta, Indonesia." *Geoforum* 37:855-68.

———. 2010. *Privatizing Water: Governance Failure and the World's Urban Water Crisis*. Ithaca, NY: Cornell University Press.

———. 2013. "Neoliberal versus Postneoliberal Water: Geographies of Privatization and Resistance." *Annals of the Association of American Geographers* 103 (2): 253-60.

———. 2014. "The Business of Water: Market Environmentalism in the Water Sector." *Annual Review of Environment and Resources* 39 (1): 469-94.

Balkwill, Mike. 2018. "Dispatches from Vittel, Day 1." Wellington Water Watchers Blog, February 11. www.wellingtonwaterwatchers.ca/vittel-feb11-2019.

Ball, Deborah. 2010. "Bottled Water Pits Nestlé vs. Greens." *Wall Street Journal*, May 25.

Ball, Stephen J. 2004. "Education for Sale! The Commodification of Everything?" King's Annual Education Lecture 2004, London, June 17. www.researchgate.net/publication/267683502_Education_For_Sale_The_Commodification_of_Everything.

Ballantyne, Diane. 2017. "Water Warriors: A Small Community's Struggle to Keep Water Public." Save Our Water, October 10. www.saveourwater.ca/post/water-warriors-a-small-community-s-struggle-to-keep-water-public.

Barlow, Maude. 2007. *Blue Covenant: The Global Water Crisis and the Coming Battle for the Right to Water*. New York: New Press.

———. 2014. *Blue Future: Protecting Water for People and the Planet Forever*. New York: New Press.

———. 2019. *Whose Water Is It, Anyway? Taking Water Protection into Public Hands*. Toronto: ECW Press.

———. 2020. "What Good Is a Single-Use Plastics Ban If It Doesn't Include Water Bottles?" *National Observer*, October 9.

Barlow, Maude, and Tony Clarke. 2002. *Blue Gold: The Fight to Stop the Corporate Theft of the World's Water*. New York: New Press.

Bellinger, David C. 2016. "Lead Contamination in Flint--An Abject Failure to Protect Public

Health." *New England Journal of Medicine* 374 (March 24): 1101-3.

Benzie, Robert. 2017. "Fees for Bottlers of Water Jump from $3.71 to $503.71." *Toronto Star*, June 8.

Berck, Peter, Jacob Moe Lange, Andrew Stevens, and Sofia Villas-Boas. 2013. "Measuring Consumer Responses to a Bottled Water Tax Policy." Department of Agricultural and Resource Economics, University of California, Berkeley. https://are.berkeley.edu/~sberto/WaterTaxNov27.pdf.

Beverage Marketing Corporation. 2010. *Bottled Water in the U.S.* New York: Beverage Marketing Corporation.

_____. 2013. "Bottled Water Shows Strength Yet Again, New Report from BMC Shows." 보도자료, 4월 26일. www.beveragemarketing.com/news-detail.asp?id=260.

_____. 2017. "Bottled Water Becomes Number One Beverage in the U.S." 보도자료, 3월 10일. www.beveragemarketing.com/news-detail.asp?id=438.

_____. 2020. "Bottled Water, the Biggest Beverage in the U.S., Grows Again in 2019, Data from Beverage Marketing Corporation Show." 보도자료, 5월 19일. www.beveragemarketing.com/news-detail.asp?id=609.

_____. 2021. "Bottled Water, Unbowed by the Covid-19 Crisis, Grows Again in 2020, Data from Beverage Marketing Corporation Show." 보도자료, 5월 18일. www.beveragemarketing.com/news-detail.asp?id=654.

Bezner Kerr, Rachel. 2013. "Seed Struggles and Food Sovereignty in Northern Malawi." *Journal of Peasant Studies* 40 (5): 867-97.

Bittner, George D., Chun Z. Yang, and Matthew A. Stoner. 2014. "Estrogenic Chemicals Often Leach from BPA-Free Plastic Products That Are Replacements for BPA-Containing Polycarbonate Products." *Environmental Health* 13 (41): 1-14.

Bliss, Laura. 2015. "The Case for Taxing Bottled Water." *Bloomberg*, May 28.

Bloomberg News. 2020. "World's Biggest User of Plastic to Curtail Its Use." January 20.

Bond, Patrick. 2005. "Globalisation/Commodification or Deglobalisation/Decommodification in Urban South Africa." *Policy Studies* 26 (3/4): 337-58.

_____. 2008. "Macrodynamics of Globalisation, Uneven Urban Development and the Commodification of Water." *Law, Social Justice and Global Development* 10 (2). https://go.gale.com/ps/i.do?id=GALE%7CA187844299&sid=googleScholar&v=2.1&it=r&linkaccess=abs&issn=14670437&p=AONE&sw=w&userGroupName=oregon_oweb&isGeoAuthType=true.

Bonny, Silvie. 2017. "Corporate Concentration and Technological Change in the Global Seed Industry." *Sustainability* 9 (9): 1632-57.

Boreal Water News. 2010. "Global Bottled Water Market to Reach $65.9 Billion by 2012, According to a New Report by Global Industry Analysts, Inc." August 30.

Browdie, Brian. 2018. "Cape Town's Bottlers and Brewers Are Coming under Fire for Guzzling Water in a Drought." *Quartz Africa*, February 23.

Brown, Alex. 2019. "Crystal Geyser Mistakenly Emails Chronicle: Randle Bottling Project Likely 'Dead.'" *The Chronicle*, July 11.

_____. 2020. "Washington State Bottled Water Bill Fails, but Congress Scrutinizes Industry." Pew Charitable Trusts: Stateline Blog, March 6. www.pewtrusts.org/en/research-and-analysis/blogs/stateline/2020/03/06/washington-state-bottled-water-bill-fails-but-congress-scrutinizes-industry.

Brown, Kate. 2017. "Letter to Kurt Melcher, Director, Oregon Department of Fish & Wildlife." 보도자료, 10월 27일. https://crag.org/wp-content/uploads/2017/10/10.27.17_ODFW-Letter-Cascade-Locks-FINAL.pdf.

Brown, Ryan Lenora. 2022. "'Day Zero' Water Crisis Looms on South Africa's Eastern Cape." *Washington Post*, June 19.

Bueckert, Kate. 2016a. "Nestlé Says It Wants to Partner with Centre Wellington on Middlebrook Well." CBC News, December 13.

_____. 2016b. "Township of Centre Wellington Tried to Buy Elora Well Now Owned by Nestlé." CBC News, August 26.

Burros, Marian, and Melanie Warner. 2006. "Bottlers Agree to a School Ban on Sweet Drinks." *New York Times*, May 4.

Butler, Colin. 2016. "A Rare Look inside Nestlé's Aberfoyle Bottling Plant." CBC News, November 1.

Butler, Lindsey J., Madeleine K. Scammell, and Eugene B. Benson. 2016. "The Flint, Michigan, Water Crisis: A Case Study in Regulatory Failure and Environmental Injustice." *Environmental Justice* 9 (4): 93-97.

Cabernard, Livia, Stephan Pfister, Christopher Oberschelp, and Stefanie Hellweg. 2022. "Growing Environmental Footprint of Plastics Driven by Coal Combustion." *Nature Sustainability* 5 (February): 139-48.

Cagle, Suzie. 2020. "Washington State Takes Bold Step to Restrict Companies from Bottling Local Water." *The Guardian*, February 18.

Cain Miller, Claire. 2016. "Liberals Turn to Cities to Pass Laws and Spread Ideas." *New York Times*, January 26.

California State University. 2022. "CSU Contracts and Procurement." Sec. II.D.3. 9월 17일에 마지막으로 수정됨. https://calstate.policystat.com/policy/12393471/latest/.

Canadian Press. 2016. "Ontario Premier Wants New Rules for Bottled Water Companies." September 22. www.youtube.com/watch?v=7ZdtcPXOSvA.

_____. 2021. "Federal Government Reaches Nearly $8B Deal with First Nations on Drinking Water Suit." July 31.

Carlton, Jim. 2016. "Oregon Ban Wrings Water Bottling Plan." *Wall Street Journal*, May 21-22.

Carpenter, Zoe. 2019. "The Toxic Consequences of America's Plastics Boom." *The Nation*, March 14.

Case, Robert, and Leah Connor. 2019. *History of the Wellington Water Watchers: Part 1: Launching a Local Movement*. Guelph, Ontario: Wellington Water Watchers. https://d3n8a8pro7vhmx.cloudfront.net/wellingtonwaterwatchers/pages/10/attachments/original/1589203650/The_Founding_of_the_Wellington_Water_Watchers.pdf.

Castro, Jose Esteban. 2007. "Poverty and Citizenship: Sociological Perspectives on Water Services and Public-Private Participation." *Geoforum* 38: 756-71.

_____. 2008. "Water Struggles, Citizenship and Governance in Latin America." *Development* 51:72-76.

CBS News. 2007. "Aquafina Labels to Show Source: Tap Water." July 27.

Chapelle, Francis H. 2005. *Wellsprings: A Natural History of Bottled Spring Waters*. New Brunswick, NJ: Rutgers University Press.

Chariton, Jordan, and Jenn Dize. 2021. "How a Flurry of Suspicious Phone Calls Set Investigators on Rick Snyder's Trail." *The Intercept*, January 14.

Chatterjee, Pratap. 2013. "Nestlé Found Guilty of Spying on Swiss Activists." CorpWatch, January 30. www.corpwatch.org/article/nestle-found-guilty-spying-swiss-activists.

Chaudhuri, Saabira. 2020. "Plastic Water Bottles, Which Enabled a Drinks Boom, Now Threaten a Crisis." *Wall Street Journal*, December 12.

_____. 2021. "Nestlé to Sell Poland Spring, Pure Life and Other Water Brands for $4.3 Billion." *Wall Street Journal*, February 17.

Chazan, David. 2018. "French Town of Vittel Suffering Water Shortages as Nestlé Accused of 'Overusing' Resources." *The Telegraph*, April 26.

Chronicle Editorial Board. 2019. "Our Views: With Email Slip, Crystal Geyser Shows Its True Face." *The Chronicle*, July 19.

CIEL (Center for International Environmental Law). 2019. *Plastic and Climate: The Hidden Costs of a Plastic Planet*. Washington, DC: Center for International Environmental Law.

City of Cascade Locks, Oregon. 2016. "Ballot Measure 14-55 Legal Issues." PDF 자료. 현재 인터넷에서는 볼 수 없지만 내가 소장하고 있음.

City of Flint, Michigan. 2020. "City of Flint Launches Final Push to Get the Lead Out; Service Line Replacement Project Set to Finish by Nov. 30, 2020." 보도자료, 8월 13일. www.cityofflint.com/city-of-flint-launches-final-push-to-get-the-lead-out-service-line-replacement-project-set-to-finish-by-nov-30-2020/.

Clarke, Tony. 2007. *Inside the Bottle: An Expose of the Bottled Water Industry*. Rev. ed. Toronto: Canadian Centre for Policy Alternatives.

_____. 2008. "Toronto Stood Up to Bottled Water Industry." *Toronto Star*, December 11.

CNN. 2007. "Aquafina Labels to Spell Out Source--Tap Water." July 27.

Colton, Roger. 2020. *The Affordability of Water and Wastewater Service In Twelve U.S. Cities*. Belmont, MA: Fisher, Sheehan and Colton.

Conca, Ken. 2008. "The United States and International Water Policy." *Journal of Environment and Development* 17 (3): 215-37.

Condon, M. B. 2017. "Chamber Too Cozy on Nestlé." *Goldendale Sentinel*, June 13.

Confluence Project. n.d. "Celilo Park--Confluence Project." 2021년 7월 9일에 접속. www.confluenceproject.org/river-site/celilo-park/.

Conlin, Michelle. 2008a. "A Community Goes Up--and Wins a Round--against Nestlé." *Business Week*, May 28.

_____. 2008b. "A Town Torn Apart by Nestlé." *Business Week*, April 16.

Corporate Accountability. n.d. "About Our Water Campaign." 2021년 3월 16일에 접속. www.corporateaccountability.org/water/about-water-campaign/.

Council of Canadians. 2019. "Landmark Vote by B.C. Municipalities and First Nations Urges B.C. Government to Halt Exports for Bottled Water." 보도자료, 9월 27일. https://canadians.org/media/landmark-vote-bc-municipalities-and-first-nations-urges-bc-government-halt-exports-bottled/ . n.d.-a. "Blue Communities." 2022년 7월 1일에 접속. https://canadians.org/bluecommunities.

_____. n.d.-b. "Our Story." 2022년 12월 12일에 접속. https://canadians.org/story.

Council on Environmental Health. 2016. "Prevention of Childhood Lead Toxicity." *Pediatrics* 138 (1): 1-15.

Cournoyer, Caroline. 2012. "Cities Tout Municipal Tap Water as Better Than Bottled." *Governing*, March 27.

Cox, Kieran D., Garth A. Covernton, Hailey L. Davies, John F. Dower, Francis Juanes, and Sarah E. Dudas. 2019. "Human Consumption of Microplastics." *Environmental Science and Technology* 53 (12): 7068-74.

Crevoisier, Arnaud. 2013. "Nestlé et Securitas condamnes au civil pour l'infiltration d'ATTAC." *Le Courier*, January 25.

Cribb, Robert, and Stefanie Marotta. 2019. "'We're in a David-and-Goliath Situation': Small Ontario Town Taking on Nestlé to Save Its Water." *Toronto Star*, December 17.

CTV News. 2016. "Nestlé Seeking 10-Year Renewal of Aberfoyle Water-Taking Permit." April 14. Kitchener, Ontario.

Cureton, Emily. 2020. "Water Crisis Returns to Warm Springs as Virus Cases Rise." OPB News, June 30.

_____. 2021. "Warm Springs Treaty Turns 166: 'This Was the Real Story of the West.'" OPB News, June 26.

Cutler, David, and Grant Miller. 2005. "The Role of Public Health Improvements In Health Advances: The Twentieth-Century United States." *Demography* 42 (1): 1-22.

Dangelantonio, Matt. 2015. "Nestlé Waters CEO Isn't Stopping Bottling in California, Says New Tech Will Save Millions of Gallons." AirTalk, KPCC, May 14.

Davey, Monica. 2015. "Flint Officials Are No Longer Saying the Water Is Fine." *New York Times*, October 8.

Davidson, Nick. 2020. "The People versus Nestlé's Profiteering of Community Water." *Sierra*, June 7.

Davis, Nicola. 2017. "'They're Just Not Very British': Will Cities Finally Splash Out on Water Fountains?" *The Guardian*, December 5.

_____. 2018. "Sadiq Khan Announced 100 New Drinking Fountains for London." *The Guardian*, October 11.

Dawson, Ashley. 2018. "A Water Apartheid." *Washington Post*, July 10.

DeCalma, Justine. 2020. "New York City Is Cracking Down on Plastic Bottles." *The Verge*, February 7.

DeGraw, Julia. 2016. "This is How You Defeat Nestlé." Food and Water Watch, May 24. www.foodandwaterwatch.org/impact/how-you-defeat-nestl%C3%A9 (현재는 접속되지 않음).

de Mora e Souza, Marcos. 2018. "MST invade unidade de agua mineral da Nestlé em Minas Gerais." *Valor Economico (O Globo)*, March 20.

DNA India. 2017. "Civic Offices, Educational Institutes to Be Included in Plastic Ban." November 17.

Drewnowski, Adam, Colin D. Rehm, and Florence Constant. 2013. "Water and Beverage Consumption among Adults in the United States: Cross-sectional Study Using Data from NHANES 2005-2010." *BMC Public Health* 13 (1): 1-19.

Driessen, Travis. 2008. "Collective Management Strategies and Elite Resistance in Cochabamba, Bolivia." *Development* 51 (1): 89-95.

Duignan, Sarah, Tina Moffat, and Dawn Martin-Hill. 2022. "Be Like the Running Water: Assessing Gendered and Age-Based Water Insecurity Experiences with Six Nations First Nation." *Social Science and Medicine* 298, April. https://doi.org/10.1016/j.socscimed.2022.114864.

Elliott, Stuart. 2003. "Coca-Cola Tries Selling Sexiness in Promoting Dasani in the Competitive Bottled-Water Market." *New York Times*, June 30.

Ellison, Garrett. 2019. "Why Nestlé Pays Next to Nothing for Michigan Groundwater." *Michigan Live*, April 2.

_____. 2020. "U.S. House Democrats Launch Probe into Nestlé Water Bottling." *Michigan Live*, March 4.

Environmental Registry of Ontario. 2021. "Updating Ontario's Water Quantity Management Framework." Ministry of Environment, Conservation and Parks, March 31. https://ero. ontario.ca/notice/019-1340#proposal-details.

Erbentraut, Joseph. 2016. "Here's Another Reason to Be Worried about Bottled Water." *Huffington Post*, August 22.

Esterl, Mike. 2006. "Dry Hole: Great Expectations for Private Water Fail to Pan Out." *Wall Street Journal*, June 26.

Euromonitor International. 2019. *Bottled Water in the US*. London: Euromonitor International.

_____. 2020a. *Bottled Water in Indonesia*. London: Euromonitor International. . 2020b. *Bottled Water in Mexico*. London: Euromonitor International.

_____. 2021a. *Bottled Water in Canada*. London: Euromonitor International.

_____. 2021b. *Bottled Water in the US*. London: Euromonitor International. . 2022a. *Bottled Water in the US*. London: Euromonitor International.

_____. 2022b. "Bottled Water in World: Datagraphics." December. 유로모니터를 통해 개인 적으로 볼 수 있음.

Ewing, Jack. 2020. "Nestlé Weighs Sale of Water Unit in Push toward Sustainability." *New York Times*, June 11.

Facundo, Jarod. 2022. "'Benton Harbor Is Not Flint'--It's Worse." *American Prospect*, February 23.

Fasenfest, David. 2016. "Emergency Management in Michigan: Race, Class and the Limits of Liberal Democracy." *Critical Sociology* 42 (3): 331-34.

Fedinick, Kristi Pullen, Steve Taylor, and Michele Roberts. 2019. *Watered Down Justice*. Natural Resources Defense Council, Coming Clean, Environmental Justice Health Alliance. New York: Natural Resources Defense Council. www.nrdc.org/sites/default/ files/watered-down-justice-report.pdf.

Felton, Ryan. 2019a. "The FDA Knew the Bottled Water Was Contaminated. The Public Didn't." *Consumer Reports*, November 21.

_____. 2019b. "Should We Break Our Bottled Water Habit?" *Consumer Reports*, October 9.

_____. 2020a. "High Levels of Arsenic Found in US Whole Foods' Bottled Water Brand." *The Guardian*, June 24.

_____. 2020b. "How Coke and Pepsi Make Millions From Bottling Tap Water, as Residents Face Shutoffs." *Consumer Reports*, April 23.

_____. 2021. "New Study Finds PFAS in Bottled Water, as Lawmakers Call for Federal Limits." *Consumer Reports*, June 17.

Fergusson, James. 2015. "The World Will Soon Be at War over Water." *Newsweek*, April 24.

Ferrier, Katherine. 2001. "Bottled Water: Understanding a Social Phenomenon." World

Wildlife Fund. *AMBIO: A Journal of the Human Environment* 30 (2): 118-19.

FindTap.com. n.d. "Tap: Stations." 2022년 1월 13일에 접속. https://findtap.com/network.

Five Gyres. 2017. *Plastics B.A.N. List 2.0.* Santa Monica, CA: 5 Gyres.

Foley, Meraiah. 2009. "Bundanoon Journal: Ban on Bottled Water, Apparently a First, Puts a Small Town on a Big Stage." *New York Times*, July 17.

Fonger, Ron. 2015. "Ex-Emergency Manager Says He's Not to Blame for Flint River Water Switch." *Michigan Live*, October 13.

_____. 2021. "Judge Gives Preliminary OK to $641 Million Flint Water Crisis Settlement." *Michigan Live*, January 21.

_____. 2022. "Flint Residents Searching for Water Crisis Accountability after Snyder's Criminal Charges Dismissed." *Michigan Live*, December 9.

Food and Water Watch. 2009. *All Bottled Up: Nestlé's Pursuit of Community Water.* Washington, DC: Food and Water Watch.

_____. 2010. *Bottling Our Cities' Tap Water: Share of Bottled Water from Municipal Supplies Up 50 Percent.* Washington, DC: Food and Water Watch.

_____. 2011. *Hanging On for Pure Life.* Washington, DC: Food and Water Watch.

_____. 2012a. "Private Equity, Public Inequity: The Public Cost of Private Equity Takeovers of U.S. Water Infrastructure." 사실자료, 8월. https://foodandwaterwatch.org/wp-content/uploads/2021/03/private_equity_public_inequity_fs_aug_2012.pdf.

_____. 2012b. *Public-Public Partnerships: An Alternative Model to Leverage the Capacity of Municipal Water Utilities.* Washington, DC: Food and Water Watch.

_____. 2016a. *America's Secret Water Crisis.* Washington, DC: Food and Water Watch.

_____. 2016b. "Campus Campaigns to Ban Bottled Water." 사실자료, 10월. https://foodandwaterwatch.org/wp-content/uploads/2021/03/fs_1610_tbtt-web_0.pdf.

_____. 2016c. *The State of Public Water in the United States.* Washington, DC: Food and Water Watch.

_____. 2017. "Water Injustice: Economic and Racial Disparities in Access to Safe and Clean Water in the United States." 이슈 브리프, 3월. www.foodandwaterwatch.org/wp-content/uploads/2021/04/ib_1703_waterinjustice-web.pdf.

_____. 2018a. *Take Back the Tap: The Big Business Hustle of Bottled Water.* Washington, DC: Food and Water Watch.

_____. 2018b. "The Water Crisis in Martin County, Kentucky." 이슈 브리프, 2월. https://foodandwaterwatch.org/wp-content/uploads/2021/03/ib_1802_martincntykywater-web5.pdf.

_____. 2022. *The WATER Act: Restoring Federal Support for Clean Water Systems.* Washington, DC: Food and Water Watch.

Food and Water Watch et al. 2011. "Letter to Philip C. Ward, Director, OWRD, Re: Water

Rights Transfer Application No. T-11249." 보도자료, 6월 30일.

Fox, Louis, dir. 2007. *The Story of Stuff*. Berkeley, CA: Free Range Studios.

_____, dir. 2010. *The Story of Bottled Water*. U.S.: Story of Stuff Project.

Frederick, Franklin. 2018. *Water: The Warning Coming from South Africa*. Dawn News, February 15.

Gallup. 2017. "In U.S., Water Pollution Worries Highest since 2001." 보도자료, 3월 31일. http://news.gallup.com/poll/207536/water-pollution -worries-highest-2001.aspx.

Gerber, Leah. 2021. "Blue Triton Keeps Nestlé's Water-Taking Permits." *The Record*, November 17.

Geyer, Roland, Jenna R. Jambeck, and Kara Lavender Law. 2017. "Production, Use, and Fate of All Plastics Ever Made." *Science Advances* 3:1-5.

Gilbert, Jeremy. 2008. "Against the Commodification of Everything: Anti- consumerist Cultural Studies in the Age of Ecological Crisis." *Cultural Studies* 22 (5): 551-66.

Girard, Richard. 2009. "Bottled Water Industry Targets a New Market: The Global South." AlterNet, 6월 15일. www.alternet.org/2009/06/bottled_water_ industry_targets_a_new_ market_the_global_south/.

Girard, Richard, and Erika Shaker. 2008. "Bottled Up or Tapped Out: Where Have All the Water Fountains Gone?" *Academic Matters: The Journal of Higher Education*, November 18.

Glassman, Jim. 2006. "Primitive Accumulation, Accumulation by Dispossession, Accumulation by 'Extra-economic' Means." *Progress in Human Geography* 30 (5): 608-25.

Gleick, Peter H. 2010. *Bottled and Sold: The Story behind Our Obsession with Bottled Water*. Washington, DC: Island Press.

_____. 2013. "Bottled Water Tax." ScienceBlogs, May 9. https://scienceblogs.com/ significantfigures/index.php/2013/05/09/bottled-water-tax.

Gleick, Peter H., and Heather S. Cooley. 2009. "Energy Implications of Bottled Water." *Environmental Research Letters* 4 (1): 1-6. https://doi.org/10.1088/1748-9326/4/1/014009.

Glenza, Jessica, and Oliver Milman. 2019. "A Hidden Scandal: America's School Students Exposed to Water Tainted by Toxic Lead." *The Guardian*, March 6.

Godowa-Tufti, Kayla. 2016. "Nestlé Water Battle Continues--Tribal Members Speak Out at City Council Meeting." Last Real Indians, April 18. https://lastrealindians.com/ news/2016/4/18/apr-18-2016-nestle-water-battle-continues-tribal-members-speak-out-at-city-council-meeting-by-kayla-godowa-tufti.

Goff, Matthew, and Ben Crow. 2014. "What Is Water Equity? The Unfortunate Consequences of a Global Focus on 'Drinking Water.'" *Water International* 39 (2): 159-71.

Golder Associates. 2021a. *Nestlé Waters Canada Aberfoyle Site: 2020 Annual Monitoring Report*. Cambridge, Ontario: Golder Associates.

_____. 2021b. *Nestlé Waters Canada Erin Site: 2020 Annual Monitoring Report*. Cambridge, Ontario: Golder Associates.

Goldman, Michael. 2005. *Imperial Nature: The World Bank and Struggles for Social Justice in the Age of Globalization*. New Haven, CT: Yale University Press.

_____. 2007. "How 'Water for All!' Policy Became Hegemonic: The Power of the World Bank and its Transnational Policy Networks." *Geoforum* 38:786-800.

Gorelick, Marc H., Lindsay Gould, Mark Nimmer, Duke Wagner, Mary Heath, Hiba Bashir, and David C. Brousseau. 2011. "Perceptions about Water and Increased Use of Bottled Water in Minority Children." *Archives of Pediatric and Adolescent Medicine* 165 (10): 928-32.

Goudy, JoDe. 2016. Chairman, Yakama Nation, 다음에서 한 연설 Rally Against Nestlé, Oregon State Capitol, 9월 21일. https://kboo.fm/media/52698-no-nestle-rally-salem-92116-full-audio.

Grand View Research. 2022. "Bottled Water Market Size Worth $509.2 Billion by 2030." 보도자료, 4월.

Grant, Mary. 2022. "Announcing 100+ Sponsors for the WATER Act." Food and Water Watch, June 28. www.foodandwaterwatch.org/2022/06/28/100-sponsors-for-the-water-act/.

GRCA (Grand River Conservation Authority). n.d. "Groundwater Resources." Accessed December 13, 2022. www.grandriver.ca/en/our-watershed/Ground water-resources.aspx.

Greene, E. Austin, Jr. 2015. "Letter to Governor Kate Brown re: ODFW Cascade Locks/Oxbow Hatchery Transfer." Confederated Tribes of the Warm Springs Reservation of Oregon, Warm Springs, OR. May 12. 내가 가지고 있는 PDF 문서.

Greene, Joshua. 2018. "Bottled Water in Mexico: The Rise of a New Access to Water Paradigm." *WIREs Water*, April 11, 1-16. https://doi.org/10.1002/wat2.1286.

Greens/EFA in the European Parliament. 2019. "Media Briefing: Trilogue Results of the Revision of the Drinking Water Directive." 보도자료, 12월 19일. https://123dok.co/document/yd7mkrej-media-briefing-trilogue-results-revision-drinking-water-directive.html.

Griswold, Elizabeth. 2017. "Ontario Government Has Taken Sides against the Bottled Water Industry." *Toronto Star*, April 10.

Grossman, Zoltan. 2017. *Unlikely Alliances: Native Nations and White Communities Join to Defend Rural Lands*. Seattle: University of Washington Press.

Guelph Mercury Tribune. 2018. "Nestlé Lays Off Workers at Its Aberfoyle Water Bottling Plant." November 19.

Gumbel, Andrew. 2016. "Amid Western Drought, Oregon County to Vote on Nestlé Bottling Public Water." *The Guardian*, May 17.

Gurley, Gabrielle. 2021. "Something in the Water." *American Prospect*, March 23.

Hall, David, Emanele Lobina, and Violeta Corral. 2011. *Trends in Water Privatization*. London: Public Services International Research Unit.

Hall, David, Emanuele Lobina, and Robin De la Motte. 2009. *Making Water Privatisation Illegal: New Laws in Netherlands and Uruguay*. London: Public Service International Research Unit.

Hanna-Attisha, Mona, Jenny LaChance, Richard Casey Sadler, and Allison Champney Schnepp. 2016. "Elevated Blood Lead Levels in Children Associated with the Flint Drinking Water Crisis: A Spatial Analysis of Risk and Public Health Response." *AJPH Research* 106 (2): 283-90.

Harris, Leila M. 2013. "Variable Histories and Geographies of Marketization and Privatization." 다음에 수록됨. *Contemporary Water Governance in the Global South*, edited by Leila M. Harris, Jacqueline A. Goldin, and Christopher Sneddon, 118-32. London: Routledge.

Harvey, Chelsea 2021. "Millions of Groundwater Wells Could Run Dry." 다음에 수록됨. *Scientific American*. https://www.scientificamerican.com/article/millions-of-groundwater-wells-could-run-dry/

Harvey, David. 2003. *The New Imperialism*. New York: Oxford University Press.

_____. 2005. *A Brief History of Neoliberalism*. New York: Oxford University Press.

Hawkins, Gay. 2017. "The Impacts of Bottled Water: An Analysis of Bottled Water Markets and Their Interactions with Tap Water Provision." *WIREs Water* 4 (3). https://doi.org/10.1002/wat2.1203.

Hawkins, Gay, Emily Potter, and Kane Race. 2015. *Plastic Water: The Social and Material Life of Bottled Water*. Cambridge, MA: MIT Press.

Haydock, Sophie. 2009. "Banning Bottled Water in Universities." *The Ecologist*, August 11.

Hecht, Peter. 2015. "Bottled Water Companies under Fire amid California's Drought." *Sacramento Bee*, May 14.

Heid, Markham. 2019. "Your Bottled Water Probably Has Plastic in It. Should You Worry?" *Time*, May 29.

Heller, Leo. 2017. *Report of the Special Rapporteur on the Human Rights to Safe Drinking Water and Sanitation on His Mission to Mexico*. New York: United Nations Human Rights Council.

Hemphill, Gary. 2018. "What Is America Drinking? U.S. Market Trends." 포장재 컨퍼런스 Packaging Conference에서 발표된 논문, Orlando, FL, 2월 5일.

Herr, Alexandria. 2021. "'Long Overdue': The Senate Just Passed $35 Billion for Clean Drinking Water." *Grist*, May 1.

Hirschman, Albert O. 1970. *Exit, Voice, and Loyalty*. Cambridge, MA: Harvard University

Press.

Ho, Elaine, and Richelle Miller. 2021. "Indigenous Youth Are Playing a Key Role in Solving Urgent Water Issues." *The Conversation*, March 18.

Holden, Emily, Caty Enders, Niko Kommenda, and Vivian Ho. 2021. "More Than 25m Drink from the Worst US Water Systems, with Latinos Most Exposed." *The Guardian*, February 26.

Holt, Douglas B. 2012. "Constructing Sustainable Consumption: From Ethical Values to the Cultural Transformation of Unsustainable Markets." *Annals of the American Academy of Political and Social Science* 644 (1): 236-55.

Hood River County Elections Office. 2016. "Proof Ballot Content: May Primary Election." March 9. www.google.com/url?sa=t&rct=j&q=&esrc=s&source=web&cd=&cad=rja& uact=8&ved=2ahUKEwj0q5uRmff7AhWaIjQIHSa3AB0QFnoECAsQAQ&url=https %3A%2F%2Fhoodriveror.govoffice2.com%2Fvertical%2FSites%2F%257B4BB5BFDA-3709-449E-9B16-B62A0A0DD6E4%257D%2Fuploads%2FLocal_Candidates_and_ Measures_Filed_for_the_May_17th_2016_Primary_Election.pdf&usg=AOvVaw20-j2-h4myRrIMcAu53-D3.

House, Kelly. 2015a. "Bottled Water Wars: Nestlé's Latest Move in Cascade Locks Sparks Outcry from Opponents." *The Oregonian*, January 23.

_____. 2015b. "Gov. Kate Brown Asks for New Approach to Nestlé Water Deal." *The Oregonian*, November 6.

_____. 2015c. "ODFW Agrees to New Approach for Nestlé Bottled Water Plant in Cascade Locks." *The Oregonian*, April 10.

_____. 2015d. "Woman's Five-Day Fast outside Cascade Locks City Hall Targets Nestlé Deal." *The Oregonian*, August 19.

House, Kelly, and Mark Graves. 2016. "Draining Oregon." *The Oregonian*, August 26.

Human Rights Watch. 2016. "Make It Safe: Canada's Obligation to End the First Nations Water Crisis." Human Rights Watch Report, June 7. www.hrw.org/report/2016/06/07/ make-it-safe/canadas-obligation-end-first-nations-water-crisis.

IBWA (International Bottled Water Association). 2001. "IBWA Code of Advertising Standards." https://bottledwater.org/ibwa-code-of-advertising-standards/.

_____. 2015. "Bottled Water Should Be Available as the Healthy Choice Beverage in All of America's National Parks." 보도자료, 4월 23일.

_____. 2020a. "Consumer Reports Article Misleads the Public about Arsenic in Bottled Water." 보도자료, 6월 25일. https://bottledwater.org/nr/consumer-reports-article-misleads-the-public-about-arsenic-in-bottled-water/.

_____. 2020b. "Consumers Want Bottled Water to Be Available Wherever Drinks Are Sold, and If It's Not, Most Will Choose Another Packaged Beverage That Uses Much

More Plastic." 보도자료, 1월 10일. https://bottledwater.org/nr/consumers-want-bottled-water-to-be-available-wherever-drinks-are-sold-and-if-its-not-most-will-choose-another-packaged-beverage-that-uses-much-more-plastic/.

_____. 2020c. *2020 IBWA Progress Report.* Alexandria, VA: International Bottled Water Association.

_____. 2020d. "What People Need to Know about Bottled Water during the Covid-19 Pandemic." 보도자료, 3월 6일. https://bottledwater.org/nr/what-people-need-to-know-about-bottled-water-during-the-covid-19-outbreak/.

_____. 2022a. "Increased Consumer Demand for Bottled Water as a Healthy Alternative to Other Packaged Drinks." 보도자료, 5월 31일. www.globenewswire.com/en/news-release/2022/05/31/2453590/0/en/Increased-consumer-demand-for-bottled-water-as-a-healthy-alternative-to-other-packaged-drinks.html.

_____. 2022b. *2022 Progress Report.* Alexandria, VA: International Bottled Water Association.

IDB (Inter-American Development Bank). 2011. *Latin America's Other Water Infrastructure.* Washington, DC: IDB.

Industry Week. 2013. "Nestlé: Bans Unlikely to Stop Popularity of Bottled Water." April 4.

Ingraham, Christopher. 2016. "This Is How Toxic Flint's Water Really Is." *Washington Post,* January 16.

Izundu, Chi Chi, Mohamed Madi, and Chelsea Bailey. 2022. "Jackson Water Crisis: A Legacy of Environmental Racism?" BBC, September 4.

Jaeger, Andrew Boardman. 2018. "Forging Hegemony: How Recycling Became a Popular but Inadequate Response to Accumulating Waste." *Social Problems* 65:395-415.

Jaffee, Daniel. 2020. "Enclosing Water: Privatization, Commodification, and Access." 다음에 수록됨. *The Cambridge Handbook of Environmental Sociology*, vol. 2, edited by Katharine Legun, Julie Keller, Michael Bell, and Michael Carolan, 303-23. Cambridge: Cambridge University Press.

Jaffee, Daniel, and Robert A. Case. 2018. "Draining Us Dry: Scarcity Discourses in Contention over Bottled Water Extraction." *Local Environment* 23 (4): 485-501. https://doi.org/10.1080/13549839.2018.1431616.

Jaffee, Daniel, and Soren Newman. 2013a. "A Bottle Half Empty: Bottled Water, Commodification, and Contestation." *Organization and Environment* 26 (3): 318-35. https://doi.org/10.1177/1086026612462378.

_____. 2013b. "A More Perfect Commodity: Bottled Water, Global Accumulation, and Local Contestation." *Rural Sociology* 78 (1): 1-28. https://doi .org/10.1111/j.1549-0831.2012.00095.x.

James, Ian. 2015. "Bottling Water without Scrutiny." *Desert Sun*, March 8.

Jasechko, Scott, and Debra Perrone. 2021. "Global Groundwater Wells at Risk of Running Dry." *Science* 372:418-21.

Javidi, Ariana, and Gregory Pierce. 2018. "U.S. Households' Perception of Drinking Water as Unsafe and Its Consequences: Examining Alternative Choices to the Tap." *Water Resources Research* 54 (9): 6100-13.

Jeffrey, Kim. 2009. "The Future of Bottled Water." 파워포인트 발표 자료, 9월 18일. www. nestle.com/sites/default/files/asset-library/documents/library/presentations/globally_ managed_business/future_bottled_water_sep2009_jeffery.pdf.

Johnson, Rhiannon. 2019. "Plan to Ban Single-Use Plastics Has First Nations with Long-Term Drinking Water Advisories Worried." CBC News, June 14.

Joy, K. J., Seema Kulkarni, Dik Roth, and Margreet Zwarteveen. 2014. "Repoliticising Water Governance: Exploring Water Re-allocations in Terms of Justice." *Local Environment* 19 (9): 954-73.

Joyce, Christopher. 2019. "U.S. Recycling Industry Is Struggling to Figure Out a Future without China." National Public Radio, August 20.

Kalmusky, Katie. 2018. "Environmental Groups Call On Ontario Candidates to Put a Cap on Bottled Water." *National Observer*, May 17.

Kaplan, Jennifer. 2016. "Bottled Water to Outsell Soda for First Time This Year." *Bloomberg*, August 2.

Kaplan, Sarah. 2016. "By 2050, There Will Be More Plastic Than Fish in the World's Oceans, Study Says." *Washington Post*, January 20.

Karunananthan, Meera, and Devlin Tellatin. 2016. "Whose Rights to Water Will the 2030 Agenda Promote?" 다음에 수록됨. *Spotlight on Sustainable Development 2016: Report of the Reflection Group on the 2030 Agenda for Sustainable Development*, 54-59. New York: Global Policy Forum.

Kinchy, Abby, Daniel Lee Kleinman, and Robyn Autry. 2008. "Against Free Markets, Against Science? Regulating the Socio-Economic Effects of Biotechnology." *Rural Sociology* 73 (2): 147-79.

Kingkade, Tyler. 2015. "When the University of Vermont Banned Bottled Water, Students Drank More Unhealthy Beverages." *Huffington Post*, July 14.

Kishimoto, Satoko, Lavinia Steinfort, and Nara Petrovic, eds. 2020. *The Future Is Public: Toward Democratic Ownership of Public Services*. Amsterdam: Transnational Institute.

Klein, Naomi. 2007. *The Shock Doctrine: The Rise of Disaster Capitalism*. Toronto: Knopf Canada.

Kloppenburg, Jack. 2010. "Impeding Dispossession, Enabling Repossession: Biological Open Source and the Recovery of Seed Sovereignty." *Journal of Agrarian Change* 10 (3): 367-88.

Koltrowitz, Silke, and Emma Thomassen. 2020. "Bottled Water Firms Turn On the Taps with

Filters, Flavors and Fizz." Reuters, February 4.

Kornberg, Dana. 2016. "The Structural Origins of Territorial Stigma: Water and Racial Politics in Metropolitan Detroit, 1950s-2010s." *International Journal of Urban and Regional Research* 40 (2): 263-83.

KPTV Fox 12 News. 2016. "Plans for Nestlé Water Bottling Plant in Cascade Locks Moves Forward Despite Ban." October 18. Portland, OR.

Kretzman, Steve, and Raymond Joseph. 2020. "Coca-Cola and Cape Town's Sweetheart Day Zero Deal." GroundUp, May 8.

Kurland, Nancy B., and Deone Zell. 2011. "Water and Business: A Taxonomy and Review of the Research." *Organization and Environment* 23 (3): 316-53.

Lagos, Marisa. 2014. "S.F. Supervisors Back Ban on Sale of Plastic Water Bottles." *San Francisco Chronicle*, March 5.

Lakhani, Nina. 2020. "Revealed: Millions of Americans Can't Afford Water as Bills Rise 80% in a Decade." *The Guardian*, June 23.

———. 2021. "Vast Coalition Calls on Biden to Impose National Moratorium on Water Shutoffs." *The Guardian*, January 13.

Laville, Sandra. 2020. "Report Reveals 'Massive Plastic Pollution Footprint' of Drinks Firms." *The Guardian*, March 31.

Laville, Sandra, and Matthew Taylor. 2017. "A Million Bottles a Minute: World's Plastic Binge 'as Dangerous as Climate Change.'" *The Guardian*, June 28.

Laxer, Gordon, and Dennis Soron. 2006. *Not for Sale: Decommodifying Public Life*. Peterborough, Canada: Broadview.

L'Eau Qui Mord. n.d. "L'Eau Qui Mord." Collectif Eau 88. 2021년 9월 26일에 접속. www.leauquimord.com/appuis/.

Lederer, Edith. 2010. "Access to Clean Water Is 'Human Right,' Says UN." *The Independent*, July 30.

Lee, Jennifer. 2008. "City Council Shuns Bottles in Favor of Water from Tap." *New York Times*, June 17.

Lemus, J. Jesus. 2019. *El agua o la vida: Otra guerra ha comenzado en Mexico*. Mexico City: Grijalbo.

Leonard, Annie. 2020. "Want to Slow the Climate Crisis? Don't Use Single-Use Plastics." *The Nation*, April 23.

Leslie, Keith. 2016a. "Ontario Proposes Two-Year Hold on New Water-Taking Permits." *Globe and Mail*, October 17.

———. 2016b. "Premier Wynne Wants 'Bigger Look' at Future of BottledWater Industry." *Toronto Star*, December 21.

Levin, Sam. 2017. "How San Francisco Is Leading the Way out of Bottled Water Culture." *The*

Guardian, June 28.

Linebaugh, Peter. 2014. *Stop, Thief! The Commons, Enclosures, and Resistance*. Oakland, CA: PM Press.

Lobina, Emanuele, Philipp Terhorst, and Vladimir Popov. 2011. "Policy Networks and Social Resistance to Water Privatization in Latin America." *Procedia Social and Behavioral Sciences* 10:19-25.

Local Water Alliance. 2016. "Yes on 14-55: Our Water, Our Future." Campaign mailer, Hood River, OR.

Loftus, Alex. 2009. "Rethinking Political Ecologies of Water." *Third World Quarterly* 30 (5): 953-68.

London, Jonathan, Amanda Fenci, Sara Watterson, Jennifer Jarin, Alfonso Aranda, Aaron King, Camille Pannu, Phoebe Seaton, Laurel Fireston, Mia Dawson, and Peter Nguyen. 2018. *The Struggle for Water Justice: Disadvantaged Unincorporated Communities in California's San Joaquin Valley*. Davis, CA: UC Davis Center for Regional Change. https://regionalchange.ucdavis.edu/sites/g/files/dgvnsk986/files/inline-files/The%20 Struggle%20for%20Water%20Justice%20FULL%20REPORT_0.pdf.

Loria, Kevin. 2019. "Most Plastic Products Contain Potentially Toxic Chemicals, Study Reveals." *Consumer Reports*, October 2.

———. 2020. "What's Gone Wrong with Plastic Recycling." *Consumer Reports*, April 30.

Luxemburg, Rosa. [1913] 2003. *The Accumulation of Capital*. New York: Routledge.

Lydersen, Kari. 2008. "Bottled Water at Issue in Great Lakes." *Washington Post*, September 29.

Lynch, Jim. 2016. "DEQ: Flint Water Fix Should Have Come by 2014." *Detroit News*, January 21.

Mack, Elizabeth A., and Sarah Wrase. 2017. "A Burgeoning Crisis? A Nationwide Assessment of the Geography of Water Affordability in the United States." *PLoS One* 12 (1). https:// doi.org/10.1371/journal.pone.0169488.

Mainstreet Research et al. 2018. "New Poll: Ahead of 2018 Provincial Elections, Ontarians Want to Protect Ontario's Water from Bottled Water Industry." March 22. mainstreetresearch.ca/polls/ (현재 접속할 수 없음).

Malkin, Elisabeth. 2012. "Bottled-Water Habit Keeps Tight Grip on Mexicans." *New York Times*, July 16.

Maloney, Jennifer. 2019. "Coke and Pepsi Want to Sell You Bottled Water without the Bottle." *Wall Street Journal*, June 21.

Mapes, Lynda V. 2020. "Salmon People: A Tribe's Decades-Long Fight to Take Down the Lower Snake River Dams and Restore a Way of Life." *Seattle Times*, November 29.

Marini Higgs, Micaela. 2019. "America's New Recycling Crisis, Explained by an Expert." Vox, April 2.

Martin, Glen. 2008. "Liquid Gold." *California Lawyer*, November, 22-41. www.bhfs.com/Templates/media/files/news/LiquidGold.CaLaw.Nov08.pdf.

Marx, Karl. 1867. *Capital: A Critique of Political Economy*. Chicago: Charles H. Kerr.

Masalai Blog. 2009. "'Majority World'--A New Word for a New Age." February 11. https://masalai.wordpress.com/2009/02/11/majority-world-a-new-word-for-a-new-age/.

Mascarenhas, Michael, and Lawrence Busch. 2006. "Seeds of Change: Intellectual Property Rights, Genetically Modified Soybeans and Seed Saving in the United States." *Sociologia Ruralis* 46 (2): 122-38.

Mason, Sherri A., Victoria G. Welch, and Joseph Neratko. 2018. "Synthetic Polymer Contamination in Bottled Water." *Frontiers in Chemistry* 6 (407): 1-11.

Matheny, Keith, and Paul Egan. 2016. "Nestlé Bottled-Water Company Seeks to Take More Michigan Water." *Detroit Free Press*, November 20.

McCurdy, Christen. 2020. "Broken Pipes, Broken Promises." *The Oregonian*, July 15.

McDonald, David A. 2016. "To Corporatize or Not to Corporatize (and If So, How?)." *Utilities Policy* 40:107-14.

McSpirit, Stephanie, and Caroline Reid. 2009. "Residents' Perceptions of Tap Water and Decisions to Purchase Bottled Water." *Society and Natural Resources* 24 (5): 511-20.

Meehan, Katie, Jason R. Jurjevich, Nicholas M. J. W. Chun, and Justin Sherrill. 2020. "Geographies of Insecure Water Access and the Housing-Water Nexus in US Cities." *Proceedings of the National Academy of Sciences* 117 (46): 28700-28707.

Mehta, Lyla. 2007. "Whose Scarcity? Whose Property? The Case of Water in Western India." *Land Use Policy* 24:654-63.

———. 2016. "Why Invisible Power and Structural Violence Persist in the Water Domain." *IDS Bulletin* 47 (5). Institute of Development Studies. https://doi.org/10.19088/1968-2016.165.

Melo Zurita, Maria de Lourdes, Dana C.Thomsen, Timothy F. Smith, Anna Lyth, Benjamin L. Preston, and Scott Baum. 2015. "Reframing Water: Contesting H2O within the European Union." *Geoforum* 65:170-78.

Mercille, Julien, and Enda Murphy. 2015. "Conceptualising European Privatisation Processes after the Great Recession." *Antipode* 48 (3): 685-704.

Mestre Rodriguez, Eduardo. 2019. "Presupuesto para el sector agua: Lo que deberia ocuparnos." *El Universal*, October 16.

Metz, Barbara. 2019. "Lessons Learned: The Refillable Quota in Germany."

Reuse Conference, Brussels, September 24. Deutsche Umwelthilfe. www.reloopplatform.org/wp-content/uploads/2019/10/190924_Reuse_Deutsche_Umwelthilfe_Metz.pdf.

Milman, Oliver. 2016. "Millions Exposed to Dangerous Lead Levels in US Drinking Water, Report Finds." *The Guardian*, June 28.

_____. 2022. "US Government to Ban Single-Use Plastic in National Parks." *The Guardian*, June 8.

Mintel. 2018. *Bottled Water--US--February 2018: What's Next?* London: Mintel Group.

_____. 2019. *Asda's Refill Points Add to Threat to Bottled Water Sales*. London: Mintel Group.

_____. 2020. *Still and Sparkling Waters--US--February 2020*. Report. London: Mintel Group.

_____. 2021. *Still and Sparkling Water: U.S., March 2021*. London: Mintel

_____. 2022. *Still and Sparkling Water, US 2022*. London: Mintel Group.

Mirk, Sarah. 2009. "Debating for Dollars: Lobbyists Spent $18 Million Influencing Oregon." *Portland Mercury*, September 10.

Montero Contreras, Delia P. 2016. "El consumo de agua embotellada en la Ciudad de Mexico desde una perspectiva institucional." *Agua y Territorio* 7:35-49.

_____. 2019. *Instituciones y actores: Un enfoque alternativo para entender el consumo de agua embotellada en Mexico*. Mexico City: UAM; Tirant Humanidades.

Montuori, P., E. Jover, M. Morgantini, J. M. Bayona, and M. Triassi. 2008. "Assessing Human Exposure to Phthalic Acid and Phthalate Esters from Mineral Water Stored in Polyethylene Terephthalate and Glass Bottles." *Food Additives and Contaminants*: 511-18.

Mosbergen, Dominique. 2019. "Why Southeast Asia Is Flooded with Trash from America and Other Wealthy Nations." *Huffington Post*, March 8.

MST (Movimento Sem Terra). 2018. "Carta de Sao Lourenco--Fora Nestlé! A agua e nossa!" 보도자료, 3월 20일. https://mst.org.br/2018/03/20/carta-de-sao-lourenco-fora-nestle-a-agua-e-nossa/.

Mulvihill, Patrick. 2016. "Cascade Locks Council Votes against 14-55." *Hood River News*, April 13.

Murdock, Riley, Mila Murray, and Isis Simpson-Mersha. 2020. "'The Money Is Not Justice': Flint Mothers Express Relief, Skepticism about Water Crisis Settlement." *Michigan Live*, August 20.

Nagy, Mike, and Maude Barlow. 2017. "Time for Ontario to Protect Its Water Supplies." *The Record* (Kitchener, Ontario), May 11.

Narain, Vishal. 2014. "Whose Land? Whose Water? Water Rights, Equity and Justice in a Peri-urban Context." *Local Environment* 19 (9): 974-89.

NCSL (National Conference of State Legislatures). 2020. "State Beverage Container Deposit Laws." March 13. www.ncsl.org/research/environment-and-natural-resources/state-beverage-container-laws.aspx.

Nelson, Paul. 2017. "Citizens, Consumers, Workers, and Activists: Civil Society during and after Water Privatization Struggles." *Journal of Civil Society* 13 (2): 202-21.

Nestlé. 2020. "Nestlé Reports Full-Year Results for 2019." 보도자료, 2월 13일. www.nestle.
com/media/pressreleases/allpressreleases/full-year-results-2019.

Nestlé Waters Canada. 2016. "Nestlé in Canada." 사실자료, 9월. https://dokumen.tips/
documents/nestle-in-canada-proud-to-nestle-in-canada-5-pure-facts-about-nestle.
html?page=2.

_____. 2017. *The Facts about Bottled Water*. N.p.: Nestlé Waters. www.nestle.com/sites/
default/files/asset-library/documents/about_us/ask-nestle/british-columbia/nestle-
waters-canada-facts.pdf.

Nestlé Waters North America. 2009. "Nestlé Waters North America Withdraws
McCloud Project Proposal." 보도자료, 9월 10일. www.caltrout.org/wp-content/
uploads/2021/03/091009-McCloudWithdrawal-FinalPR.pdf.

_____. 2018. "Bottled Water Donations to Flint, Michigan." TV advertisement, Nestlé
Waters North America. www.youtube.com/watch?v=REn5QclOcXA.

Nichols, Rodger. 2016. "City Hears Outcries against Nestlé." *Goldendale Sentinel*, November
8.

NRDC (Natural Resources Defense Council). 1999. *Bottled Water: Pure Drink or Pure
Hype?* Washington, DC: Natural Resources Defense Council. www.nrdc.org/sites/default/
files/bottled-water-pure-drink-or-pure-hype-report.pdf.

_____. 2019. "New Drinking Water Report: Communities of Color More Likely to
Suffer Drinking Water Violations for Years." 보도자료, September 24. www.nrdc.org/
media/2019/190924.

NYC Mayor's Office of Sustainability. 2020. "Water Management." https://www1.nyc.gov/
site/sustainability/initiatives/water-management.page.

Oaten, James, and Som Patidar. 2020. "Delhi Is Facing a Water Crisis. Ahead of Day Zero, the
City's Residents Have Turned to the Mafia and Murder." ABC News, February 8.

Olivera, Oscar, and T. Lewis. 2004. *Cochabamba!: Water War in Bolivia*. Cambridge, MA:
South End Press.

O'Mahoney, Ash. 2020. "The Rise and Fall." *The Grocer* (U.K.), March 21.

Opel, Andy. 1999. "Constructing Purity: Bottled Water and the Commodification of Nature."
Journal of American Culture 22 (4): 67-76.

O'Reilly, Kathleen. 2011. "'They Are Not of This House': The Gendered Costs of Drinking
Water's Commodification." *Economic and Political Weekly* 46 (18): 49-55.

Oreskes, Naomi, and Erik M. Conway. 2010. *Merchants of Doubt: How a Handful of
Scientists Obscured the Truth on Issues from Tobacco Smoke to Climate Change*. New York:
Bloomsbury.

Overstreet, Kim. 2021. "Beverage Manufacturers Respond to Consumer Trends on Plastic
Packaging." *Packaging World*, June 17.

Pacheco-Vega, Raul. 2019. "Human Right to Water and Bottled Water Consumption: Governing at the Intersection of Water Justice, Rights and Ethics." 다음에 수록됨. *Water Politics*, edited by F. Sultana and A. Loftus, 113-28. London: Routledge.

Parag, Y., and J. T. Roberts. 2009. "A Battle against the Bottles: Building, Claiming, and Regaining Tap-Water Trustworthiness." *Society and Natural Resources* 22 (7): 625-36.

Parker, Laura. 2014. "The Best Way to Deal With Ocean Trash." *National Geographic*, April 16.

_____. 2019. "How the Plastic Bottle Went from Miracle Container to Hated Garbage." *National Geographic*, August 23.

Parks, Bradley W. 2016. "Nestlé Funds PAC Opposing Measure to Block Cascade Locks Bottling Plant." OPB News, May 14.

Pauli, Benjamin. 2019. *Flint Fights Back: Environmental Justice and Democracy in the Flint Water Crisis*. Cambridge, MA: MIT Press.

_____. 2020a. "The Flint Water Crisis." *WIREs Water* 7 (3): 1-14.

_____. 2020b. "The Long Road Out of Crisis: (Re)Building Trust in Flint's Public Water from Poisoning to Pandemic." 다음에 수록됨. *Public Water and Covid-19: Dark Clouds and Silver Linings*, edited by David McDonald, Susan Spronk and Daniel Chavez, 311-27. Kingston, Ontario: Municipal Service Project.

Pechlaner, Gabriela, and Gerardo Otero. 2010. "The Neoliberal Food Regime: Neoregulation and the New Division of Labor in North America." *Rural Sociology* 75 (2): 179-208.

Peck, Jamie. 2015. *Austerity Urbanism: The Neoliberal Crisis of American Cities*. New York: Rosa Luxemburg Stiftung.

Pempetzoglou, Maria, and Zoi Patergiannaki. 2017. "Debt-Driven Water Privatization: The Case of Greece." *European Journal of Multidisciplinary Studies* 5 (1): 102-11.

Peters, Adele. 2015. "The Bottled Water Industry Is Fighting to Keep Plastic Bottles in National Parks." Fast Company, July 20.

Peters, Maren. 2020. "Bottle Empty at Nestlé: Dismantling the Water Business." SRF 1 TV, July 31.

PET Planet. 2022. "New US PET Recycling Coalition." *PET Planet*, June 15.

Pew Charitable Trusts and Systemiq Ltd. 2020. *Breaking the Plastic Wave: A Comprehensive Assessment of Pathways towards Stopping Ocean Plastic Pollution*. Washington, DC: Pew Charitable Trusts.

Pierce, Gregory. 2015. "Beyond the Strategic Retreat? Explaining Urban Water Privatization's Shallow Expansion in Low- and Middle-Income Countries." *Journal of Planning Literature* 30 (2): 119-31.

Pierce, Gregory, and Silvia Gonzalez. 2017. "Mistrust at the Tap? Factors Contributing to Public Drinking Water (Mis)perception across US Households." *Water Policy* 19:1-12.

Pierre-Louis, Kendra. 2015. "We Don't Trust Drinking Fountains Anymore, and That's Bad for Our Health." *Washington Post*, July 8.

Polanyi, Karl. 1944. *The Great Transformation: The Political and Economic Origins of Our Time*. Boston: Beacon Press.

Polaris Institute. 2014. "Bottled Water Maps." www.polarisinstitute.org/bottled_water_maps.

Powers, Lucas. 2015. "California Drought's Newest Battlefront Is Bottled Water." CBC News, May 18.

Prasetiawan, Teddy, Anindrya Nastiti, and Barti Setiani Muntalif. 2017. "'Bad' Piped Water and Other Perceptual Drivers of Bottled Water Consumption in Indonesia." *WIREs Water* 4 (4): 1-12.

Primo Water. n.d. "Primo Water and Water Dispensers." 2022년 12월 16일에 접속. https://primowater.com/walmart-offer/.

Pulido, Laura. 2016. "Flint, Environmental Racism, and Racial Capitalism." *Capitalism Nature Socialism* 27 (3): 1-16.

Race, Kane. 2012. "'Frequent Sipping': Bottled Water, the Will to Health and the Subject of Hydration." *Body and Society* 18 (3-4): 72-98.

Radonic, Lucero, and Cara E. Jacob. 2021. "Examining the Cracks in Universal Water Coverage: Women Document the Burdens of Household Water Insecurity." *Water Alternatives* 14 (1): 60-78.

Raman, K. Ravi. 2010. "Transverse Solidarity: Water, Power, and Resistance." *Review of Radical Political Economics* 42 (2): 251-68.

Ranganathan, Malini. 2014. "Paying for Pipes, Claiming Citizenship: Political Agency and Water Reforms at the Urban Periphery." *International Journal of Urban and Regional Research* 38 (2): 590-608.

Rankin, Jennifer. 2019. "European Parliament Votes to Ban Single Use Plastics." *The Guardian*, March 27.

Readfearn, Graham. 2018. "WHO Launches Health Review after Microplastics Found in 90% of Bottled Water." *The Guardian*, March 15.

Rector, Josiah. 2016. "Neoliberalism's Deadly Experiment: In Michigan, Privatization and Free-Market Governance Has Left 100,000 People without Water." *Jacobin*, October 21.

Refill. n.d. "Life with Less Plastic, Made Easy." 2021년 3월 26일에 접속. www.refill.org.uk/.

Rehm, Colin D., Matthieu Maillot, Florent Vieux, Pamela Barrios, and Adam Drewnowski. 2020. "Who Is Replacing Sugar-Sweetened Beverages with Plain Water? Analyses of NHANES 2011-16 Data." *Current Developments in Nutrition* 4:557.

Reisner, Marc. 1986. *Cadillac Desert: The American West and Its Disappearing Water*. New York: Viking Penguin.

Roberts, Adrienne. 2008. "Privatizing Social Reproduction: The Primitive Accumulation of

Water in an Era of Neoliberalism." *Antipode* 40 (4): 535-60.

Robertson, Derek. 2020. "Flint Has Clean Water Now. Why Won't People Drink It?" *Politico*, December 23.

Robinson, Joanna. 2013. *Contested Water: The Struggle against Water Privatization in the United States and Canada*. Cambridge, MA: MIT Press.

Robinson, Mike. 2019. "Protesters Demand Nestlé Cease and Desist WaterTaking." *Wellington Advertiser*, June 13.

Rodwan, John G., Jr. 2011. "Bottled Water 2010: The Recovery Begins: U.S. And International Developments and Statistics." *Bottled Water Reporter*, April-May, 11-17.

_____. 2018. "Bottled Water 2017: Staying Strong." *Bottled Water Reporter*, July/August, 12-20.

_____. 2019. "Significant, but Slower, Growth for Bottled Water in 2018." *Bottled Water Reporter*, July/August, 10-18.

_____. 2021. "Bottled Water 2020: Continued Upward Movement." *Bottled Water Reporter*, August 5, 10-19.

Rose, Joan. 2019. "The US Drinking Water Supply Is Mostly Safe, but That's Not Good Enough." *The Conversation*, May 29.

Rosinger, Asher Y., Kirsten A. Herrick, Amber Y. Wutich, Jonathan S. Yoder, and Cynthia L. Ogden. 2018. "Disparities in Plain, Tap and Bottled Water Consumption among US Adults: National Health and Nutrition Examination Survey (NHANES), 2007-2014." *Public Health Nutrition* 21 (8): 1455-64.

Ross, Gavin. 2020. *Bottled Water Production in the US*. New York: IBISWorld.

Rouda, Harley, and Rashida Tlaib. 2020. Letter to Fernando Merce, President and CEO of Nestlé Waters North America. March 3. U.S. House of Representatives, Committee on Oversight and Reform, Environment Subcommittee. https://oversightdemocrats.house. gov/sites/democrats.oversight.house.gov/files/2020-03-03.Rouda%20Tlaib%20to%20 Merce-Nestlé%20re%20Bottled%20Water%20FINAL.pdf.

Royte, Elizabeth. 2008. *Bottlemania: Big Business, Local Springs, and the Battle over America's Drinking Water*. New York: Bloomsbury.

Rubin, Josh. 2020. "Environmentalists Cheer as Nestlé Sells Canadian Water Business." *Toronto Star*, July 2.

Ruiters, Greg. 2007. "Contradictions in Municipal Services in Contemporary South Africa: Disciplinary Commodification and Self-Disconnections." *Critical Social Policy* 27 (4): 487-508.

Rushe, Dominic. 2014. "Blow to Detroit's Poorest as Judge Rules Water Shutoffs Can Continue." *The Guardian*, September 29.

Salzman, James. 2012. *Drinking Water: A History*. New York: Overlook.

S&P Global Market Intelligence. 2021. "Triton Water Launches $1.4B, 2-Part Bond Offering." S&P Global Market Intelligence, March 15.

Save Our Water. 2021. "The Middlebrook Well Story: Is It Over?" Webinar, April 22. www.saveourwater.ca/post/the-middlebrook-well-story-is-it-over-not-by-a-long-shot.

Sax, Leonard. 2010. "Polyethylene Terephthalate May Yield Endocrine Disruptors." *Environmental Health Perspectives* 118 (4): 445-48.

Schlosberg, Deia, dir. 2019. *The Story of Plastic*. New York: Outcast Films.

Schnell, Urs, dir. 2012. *Bottled Life: Nestlé's Business with Water*. Zurich: DokLab.

Schroeer, Anne, Matt Littlejohn, and Henning Wilts. 2020. *Just One Word: Refillables*. Washington, DC: Oceana. https://oceana.org/wp-content/uploads/sites/18/3.2.2020_just_one_word-refillables.pdf.

Schroering, Caitlin. 2021. "Constructing Another World: Solidarity and the Right to Water." *Studies in Social Justice* 15 (1): 102-28.

Scroll.in. 2017. "Maharashtra to Ban Plastic Bottles in All Government Offices, Schools and Colleges from March." November 17.

Shimo, Alexandra. 2018. "While Nestlé Extracts Millions of Litres from Their Land, Residents Have No Drinking Water." *The Guardian*, October 4.

Shiva, Vandana, ed. 2016. *Seed Sovereignty, Food Security: Women in the Vanguard of the Fight against GMOs and Corporate Agriculture*. Berkeley, CA: North Atlantic Books.

Shoup, Mary Ellen. 2017a. "Beverage Marketing Corporation: Bottled Water Will Continue as 'Undisputed' Top Player of Beverage Market." *Beverage Daily*, May 1.

_____. 2017b. "Bottled Water Surpasses Soda in Consumption with 86% Purchase Rate among Americans." *Beverage Daily*, March 13.

Singh, Maanvi. 2021. "Drought-Hit California Moves to Halt Nestlé from Taking Millions of Gallons of Water." *The Guardian*, April 27.

Six Nations of the Grand River. 2020. *Six Nations of the Grand River: Land Rights, Financial Justice, Creative Solutions*. Six Nations: Six Nations Lands and Resources Department. www.sixnations.ca/LandsResources/SNLands-LandRightsBook-FINALyr2020.pdf.

_____. n.d. "About: Six Nations of the Grand River." 2021년 9월 10일에 접속. www.sixnations.ca/about.

Sloan, Carrie. 2016. "How Wall Street Caused a Water Crisis in America's Cities." *The Nation*, March 11.

Snider, Annie. 2021. "Biden Says Bipartisan Deal Will Solve the Country's Lead Problem. It Won't." *Politico*, August 2.

Snitow, Alan, Deborah Kaufman, and Michael Fox. 2007. *Thirst: Fighting the Corporate Theft of Our Water*. San Francisco: Wiley and Sons.

Solnit, Rebecca. 2019. *Hope in the Dark: Untold Histories, Wild Possibilities*. 3rd ed. Chicago:

Haymarket Books.

Sparrow, Jeff. 2015. "Wipe Right: Toilet App Looie Forces Movement of 'Sharing Economy' towards Privatisation." *The Guardian*, August 21.

Spiliotis, M., and L. Garrote. 2015. "A Fuzzy Multicriteria Categorization of Water Scarcity in Complex Water Resources Systems." *Water Resource Management* 29:521-39.

Spronk, Susan. 2015. "Roots of Resistance to Urban Water Privatisation in Bolivia: The 'New Working Class,' the Crisis of Neoliberalism, and Public Services." 다음에 수록됨. *Crisis and Contradiction: Marxist Perspectives on Latin America in the Global Political Economy*, edited by S. J. Spronk and J. R. Webber, 29-51. Leiden, Netherlands: Brill.

Spronk, Susan, and Jeffery R. Webber. 2007. "Struggles against Accumulation by Dispossession in Bolivia: The Political Economy of Natural Resource Contention." *Latin American Perspectives* 34 (2): 31-47.

Statista. 2020. "Sales of Nestlé Waters Worldwide from 2010 to 2019, by Region." www.statista.com/statistics/268906/sales-of-nestle-waters-worldwide-by-region/.

_____. 2021a. "Carbonated Soft Drink (CSD) All-Channel Sales Volume in the United States from 2010 to 2020." No longer available on internet; a copy is in the author's possession.

_____. 2021b. "Per Capita Consumption of Packaged Water in Canada from 2010 to 2022 (in Liters)." www.statista.com/statistics/1121097/bottled-water-per-capita-consumption-canada/.

_____. 2021c. "Share of Past-Day Bottled Water Consumers in Canada from 2011 to 2020." www.statista.com/statistics/452645/share-of-past-day-bottled-water-consumers-in-canada/.

_____. 2022a. "Consumption of Packed Beverages Worldwide in 2021, by Beverage Type (in Billion Liters)." www.statista.com/statistics/232924/global-consumption-of-packed-beverages-by-beverage-tpye/.

_____. 2022b. *Non-alcoholic Beverages in the United States*. www.statista.com/study/10629/non-alcoholic-beverages-and-soft-drinks-in-the-united-states-statista-dossier/. Hamburg: Statista.

Stephenson, John B. 2009. *Bottled Water: FDA Safety and Consumer Protections Are Often Less Stringent Than Comparable EPA Protections for Tap Water*. Report. Washington, DC: U.S. General Accounting Office. www.gao.gov/assets/gao-09-610.pdf.

Story of Stuff Project, dir. 2018. *A Tale of Two Cities: Flint, Evart, and the Fight for Michigan's Water*. United States: Leighton Woodhouse.

_____. 2021a. "Nestlé's Troubled Waters." Webinar, March 18. www.storyofstuff.org/nestle/.

_____. 2021b. "Public Statement on the Sale of Nestlé Waters." February. www.storyofstuff.org/blog/public-statement-on-the-sale-of-nestle-waters/.

Subramaniam, Mangala, and Beth Williford. 2012. "Contesting Water Rights: Collective Ownership and Struggles against Privatization." *Sociology Compass* 6 (5): 413-24.

Sultana, Farhana, and Alex Loftus, eds. 2012. *The Right to Water: Politics, Governance, and Social Struggles*. London: Earthscan.

Sunder, Kalpana. 2021. "How to Stop Another 'Day Zero.'" BBC Future Planet, January 5.

Sustainable Practices. n.d. "Bottle Ban." 2022년 7월 1일에 접속. https://sustainablepracticesltd. org/bottle-ban.

Swanson, Emily. 2016. "AP-GfK Poll: About Half of Americans Confident in Tap Water." Associated Press, March 6.

Switzer, David, and Manuel P. Teodoro. 2017. "Class, Race, Ethnicity, and Justice in Safe Drinking Water Compliance." *Social Science Quarterly* 99 (2): 524-35.

Swyngedouw, Erik. 2005. "Dispossessing H2O: The Contested Terrain of Water Privatization." *Capitalism Nature Socialism* 16 (1): 81-98.

Sydney Water. n.d. "Find a Water Refill Station." 2022년 9월 6일에 접속. www.sydneywater. com.au/water-the-environment/what-you-can-do/find-a-water-refill-station.html.

Szasz, Andrew. 2007. *Shopping Our Way to Safety: How We Changed from Protecting the Environment to Protecting Ourselves*. Minneapolis: University of Minnesota Press.

Taekema, Dan. 2021. "Six Nations Elected Chief Stresses Unity, Reiterates Call for Moratorium on Development." CBC News, April 27.

Teodoro, Manuel P., and Robin R. Saywitz. 2020. "Water and Sewer Affordability in the United States: A 2019 Update." *AWWA Water Science* 2 (2): e1176.

Thara, Kaveri. 2017. "In Troubled Waters: Water Commodification, Law, Gender, and Poverty in Bangalore." *Gender and Development* 25 (2): 253-68.

Themba, Makani. 2022. "Jim Crow Infrastructure and the Jackson, Miss., 'Water Crisis.'" *The Nation*, September 6.

Thomas, Daniel. 2020. "People Still Want Plastic Bottles, Says Coca-Cola." BBC, January 21.

Thomas, Gregory, and Eduardo Medina. 2019. "No Fly Zone: SFO Bans Sale of Plastic Water Bottles." *San Francisco Chronicle*, August 2.

TOMRA. 2021. "Bottle Bill States and How They Work." September 8. www.tomra.com/en/ discover/reverse-vending/feature-articles/bottle-bill-states-and-how-they-work.

Toner, J. P. 2021. "Beating Back the Ban: Communicating the Truth about Bottled Water." *Bottled Water Reporter* 61 (4).

Tweed Strategies. n.d. "Tweed Strategies." 2021년 7월 16일에 접속. www.tweedstrategies. com/.

2030 Water Resources Group. n.d. "Governance--2030 Water Resources Group--World Bank Group." 2022년 12월 21일에 접속. www.2030wrg.org/who-we-are/.

UCLA (University of California, Los Angeles). 2020. "Policy 809: Single-Use Plastics."

Administrative Policies and Procedures. www.adminpolicies.ucla.edu/APP/ Number/809.0.

UCLA Sustainability. n.d.. "Single-Use Plastics Policy: UCLA Will Be PlasticFree Campus by 2023." 2021년 3월 23일에 접속. www.sustain.ucla.edu/single-use-plastic-policy/.

UN Convention to Combat Desertification. 2022. *Drought in Numbers 2022.* New York: United Nations.

UNDP (United Nations Development Program). 2006. *Human Development Report 2006: Beyond Scarcity: Power, Poverty and the Global Water Crisis.*

New York: United Nations Development Program.

UN Human Rights Office of the High Commissioner. 2014. "Detroit: Disconnecting Water from People Who Cannot Pay--An Affront to Human Rights, Say UN Experts." 보도자료, 6월 25일. www.ohchr.org/en/press-releases/2014/06/detroit-disconnecting-water-people-who-cannot-pay-affront-human-rights-say.

United Nations. 1948. *Universal Declaration of Human Rights.* New York: United Nations.

_____. 1992. *Dublin Statement on Water and Sustainable Development.* New York: United Nations.

_____. 2010. *General Assembly Resolution 64/292: The Human Right to Water and Sanitation.* New York: United Nations General Assembly.

_____. 2018. *Sustainable Development Goal 6: Synthesis Report on Water and Sanitation.* United Nations.

UN News. 2020. "Three Billion People Globally Lack Handwashing Facilities at Home: UNICEF." October 15.

UN-Water. 2018. *Sustainable Development Goal 6: Synthesis Report 2018 on Water and Sanitation.* New York: United Nations.

Upadhyay, Aishwarya. 2019. "To Reduce Plastic Waste and Save Water, South Delhi Municipal Corporation Bans Plastic Water Bottles in the Office." NDTV.com, July 25.

U.S. Census Bureau. n.d. "U.S. Census QuickFacts: Flint, Michigan." 2019년 10월 22일에 접속.

Vail, John. 2010. "Decommodification and Egalitarian Political Economy." *Politics and Society* 38 (3): 310-46.

Van Esterik, Penny. 2013. "The Politics of Breastfeeding: An Advocacy Update." 다음에 수록됨. *Food and Culture: A Reader*, 3rd ed., edited by Carole Counihan and Penny Van Esterik, 510-30. New York: Routledge.

Varghese, Shiney. 2007. *Privatizing U.S. Water.* Minneapolis: Institute for Agriculture and Trade Policy.

Vasquez, M., J. Carter, and P. Valko, 2015. "Bottled Water Ban: Update 2015." Washington University, St. Louis, Office of Sustainability. https://gallery.mailchimp.

com/7066ff9764a241168352699e8/files/160118_Bottle_Brief_Final.pdf.

Ver Valen, Dian. 2016. "Updated: Waitsburg Mayor Walt Gobel Resigns." *Walla Walla Union Bulletin*, August 2.

Vidal, John. 2006. "Big Water Companies Quit Poor Countries." *The Guardian*, March 22.

Vieux, Florent, Matthieu Maillot, Colin D. Rehm, Pamela Barrios, and Adam Drewnowski. 2020. "Trends in Tap and Bottled Water Consumption among Children and Adults in the United States: Analyses of NHANES 2011-16 Data." *Nutrition Journal* 19 (10). https://doi.org/10.1186/s12937-020-0523-6.

Villanueva, Cristina M., Marianna Garfi, Carles Mila, Sergio Olmos, Ivet Ferrer, and Cathryn Tonne. 2021. "Health and Environmental Impacts of Drinking Water Choices in Barcelona, Spain: A Modelling Study." *Science of the Total Environment* (795): 148884.

Viscusi, W. Kip, Joel Huber, and Jason Bel. 2015. "The Private Rationality of Bottled Water Drinking." *Contemporary Economic Policy* 33 (3): 450-67.

Volcovici, Valerie. 2022. "U.S. Plastic Recycling Rate Drops to Close to 5%-- Report." Reuters, May 5.

Wagenhofer, Erwin, dir. 2005. *We Feed the World*. 다큐멘터리. Austria: Katharina Bogensberger and Helmut Grasser.

Wait, Isaac W., and William A. Petrie. 2017. "Comparison of Water Pricing for Publicly and Privately Owned Water Utilities in the United States." *Water International* 42 (8): 967-80.

Walter, Carolin Tina, Michelle Kooy, and Indrawan Prabaharyaka. 2017. "The Role of Bottled Drinking Water in Achieving SDG 6.1: An Analysis of Affordability and Equity from Jakarta, Indonesia." *Journal of Water, Sanitation and Hygiene for Development* 7 (4): 642-50.

Water Is Life Alliance. n.d. "Member Groups--Water Is Life Alliance." Accessed February 10, 2021. https://waterislifealliance.net/about-us/.

Watts, Jonathan. 2018. "Cape Town Faces Day Zero: What Happens When the City Turns Off the Taps?" *The Guardian*, February 3.

Wellington Water Watchers 2020. "All Eyes on Nestlé: Is This Really Goodbye?" Webinar, July 13. www.youtube.com/watch?v=IiA1g-LHUFg.

———. 2021. "Blue Triton Fact Sheet." https://d3n8a8pro7vhmx.cloudfront.net/wellingtonwaterwatchers/pages/1391/attachments/original/1623027515/BlueTriton_FACT_SHEET.pdf?1623027515.

———. n.d.-a. "About Us--Wellington Water Watchers." 2021년 9월 13일에 접속. http://wellingtonwaterwatchers.ca/about-us/.

———. n.d.-b. "Hillsburgh." 2021년 9월 2일에 접속. www.wellingtonwaterwatchers.ca/hillsburgh.

Westerhoff, P., Panjai Prapaipong, Everett Shock, and Alice Hillaireau. 2008. "Antimony

Leaching from Polyethylene Terephthalate (PET) Plastic Used for Bottled Drinking Water." *Water Research* 42 (3): 551-56.

WEYI TV. 2022. "Ice Mountain to Provide Bottled Water to Flint through 2022." Mid-Michigan Now, June 6.

Whiteford, Linda, and Scott Whiteford, eds. 2005. *Globalization, Water, and Health: Resource Management in Times of Scarcity.* Oxford: James Currey.

WHO (World Health Organization). 2019. *Microplastics in Drinking-Water.* Geneva: World Health Organization.

WHO (World Health Organization) and UNICEF (United Nations Children's Fund). 2017. *Progress on Drinking Water, Sanitation and Hygiene, 2017.* Geneva: World Health Organization and United Nations Children's Fund.

_____. 2021. *Progress on Household Drinking Water, Sanitation and Hygiene, 2000-2020: Five Years into the SDGs.* Geneva: WHO and UNICEF.

Wilkins, Matt. 2018. "More Recycling Won't Solve Plastic Pollution." Scientific American Blog, July 6.

Wong, Venessa. 2017. "Almost No Plastic Bottles Get Recycled into New Bottles." Buzzfeed, April 13.

World Bank. 2005. *Infrastructure Development: The Roles of the Public and Private Sectors; World Bank Group's Approach to Supporting Investments in Infrastructure.* Washington, DC: World Bank.

World Economic Forum. 2016. *The New Plastics Economy: Rethinking the Future of Plastics.* Geneva: World Economic Forum.

Young, Angelo. 2019. "Coca-Cola, Pepsi Highlight the 20 Corporations Producing the Most Ocean Pollution." USA Today, June 17.

Zdanowicz, Christina. 2016. "Flint Family Uses 151 Bottles of Water per Day." CNN, March 7.

Zhang, Xue, Rivas Gonzales, M. Grant, and Mildred E. Warner. 2022. "Water Pricing and Affordability in the U.S.: Public vs. Private Ownership." *Water Policy* 24 (3): 500-516.

Zhang, Xue, and Mildred E. Warner. 2021. "The Relationship between Water Shutoffs and COVID Infections and Deaths." Food and Water Watch and Cornell University, report, March. www.foodandwaterwatch.org/2021/03/24/the-relationship-between-water-shutoffs-and-covid-19/.

Zwarteveen, Margreet Z., and Rutgerd Boelens. 2014. "Defining, Researching and Struggling for Water Justice: Some Conceptual Building Blocks for Research and Action." *Water International* 39 (2): 143-58.

찾아보기

언보틀드

2026년 2월 19일 초판 1쇄 발행

지은이　　대니얼 재피
옮긴이　　김승진

펴낸곳　　도서출판 아를
등록　　　제406-2019-000044호 (2019년 5월 2일)
주소　　　10881 경기도 파주시 문발로 139, 407호
전화　　　031-942-1832
팩스　　　0303-3445-1832
이메일　　press.arles@gmail.com

한국어판 © 도서출판 아를 2026
ISBN 979-11-93955-16-1 03300

아를ARLES은 빈센트 반 고흐가 사랑한 남프랑스의 도시입니다.
아를 출판사의 책은 사유하는 일상의 기쁨, 아름다움을 발견하는 즐거움을 드립니다.
◦ 페이스북 @pressarles　◦ 인스타그램 @pressarles　◦ 트위터(X) @press_arles